Die Europäische Menschenrechtskonvention im Konstitutionalisierungsprozess einer gemeineuropäischen Grundrechtsordnung

Beiträge zum nationalen und internationalen öffentlichen Recht

Herausgegeben von Prof. Dr. Burkhard Schöbener

Band 4

PETER LANG

Frankfurt am Main · Berlin · Bern · Bruxelles · New York · Oxford · Wien

Regine Gerards

Die Europäische Menschenrechtskonvention im Konstitutionalisierungsprozess einer gemeineuropäischen Grundrechtsordnung

PETER LANG
Europäischer Verlag der Wissenschaften

Bibliografische Information der Deutschen Nationalbibliothek
Die Deutsche Nationalbibliothek verzeichnet diese Publikation in der Deutschen Nationalbibliografie; detaillierte bibliografische Daten sind im Internet über <http://www.d-nb.de> abrufbar.

Zugl.: Köln, Univ., Diss., 2005

D 38
ISSN 1613-8406
ISBN 978-3-631-55381-7

www.peterlang.de

Meiner Familie

Vorwort

Die Rechtswissenschaftliche Fakultät der Universität zu Köln hat diese Arbeit im Wintersemester 2005/2006 als Dissertation angenommen. Für die Publikation wurde Literatur und Rechtsprechung bis Januar 2007 berücksichtigt.

Diese Arbeit wäre in der vorliegenden Form nicht ohne die große Unterstützung vieler Personen zustande gekommen.

Mein besonderer Dank gilt dabei zunächst meinem Doktorvater Herrn Prof. Dr. Schöbener für seine freundliche und intensive Betreuung. In zahlreichen Gesprächen stellte er sich mir geduldig als Diskussionspartner zur Verfügung und gab nicht zuletzt dadurch viele grundlegende Anregungen zu dieser Arbeit.

Ebenso gilt mein Dank meinem Zweitkorrektor Herrn Prof. Dr. Tettinger für die zügige Erstellung des Zweitgutachtens. Herrn Prof. Dr. Kempen möchte ich dafür danken, dass er sich nach dem plötzlichen Tod von Herrn Prof. Tettinger unkompliziert als Zweitprüfer für die Disputation zur Verfügung stellte.

Mein tiefer Dank gilt aber auch all den Menschen, die mich auf die verschiedenste Weise während meiner schönen Promotionszeit begleitet und unterstützt haben. Zunächst möchte ich mich bei dem Bibliotheksteam der Gottfried-Keller-Strasse bedanken, das mir nicht nur einen permanenten Arbeitsplatz zur Verfügung gestellt, sondern auch immer eine nette Arbeitsatmosphäre geschaffen hat. Auch danke ich meinen Korrekturlesern Josef und Sandra Gerards, die sich – obwohl Nichtjuristen – unermüdlich und manchmal auch der Verzweiflung nahe, unverzagt durch die für sie fremde Materie gelesen und gekämpft haben. Dabei sei für diejenigen gesagt, die immer noch nach dem Mörder suchen, dass dieser zur Erhaltung der Spannung erst im zweiten Band offenbart wird. Danken möchte ich weiterhin Oliver Reinartz, der immer zur Stelle war, wenn mich ein Computerproblem zur Verzweiflung trieb oder als ich einen geduldigen Zuhörer für meinen Disputationsvortrag brauchte.

Auch möchte ich meinem Lebensgefährten Yan Schaefer danken, der sich nicht nur an der Korrektur der Arbeit beteiligt, sondern mich auch immer dann aufgefangen hat, wenn der Stress dann doch mal überhand zu nehmen drohte.

Schließlich gebührt mein tiefer Dank meiner Familie. Ohne ihre bedingungslose Unterstützung und ihren grenzenlosen Glauben an mich, hätte ich vielleicht nie den Mut gefunden, mich einem solchen Projekt zu stellen. Ich weiß, dass dies nicht selbstverständlich ist!

Ihnen ist diese Arbeit gewidmet.

Gliederung

Literaturverzeichnis

Alber, Siegbert	Die Selbstbindung der europäischen Organe an die Europäische Charta der Grundrechte in EuGRZ 2001, S. 349 – 353
ders./ Widmaier, Ulrich	Mögliche Konfliktbereiche und Divergenzen im europäichen Grrundrechtsschutz Die Ausübungs- und Einschränkungsregeln für die Grundrechte der Europäischen Union (Art. II-112 EV) in EuGRZ 2006, S. 113 – 123
ders./ Widmaier, Ulrich	Die EU-Charta der Grundrechte und ihre Auswirkungen auf die Rechtsprechung Zu den Beziehungen zwischen EuGH und EGMR in EuGRZ 2000, S. 497 – 510
Amrhein-Hofmann, Christine	Monismus und Dualismus in den Völkerrechtslehren Berlin 2003 zit.: Amrhein-Hofmann, Monismus und Dualismus, S.
Anzilotti, Dionisio	Lehrbuch des Völkerrechts Einführung – Allgemeine Lehren Band 1 Berlin, Leipzig 1929 zit.: Anzilotti, Lehrbuch des Völkerrechts, S.
Arnold, Rainer/ Gerasimtchuk, E.	Die EMRK in der Rechtsprechung des Verfassungsgerichts der Russischen Föderation Regensburg 2003 zit.: Arnold/Gerasimtchuk, Die EMRK in der Rechtsprechung des Verfassungsgerichts der Russischen Föderation, S.

Asbach, Olaf — Staat, Politik und die Verfassung der Freiheit
Zu den Anfängen des republikanischen Verfassungsdenkens in der französischen Aufklärung
in Der Staat 42 (2003), S. 1 – 34

Badura, Peter — Staatsrecht
3. Auflage
München 2003
zit.: Badura, Staatsrecht, S.

Baer, Susanne — Grundrechtscharta ante portas
in ZRP 2000, S. 361 – 364

Bahlmann, Kai — Der Grundrechtsschutz in der Europäischen Gemeinschaft
in EuR 1982, S. 1 – 20

Banaszak, Boguslaw — Einführung in das polnische Verfassungsrecht
Wroclaw 2003
zit.: Banaszak, Einführung in das polnische Verfassungsrecht, S.

ders. — Die Europäische Verfassung aus polnischer Sicht
in WGO 2003, S. 256 – 273

Barriga, Stefan — Die Entstehung der Charta der Grundrechte der Europäischen Union
Baden-Baden 2003
zit.: Barriga, Charta der Grundrechte der EU, S.

Baum, Marius — Rights Brought Home
in EuGRZ 2000, S. 281 – 303

Bausback, Winfried — „Auslagerung“ des Grundrechtsschutzes auf internationale Ebene?

Freies Annahmeverfahren für Verfassungsbeschwerden im Lichte der inter- und supranationalen Bindungen der Bundesrepublik Deutschland
in ZRP 1999, S. 6 – 9

ders. — Freiheitliche demokratische Grundordnung und internationaler Schutz der Religionsfreiheit
in: Eberich, Ingo / Hörster, Ansgar / Hoffmann, Michael / Kingreen, Thorsten / Pünder, Hermann / Störmer, Rainer (Hrsg.), Frieden und Recht
Stuttgart, München, Hannover, Berlin, Weimar, Dresden 1998
zit.: Ebrich/Hörster/Hoffmann/Kingreen/Pünder/Störmer – Bausback, Frieden und Recht, S.

Beknazar, Tigran — Das neue Recht der völkerrechtlichen Verträge in Russland
in ZaöRV 56 (1996), S. 406 – 426

Bernhardt, Rudolf — Probleme eines Beitritts der Europäischen Gemeinschaften zur Europäischen Menschenrechts-Konvention
in: Festschrift für Ulrich Everling, S. 103 – 113
Band I
Baden-Baden 1995
zit.: Bernhardt, Festschrift für Everling, S.

ders. — Der Schutz der Menschenrechte durch internationale Gerichte: Erfahrungen und Perspektiven
Köln, Berlin, Bonn, München 2002
zit.: Bernhardt, Der Schutz der Menschenrechte, S.

ders. | Die Entscheidung des Europäischen Gerichtshofs für Menschenrechte im deutschen Rechtsraum
in: Geiger, Rudolf (Hrsg.),
Völkerrechtlicher Vertrag und staatliches Recht vor dem Hintergrund zunehmender Verdichtung der internationalen Beziehungen, S. 147 – 155
1. Auflage
Baden-Baden 2000
zit.: Geiger – Bearbeiter, Völkerrechtlicher Vertrag und staatliches Recht, S.

Bergmann, Jan | Das Bundesverfassungsgericht in Europa
in EuGRZ 2004, S. 620 – 627

Bertschi, Martin/ Keller, Helen | Erfolgspotenzial des 14. Protokolls zur Europäischen Menschenrechtskonvention
in EuGRZ 2005, S. 204 – 229

Bieber, Roland | Bemerkungen zum „Memorandum der Kommission betreffend den Beitritt der EG zur Konvention über den Schutz der Menschenrechte und Grundfreiheiten vom 10. April 1979“
in EuGRZ 1979, S. 338 – 341

Bien, Florian/ Guillaumont, Olivier | Innerstaatlicher Rechtsschutz gegen überlange Verfahrensdauer
Eine kritische Untersuchung der präventiven und kompensatorischen Rechtsbehelfe im deutschen und französischen Recht im Lichte der *Kudla*-Rechtsprechung des EGMR
in EuGRZ 2004, S. 451 – 463

Bierling, Ernst Rudolf | Juristische Prinzipienlehre
Band I
Aalen 1961

zit.: Bierling, Juristische Prinzipienlehre Bd. I, S.

Bingen, Dieter
Der politische Umbruch in Polen
in: Abhandlung des Göttinger Arbeitskreises,
Die revolutionäre Umwälzung in Mittel- und Osteuropa, S. 31 – 58
Berlin 1993
zit.: Bingen, Der politische Umbruch in Polen, S.

Blanke, Josef
Der Grundrechtsschutz des Europäischen Gerichtshofs in Luxemburg
Workshop zur Europäischen Grundrechtecharta vom 25. bis 27. März 2004 in Köln
bislang unveröffentlichter Vortrag

Bleckmann, Albert
Die Entwicklung staatlicher Schutzpflichten aus den Freiheiten der Europäischen Menschenrechtskonvention
in: Festschrift für Rudolf Bernhardt,
Recht zwischen Umbruch und Bewahrung, S. 309 – 321
Berlin, Heidelberg, New York 1995
zit.: Bleckmann, Festschrift für Bernhardt, S.

ders.
Europarecht
Das Recht der Europäischen Union und der Europäischen Gemeinschaften
6. Auflage
Köln, Berlin, Bonn, München 1997
zit.: Bleckmann, Europarecht, S.

ders.
Bundesverfassungsgerichtshof versus Europäischer Gerichtshof für Menschenrechte
in EuGRZ 1995, S. 387 – 390

ders.	Verfassungsrang der Europäischen Menschenrechtskonvention? in EuGRZ 1994, S. 149 – 155
ders.	Der Grundsatz der Völkerrechtsfreundlichkeit der deutschen Rechtsordnung in DÖV 1996, S. 137 – 145
ders.	Völkerrecht 1. Auflage Baden-Baden 2001 zit.: Bleckmann, Völkerrecht, Rn.
ders.	Grundgesetz und Völkerrecht Berlin 1976 zit.: Bleckmann, Grundgesetz und Völkerrecht, S.
ders.	Staatsrecht II Die Grundrechte 4. Auflage Köln, Berlin, Bonn, München 1997 zit.: Bleckmann, Staatsrecht II, S.
Bielitz, Joachim	Verwaltungsprozessuale Wiederaufnahmepflicht kraft Völker- oder Gemeinschaftsrecht in DVBl. 2006. S. 325 – 332
Böckenförde, Ernst-Wolfgang	Verfassungsgerichtsbarkeit: Strukturfragen, Organisation, Legitimation in NJW 1999, S. 9 – 17
ders.	Recht, Staat, Freiheit: Studien zur Rechtsphilosophie, Staatstheorie und Verfassungsgeschichte 3. Auflage Frankfurt am Main 2000 zit.: Böckenförde, Recht, Staat, Verfassung, S.

Bogdandy, Armin von | Grundrechtsgemeinschaft als Integrationsziel?
Grundrechte und das Wesen der Europäischen Union
JZ 2001, S. 157 – 171

ders. | Die Verfassung der europäischen Integrationsgemeinschaft als supranationale Union
in: Bogdandy, Armin von (Hrsg.),
Die Europäische Option
Eine interdisziplinäre Analyse über Herkunft, Stand und Perspektiven der europäischen Integration, S. 97 – 127
1. Auflage
Baden-Baden 1993
zit.: Bogdandy – Bearbeiter, Europäische Option, S.

ders./ Nettesheim, Martin | Die Verschmelzung der Europäischen Gemeinschaften in der Europäischen Union
in NJW 1995, S. 2324 – 2329

Breuer, Marten | Zur Anordnung konkreter Abhilfemaßnahmen durch den EGMR
Der Gerichtshof betritt neue Wege im Fall Assanidze gegen Georgien
in EuGRZ 2004, S. 257 – 263

ders. | Karlsruhe und die Gretchenfrage: Wie hast du´s mit Straburg?
in NVwZ 2005, S. 412 – 414

ders. | Offene Fragen im Verhältnis von EGMR und EuGH
Zur Entscheidung des EGMR im Fall Emesa Sugar
in EuGRZ 2005, S. 229 – 234

ders. | Urteilsfolgen bei strukturellen Problemen – Das erste „Piloturteil" des EGMR

	Anmerkungen zum Fall Broniowski gegen Polen in EuGRZ 2004, S. 445 – 451
Bröhmer, Jürgen	Die Bosphorus – Entscheidung des Europäischen Gerichtshofs für Menschenrechte Der Schutz der Grund- und Menschenrechte in der EU und das Verhältnis zur EMRK in EuZW 2006, S. 71 – 76
Brugger, Winfried	Stufen der Begründung von Menschenrechten in Der Staat 31 (1992), S. 18 – 38
Brünneck, Alexander von	Verfassungsgerichtsbarkeit in den westlichen Demokratien Baden-Baden 1992 zit.: Brünneck, Verfassungsgerichtsbarkeit in den westlichen Demokratien, S.
Brunner, Georg	Grundrechtstheorie im Marxismus-Leninismus in: Merten, Detlef / Papier, Hans-Jürgen (Hrsg.), Handbuch der Grundrechte in Deutschland und Europa, S. 523 – 562 Band I Entwicklung und Grundlagen Heidelberg 2004 zit.: Merten/Papier – Bearbeiter, Handbuch der Grundrechte, §, Rn.
ders.	The Constitutional Law Position in: Brunner, Georg (Hrsg.), Before Reforms Human Rights in the Warsaw Pact States 1971 – 1988, S. 59 – 66 London 1990 zit.: Brunner – Bearbeiter, Human Rights in the Warsaw Pact States, S.

ders.	Die neue Verfassungsgerichtsbarkeit in Osteuropa in ZaöRV 53 (1993), S. 819 – 865
ders.	Zur Wirksamkeit der Grundrechte in Osteuropa in Der Staat 9 (1970), S. 187 – 222
ders.	Grundrechtsschutz durch Verfassungsgerichtsbarkeit in Osteuropa in: Festschrift für Klaus Stern zum 65. Geburtstag, Verfassungsstaatlichkeit, S. 1041 – 1069 München 1997 zit.: Brunner, Festschrift für Stern, S.
ders.	Zweieinhalb Jahre ungarische Verfassungsgerichtsbarkeit in Der Staat 32 (1993), S. 287 – 313
Bryde, Brun-Otto	Konstitutionalisierung des Völkerrechts und Internationalisierung des Verfassungsrechts in Der Staat 42 (2003), S. 61 – 75
Bungert, Hartwin	Einwirkung und Rang von Völkerrecht im innerstaatlichen Rechtsraum in DÖV 1994, S. 797 – 806
Busse, Christian	Die Geltung der EMRK für Rechtsakte der EU in NJW 2000, S. 1074 – 1079
Callewaert, Johan	Die EMRK und die EU-Grundrechtecharta Bestandsaufnahme einer Harmonisierung auf halbem Weg in EuGRZ 2003, S. 198 – 206
Calliess, Christian	Die Europäische Grundrechtscharta in: Ehlers, Dirk (Hrsg.),

Europäische Grundrechte und Grundfreiheiten,
S. 447 – 466
Berlin 2003
zit.: Ehlers – Bearbeiter, Europäische Grundrechte und Grundfreiheiten, S.

ders. — Rechtsstaat und Umweltstaat
Tübingen 2000
zit.: Calliess, Rechtsstaat und Umweltstaat, S.

ders./ Ruffert, Matthias (Hrsg.) — Kommentar zum EU-Vertrag und EG-Vertrag
2. Auflage
Neuwied, Kriftel 2002
zit.: Calliess/Ruffert – Bearbeiter, Kommentar zum EU/EG-Vertrag, Art., Rn.

Chryssogonos, Kostas — Zur Inkorporation der Europäischen Menschenrechtskonvention in den nationalen Rechtsordnungen der Mitgliedstaaten
in EuR 2001, S. 49 – 61

Creifelds, Carl/ Weber, Klaus — Rechtswörterbuch
17. Auflage
München 2002
zit.: Creifelds/Weber, Rechtswörterbuch, Stichwort

Cremer, Hans-Joachim — Zur Bindungswirkung von EGMR-Urteilen Anmerkung zum Görgülü-Beschluss des BVErfG vom 14.10.2004
in EuGRZ 2004, S. 683 – 700

Danilenko, Gennady M. — The New Russian Constitution and International Law
in AJIL 8 (1994), S. 451 – 470

Danwitz, Thomas von
Der Grundsatz der Verhältnismäßigkeit im Gemeinschaftsrecht
in EWS 2003, S. 393 – 402

De Louter, J.
Volkenrecht
Eerste Deel
S` Gravenhage 1910
zit.: Louter, Volkenrecht, S.

Di Fabio, Udo
Eine europäische Charta
in JZ 2000, S. 737 – 743

Diemer-Benedict, Tanja
Polen
in: Brunner, Georg (Hrsg.),
Verfassungs- und Verwaltungsrecht der Staaten Osteuropas
Loseblattsammlung
Berlin 1995
zit.: Brunner – Diemer-Benedict, Verfassungs- und Verwaltungsrecht der Staaten Osteuropas, Ländereinführung Polen, S.

dies.
Die Grundrechte in der neuen polnischen Verfassung
in ZaöRV 58 (1998), S. 205 – 237

Doehring, Karl
Völkerrecht: Ein Lehrbuch
Heidelberg 1999
zit.: Doehring, Völkerrecht, Rn.

Dorau, Christoph
Die Verfassungsfrage der Europäischen Union
Möglichkeiten und Grenzen der europäischen Verfassungsentwicklung nach Nizza
Baden-Baden 2002
zit.: Dorau, Die Verfassungsfrage der Europäischen Union, S.

Dörr, Oliver
Noch einmal: Die Europäische Union und die Europäischen Gemeinschaften
in NJW 1995, S. 3162 – 3165

ders.	Zur Rechtsnatur der Europäischen Union in EuR 1995, S. 334 – 348
Dreier, Horst (Hrsg.)	Grundgesetz Kommentar Band I Tübingen 2004 zit.: Dreier – Bearbeiter, GG Bd. I, Art., Rn.
Drzemczewski, Andrew Z.	European Human Rights Convention in Domestic Law Oxford 1983 zit.: Drzemczewski, European Human Rights Convention, S.
ders./ Meyer-Ladewig, Jens	Grundzüge des neuen EMRK-Kontrollmechanismus nach dem am 11. Mai 1994 unterzeichneten Reform-Protokoll (Nr. 11) in EuGRZ 1994, S. 317 – 322
Duguit, Léon	Traité de Droit Constitutionnelle 3. Auflage Paris 1921 zit.: Duguit, Traite´ de Droit Constitutionnelle, S.
Echterhölter, Rudolf	Die Europäische Menschenrechtskonvention in der juristischen Praxis in JZ 1956, S. 142 – 146
ders.	Die Europäische Menschenrechtskonvention im Rahmen der verfassungsmäßigen Ordnung in JZ 1955, S. 689 – 693
Ehlers, Dirk	Die Europäische Menschenrechtskonvention in Jura 2000, S. 372 – 383

ders. Allgemeine Lehren
in: Ehlers, Dirk (Hrsg.),
Europäische Grundrechte und Grundfreiheiten, S. 1 – 20
Berlin 2003
zit.: Ehlers – Bearbeiter, Europäische Grundrechte und Grundfreiheiten, S.

Eiler, Sven R. Der Grundrechtsschutz durch BVerfG, EGMR und EuGH
in JuS 1999, S. 1068 – 1073

Everling, Ulrich Überlegungen zur Struktur der Europäischen Union und zum neuen Europa-Artikel des Grundgesetzes
in DVBl. 1993, S. 936 – 947

Ferschtman, Maxim Reopening of judicial procedures in Russia: the way to implement the future decisions of ECHR supervisory organs?
in: Barkhuysen, Tom / Emmerik, Michiel van /
Kempen, Piet Hein van (Hrsg.),
The Execution of Strasbourg and Geneva Human Rights Decisions in the National Legal Order, S. 123 – 135
The Hague, Boston, London 1999
zit.: Barkhuysen/Emmerik/Kempen – Bearbeiter, The Execution of Strasbourg and Geneva Human Rights Decisions in the National Legal Order, S.

Fiedler, Wilfried Quantitative und qualitative Aspekte der Einordnung der Bundesrepublik Deutschland in völkerrechtliche Verträge
in: Geiger, Rudolf (Hrsg.),
Völkerrechtlicher Vertrag und staatliches Recht vor dem Hintergrund zunehmender Verdichtung der internationalen Beziehungen, S. 11 – 21
1. Auflage

Baden-Baden 2000
zit.: Geiger – Bearbeiter, Völkerrechtlicher Vertrag und staatliches Recht, S.

ders. — Auswärtige Gewalt und Verfassungsgewichtung
Zum Problem des internationalen Verfassungsrechts
in: Festschrift für Hans-Jürgen Schlochauer, Staatsrecht – Völkerrecht – Europarecht, S. 57 – 77
Berlin, New York 1981
zit.: Fiedler, Festschrift für Schlochauer, S.

Fleiner-Gerster, Thomas — Völkerrecht – Landesrecht
Rechtsvergleichende Überlegungen zum Verhältnis des Landesrechts zum internationalen Recht
in: Festschrift für Dietrich Schindler, S. 687 – 699
Heidelberg 1989
zit.: Fleiner-Gerster, Festschrift für Schindler, S.

Freytag, Georg — Die Verfassung der Republik Polen vom 2. April 1997 im Spiegel des gesamteuropäischen Verfassungsstandards
in ROW 1998, S. 1 – 14

Fromont, Michael — Die Bedeutung der Europäischen Menschenrechtskonvention in der Französischen Rechtsordnung
in DÖV 2005, S. 1 – 10

Frowein, Jochen Abr. — Das Bundesverfassungsgericht und die Europäische Menschenrechtskonvention
in: Festschrift für Wolfgang Zeidler, S. 1763 – 1774
Band 2
Berlin, New York 1987
zit.: Frowein, Festschrift für Zeidler, S.

ders. Übernationale Menschenrechtsgewährleistungen und nationale Staatsgewalt
in: Isensee, Josef / Kirchhof, Paul (Hrsg.), Handbuch des Staatsrechts der Bundesrepublik Deutschland
Normativität und Schutz der Verfassung – Internationale Beziehungen
Band VII
Heidelberg 1992
zit.: Isensee/Kirchhof – Bearbeiter, HbStR Bd. VII, §, Rn.

ders. Die Herausbildung europäischer Verfassungsprinzipien
in: Festschrift für Werner Maihofer zum 70. Geburtstag
Rechtsstaat und Menschenwürde, S. 149 – 158
Frankfurt am Main 1988
zit.: Frowein, Festschrift für Maihofer, S.

ders. Die Verfassung der Europäischen Union aus der Sicht der Mitgliedstaaten
in EuR 1995, S. 315 – 333

ders. Der europäische Menschenrechtsschutz als Beginn einer europäischen Verfassungsrechtsprechung
in JuS 1986, S. 845 – 851

ders. Der Straßburger Grundrechtsschutz in seinen Auswirkungen auf die nationalen Rechtsordnungen und das Gemeinschaftsrecht
in: Kreuzer, Karl F. / Scheuing, Dieter H. / Sieber, Ulrich (Hrsg.),
Europäischer Grundrechtsschutz, S. 25 – 38
Baden-Baden 1998
zit.: Kreuzer/Scheuing/Sieber – Bearbeiter, Europäischer Grundrechtsschutz, S.

ders./
Kühner, Rolf
Drohende Folterung als Asylgrund und Grenze für Auslieferung und Ausweisung
in ZaöRV 43 (1983), S. 537 – 565

ders./
Villiger, Mark Eugen
Constitutional Jurisdiction in the Context of State Powers Modalities, Contents and effects of the Decisions on the Constitutionality of Legal Regulations
Report of the European Commission of Human Rights
in HRLJ Vol. 9 (1988), S. 23 – 55

ders./
Peukert, Wolfgang
Europäische Menschenrechtskonvention
EMRK-Kommentar
Kehl, Straßburg, Arlington 1996
zit.: Frowein/Peukert, EMRK, Art., Rn.

Gäßner, Barbara
Zur Verfassungsgerichtsbarkeit in den Subjekten der Russischen Föderation unter besonderer Berücksichtigung der Normenhierarchie
Berlin 2002
zit.: Gäßner, Zur Verfassungsgerichtsbarkeit in den Subjekten der Russischen Föderation unter besonderer Berücksichtigung der Normenhierarchie, S.

Geerlings, Jörg
Der Europäische Verfassungsprozess nach den gescheiterten Referenden in Frankreich und den Niederlanden
in DVBl. 2006, S. 129 – 133

Georg, Ress
Die Europäische Menschenrechtskonvention und die Vertragsstaaten: Die Wirkung der Urteile des Europäischen Gerichtshofs für Menschenrechte im innerstaatlichen Recht und vor innerstaatlichen Gerichten
in: Maier, Irene (Hrsg.),
Europäischer Menschenrechtsschutz,
S. 227 – 287

Heidelberg 1982
zit.: Maier – Bearbeiter, Europäischer Menschenrechtsschutz, S.

Giegerich, Thomas — Luxemburg, Karlsruhe, Straßburg – Dreistufiger Grundrechtsschutz in Europa in ZaöRV 50 (1990), S. 836 – 865

ders. — Vorbehalte zu Menschenrechtsabkommen: Zulässigkeit, Gültigkeit und Prüfungskompetenzen von Vertragsgremien
Ein konstitutioneller Ansatz
in ZaöRV 1995, S. 713 – 778

ders. — Europäische Verfassung und deutsche Verfassung im transnationalen Konstitutionalisierungsprozess: Wechselseitige Rezeption, konstitutionelle Evolution und föderale Verflechtung
Berlin, Heidelberg, New York 2003
zit.: Giegerich, Europäische Verfassung, S.

Glauben, Paul J. — Der Europäische Gerichtshof für Menschenrechte
in DRiZ 2003, S. 128 – 131

Golsong, Heribert — Nochmals: Zur Frage des Beitritts der Europäischen Gemeinschaften zur Europäischen Menschenrechtskonvention
in EuGRZ 1979, S. 70 – 74

ders. — Der Schutz der Grundrechte durch die Europäische Menschenrechtskonvention und seine Mängel
in: Mosler, Hermann / Bernhardt, Rudolf / Hilf, Meinhard (Hrsg.),
Grundrechtsschutz in Europa,
Europäische Menschenrechtskonvention und Europäische Gemeinschaften, S. 7 – 20
Berlin, Heidelberg, New York 1977

zit.: Mosler/Bernhardt/Hilf – Bearbeiter, Grundrechtsschutz in Europa, S.

Grabenwarter, Christoph — Zur Zukunft des Europäischen Gerichtshofs für Menschenrechte
in EuGRZ 2003, S. 174 – 178

ders. — Europäische Menschenrechtskonvention
München 2005
2. Auflage
zit.: Grabenwarter, Europäische Menschenrechtskonvention, S.

ders. — Europäisches und nationales Verfassungsrecht
Zweiter Beratungsgegenstand (4. Bericht)
in VVDStRL 60 (2001), S. 290 – 345

ders. — Die Charta der Grundrechte für die Europäische Union
in DVBl. 2001, S. 1 – 13

ders. — Die Menschenrechtskonvention und Grundrechte-Charta in der europäischen Verfassungsentwicklung
in: Festschrift für Helmut Steinberger, Tradition und Weltoffenheit, S. 1129 – 1152
zit.: Grabenwarter, Festschrift für Steinberger, S.

ders. — Auf dem Weg in die Grundrechtsgemeinschaft
in EuGRZ 2004, S. 563 – 570

ders./ Pabel, Katharina — Grundrechtsschutz in der Rechtsprechung des EuGH und des EGMR
Workshop zur Europäischen Grundrechtecharta vom 25. bis 27. März 2004 in Köln
bislang unveröffentlichter Vortrag

Grabitz, Eberhard/
Hilf, Meinhard

Das Recht der Europäischen Union
Band I
EUV/EGV
München 2003
zit.: Grabitz/Hilf – Bearbeiter, Kommentar zur EU, Art., Rn.

Grimm, Dieter

Braucht Europa eine Verfassung?
in JZ 1995, S. 581 – 591

ders.

Die Zukunft der Verfassung
in: Preuß, Ulrich K. (Hrsg.),
Zum Begriff der Verfassung
Die Ordnung des Politischen, S. 277 – 303
Frankfurt am Main 1994
zit.: Preuß – Verfasser, Begriff der Verfassung, S.

ders.

Ursprung und Wandel der Verfassung
in: Isensee, Josef / Kirchhof, Paul (Hrsg.),
Handbuch des Staatsrechts der Bundesrepublik Deutschland
Historische Grundlagen
Band I
3. Auflage
Heidelberg 2003
zit.: Isensee/Kirchhof – Bearbeiter, HbStR Bd. I, Historische Grundlagen, §, Rn.

Groeben, Hans von der/
Thiesing, Jochen/
Ehlermann, Claus-Dieter (Hrsg.)

Kommentar zum EU-/EG-Vertrag
5. Auflage
Band 1
Artikel A – F EUV
Artikel 1 – 84 EGV
Baden-Baden 1997
zit.: Groeben/Thiesing/Ehlermann – Bearbeiter, Kommentar zum EU-/EG-Vertrag, Art., Rn.

Gross, Aeyal M. — Reinforcing the New Democracies: The European Convention on Human Rights and the Former Communist Countries – A Study of the Case Law
in EJIL Vol. 7 (1996), S. 89 – 102

Grote, Rainer — Die Inkorporierung der Europäischen Menschenrechtskonvention in das britische Recht durch den Human Rights Act 1998
in ZaöRV 58 (1998), S. 309 – 349

Grünigen, Marianne von — Die österreichische Verfassungsnovelle über Staatsverträge vom 4. März 1964
in ZaöRV (25) 1965, S. 76 – 96

Guggenheim, Paul — Der völkerrechtliche Schutz der Menschenrechte
in Die Friedenswarte 1949, S. 177 – 190

Guradze, Heinz — Verfassungsbeschwerde und Verletzung der Menschenrechtskonvention
in DÖV 1961, S. 12 – 13

ders. — Zur Gültigkeit des Rechtshilfegesetzes
in NJW 1958, S. 817 – 818/1912 – 1913

ders. — Kann die Verfassungsbeschwerde auf eine Verletzung der Konvention zum Schutze der Menschenrechte gestützt werden?
in DÖV 1960, S. 286 – 288

Häberle, Peter — Die Verfassungsgerichtsbarkeit auf der heutigen Entwicklungsstufe des Verfassungsstaates
in EuGRZ 2004, S. 117 – 125

ders. — Gemeineuropäisches Verfassungsrecht und „Verfassung" der EG
in: Schwarze, Jürgen (Hrsg.),

	Verfassungsrecht und Verfassungsgerichtsbarkeit im Zeichen Europas, S. 11 – 44 Baden-Baden 1998 zit.: Schwarze – Bearbeiter, Verfassungsrecht und Verfassungsgerichtsbarkeit im Zeichen Europas, S.
ders.	Wechselwirkung zwischen deutschen und ausländischen Verfassungen in: Merten, Detlef / Papier, Hans-Jürgen (Hrsg.), Handbuch der Grundrechte in Deutschland und Europa, S. 313 – 348 Band I Entwicklung und Grundlagen Heidelberg 2004 zit.: Merten/Papier – Bearbeiter, Handbuch der Grundrechte, §, Rn.
ders.	Europa als werdende Verfassungsgemeinschaft in DVBl. 2000, S. 840 – 847
ders.	Gemeineuropäisches Verfassungsrecht in EuGRZ 1991, S. 261 – 274
ders.	Verfassungsentwicklung in Osteuropa in: Festschrift für Zentaro Kitagawa zum 60. Geburtstag am 5. April 1992 Wege zum japanischen Recht, S. 129 – 156 Berlin 1992 zit.: Häberle, Festschrift für Kitagawa, S.
Häfner, Gerald/ Strawe, Christoph/ Zuegg, Robert	In Auseinandersetzung um eine Charta der Grundrechte der Europäischen Union in ZRP 2000, S. 365 – 368
Hartwig, Matthias	Verfassungsgerichtsbarkeit in Rußland Der dritte Anlauf in EuGRZ 1996, S. 177 – 191

Hatje, Armin — Entwicklung zu einer europäischen Verfassung – zur aktuellen Debatte aus deutscher Perspektive in: Hohloch, Gerhard (Hrsg.), Wege zum Europäischen Recht
7. Deutsch – Schwedisches Juristentreffen, S. 73 – 86
1. Auflage
Baden-Baden 2002
zit.: Hohloch – Bearbeiter, Wege zum Europäischen Recht, S.

Hauer, Andreas — Die Polizeizwecke der Grundrechtsschranken der Europäischen Menschenrechtskonvention
in: Grabenwarter, Christoph / Thienel, Rudolf (Hrsg.),
Kontinuität und Wandel der EMRK
Studien zur Europäischen Menschenrechtskonvention, S. 115 – 138
Kehl, Straßburg, Arlington 1998
zit.: Grabenwarter/Thienel – Bearbeiter, Kontinuität und Wandel der EMRK, S.

Heer-Reißmann, Christine — Straßbourg oder Luxemburg? – Der EGMR zum Grundrechtsschutz bei Verordnungen der EG in der Rechtssache Bosporus
in NJW 2006, S. 192 – 194

Heintzen, Markus — Gemeineuropäisches Verfassungsrecht in der Europäischen Union
in EuR 1997, S. 1 – 16

Herdegen, Matthias — Völkerrecht
2. Auflage
München 2002
zit.: Herdegen, Völkerrecht, S.

ders. — Europarecht
7. Auflage
München 2005
zit.: Herdegen, Europarecht, S.

Hertel, Wolfram | Supranationalität als Verfassungsprinzip
Normativität und Legitimation als Element des europäischen Verfassungsrechts
Berlin 1999
zit.: Hertel, Supranationalität als Verfassungsprinzip, S.

ders. | Die Normativität der Staatsverfassung und einer Europäischen Verfassung
in JöR 48 (2000), S. 233 – 251

Hertz, Wilhelm G. | Das Problem der Menschenrechte in
Die Friedenswarte 1948, S. 36 – 49

Herzog, Roman | Das Verhältnis der Europäischen Menschenrechtskonvention zu späteren deutschen Gesetzen
in DÖV 1959, S. 44 – 47

Hesse, Konrad | Bestand und Bedeutung der Grundrechte in der Bundesrepublik Deutschland
in EuGRZ 1978, S. 427 – 438

ders. | Grundzüge des Verfassungsrecht der Bundesrepublik Deutschland
20. Auflage
Heidelberg 1995
zit.: Hesse, Grundzüge des Verfassungsrechts, Rn.

Hilf, Meinhardt | Europäische Union und Europäische Menschenrechtskonvention
in: Festschrift für Rudolf Bernhardt, Recht zwischen Umbruch und Bewahrung, S. 1193 – 1210
Berlin, Heidelberg, New York 1995
zit.: Hilf, Festschrift für Bernhardt, S.

Hillgruber, Christian | Staat und Religion
in DVBl. 1999, S. 1155 – 1178

Hinkel, Karl Reinhard — Verfassungsgerichtsbarkeit zwischen Recht und Politik
Eine historische Betrachtung
Herford 1984
zit.: Hinkel, Verfassungsgerichtsbarkeit zwischen Recht und Politik, S.

Hirsch, Günter — EG: Kein Staat, aber eine Verfassung?
in NJW 2000, S. 46 – 47

Hobe, Stepahn — Bedingungen, Verfahren und Chancen europäischer Verfassungsgebung: Zur Arbeit des Brüsseler Verfassungskonvents
in EuR 2003, S. 1 – 17

Hoffmann-Riem, Wolfgang — Gewaltenteilung – mehr Eigenverantwortung für die Justiz
in DRiZ 2000, S. 18 – 32

Hoffmeister, Frank — Kroatiens Beitritt zum Europarat und seine Auswirkungen auf die kroatische Verfassungsgerichtsbarkeit
Präzedenz- oder Sonderfall der Straßburger Aufnahmepraxis
in EuGRZ 1997, S. 93 – 98

ders. — Art. 10 EMRK in der Rechtsprechung des Europäischen Gerichtshofs für Menschenrechte 1994 – 1999
in EuGRZ 2000, S. 358 – 369

ders. — Die Europäische Menschenrechtskonvention als Grundrechtsverfassung und ihre Bedeutung in Deutschland
in Der Staat 40 (2001), S. 349 – 381

Hofmann, Rainer — Das dänische Gesetz vom 29. April 1992 zur innerstaatlichen Anwendbarkeit der EMRK
in EuGRZ 1992, S. 253 – 256

Höland, Armin

Rechts- und Moralbildung in Europa durch die Konvetion zum Schutz der Menschenrechte und Grundfreiheiten
in: Renzikowski, Joachim (Hrsg),
Die EMRK im Privat-, Straf- und Öffentlichen Recht
Grundlagen einer europäischen Rechtskultur
Zürich, Basel, Genf 2004
zit: Renzikowski – Bearbeiter, EMRK im Privat-, Straf- und Öffentlichen Recht, S.

Hoskova, Mahulena

Das Völkerrecht als Maßstab verfassungsgerichtlicher Entscheidungen in einigen ost- und mitteleuropäischen Staaten
in: Frowein, Jochen Abr. / Marauhn, Thilo (Hrsg.),
Grundfragen der Verfassungsgerichtsbarkeit in Mittel- und Osteuropa, S. 443 – 494
Berlin, Heidelberg, New York 1998
zit.: Frowein/Marauhn – Bearbeiter, Verfassungsgerichtsbarkeit in Mittel- und Osteuropa, S.

Huber, Peter M.

Europäisches und nationales Verfassungsrecht
in VVDStRL 60 (2001), S. 194 – 245

ders.

Das Kooperationsverhältnis zwischen BVerfG und EuGH in Grundrechtsfragen
Die Bananenmarktordung und das Grundgesetz
in EuZW 1997, S. 517 – 521

Iglesias, Gil Carlos Rodriguez

Zur Stellung der Europäischen Menschenrechtskonvention im europäischen Gemeinschaftsrecht
in: Festschrift für Rudolf Bernhardt,
Recht zwischen Umbruch und Bewahrung,
S. 1269 – 1281

Berlin, Heidelberg, New York 1995
zit.: Iglesias, Festschrift für Bernhardt, S.

ders. Zur „Verfassung" der Europäischen Gemeinschaft
in EuGRZ 1996, S. 125 – 131

Illiopoulos-Strangas, Julia Die allgemeinen Rechtsgrundsätze in der Praxis der Straßburger Organe am Beispiel des Verhältnismäßigkeitsprinzips
in Rables Zeitschrift, 1999, S. 415 – 451

Imbert, Pierre-Henri Die Frage der Vorbehalte und die Menschenrechtskonvention
in: Maier, Irene (Hrsg.),
Europäischer Menschenrechtsschutz, S. 95 – 129
Heidelberg 1982
Maier – Bearbeiter, Europäischer Menschenrechtsschutz, S.

Ipsen, Hans Peter Europäische Verfassung – Nationale Verfassung
in EuR 1987, S. 195 – 213

Ipsen, Knut (Hrsg.) Völkerrecht
5. Auflage
München 2004
zit.: Ipsen – Bearbeiter, Völkerrecht, S.

Isensee, Josef Integrationsziel Europastaat?
in: Festschrift für Ulrich Everling, S. 567 – 592
Band I
Baden-Baden 1995
zit.: Isensee, Festschrift für Everling, S.

ders. Staat und Verfassung
in: Issensee, Josef / Kirchhof, Paul (Hrsg.),

Handbuch des Staatsrechts der Bundesrepublik Deutschland
Grundlagen von Staat und Verfassung
Band I
Heidelberg 1987
zit.: Isensee/Kirchhof – Bearbeiter, HbStR Bd. I, §, Rn.

ders. — Die Verfassung als Vaterland
Zur Staatsverdrängung der Deutschen
in: Mohler, Armin (Hrsg.),
Wirklichkeit als Tabu, S. 11 – 35
München 1986
zit.: Mohler – Bearbeiter, Wirklichkeit als Tabu, S.

Jacobs, Francis G./ White, Robin C.A. — The European Convention on Human Rights
Second Edition
Oxford 1996
zit.: Jacobs/White, The European Convention on Human Rights, S.

Jaeger, Renate — Menschenrechtsschutz im Herzen Europas
Zur Kooperation des Bundesverfassungsgerichts mit dem Europäischen Gerichtshof für Menschenrechte und dem Gerichtshof der Europäischen Gemeinschaften
in EuGRZ 2005, S. 193 – 204

dies./ Broß, Siegfried — Die Beziehungen zwischen dem Bundesverfassungsgericht und den übrigen einzelstaatlichen Rechtsprechungsorganen – einschließlich der diesbezüglichen Interferenz des Handelns der europäischen Rechtsprechungsorgane
in EuGRZ 2004, S. 1 – 15

Janicki, Lech — Fragen der polnischen Verfassungsgeschichte
in ROW 1995, S. 207 – 212

Jankowska-Gilberg, Magdalena	Die Stellung des Völkerrechts in der polnischen Rechtsordnung in JöR 52 (2004), S. 427 – 455
Jann, Peter	Verfassungsrechtlicher und internationaler Schutz der Menschenrechte: Konkurrenz oder Ergänzung? Landesbericht Österreich für die IX. Konferenz der Europäischen Verfassungsgerichte in EuGRZ 1994, S. 1 – 15
Jarass, Hans Pieroth, Bodo	Grundgesetz für die Bundesrepublik Deutschland Kommentar 7. Auflage München 2004 zit.: Jarass/Pieroth, GG, Art., Rn.
Jellinek, Georg	Die rechtliche Natur der Staatsverträge Wien 1880 zit.: Jellinek, Die rechtliche Natur der Staatsverträge, S.
ders.	Allgemeine Staatslehre 3. Auflage Berlin 1922 zit.: Jellinek, Allgemeine Staatslehre, S.
ders.	System der subjektiv öffentlichen Rechte 2. Auflage Tübingen 1905 zit.: Jellinek, System der subjektiv öffentlichen Rechte, S.
Jestaedt, Matthias	Grundrechtsentfaltung im Gesetz Tübingen 1999 zit.: Jestaedt, Grundrechtsentfaltung, S.
Kägi, Werner	Die Verfassung als rechtliche Grundordnung des Staates

Zürich 1945
zit.: Kägi, Verfassung als rechtliche Grundordnung, S.

Kahl, Wolfgang — Das Grundrechtsverständnis der postsozialistischen Verfassungen Osteuropas
Eine Studie am Beispiel von Polen, Ungarn, Tschechien, Slowakei und Russland
Berlin 1981
zit.: Kahl, Postsozialistische Verfassungen, S.

Kakanishi, Yumiko — Die Entwicklung der Außenkompetenzen der Europäischen Gemeinschaft
Frankfurt am Main, Berlin, Bern 1998
zit.: Kakanishi, Entwicklung der Außenkompetenzen der EG, S.

Kälin, Walter — Die Europäische Menschenrechtskonvention als Faktor der europäischen Integration
in: Festschrift für Dietrich Schindler zum 65. Geburtstag, S. 529 – 539
Basel, Frankfurt am Main 1989
zit.: Kälin, Festschrift für Schindler, S.

ders./
Künzli, Jörg — Universeller Menschenrechtsschutz
Basel, Genf, München 2005
zit.: Kälin/Künzli, Universeller Menschenrechtsschutz

Kedzia, Zdzistaw — Die Grundrechte in der aktuellen polnischen Verfassungsdebatte
in ROW 1990, S. 367 – 372

Kelsen, Hans — Reine Rechtslehre
Leipzig, Wien 1934
zit.: Kelsen, Reine Rechtslehre, S.

ders. — Die Einheit von Völkerrecht und staatlichem Recht
in ZaöRV 19 (1958), S. 234 – 248

Kimminich, Otto/
Hobe, Stephan
Einführung in das Völkerrecht
8. Auflage
Tübingen, Basel 2004
zit.: Kimminich/Hobe, Völkerrecht, S.

Kirchhof, Paul
Verfassungsrechtlicher Schutz und internationaler Schutz der Menschenrechte: Konkurrenz oder Ergänzung?
Landesbericht Deutschland für die IX. Konferenz der Europäischen Verfassungsgerichte
in EuGRZ 1994, S. 16 – 44

Kischel, Uwe
Die Kontrolle der Verhältnismäßigkeit durch den Europäischen Gerichtshof
in EuR 2000, S. 380 – 402

Klein, Eckart
Von der Spaltung zur Einigung Europas
in: Merten, Detlef /
Papier, Hans-Jürgen (Hrsg.),
Handbuch der Grundrechte in Deutschland und Europa, S. 201 – 268
Band I
Entwicklung und Grundlagen
Heidelberg 2004
zit.: Merten/Papier – Bearbeiter, Handbuch der Grundrechte, §, Rn.

Klein, Hans Hugo
Grundrechte am Beginn des 21. Jahrhunderts
in: Merten, Detlef /
Papier, Hans-Jürgen (Hrsg.),
Handbuch der Grundrechte in Deutschland und Europa, S. 269 – 312
Band I
Entwicklung und Grundlagen
Heidelberg 2004
zit.: Merten/Papier – Bearbeiter, Handbuch der Grundrechte, §, Rn.

Klerk, Yvonne/ De Jong, Eric Janse	The Netherlands in: Gearty, C.A. (Hrsg.), European Civil Liberties and the European Convention on Human Rights The Hague, Boston, London 1997 zit.: Gearty – Bearbeiter, European Convention on Human Rights, S.
Klose, Bernhard	Grundrechtsschutz in der Europäischen Union und die Europäische Menschenrechtskonvention in DRiZ 1997, S. 122 – 129
Kneihs, Benjamin	Recht auf Leben und Terrorismusbekämpfung – Anmerkung zur jüngsten Judikatur des EGMR zu Art. 2 EMRK in: Grabenwarter, Christoph / Thienel, Rudolf (Hrsg.), Kontinuität und Wandel der EMRK Studien zur Europäischen Menschenrechtskonvention, S. 21 – 43 Kehl, Straßburg, Arlington 1998 zit.: Grabenwarter/Thienel – Bearbeiter, Kontinuität und Wandel der EMRK, S.
Koch, Thorsten	Parteiverbote, Verhältnismäßigkeitsprinzip und EMRK in DVBl. 2002, S. 1388 – 1393
Koenig, Christian	Ist die Europäische Union verfassungsfähig? in DÖV 1998, S. 268 – 275
ders.	Anmerkungen zur Grundordnung der Europäischen Union und ihrem fehlenden „Verfassungsbedarf" in NVwZ 1996, S. 549 – 352
ders./ Haratsch, Andreas	Europarecht 4. Auflage

Tübingen 2004
zit.: Koenig/Haratsch, Europarecht, Rn.

Kolonovits, Dieter — Meinungsfreiheit und Blasphemie in der jüngeren Rechtsprechung des EGMR
in: Grabenwarter, Christoph / Thienel, Rudolf (Hrsg.), Kontinuität und Wandel der EMRK
Studien zur Europäischen Menschenrechtskonvention, S. 169 – 204
Kehl, Straßburg, Arlington 1998
zit.: Grabenwarter/Thienel – Bearbeiter, Kontinuität und Wandel der EMRK, S.

Konstantinov, Emil — Die osteuropäischen Länder und der Rechtsschutz durch die Europäische Menschenrechtskonvention
in ROW 1998, S. 21 – 26

Kopp, Ferdinand O. — Das Verfassungsverständnis in den sozialistischen Staaten
in: Festschrift für Günther Küchenhoff, Recht und Staat, S. 573 – 603
Berlin 1972
zit.: Kopp, Festschrift für Küchenhoff, S.

Korioth, Stefan — Europäische und nationale Identität: Integration durch Verfassungsrecht?
in VVDStRL 62 (2003), S. 117 – 152

Krabbe, Hugo — Die Lehre der Rechtssouveränität
Groningen 1906
zit.: Krabbe, Die Lehre der Rechtssouveränität, S.

ders. — Die moderne Staatsidee
2. Auflage
Haag 1919
zit.: Krabbe, Die moderne Staatsidee, S.

Krjazkov, V.A./
Lazarev, L.V.
Verfassungsgerichtsbarkeit in der Russischen Föderation
Berlin 2001
zit.: Krjazkov/Lazarev, Verfassungsgerichtsbarkeit in der Russischen Föderation, S.

Krüger, Hans Christian/
Polakiewicz, Jörg
Vorschläge für ein kohärentes System des Menschenrechtsschutzes in Europa
Europäische Menschenrechtskonvention und EU-Grundrechtscharta
in EuGRZ 2001, S. 92 – 105

Krüger, Hartmut
Die Funktion der Verwaltungs- und Verfassungsgerichtsbarkeit in einigen Staaten Osteuropas
in DÖV 1986, S. 45 – 56

Kuesko-Stadlmayer, Gabriele
Die Beziehungen zwischen dem Verfassungsgerichtshof und den andren Gerichten, einschließlich der europäischen Rechtsprechungsorgane
Landesbericht Österreich
in EuGRZ 2004, S. 16 – 30

Kugelmann, Dieter
Die streitbare Demokratie der EMRK
Politische Parteien und Gottesstaat:
Das Urteil des EGMR zur Auflösung des Wohlfahrtspartei in der Türkei
in EuGRZ 2003, S. 533 – 544

Kühl, Kristian
Der Einfluss der Europäischen Menschenrechtskonvention auf das Strafrecht und Strafverfahrensrecht der Bundesrepublik Deutschland (Teil I)
in ZStW 100 (1988), S. 406 – 443

Kühling, Jürgen
Grundrechtskontrolle durch den EuGH:
Kommunikationsfreiheit und Pluralismussicherung im Gemeinschaftsrecht
in EuGRZ 1997, S. 296 – 303

Küpper, Herbert
Völkerrecht, Verfassung und Außenpolitik in Ungarn
in ZaöRV 58 (1998), S. 239 – 286

Lenz, Carl Otto
Der europäische Grundrechtsstandard in der Rechtsprechung des Europäischen Gerichtshofs
in EuGRZ 1993, S. 585 – 589

Lenz, Christofer
Anmerkung zu der Gibraltar-Entscheidung des EGMR
in EuZW 1999, S. 311 – 313

Limbach, Jutta
Die Kooperation der Gerichte in der zukünftigen europäischen Grundrechtsarchitektur
Ein Beitrag zur Neubestimmung des Verhältnisses von Bundesverfassungsgericht, Gerichtshof der Europäischen Gemeinschaften und Europäischen Gerichtshof für Menschenrechte
in EuGRZ 2000, S. 417 – 420

Lindner, Josef Franz
Der Konvent zur Zukunft Europas
Ein Überblick über die aktuelle europäische Reformagenda
in BayVBl. 2002, S. 513 – 517

Magiera, Siegfried
Die Grundrechtecharta der Europäischen Union
in DÖV 2000, S. 1017 – 1026

Mahrenholz, Ernst Gottfried
Europäische Verfassungsgerichte
in JöR 49 (2001), S. 15 – 30

Mangoldt, Hans von
The Communist Concept of Civil Rights and Human Rigths under International Law
in: Brunner, Georg (Hrsg.),
Before Reforms
Human Rights in the Warsaw Pact States 1971 – 1988, S. 27 – 57

London 1990
zit.: Brunner – Bearbeiter, Human Rights in the Warsaw Pact States, S.

ders. | Die Menschenrechtskonzeption der Staaten des Warschauer Paktes im Lichte ihrer völkerrechtlichen Verpflichtungen
in ROW 1989, S. 83 – 90

Martens, Ernst K. | Unzulässige Vorbehalte zu Menschenrechtskonventionen
in: Festschrift für Dietrich Rauschning, Recht – Staat – Gemeinwohl, S. 351 – 369
zit.: Martens, Festschrift für Rauschning, S.

Matyschok, Edgar | Der Entwurf einer neuen Verfassung der Republik Polen und die Verfassungsgerichtsbarkeit
in ROW 1992, S. 225 – 234

Maurer, Hartmut | Staatsrecht I
Grundlagen Verfassungsorgane Staatsfunktionen
2. Auflage
München 2001
zit.: Maurer, Staatsrecht I, §, Rn.

Melenovsky, Jiri | Der Aufbau des Rechtsstaates in der Tschechoslowakei
in ROW 37 (1993), S. 12 – 18

Menzel, Eberhard | Die Einwirkung der Menschenrechtskonvention auf das deutsche Recht
in DÖV 1970, S. 509 – 517

Meyer, Jürgen (Hrsg.) | Kommentar zur Charta der Grundrechte der Europäischen Union
Baden-Baden 2003
zit.: Meyer – Bearbeiter, Kommentar zur Charta der EU, Art., Rn.

Meyer-Ladewig, Jens
Konvention zum Schutz der Menschenrechte und Grundfreiheiten
Handkommentar
1. Auflage
Baden-Baden 2003
zit.: Meyer-Ladewig, EMRK, Art., Rn.

Möllers, Christoph
Verfassunggebende Gewalt – Verfassung – Konstitutionalisierung
in: von Bogdandy, Armin (Hrsg.),
Europäisches Verfassungsrecht, S. 1 – 57
Berlin, Heidelberg, New York 2003
zit.: Bogdandy – Bearbeiter, Europäisches Verfassungsrecht, S.

Molthagen, Julia
Das Verhältnis der EU-Grundrechte zur EMRK
Hamburg 2003
zit.: Molthagen, Verhältnis der EU-Grundrechte zur EMRK, S.

Morlok, Martin
Möglichkeiten und Grenzen einer europäischen Verfassungstheorie
in: Lhotta, Roland / Oebbecke, Janbernd / Reh, Werner (Hrsg.),
Deutsche und europäische Verfassungsgeschichte: Sozial- und rechtswissenschaftliche Zugänge, S. 113 – 131
Baden-Baden 1997
zit.: Lhotta/Obbecke/Reh – Bearbeiter, Verfassungsgeschichte, S.

Morscher, Siegbert
Die Hierarchie der Verfassungsnormen und ihre Funktion im Grundrechtsschutz in Österreich
in EuGRZ 1990, S. 454 – 473

Mosler, Hermann
Begriff und Gegenstand des Europarechts
in ZaöRV 28 (1968), S. 481 – 500

Münch, Fritz	Zur Anwendung der Menschenrechtskonvention in der Bundesrepublik Deutschland in JZ 1961, S. 153 – 155
Münch, Ingo von	Völkerrecht 2. Auflage Berlin, New York 1982 zit.: Münch, Völkerrecht, S.
Neuhold, Hanspeter/ Hummer, Waldemar/ Schreuer, Christoph	Österreichisches Handbuch des Völkerrechts Band I Wien 1983 zit.: Neuhold/Hummer/Schreuer – Bearbeiter, Völkerrecht, S.
Nußberger, Angelika	Die Grundrechte in der Rechtsprechung des russischen Verfassungsgerichts Ausgewählte Entscheidungen aus den Jahren 1995 bis 1997 in EuGRZ 1998, S. 105 – 121
Oeter, Stefan	Europäische Integration als Konstitutionalisierungsprozess in ZaöRV 59 (1999), S. 901 – 914
Okresek, Wolf	Die Umsetzung der EGMR-Urteile und ihre Überwachung Probleme der Vollstreckung und der Behandlung von Wiederholungsfällen in EuGRZ 2003, S. 168 – 174
ders.	Die Organe der Europäischen Menschenrechtskonvention vor neuen Herausforderungen in ÖJZ 1993, S. 329 – 338
Oppermann, Thomas	Eine Verfassung für die Europäische Union Der Entwurf des Europäischen Konvents in DVBl. 2003, S. 1165 – 1176; S. 1234 – 1246

ders. Europarecht
3. Auflage
München 2005
zit.: Oppermann, Europarecht, Rn.

Ossenbühl, Fritz Gesetz und Recht – Die Rechtsquellen im demokratischen Rechtsstaat
in: Isensee, Josef / Kirchhof, Paul (Hrsg.), Handbuch des Staatsrechts der Bundesrepublik Deutschland
Band III
Das Handeln des Staates
Heidelberg 1988
zit.: Isensee/Kirchhof – Bearbeiter, HbStR Bd. III, §, Rn.

Pache, Eckhard Die Europäische Menschenrechtskonvention und die deutsche Rechtsordnung
in EuR 2004, S. 393 – 415

ders. Die Europäische Grundrechtscharta – ein Rückschritt für den Grundrechtsschutz in Europa?
in EuR 2001, S. 475 – 494

Pahr, Willibald P. Der Verfassungsrang der Europäischen Menschenrechtskonvention in Österreich
in EuGRZ 1975, S. 576 – 577

Papier, Hans-Jürgen Umsetzung und Wirkung der Entscheidung des Europäischen Gerichtshofs für Menschenrechte aus der Perspektive der nationalen deutschen Gerichte
in EuGRZ 2006, S. 1 – 3

Partsch, Karl Josef Die Entstehung der europäischen Menschenrechtskonvention
in ZaöRV 15 (19953/54), S. 631 – 660

ders.	Individuum in Völkerrecht in: Strupp, Karl / Schlochauer, Hans-Jürgen (Hrsg.), Wörterbuch des Völkerrechts, S. 13 – 17 Band II 2. Auflage Berlin 1962 zit.: Strupp/Schlochauer – Bearbeiter, Wörterbuch des Völkerrechts Bd. II, S.
Pauly, Walter	Strukturfragen des unionsrechtlichen Grundrechtsschutzes Zur konstitutionellen Bedeutung von Art. F Abs. 2 EUV in EuR 1998, S. 242 – 262
Pechstein, Matthias/ Koenig, Christian	Die Europäische Union Die Verträge von Maastricht und Amsterdam 3. Auflage Tübingen 2000 zit.: Pechstein/Koenig, Die Europäische Union, Rn.
Pellonpää, Matti	Nationaler Individualrechtsschutz und europäischer Menschenrechtsstandard in Finnland in EuGRZ 1993, S. 590 – 594
Pernice, Ingolf	Deutschland in der Europäischen Union in: Isensee, Josef / Kirchhof, Paul (Hrsg.), Handbuch des Staatsrechts der Bundesrepublik Deutschland Die Einheit Deutschlands – Entwicklung und Grundlagen – Band VIII Heidelberg 1995 zit.: Isensee/Kirchhof – Bearbeiter, HbStR Bd. VIII, §, Rn.

ders. | Gemeinschaftsverfassung und Grundrechtsschutz – Grundlagen, Bestand und Perspektiven
in NJW 1990, S. 2409 – 2420

ders. | Die Europäische Verfassung
in: Festschrift für Helmut Steinberger, Tradition und Weltoffenheit, S. 1319 – 1345
zit.: Pernice, Festschrift für Steinberger, S.

ders. | Europäisches und nationales Verfassungsrecht
Zweiter Beratungsgegenstand (1. Bericht)
in VVDStRL 60 (2001), S. 148 – 193

ders. | Eine Grundrechte-Charta für die Europäische Union
in DVBl. 2000, S. 847 – 859

ders. | Kompetenzabgrenzung im Europäischen Verfassungsverbund
in JZ 2000, S. 866 – 876

Pescatore, Pierre | La Cour de justice des Communautés européennes et la Convention européen des Droits de l´Homme
in: Festschrift für Gérard J. Wiarda, Protection des droits de l´homme: la dimension européenne, S. 441 – 455
zit.: Pescatore, Festschrift für Wiarda, S.

Peters, Anne | Einführung in die Europäische Menschenrechtskonvention
Mit rechtsvergleichenden Bezügen zum deutschen Grundgesetz
München 2003
zit.: Peters, EMRK, S.

dies. — Elemente einer Theorie der Verfassung Europas
Berlin 2001
zit.: Peters, Verfassung Europas, S.

Pietsch, Jörg — Die Grundrechtscharta im Verfassungskonvent
in ZRP 2003, S. 1 – 4
Pitschas, ChristianDie völkerrechtliche Verantwortlichkeit der Europäischen Gemeinschaft und ihrer Mitgliedstaaten
Berlin 2001
zit.: Pitschas, Völkerrechtliche Verantwortlichkeit, S.

Polakiewicz, Jörg — Die Verpflichtung der Staaten aus den Urteilen des Europäischen Gerichtshofs für Menschenrechte
Berlin, Heidelberg, New York 1993
zit.: Polakiewicz, Die Verpflichtung der Staaten aus den Urteile des EGMR, S.

ders. — Die innerstaatlich Durchsetzung der Urteile des Europäischen Gerichtshofs für Menschenrechte
Gleichzeitig eine Anmerkung zum *Vermeire*-Urteil des Europäischen Gerichtshofs für Menschenrechte vom 29. November 1991
in ZaöRV 52 (1992), S. 149 – 185

ders./ Jacob-Foltzer, Valérie — The European Human Rights Convention in domestic law: the impact of Strasbourg case-law on states where direct effect is given to the convention
in HRLJ 12 (1991), S. 65 – 85, S. 125 – 142

Preisner, Artur — Sozialistische Grundrechtskonzeption
in: Manssen, Gerit / Banaszak, Boguslaw (Hrsg.),

Grundrechte im Umbruch: das Beispiel Polen und Deutschland
Berlin 1997
zit.: Manssen/Banaszak, Grundrechte im Umbruch, S.

Preuß, Ulrich K. — Der Begriff der Verfassung und ihre Beziehung zur Politik
in: Preuß, Ulrich K. (Hrsg.),
Zum Begriff der Verfassung
Die Ordnung des Politischen, S. 7 – 36
Frankfurt am Main 1994
zit.: Preuß – Bearbeiter, Begriff der Verfassung, S.

Ress, Georg — Manche Länder haben Nachholbedarf bei den Menschenrechten
Urteile „aus Straßburg" können die Verfassungspraxis ändern
in ZRP 2002, S. 367 – 370

ders. — Die „Einzelfallbezogenheit" in der Rechtsprechung des Europäischen Gerichtshofs für Menschenrechte
in: Festschrift für Hermann Mosler,
Völkerrecht als Rechtsordnung
Internationale Gerichtsbarkeit
Menschenrechte, S. 719 – 744
Berlin, Heidelberg, New York 1983
zit.: Ress, Festschrift für Mosler, S.

ders. — Wirkung und Beachtung der Urteile und Entscheidungen der Straßburger Konventionsorgane
in EuGRZ 1996, S. 350 – 353

ders. — Verfassungsrechtliche Auswirkungen der Fortentwicklung völkerrechtlicher Verträge
in: Festschrift für Wolfgang Zeidler,
S. 1775 – 1797

Band 2
Berlin, New York 1987
zit.: Ress, Festschrift für Zeidler, S.

ders./
Ukrow, Jörg
Neue Aspekte des Grundrechtsschutzes in der Europäischen Gemeinschaft
Anmerkungen zum Hoechst-Urteil des EuGH
in EuZW 1990, S. 499 – 505

Robbers, Gerhard
Die historische Entwicklung der Verfassungsgerichtsbarkeit
in JuS 1990, S. 257 – 263

Ruffert, Matthias
Anmerkung zum Gutachten 2/94 vom 28.März 1996 des EuGH
in JZ 1996, S. 624 – 627

ders.
Die Mitgliedstaaten der Europäischen Gemeinschaft als Verpflichtete der Gemeinschaftsgrundrechte
in EuGRZ 1995, S. 518 – 530

Rumpf, Christian
Höchstrichterliche Anwendung von Menschenrechtsverträgen im türkischen Recht
EuGRZ 1995, S. 147 – 151

Sachs, Michael
Grundgesetz
Kommentar
3. Auflage
München 2003
zit.: Sachs – Bearbeiter, GG, Art., Rn.

Sadurski, Wojciech
Legitimacy and Reasons of Constitutional Review After Communism
in: Sadurski, Wojciech (Hrsg.), Constitutional Justice, East and West
Democratic Legitimacy and Constitutional Courts in Post-Communist Europe in A Comparative Perspective

The Hague, London, New York 2002
zit.: Sadurski – Bearbeiter, Constitutional Justice, S.

Scheyli, Martin
Konstitutioneller Anspruch des EGMR und UMgang mit nationalen Argumenten
Kommentar zum Urteil des EGMR vom 24. Juni 2004 im Fall Caroline von Hannover vs. Deutschland
in EuGRZ 2004, S. 404 – 634

Schlette, Volker
Das neue Rechtsschutzsystem der Europäischen Menschenrechtskonvention
Zur Reform des Kontrollmechanismus durch das 11. Protokoll
in ZaöRV 56 (1996), S. 905 – 974

Schmidt-Bleibtreu, Bruno/ Klein, Franz (Hrsg.)
Kommentar zum Grundgesetz
9. Auflage
Neuwied, Krieftel 1999
zit.: Schmidt-Bleibtreu/Klein – Bearbeiter, GG, Art., Rn

Schneider, Hans-Peter
Die verfassungsgebende Gewalt
in: Isensee, Josef / Kirchhof, Paul (Hrsg.), Handbuch des Staatsrechts der Bundesrepublik Deutschland
Normativität und Schutz der Verfassung – Internationale Beziehungen
Band VII
Heidelberg 1992
zit.: Isensee/Kirchhof – Bearbeiter, HbStR Bd. VII, §, Rn.

Schohe, Gerrit
Das Urteil Bosohorus: Zum Unbehangen gegenüber dem Grundrechtsschutz durch die Gemeinschaft
in EuZW 2006, S. 33

Schroeder, Werner
Verfassungsrechtliche Beziehungen zwischen Europäischer Union und Europäischen Gemeinschaften
in: Bogdandy, Armin von (Hrsg.), Europäisches Verfassungsrecht, S. 373 – 414
Berlin, Heidelberg, New York 2003
zit.: Bogdandy – Bearbeiter, Europäisches Verfassungsrecht, S.

Schwarze, Jürgen
Die europäische Dimension des Verfassungsrechts
in: Schwarze, Jürgen (Hrsg.), Verfassungsrecht und Verfassungsgerichtsbarkeit im Zeichen Europas, S. 137 – 167
Baden-Baden, 1998
zit.: Schwarze – Bearbeiter, Verfassungsrecht und Verfassungsgerichtsbarkeit im Zeichen Europas, S.

ders.
Schutz der Grundrechte in der Europäischen Gemeinschaft
in EuGRZ 1986, S. 293 – 299

ders.
Auf dem Wege zu einer europäischen Verfassung – Wechselwirkung zwischen europäischen und nationalem Verfassungsrecht
in DVBl. 1999, S. 1677 – 1689

ders. (Hrsg.)
Der Verfassungsentwurf des Europäischen Konvents
Verfassungsrechtliche Grundstrukturen und wirtschaftsverfassungsrechtliches Konzept
Baden-Baden 2004
zit.: Schwarze (Hrsg.), Der Verfassungsentwurf des Europäischen Konvents, Baden-Baden 2004

Schweisfurth, Theodor
Die Verfassung Rußlands vom 12. Dezember 1993

Entstehungsgeschichte und Grundzüge
in EuGRZ 1994, S. 473 – 491

ders.
Vorbehalte und Erklärungen beim Abschluss völkerrechtlicher Verträge
in: Geiger, Rudolf (Hrsg.),
Völkerrechtlicher Vertrag und staatliches Recht vor dem Hintergrund zunehmender Verdichtung der internationalen Beziehungen, S. 71 – 86
1. Auflage
Baden-Baden 2000
zit.: Geiger – Bearbeiter, Völkerrechtlicher Vertrag und staatliches Recht, S.

Schweitzer, Michael
Staatsrecht III
Staatsrecht, Völkerrecht, Europarecht
8. Auflage
Heidelberg 2004
zit.: Schweitzer, Staatsrecht III, Rn.

ders./
Hummer, Waldemar
Europarecht
Recht der Europäischen Union –
Das Recht der Europäischen Gemeinschaften (EGKS, EG, EAG) –
mit Schwerpunkt EG
5. Auflage
Neuwied, Kriftel, Berlin 1996
zit.: Schweitzer/Hummer, Europarecht, S.

Seidel, Gerd
Handbuch der Grund- und Menschenrechte auf staatlicher, europäischer und universeller Ebene: Eine vergleichende Darstellung der Grund- und Menschenrechte des deutschen Grundgesetzes, der Europäischen Menschenrechtskonvention von 1950 und des Internationalen Paktes über bürgerliche und politische Rechte von 1966 sowie der Entscheidungspraxis des Bundesverfas-

	sungsgerichts und der zuständigen Vertragsorgane Baden-Baden 1996 zit.: Seidel, Handbuch der Grund- und Menschenrechte, S.
Seidel, Peter	Der Rang der Europäischen Menschenrechtskonvention in den Mitgliedstaaten in DVBl. 1975, S. 747 – 753
Seidl-Hohenveldern, Ignaz/ Stein, Torsten	Völkerrecht 10. Auflage Köln, Berlin, Bonn, München 2000 zit.: Seidel-Hohenveldern/Stein, Völkerrecht, Rn.
Siess-Scherz, Ingrid	Das neue Rechtsschutzsystem nach dem Protokoll Nr. 11 zur EMRK über die Umgestaltung des durch die Konvention eingeführten Kontrollmechanismus in: Grabenwarter, Christoph / Thienel, Rudolf (Hrsg.), Kontinuität und Wandel der EMRK Studien zur Europäischen Menschenrechtskonvention, S. 1 – 19 Kehl, Straßburg, Arlington 1998 zit.: Grabenwarter/Thienel – Bearbeiter, Kontinuität und Wandel der EMRK, S.
dies.	Bestandsaufnahme: Der EGMR nach Erweiterung des Europarates in EuGRZ 2003, S. 100 – 107
Smend, Rudolf	Verfassung und Verfassungsrecht in Staatsrechtliche Abhandlungen und andere Aufsätze 3. Auflage Berlin 1994 zit.: Smend, Verfassung und Verfassungsrecht, S.

Sommermann, Karl-Peter

Die Bedeutung der Rechtsvergleichung für die Fortentwicklung des Staats- und Verwaltungsrechts in Europa
in DÖV 1999, S. 1025 – 1029

Staebe, Erik

Umsetzung der EMRK in das nationale Recht des Vereinigten Königreiches
in EuGRZ 1997, S. 401 – 405

ders.

Die Europäische Menschenrechtskonvention und ihre Bedeutung für die Rechtsordnung der Bundesrepublik
in JA 1996, S. 75 – 81

Stahn, Carsten

Vorbehalte zu Menschenrechtsverträgen Anmerkung zur Entscheidung des UN-Ausschusses für Menschenrechte im Fall R. Kennedy gegen Trinidad und Tobago
in EuGRZ 2001, S. 607 – 615

Stein, Torsten

Grundrechte im Ausnahmezustand
in: Merten, Detlef /
Papier, Hans-Jürgen (Hrsg.),
Handbuch der Grundrechte in Deutschland und Europa, S. 945 – 987
Band I
Entwicklung und Grundlagen
Heidelberg 2004
zit.: Merten/Papier – Bearbeiter, Handbuch der Grundrechte, §, Rn.

ders.

„Gut gemeint....“ – Bemerkung zur Charta der Grundrechte der Europäischen Union
in: Festschrift für Steinberger,
Tradition und Weltoffenheit,
S. 1425 – 1436
zit.: Stein, Festschrift für Steinberger, S.

ders.	„Bananen-Split" Entzweien sich BVerfG und EuGH über den Bananenstreit? in EuZW 1998, 261 – 264
Steinberg, Rudolf	Grundgesetz und Europäische Verfassung in ZRP 1999, S. 365 – 374
Stern, Klaus	Idee der Menschenrechte und Positivität der Grundrechte in: Isensee, Josef / Kirchhof, Paul (Hrsg.), Handbuch des Staatsrechts der Bundesrepublik Deutschland Allgemeine Grundrechtslehren Band V Heidelberg 1992 zit.: Isensee/Kirchhof – Bearbeiter, HbStR Bd. V, §, Rn.
ders.	Menschen- und Grundrechte in West und Ost – Idee, Rechtsgrundlage und Durchsetzung in: Tettinger, Peter / Sachs, Michael (Hrsg.), Im Dienste von Recht, Staat und Wissenschaft Ausgewählte Reden, S. 211 - 221 Köln, Berlin, Bonn, München 2002 zit.: Stern, Menschen- und Grundrechte in West und Ost, S.
ders.	Die Idee der Menschen- und Grundrechte in: Merten, Detlef / Papier, Hans-Jürgen (Hrsg.), Handbuch der Grundrechte in Deutschland und Europa, S. 3 – 48 Band I Entwicklung und Grundlagen Heidelberg 2004

zit.: Merten/Papier – Bearbeiter, Handbuch der Grundrechte, §, Rn.

ders. — Grundideen europäisch-amerikanischer Verfassungsstaatlichkeit
Berlin, New York 1984
zit.: Stern, Grundideen der Verfassungsstaatlichkeit, S.

ders. — Das Staatsrecht der Bundesrepublik Deutschland
Band I
Grundbegriffe und Grundlagen des Staatsrechts, Strukturprinzipien der Verfassung
2. Auflage
München 1984
zit.: Stern, Das Staatsrecht der Bundesrepublik Deutschland Bd. I, S.

Sternberg, Nils — Der Rang von Menschenrechtsverträgen im deutschen Recht unter besonderer Berücksichtigung von Art. 1 Abs. 2 GG
Berlin 1999
zit.: Sternberg, Der Rang von Menschenrechtsverträge, S.

Sternberger, Dolf — Verfassungspatriotismus
Schriften
Band X
Frankfurt am Main 1990
Sternberger, Verfassungspatriotismus, S.

Stieglitz, Edgar — Allgemeine Lehren im Grundrechtsverständnis nach der EMRK und der Grundrechtsjudikatur des EuGH
Zur Nutzbarmachung konventionsrechtlicher Grundrechtsdogmatik im Bereich der Gemeinschaftsgrundrechte
Baden-Baden 2002

	zit.: Stieglitz, Allgemeine Lehren im Grundrechtsverständnis nach der EMRK und der Grundrechtsjudikatur des EuGH, S.
Stöcker, Hans A.	Wirkung der Urteile des Europäischen Gerichtshofs für Menschenrechte in der Bundesrepublik in NJW 1982, S. 1905 – 1909
Strasser Kyra,	Grundrechtsschutz in Europa und der Beitritt der Europäischen Gemeinschaften zur Europäischen Menschenrechtskonvention Frankfurt am Main 2001 zit.: Strasser, Grundrechtsschutz in Europa, S.
Streinz, Rudolf	Europarecht 7. Auflage Heidelberg 2003 zit.: Streinz, Europarecht, S.
Szczekalla, Peter	Grundrechte für Europa – Die Europäische Union nach Nizza Zugleich Bericht über de Konferenz in Wien am 18. und 19. Dezember 2000 in DVBl. 2001, S. 345 – 352
Thürer, Daniel	Der Verfassungsstaat als Glied einer europäischen Gemeinschaft Erster Beratungsgegenstand (3. Bericht) in VVDStRL 50 (1991), S. 99 – 139
Tietje, Christian	Die EMRK als Bestandteil einer transnationalen europäischen Rechtsordnung in: Renzikowski, Joachim (Hrsg), Die EMRK im Privat-, Straf- und Öffentlichen Recht Grundlagen einer europäischen Rechtskultur Zürich, Basel Genf 2004

zit: Renzikowski – Bearbeiter, EMRK im Privat-, Straf- und Öffentlichen Recht, S.

Tomuschat, Christian — Die staatsrechtliche Entscheidung für die internationale Offenheit
in: Isensee, Josef / Kirchhof, Paul (Hrsg.), Handbuch des Staatsrechts der Bundesrepublik Deutschland
Normativität und Schutz der Verfassung – Internationale Beziehungen
Band VII
Heidelberg 1992
zit.: Isensee/Kirchhof – Bearbeiter, HbStR Bd. VII, §, Rn.

ders. — Individueller Rechtsschutz: das Herzstück des „ordre public européen“ nach der Europäischen Menschenrechtskonvention
in EuGRZ 2003, S. 95 – 100

Triepel, Heinrich — Völkerrecht und Landesrecht
Leipzig 1899
zit.: Triepel, Völkerrecht und Landesrecht, S.

Uerpmann, Robert — Internationales Verfassungsrecht
in JZ 2001, S. 565 – 573

ders. — Die Europäische Menschenrechtskonvention und die deutsche Rechtsprechung
Ein Beitrag zum Thema Völkerrecht und Landesrecht
Berlin 1993
zit.: Uerpmann, EMRK und deutsche Rechtsprechung, S.

Van der Meersch, W.J. Ganshof — Die Bezugnahme auf das innerstaatliche Recht der Vertragsstaaten in der Rechtspre-

chung des Europäischen Gerichtshofs für Menschenrechte
in EuGRZ 1981, S. 481 – 489

Verdross, Alfred — Die Verfassung der Völkerrechtsgemeinschaft
Wien, Berlin 1926
zit.: Verdross, Verfassung der Völkerrechtsgemeinschaft, S.

ders./
Simma, Bruno — Universelles Völkerrecht
3. Auflage
Berlin 1984
zit.: Verdross/Simma, Völkerrecht, S.

Villiger, Mark Eugen — Handbuch der Europäischen Menschenrechtskonvention (EMRK)
unter besonderer Berücksichtigung der schweizerischen Rechtslage
2. Auflage
Zürich 1999
zit.: Villiger, EMRK, Rn.

Vitzthum, Wolfgang (Hrsg.) — Völkerrecht
Berlin, New York 2001
zit.: Vitzthum – Bearbeiter, Völkerrecht, S.

ders. — Die Identität Europas
in EuR 2002, S. 1 – 16

Vogel, Hans-Jochen — 3. Dokumentation
Europäische Grundrechte
BJMin. Dr. Vogel befürwortet Beitritt der EG zur EMRK und kritisiert Sprachbarriere der Straßburger Menschenrechtsorgane
in EuGRZ 1979, S. 66

Wahl, Rainer — Der Vorrang der Verfassung
in Der Staat 20 (1981), S. 485 – 516

Walter, Christian — Geschichte und Entwicklung der Europäischen Grundrechte und Grundfreiheiten
in: Ehlers, Dirk (Hrsg.),
Europäische Grundrechte und Grundfreiheiten, S. 21 – 46
Berlin 2003
zit.: Ehlers – Bearbeiter, Europäische Grundrechte und Grundfreiheiten, S.

ders. — Die Europäische Menschenrechtskonvention als Konstitutionalisierungsprozess
in ZaöRV 59 (1998), S. 961 – 981

ders. — Die Folgen der Globalisierung für die europäische Verfassungsdiskussion
in DVBl. 2000, S. 1 – 12

Walz, Gustav Adolf — Völkerrecht und staatliches Recht
Stuttgart 1933
zit.: Walz, Völkerrecht und staatliches Recht, S.

Warnken, Petra — Das Verhältnis der Europäischen Gemeinschaft zur Europäischen Menschenrechtskonvention
Hamburg 2002
zit.: Warnken, Das Verhältnis der EG zur EMRK, S.

Weber, Albrecht — Einheit und Vielfalt der europäischen Grundrechtsordnung(en)
Zur Inkorporation der Grundrechtscharta in einen europäischen Verfassungsvertrag
in DVBl. 2003, S. 220 – 227

ders. — Die Europäische Grundrechtscharta – auf dem Weg zu einer europäischen Verfassung
in NJW 2000, S. 537 – 548

Weiß, Norman | Die neuen Mitgliedstaaten des Europarates im Spiegel der Rechtsprechung der Straßburger Organe – eine erste Bilanz
Potsdam 1998
zit.: Weiß, Die neuen Mitgliedstaaten des Europarates, S.

Wendt, Peter | Zur Frage der innerstaatlichen Geltung und Wirkung der Europäischen Konvention zum Schutze der Menschenrechte
in MDR 1955, S. 658

Winkler, Sebastian | Der EGMR zum innerstaatlich und gemeinschaftsrechtlich (RL 65/65/EWG) definierten Arzneimittelbegriff beim Apothekenmonopol
Ein Paradigmenwechsel in Straßburg/Anmerkung zum Urteil Cantoni gegen Frankreich
in EuGRZ 1999, S. 181 – 183

ders. | Der Europäische Gerichtshof für Menschenrechte, das Europäische Parlament und der Schutz der Konventionsgrundrechte im Europäischen Gemeinschaftsrecht
Anmerkungen zum EGMR – Urteil im Fall Matthews ./. Vereinigtes Königreich
in EuGRZ 2001, S. 18 – 27

Zierlein, Karl Georg | Die Bedeutung der Verfassungsrechtsprechung für die Bewahrung und Durchsetzung der Staatsverfassung
Ein Überblick über die Rechtslage in und außerhalb Europas
EuGRZ 1991, S. 301 – 341

Zorn, Albert | Grundzüge des Völkerrechts
2. Auflage
Leipzig 1903
zit.: Zorn, Grundzüge des Völkerrechts, S.

Zuleeg, Manfred | Die Verfassung der Europäischen Gemeinschaft in der Rechtsprechung des Europäischen Gerichtshofs
in BB 1994, S. 581 – 587

ders. | Zum Verhältnis nationaler und europäischer Grundrechte
Funktion einer EU-Charta der Grundrechte
in EuGRZ 2000, S. 511 – 517

ders. | Bananen und Grundrechte – Anlass zum Konflikt zwischen europäischer und deutscher Gerichtsbarkeit
in NJW 1997, S. 1201 – 1207

Einführung

Seit einem halben Jahrhundert – am 3. September 2003 feierte die Europäische Menschenrechtskonvention ihren 50sten Geburtstag – setzt sich die EMRK gemäß ihrer Zielbestimmung[1] nun schon für die Gewährleistung und Sicherung der Menschenrechte[2] in Europa ein. Bei Erfüllung dieser Aufgabe hat sie von Anfang an große Erfolge erzielt, so dass sie bis heute das wertvollste Instrument für den Grundrechtsschutz auf völkerrechtlicher Ebene in Europa ist. Die Wahrung bzw. der Ausbau dieser herausragenden Position war dabei nicht immer einfach. So musste die EMRK versuchen, mit sich immer wieder verändernden Gegebenheiten in Europa Schritt zu halten.

Vor allen Dingen stellten die tiefgreifenden (politischen) Umwälzungen in Mittel- und Osteuropa für die EMRK eine große Herausforderung dar. So hatte die politische Wende in den ehemals kommunistischen Staaten zur Folge, dass sich der Wirkungskreis der EMRK drastisch vergrößerte: In Anbetracht der Tatsache, dass nur ein Staat, der Menschen- und Grundrechte achtet, sich in der heutigen Staatenwelt behaupten kann[3], bemühten sich die ehemals kommunistischen Länder um eine schnelle Aufnahme in den Europarat und Ratifizierung der EMRK. Diese durchaus begrüßenswerte Ratifikationsbereitschaft der betroffenen Staaten führte dazu, dass die Grenzen des Europäischen Menschenrechtsraumes im Laufe der Jahre immer weiter ausgedehnt wurden, so dass diese heute weit

---

1 So heißt es denn in der Präambel der EMRK, *„dass es das Ziel des Europarates [sei] eine engere Verbindung zwischen den Mitgliedstaaten herzustellen, und dass eines der Mittel zur Erreichung dieses Ziels die Wahrung und Fortentwicklung der Menschenrechte und Grundfreiheiten [sei].“*

2 Die Begriffe Menschenrechte und Grundrechte werden, sowohl was die theoretischen Voraussetzungen als auch was nationale und internationale Rechtsdokumente anbelangt, meist synonym verwandt. Auch in dieser Arbeit soll keine inhaltliche Unterscheidung zwischen dem Begriff der Menschen- und Grundrechte gemacht werden, mithin werden sie synonym gebraucht. Dabei sind Menschen- und Grundrechte solche Rechte eines Individuums gegen Hoheitsträger, die kraft des internationalen Rechts gelten oder auf der höchsten innerstaatlichen Normstufe garantiert werden, dem Einzelnen eine grundlegende Rechtsposition gegenüber den Hoheitsträgern einräumen und im Falle der Zulässigkeit einer Beschränkung eine Rechtfertigung abverlangen. Siehe dazu Ehlers – Ehlers, Europäische Grundrechte und Grundfreiheiten, § 13, Rn. 2; Merten/Papier – Stern, Handbuch der Grundrechte, § 1, Rn. 46ff.

3 Isensee/Kirchhof – Stern, HbStR Bd. V, § 108, Rn. 44.

über die des geographischen Europas hinausgehen. Umfasste die EMRK in ihren Anfängen gerade mal zehn Vertragsstaaten, sind es nunmehr 46. Inzwischen leben rund 800 Millionen Menschen in ihrem Geltungsbereich.

Die Probleme, die der stark vergrößerte Wirkungskreis mit sich brachte, hat die EMRK gut gemeistert. Heute ist es ihr sogar mehr denn je möglich, einen nicht zu unterschätzenden Einfluss auf die unterschiedlichen Rechtsordnungen, im einzelnen dem Recht der einzelnen Vertragsstaaten und dem Recht der Europäischen Union, auszuüben. Die Gründe dafür sind vielfältig: Zunächst haben fast alle Vertragsstaaten die EMRK – zwar mit unterschiedlichen innerstaatlichem Rang – inzwischen als innerstaatlich verbindliches Recht anerkannt, so dass ihre Gewährleistungen in jedem Vertragsstaat deutlich spürbar sind. Weiterhin sind alle 27 Mitgliedstaaten der Europäischen Union zugleich Vertragsstaaten der EMRK, so dass zwischen diesen beiden Rechtskreisen mannigfaltige Anknüpfungspunkte bestehen. Beispielsweise findet man einen ausdrücklichen Verweis auf die EMRK in Art. 6 Abs. 2 des Unionsvertrages. Folglich hinterlässt die EMRK auch im Unionsrecht ihre Spuren. Darüber hinaus hat sich der durch die EMRK gewährleistete Grundrechtsschutz stetig in materieller wie prozessualer Hinsicht verdichtet. Die ursprüngliche Fassung der EMRK wird heute von 14 Zusatzprotokollen ergänzt. Schließlich hat die Rechtsprechung des Europäischen Gerichtshofs für Menschenrechte in Quantität und Qualität derart zugenommen, dass fast alle Bereiche der nationalen Rechtsordnungen davon berührt werden.

Auf Grund der oben beschriebenen Verdichtung des Menschenrechtsschutzes, der weitgehenden Rechtsprechung des Europäischen Gerichtshofs für Menschenrechte und der damit verbundenen vielfältigen Einflüsse der EMRK auf die Rechtsordnungen der Konventionsstaaten und auf die der Europäischen Union hat eine enge Verklammerung zwischen der EMRK und den verschiedenen Grundrechtsgewährleistungen stattgefunden. Dies lässt sich nicht bestreiten. Fraglich ist aber, inwieweit die EMRK damit den Anstoß für einen Konstitutionalisierungsprozess einer gemeineuropäischen Grundrechtsordnung gibt. Die Beantwortung dieser Frage ist das Ziel der vorliegenden Arbeit.

Wichtiger Punkt der Bearbeitung ist zunächst die Frage, ob die EMRK ihrerseits bereits über konstitutionelle Elemente verfügt. Schließlich gehört der Schutz der individuellen Grundrechte heute unzweifelhaft zu den zentralen Funktionen einer modernen Verfassung, so dass sich die EMRK aus ihrem rein völkerrechtlichen Kontext emanzipiert haben und selbst eine „Grundrechtsverfassung" darstellen könnte. Darüber hinaus wird untersucht, ob die EMRK es tatsächlich geschafft hat, in den einzelnen Vertragsstaaten und in der EU ihren Grundrechtsstandard gleichermaßen zu etablieren, so dass womöglich inzwischen – trotz der frappierenden Unterschiede zwischen den einzelnen Vertragsstaaten – ein gemeineuropäischer Grundrechtsstandard vorhanden ist, der maßgeblich durch die Einflüsse der EMRK mitbestimmt wird.

Im Einzelnen wird zunächst im ersten Kapitel die Entwicklung des internationalen Menschenrechtsschutzes im Allgemeinen und die der Europäschen Konvention zum Schutze der Menschenrechte im Speziellen dargestellt. Im zweiten Kapitel wird die Geltung und der Rang der EMRK in den einzelnen nationalen Rechtsordnungen untersucht. Im dritten Kapitel wird anschließend der Frage nachgegangen, ob die EMRK möglicherweise bereits eine europäische Grundrechtsverfassung darstellt, inwieweit sie also bereits selbst über konstitutive Elemente verfügt. Schließlich wird untersucht, ob die EMRK im Recht der Europäischen Union und in dem der einzelnen Konventionsstaaten einen gemeineuropäischen Grundrechtsstandard konstitutionalisiert hat (viertes und fünftes Kapitel).

1. Kapitel: Die Entwicklung des internationalen Schutzes der Menschenrechte

A. Der internationale Menschenrechtsschutz

Obwohl immer das Bewusstsein lebendig war, dass alles Recht – und damit auch das Völkerrecht – um des Menschen willen besteht[4], ist der Schutz der Menschenrechte ein relativ neues völkerrechtspolitisches Phänomen[5]. Erst nach Ende des Zweiten Weltkrieges hat das Völkerrecht begonnen, sich ihres Schutzes anzunehmen. Bis dahin stellte sich der Menschenrechtsschutz – nicht zuletzt aufgrund der Angst der Nationalstaaten vor einem Souveränitätsverlust zugunsten einer internationalen Instanz[6] – wesensgemäß als eine innere Angelegenheit der Staaten dar: Die Menschenrechte waren fast ausschließlich im nationalem Recht kodifiziert[7], das Individuum wurde nicht als (partielles) Völkerrechtssubjekt anerkannt[8] und hatte keine Möglichkeit, Menschenrechtsverletzungen international geltend zu machen[9].

---

4 Hertz, FW 1948, 36 (43); De Louter, Volkenrecht, S. 257; Doehring, Völkerrecht, Rn. 244.

5 Guggenheim, FW 1949, 177 (177); Seidl-Hohenveldern/Stein, Völkerrecht, Rn. 1584; Bleckmann, Grundgesetz und Völkerrecht, S. 367; Strupp/Schlochauer – Partsch, Wörterbuch des Völkerrechts Bd. II, S. 12 (13); Kälin/Künzli, Universeller Menschenrechtsschutz, S. 7ff. Es gab allerdings schon immer den Grundsatz, dass Staaten gegenüber Ausländern einen menschenrechtlichen Mindeststandard zu wahren haben.

6 Merten/Papier – Klein, Handbuch der Grundrechte Bd. I, § 6, Rn. 28f.; Merten/Papier – Klein, Handbuch der Grundrechte Bd. I, § 5, Rn. 25f.; Neuhold/Hummer/Schreuer – Hummer, Österreichisches Handbuch des Völkerrechts, Rn. 1063.

7 Neuhold/Hummer/Schreuer – Hummer, Österreichisches Handbuch des Völkerrechtes, Rn. 1063. Jedoch gab es auch zu dieser Zeit Ausnahmen. So gab es bereits im 19. Jahrhundert völkerrechtliche Verträge über das Verbot des Sklavenhandels oder die Anerkennung von Minderheiten. Vgl. dazu: Isensee/Kirchhof – Stern, HbStR Bd. V, § 108, Rn. 55ff.

8 So die damals herrschende Meinung u.a. Zorn, Grundzüge des Völkerrechts, S. 28; Bierling, Juristische Prinzipienlehre Bd. I, S. 253; Jellinek, System der subjektiv öffentlichen Rechte, S. 318f.; Kälin/Künzli, Universeller Menschenrechtsschutz, S. 17ff.

9 In vereinzelten Fällen ist dem Individuum auch in der Zeit vor dem Zweiten Weltkrieg der Zugang zu internationalen Rechtsschutzinstanzen gewährt worden. Zu nennen sind beispielsweise der in der nicht ratifizierten Haager Konvention von 1907 vorgesehene Prisenhof oder die gemischten Schiedsgerichte aufgrund des Versailler Vertrages.

Jedoch geprägt durch die Erfahrungen der Diktaturen der Zwischenkriegszeit und den Gräueln der Weltkriege, kam der Gedanke auf, dass ein nationaler Grund- und Menschenrechtsschutz unzureichend ist, um solchen von Staaten begangenen systematischen Missachtungen der Menschenrechte zu begegnen. Um diesen bitteren Erfahrungen dann auch Rechnung zu tragen, wurden unmittelbar nach Kriegsende sowohl im universellen als auch im regionalen Völkerrecht Bemühungen unternommen, die Menschrechte völkervertraglich zu schützen. Ihr Schutz sollte nicht weiter allein als Ausfluss seiner Personalhoheit dem einzelnen Staat übertragen werden, sondern es sollten sich dafür alle Staaten verantwortlich zeigen[10].

Als erstes bekannte sich die Staatengemeinschaft in der Deklaration der Generalversammlung der Vereinten Nationen[11] am 10. Dezember 1948 feierlich zu der Achtung der Menschenrechte. Der Erklärung nachfolgend und von ihr beeinflusst[12], entstanden zahlreiche weitere regionale wie universelle völkerrechtliche Deklarationen, Verträge und Erklärungen entsprechenden Inhalts, so dass seit dieser Deklaration die Menschenrechte einen wesentlichen Bestandteil des allgemeinen Völkerrechtes bilden[13]. Als erstes gelang es jedoch den Staaten Europas, in Gestalt der Konvention zum Schutze der Menschenrechte und Grundfreiheiten (EMRK)[14], ein verbindliches Menschenrechtsinstrumentarium zu etablieren.

---

10 Neuhold/Hummer/Schreuer – Hummer, Österreichisches Handbuch des Völkerrechts, Rn. 1064; Isensee/Kirchhof – Frowein, HbStR Bd. VII, § 180, Rn. 1ff.

11 Abgedruckt in Satorius II, Nr. 19.

12 Vgl. u.a. die Präambel der EMRK: *„In Anbetracht der Allgemeinen Erklärung der Menschenrechte, die am 10. Dezember 1948 von der Generalversammlung der Vereinten Nationen verkündet worden ist. In Erwägung, dass diese Erklärung bezweckt, die universelle und wirksame Anerkennung und Einhaltung der in ihr aufgeführten Rechte zu gewährleisten [......]„.*

13 Vgl. auch Tomuschat, EuGRZ 2003, 95 (95); Kälin/Künzli, Universeller Menschenrechtsschutz, S. 43ff.

14 BGBl. 1952 II, 685. Es besteht Uneinigkeit über die Bezeichnung bzw. Abkürzung der Konvention. Im völkerrechtlichen Schrifttum ist sie bekannt unter der Bezeichnung „Europäische Menschenrechtskonvention“ (EMRK), während deutsche Gerichte sie häufig kurz als „Menschenrechtskonvention“ (MRK) bezeichnen.

B. Die Geschichte der Konvention zum Schutze der Menschenrechte und Grundfreiheiten

I. Die Entstehungsgeschichte

Die Entstehungsgeschichte[15] der EMRK ist mit der des Europarates eng verknüpft. Im Mai 1948 veranstaltete das internationale Komitee der Europäischen Bewegung – ein Zusammenschluss privater Organisationen unter Beteiligung führender Politiker wie Winston Churchill oder Konrad Adenauer – einen nichtoffiziellen „Congress of Europe" in Den Haag. Bei diesem Kongress wurde eine Resolution verabschiedet, welche die entscheidende Grundlage für die Gründung des Europarates ein Jahr später bildete[16]. Am 5. Mai 1949 wurde in London die Satzung des Europarates von zehn westeuropäischen Staaten unterzeichnet[17]. In Anbetracht der nach Ende des Zweiten Weltkrieges erfolgten Spaltung Europas in die westeuropäischen Demokratien und den „Ostblock", waren die westeuropäischen Staaten bemüht, eine engere Zusammenarbeit zu erreichen. Als Ziel des Europarates wurde sodann u.a. festgelegt, durch die Fortentwicklung der Menschenrechte und Grundfreiheiten eine engere Verbindung zwischen seinen Mitgliedstaaten herzustellen[18]. Es wurde darüber hinaus normiert, dass er jedem europäischen Staat offen stehe, der die *„Vorherrschaft des Rechts und den Grundsatz[...], dass jeder, der seiner Hoheitsgewalt unterliegt, der Menschenrechte und Grundfreiheiten teilhaftig werden soll"*[19], anerkenne.

Auf dem „Congress of Europe" von 1948 wurde in Anbetracht dieser Zielsetzung die Ausarbeitung eines Grundrechtskatalogs sowie die Schaffung eines Europäischen Gerichtshofes gefordert. Dieses sollte die Grundlage für den angestrebten Einigungsprozess Westeuropas darstellen. Im Jahre 1949 beauftragte die Beratende Versammlung (heute: Parlamentarische Versammlung) des Europarates demzufolge ihren Ausschuss für Rechts- und Verwaltungsfragen, eine Konvention zum Schutze der Menschenrechte auszuarbeiten. Schon im September desselben Jahres stellte der Ausschuss einen Bericht vor, in dem bereits zehn

---

15 Zur Entstehungsgeschichte ausführlich Partsch, ZaöRV 15 (1953/54), 631 (631ff.); Ehlers – Walter, Europäische Grundrechte und Grundfreiheiten, S. 1 (3ff.); Isensee/Kirchhof – Frowein, HbStR Bd. VII, § 180, Rn. 2ff.; Jacobs/White, The European Convention on Human Rights, S. 3ff.

16 Partsch, ZaöRV 15 (1953/1954), 631 (660).

17 Unterzeichnet wurde die EMRK von Belgien, Dänemark, Frankreich, Irland, Italien, Luxemburg, Niederlande, Norwegen, Schweden und dem Vereinigten Königreich von Vereinigte Königreich und Nordirland.

18 Art. 1 lit. a; Art. 1 lit. b der Satzung des Europarates.

19 Art. 3 S. 1; Art. 4 S. 1 der Satzung des Europarates.

Rechte enthalten waren. Daraufhin rief das Ministerkomitee des Europarates eine aus Staatenvertretern zusammengesetzte Expertenkommission zusammen, welche im Mai 1950 ihren Entwurf einer Konvention zum Schutz der Menschenrechte und Grundfreiheiten, der auf dem ersten Bericht vom September 1949 basierte, vorlegte. Auf Grundlage dieses Entwurfes schließlich wurde in Rom am 7. August 1950 die „Konvention zum Schutze der Menschenrechte und Grundfreiheiten" von dem Ministerkomitee angenommen und am 4. November 1950 unterzeichnet. Die Konvention trat gemäß ihres Art. 66 Abs. 2 nach Erreichen der erforderlichen Zahl von zehn Ratifikationen[20] am 3. September 1953 in Kraft. Damit ist die EMRK, die auch von der Allgemeinen Menschenrechtserklärung von 1948 inspiriert wurde[21], das älteste Vertragswerk seiner Art im Rahmen des regionalen Menschenrechtsschutzes. Ihr Ziel ist die Gewährleistung elementarer Grundfreiheiten und Menschenrechte[22] und traditioneller liberaler Freiheitsrechte[23]. Mit ihren Verbürgungen war sie zu diesem Zeitpunkt bereits Ausdruck der gemeinsamen Grundwerte, auf denen die Verfassungssysteme der westeuropäischen Demokratien beruhen[24].

Damit diente die EMRK der Zielsetzung des Europarates, eine engere Verbindung zwischen den westeuropäischen Staaten zu schaffen. Neben der durch die grauenhafte Erfahrung gewonnenen Erkenntnis, dass der Mensch international vor Übergriffen der Staaten geschützt werden muss, wurzelt die Entstehung der EMRK also auch in dem Bemühen, ein demokratisches, rechtsstaatliches, menschenfreundlicheres und vor allen Dingen einiges Europa zu schaffen[25].

II. Fortentwicklung der EMRK

Betrachtet man die Entwicklung der EMRK seit ihrer Unterzeichnung vor mehr als 50 Jahren, so lässt sich auf verschiedenste Weise ein erheblicher Wandel des durch sie gewährten Menschenrechtsschutzes erkennen.

---

20 Die ersten Vertragspartner waren: Dänemark, Deutschland, Griechenland, Island, Irland, Luxemburg, Norwegen, Schweden, das Vereinigte Königreich von Vereinigte Königreich und Nordirland und das Saarland.

21 Vgl. dazu die Präambel der EMRK; Partsch, ZaöRV 15 (1953/54), 631 (655f.).

22 Wie z.B. das Recht auf Leben, Art. 2 EMRK; das Folterverbot, Art. 3 EMRK; das Verbot von Sklaverei und Zwangsarbeit, Art. 4 EMRK.

23 Z.B. Gedanken-, Gewissens- und Religionsfreiheit, Art. 9; Freiheit der Meinungsäußerung, Art. 10; Versammlungs- und Vereinigungsfreiheit, Art. 11.

24 Mosler/Bernhardt/Hilf – Golsong, Grundrechtsschutz in Europa, S. 7 (7).

25 Kälin, Festschrift für Schindler, S. 529 (530f.); Bernhardt, Schutz der Menschenrechte, S. 10; Mosler/Bernhardt/Hilf – Golsong, Grundrechtsschutz in Europa, S. 7 (8); Ehlers – Walter, Europäische Grundrechte und Grundfreiheiten, S. 1 (1).

1. Zusatzprotokolle zur EMRK

Zunächst wurde die EMRK in materieller wie auch in prozessualer Hinsicht durch 14 Zusatzprotokolle ständig der aktuellen Rechtsentwicklung angepasst. Änderungen der materiellen Garantien der Konvention wurden mittels insgesamt sechs Fakultativprotokolle, die nur solche Vertragstaaten binden, die sie ratifiziert haben, vorgenommen[26]. Das erste Zusatzprotokoll[27] erweitert die materiellen Garantien der EMRK um jene Rechte, die mangels einer Einigung bei den Verhandlungen zur EMRK nicht in den Vertragstext einbezogen wurden[28]: die Eigentumsgarantie, das Erziehungs- und Bildungsrecht und das Recht auf freie Wahlen. Das vierte Zusatzprotokoll[29] enthält u.a. gewisse Rechte für Ausländer, wie z.B. das Recht auf Freizügigkeit oder das Verbot der Kollektivausweisung. Protokoll Nr. 6[30] gewährleistet die Abschaffung der Todesstrafe in Friedenszeiten und das siebte Protokoll[31] erweitert die von der Konvention eingeräumten Justiz- und Verfahrensgarantien. Das 12. Zusatzprotokoll statuiert ein allgemeines und umfassendes Diskriminierungsverbot, welches das lediglich akzessorische Diskriminierungsverbot des Art. 14 EMRK ergänzt. Dieses Zusatzprotokoll ist im Jahre 2000 verabschiedet worden. Bisher haben 14 Staaten das zwölfte Zusatzprotokoll ratifiziert, 21 Staaten haben es unterzeichnet[32]. Das 13. Zusatzprotokoll schließlich ist am 1. Juli 2003, nach der erforderlichen Ratifikation durch mehr als zehn Staaten in Kraft getreten. Inhaltlich dehnt es das Verbot der Todesstrafe auf Kriegszeiten aus.

Auch in verfahrensrechtlicher Hinsicht wurde die EMRK durch mehrere Protokolle revidiert. Anders als bei den oben genannten Protokollen handelt es sich dabei um sog. Änderungsprotokolle, die den Text der EMRK geändert haben und daher der Ratifizierung aller Vertragsstaaten bedurften[33]. Von den Zusatzprotokollen zur EMRK, die verfahrensrechtliche Bestimmungen enthalten, ist nur noch das elfte von Bedeutung. Die Bestimmungen der übrigen verfahrensrechtli-

---

26 Vgl. Grabenwarter, EMRK, S. 4; Villiger, EMRK, Rn. 13f.; Meyer-Ladewig, EMRK, Einl., Rn. 3.
27 BGBl. 1956 II, S. 1880, geändert durch Prot. Nr. 11, BGBl. 1995 II, S. 579.
28 Villiger, EMRK, Rn. 13f.; Ehlers – Walter, Europäische Grundrechte und Grundfreiheiten, S. 1 (4).
29 BGBl. 1968 II, S. 423, geändert durch Prot. Nr. 11, BGBl. 1995 II, S. 579.
30 BGBl. 1988 II, S. 662, geändert durch Prot. Nr. 11, BGBl. 1995 II, S. 579.
31 ÖBGBl. 1988/628. Dieses Zusatzprotokoll ist von Deutschland bis heute nicht ratifiziert worden.
32 Stand: Januar 2007.
33 Villiger, EMRK, Rn. 13f.; Meyer-Ladewig, EMRK, Einl., Rn. 3.

chen Zusatzprotokolle[34] sind durch sein Inkrafttreten ersetzt oder aufgehoben worden bzw. haben ihren Zweck verloren.

Die EMRK, einst als „the jewel in the crown“ des Europarates bezeichnet[35], drohte Opfer ihres eigenen Erfolges zu werden: Dank ihrer geographischen Ausdehnung und der Akzeptanz der betroffenen Bürger war eine immer weiter ansteigende Flut von Individualbeschwerden, die bei dem Europäischen Gerichtshof für Menschenrechte (EGMR) eingingen, zu verzeichnen. Das alte System aber – welches für eine wesentlich geringere Mitgliederzahl von etwa zehn bis 15 Staaten konzipiert war[36] – erwies sich als zu schwerfällig und kompliziert, als dass es mit der wachsenden Zahl von Beschwerden hätte fertig werden können[37]. Eine Reform des Überwachungssystems wurde damit erforderlich[38]. Das am 1. November 1998 in Kraft getretene Protokoll Nr. 11[39] führte nun zu einer grundlegenden Umgestaltung des Straßburger Verfahrens. Die wesentlichen Änderungen des Kontrollmechanismus waren, dass an die Stelle von Kommission, Gerichtshof und Ministerkomitee – soweit eine Entscheidung über Individual- und Staatenbeschwerden zu treffen ist – ein ständig tagender Gerichtshof für Menschenrechte getreten ist, die Zuständigkeit des Ministerkomitees auf die Überwachung der Urteilsausführung durch die Vertragsstaaten beschränkt wurde und die Richter seit diesem Zeitpunkt hauptamtlich beschäftigt und vom Europarat besoldet werden. Weltweit erstmalig für ein internationales System zum Schutze der Menschenrechte[40] schaffte die EMRK somit die Möglichkeit, dass Individuen, die sich durch eine Behörde in ihren Konventionsrechten verletzt fühlen, vor einem internationalen Gerichtshof, dessen Entscheidungen für den betreffenden Staat rechtsverbindlich sind, Beschwerde erheben können.

---

34 Dabei handelt es sich um das zweite, dritte, fünfte, achte, neunte und zehnte Zusatzprotokoll.

35 Siehe Zitat bei Okresek, ÖJZ 1993, 329 (330).

36 Grabenwarter/Thienel – Siess-Scherz, Kontinuität und Wandel der EMRK, S. 1 (1ff.); Okresek, ÖJZ 1993, 329 (336); Drzemczewski/Meyer-Ladewig, EuGRZ 1994, 317 (318).

37 Darstellung des Verfahrensablaufs: Schlette, ZaöRV 56 (1996), 905 (908); anschauliche Skizze des Verfahrensablaufs bei Schweitzer, Staatsrecht III (7. Auflage), Rn. 727.

38 Vgl. Schlussfolgerungen des Präsidiums der Parlamentarischen Versammlung des Europarates 22. April 1992, HRLJ 13 (1992), 230 – 236.

39 Der Text des Protokolls ist abgedruckt in EuGRZ 1994, 323 (323ff.); zur Reform stellvertretend statt vieler: Drzemczewski/Meyer-Ladewig, EuGRZ 1994, 317 (317ff.); Grabenwarter/Thienel – Siess-Scherz, Kontinuität und Wandel der EMRK, S. 1 (1ff.); Schlette, ZaöRV 56 (1996), 905 (905ff.); Siess-Scherz, EuGRZ 2003, 100 (100ff.).

40 Daneben bietet allein die Amerikanische Menschenrechtskonvention einen ähnlich umfassenden Schutz.

2. Erweiterung des Kreises der Konventionsstaaten

Parallel zu der ständigen Verdichtung des materiellen wie prozessualen Grundrechtsschutzes hat die EMRK auch eine äußerliche Fortentwicklung erfahren: Waren es zum Zeitpunkt ihres Inkrafttretens am 3. September 1953 gerade mal zehn Staaten, die die Konvention ratifiziert hatten, umfasst die Gemeinschaft der Vertragsstaaten mittlerweile 46[41]. Dabei ist gerade in den letzten Jahren ein sprunghafter Anstieg der Zahl der Vertragsstaaten zu beobachten. Mitte der 70er Jahre waren 18 Staaten Partner der Konvention. Zu Beginn des Jahres 1990 hatte sich die Zahl der Mitglieder nur um weitere vier erhöht. Die EMRK umfasste zu diesem Zeitpunkt 22 Vertragsstaaten. Mit heute 46 Staaten, die die EMRK ratifiziert haben, hat sich seit Anfang der 90er Jahre die Zahl der Vertragspartner mehr als verdoppelt.

Ursache für den steilen Anstieg der Mitgliederzahl waren das Ende der kommunistischen Herrschaft und die damit in Beziehung stehenden Entwicklungen in den osteuropäischen Staaten. Nach dem Fall der Berliner Mauer im Jahre 1989 beschlossen die westeuropäischen Staaten, die zu diesem Zeitpunkt fast ausnahmslos Vertragspartner der EMRK waren[42], die neuen osteuropäischen Staaten auf ihrem Weg zur Demokratie zu unterstützen. Daher wurden diese Staaten zügig in den Mitgliederkreis des Europarates und der EMRK aufgenommen. Eine Aufnahme erfolgte allerdings nur, wenn der Europarat in einem gesonderten Verfahren („*mentoring*") zu der Überzeugung gelangte, dass die demokratisch-rechtstaatliche Ordnung des Beitrittswilligen positiv zu beurteilen sei[43]. Durch die Aufnahme der ost- und zentraleuropäischen Staaten erstreckt sich heute der

---

41 Albanien, Andorra, Armenien, Aserbeidschan, Belgien, Bosnien Herzegowina, Bulgarien, Dänemark, Deutschland, Estland, Finnland, Frankreich, Georgien, Griechenland, Irland, Island, Italien, Kroatien, Lettland, Liechtenstein, Litauen, Luxemburg, Malta, die frühere Jugoslawische Republik von Mazedonien, Moldawien, Monaco, Niederlande, Norwegen, Österreich, Polen, Portugal, Rumänien, die Russische Föderation, San Marino, Schweden, Schweiz, Serbien Montenegro (Unterzeichnung: 3.4.2003; Ratifizierung: 3.3.2004), Slowakei, Slowenien, Spanien, Tschechien, Türkei, Ukraine, Ungarn, das Vereinigte Königreich, Zypern. Die jeweils aktuelle Liste der Vertragsstaaten ist abrufbar unter www.coe.int.

42 Einzig Andorra und Finnland waren zur Zeit der politischen Wende in Osteuropa noch nicht Vertragspartner. Finnland ratifizierte die EMRK noch 1990, Andorra folgte erst 1996.

43 Bernhardt, Der Schutz der Menschenrechte, S. 15. Zu dem großen Einfluss des *Mentoring-Verfahrens* auf die nationalen Rechtsordnungen: Hoffmeister, EuGRZ 1997, 93 (93ff.).

Wirkungskreis der EMRK folglich weit über die Grenzen der Europäischen Gemeinschaften und auch des geographischen Europas hinaus[44].

3. Würdigung

Dank ihrer immer dichter werdenden grundrechtlichen Gewährleistungen und der geographischen Erstreckung hat es die EMRK bis heute geschafft, auf völkerrechtlicher Ebene das wertvollste Instrument für den Grundrechtsschutz in Europa zu bleiben.

C. Rechtsnatur der EMRK

Zumindest ihrer Herkunft nach handelt es sich bei der EMRK um einen klassischen multilateralen, völkerrechtlichen Vertrag[45]. Ein völkerrechtlicher Vertrag ist jede zwischen zwei oder mehr Völkerrechtssubjekten geschlossene Vereinbarung, gerichtet auf die Begründung, Abänderung oder Aufhebung zwischenstaatlicher Beziehungen, die dem Völkerrecht unterliegen[46].

Spätestens seit der Reform durch das elfte Zusatzprotokoll nimmt die EMRK jedoch als multilateraler Menschenrechtsvertrag eine besondere Stellung im völkerrechtlichen Vertragsrecht ein. Im Allgemeinen heben sich Menschenrechtsverträge in inhaltlicher Hinsicht vom sonstigen Völkerrecht dadurch ab, dass sie nicht Beziehungen und Austauschverhältnisse zwischen Staaten zum Gegenstand haben, sondern grundsätzlich das Verhältnis zwischen Individuen und Staaten bezüglich menschenrechtlicher Verbürgungen regeln[47]. Im speziellen Fall der EMRK ist es das durch das elfte Zusatzprotokoll eingeführte Rechtsschutzsystem, welches diese Besonderheit deutlich macht. Man spricht bei dieser Art von Verträgen von „*law making treaties*" oder „*Gesetzesverträgen*"[48].

---

44 Z.B. gehören einzelne Territorien der Russischen Föderation und der Türkei geographisch bereits zu Asien. Hinzu kommen überseeische Gebiete, für die ein Staat eine Erklärung nach Art. 56 EMRK abgegeben hat.

45 Meyer-Ladewig, EMRK, Einl., Rn. 1.

46 Vitzthum – Vitzthum, Völkerrecht, S. 63.

47 Vgl. Tomuschat, EuGRZ 2003, 95 (96).

48 EGMR 18.1.1978, Irland ./. Vereinigtes Königreich, A 25, Ziff. 239; Peters, EMRK, S. 12f.; Grabenwarter, EMRK, S. 4; Bryde, Der Staat 42 (2003), 61 (64); Drzemczewski, European Human Rights Convention, S. 12/32f.

D. Materielle Gewährleistungen

Die EMRK umfasst neben der Präambel insgesamt 59 Artikel. Diese sind thematisch in drei große Abschnitte unterteilt. Der erste Abschnitt – „Rechte und Freiheiten“ – umfasst 17 Artikel. Diese enthalten die materiellen Gewährleistungen der EMRK[49]. Inhaltlich ergänzt werden die materiellen Gewährleistungen durch sechs Zusatzprotokolle. Der zweite Abschnitt, überschrieben mit „Europäischer Gerichtshof für Menschenrechte“, befasst sich mit Aufbau und Organisation des EGMR. Er enthält somit prozessuale Bestimmungen. Der dritte und letzte Abschnitt steht unter der Überschrift „Verschiedene Bestimmungen“. Diese befassen sich etwa mit dem räumlichen Geltungsbereich der EMRK (Art. 56 EMRK) oder mit der Zulässigkeit von Vorbehalten (Art. 57 EMRK).

Von Interesse sind an dieser Stelle nur die materiellen Gewährleistungen der Konvention und ihrer Zusatzprotokolle. Weitestgehend festgelegt im ersten Abschnitt der Konvention lassen sie sich inhaltlich in verschiedene Kategorien unterteilen: Schutz der Fundamentalgarantien, justizielle Grundrechte, Rechte der Person, politische und gemeinschaftsbezogene Grundrechte, Gleichheitsgrundrechte und wirtschaftliche Grundrechte.

I. Fundamentalgarantien

Zu den Fundamentalgarantien, die die EMRK verbürgt, gehört das Recht auf Leben, welches Art. 2 EMRK normiert, das Verbot der Folter und Verbot unmenschlicher oder erniedrigender Strafe oder Behandlung, Art. 3 EMRK, und schließlich das Verbot der Sklaverei und der Zwangsarbeit.

II. Justizbezogene Rechte

Die justiziellen Gewährleistungen der EMRK besitzen eine besondere Praxisrelevanz. Darunter fällt zunächst das Recht auf Freiheit und Sicherheit, Art. 5 EMRK. Dieses ist vor allem für Festnahmen und für die Untersuchungshaft entscheidend. Wichtigstes Justizgrundrecht ist das Recht auf ein faires Verfahren, verankert in Art. 6 EMRK. Es besteht aus zahlreichen Einzelgarantien und um-

---

49 Ausführlich zu den einzelnen Inhalten der materiellen Gewährleistungen der EMRK stellvertretend für viele: Grabenwarter, EMRK, S. 147ff.; Peters, Einführung in die EMRK, S. 36ff.; Frowein/Peukert, EMRK, Art. 2 – 18; Meyer-Ladewig, EMRK, Art. 2 – 18; Jacobs/White, The European Convention on Human Rights, S. 41ff.

fasst die verschiedensten Anforderungen an die nationalen Gerichte, wie etwa die Forderung nach Unabhängigkeit und Unparteilichkeit, das Recht auf Zugang zu einem Gericht, die Öffentlichkeit des Gerichtsverfahrens, das Recht auf angemessene Dauer des Gerichtsverfahrens, den Grundsatz der Fairness des Verfahrens und Rechte des Angeklagten, insbesondere die Unschuldsvermutung. Weiterhin verankert Art. 7 EMRK grundlegende rechtsstaatliche Prinzipien für das materielle Strafrecht: das Erfordernis der ausreichenden Bestimmtheit von Strafnormen und das Rückwirkungsverbot im Sinne des „nulla poena sine lege“ Grundsatzes. Schließlich enthalten die Zusatzprotokolle einige weitere justitzielle Rechte, wie z.B. das siebte Zusatzprotokoll der EMRK das Verbot der Doppelbestrafung und Doppelverfolgung (*ne bis in idem*)[50].

III. Rechte der Person

Die von der EMRK geschützten Rechte der Person umfassen das Recht auf Schutz des Privat- und Familienlebens (Art. 8 EMRK), das Recht auf Eheschließung (Art. 12 EMRK), das Recht auf Bildung (Art. 2 des ersten Zusatzprotokolls) und die Glaubens-, Gewissens- und Religionsfreiheit (Art. 9 EMRK).

IV. Politische und gemeinschaftsbezogene Rechte

Die EMRK gewährt des weiteren politische und gemeinschaftsbezogene Rechte. In Art. 10 EMRK sind die Kommunikationsfreiheiten geschützt. Darunter lassen sich neben der Freiheit der Meinungsäußerung im engeren Sinne auch die Informationsfreiheit, die Freiheit der Kommunikation durch Massenmedien sowie Teile der Kunst- und Wissenschaftsfreiheit fassen. Ferner wird die Versammlungs- und Vereinigungsfreiheit in Art. 11 und das Wahlrecht, festgelegt in Art. 3 des ersten Zusatzprotokolls, geschützt.

V. Wirtschaftliche Grundrechte

Zwar bestand bei Ausarbeitung der EMRK Einigkeit darüber, dass eine Garantie des Eigentums zum Bestand der EMRK zählen sollte. Jedoch scheiterte eine Einigung über den genauen Inhalt. Um das Inkrafttreten der Konvention nicht zu gefährden, wurde die Eigentumsgarantie daraufhin nicht in den ursprünglichen

---

50 Siehe Übersicht bei Grabenwarter, EMRK, S. 325ff.

Vertragstext aufgenommen, fand dafür aber Berücksichtigung im ersten Zusatzprotokoll zur EMRK[51]. Weitere wirtschaftliche Grundrechte enthält die Konvention oder eines ihrer Zusatzprotokolle nicht. Wirtschaftliche Bezüge lassen sich aber dem Art. 10 EMRK, Medienfreiheit, dem Art. 8 EMRK, der neben dem Schutz der Wohnung auch die Firmenräumlichkeiten schützt, und dem Diskriminierungsverbot des Art. 14 EMRK entnehmen[52].

VI. Gleichheitsgrundrechte

Schließlich gewährt die EMRK auch Gleichheitsrechte. In der Konvention selbst ist ein akzessorisches Verbot der Diskriminierung in ihrem Art. 14 verankert. Ein selbständiges Diskriminierungsverbot dagegen enthält das 12. Zusatzprotokoll zur EMRK. Dieses ist allerdings bis heute noch nicht in Kraft getreten. Art. 5 des siebten Zusatzprotokolls garantiert die Gleichberechtigung im Privatrecht in Hinblick auf die Eheschließung, deren Scheidung und die Beziehung zu den Kindern.

E. Das Rechtsschutzsystem der EMRK

I. Entwicklung des Rechtsschutzsystems der EMRK

1. Das Rechtsschutzsystem bis zum Inkrafttreten des elften Zusatzprotokolls

Volle Wirkkraft entfalten Grundrechtsverbürgungen grundsätzlich erst dann, wenn ihre Einhaltung auch von einer unabhängigen Gerichtsbarkeit durchgesetzt werden kann. Bereits bei Inkrafttreten der EMRK wurden aus diesem Grund nicht nur materielle Grundrechtsgewährleistungen garantiert, sondern auch ein Rechtsschutzsystem zu deren Durchsetzung eingeführt[53]. Dieses setzte sich aus drei Organen, nämlich der Menschenrechtskommission, dem Gerichtshof und dem Ministerkomitee des Europarates, zusammen. Die Menschenrechtskommission war das Organ, an das die Staatenbeschwerden gemäß Art. 24 EMRK a.F. und die Individualbeschwerden gemäß Art. 25 EMRK a.F. zunächst gerichtet werden mussten. Sie prüfte sodann deren Zulässigkeit und stellte fest, ob eine In-

---

51 Villiger, EMRK, Rn. 13f.; Ehlers – Walter, Europäische Grundrechte und Grundfreiheiten, S. 1 (4).

52 Vgl. Grabenwarter, EMRK, S. 425.

53 Darstellung des Verfahrensablaufs: Schlette, ZaöRV 56 (1996), 905 (908); Frowein, JuS 1986, 845 (845ff.); Seidel, Handbuch der Grund- und Menschenrechte, S. 424ff.; Bleckmann, Völkerrecht, Rn. 921ff.; Tomuschat, EuGRZ 2003, 95 (96ff.).

dividualbeschwerde wegen offensichtlicher Unbegründetheit zurückgeweisen werden musste. Wurde die Beschwerde nicht als unzulässig zurück gewiesen, folgte ein kontradiktorisches Verfahren und eine objektive Untersuchung. Gelang es der Kommission dabei nicht, einen Vergleich herbeizuführen, fertigte sie einen Bericht an, der den Sachverhalt und eine Stellungnahme über die behauptete Konventionsverletzung enthielt. Dieser Bericht wurde dem Ministerkomitee und den beteiligten Staaten übersandt. Anschließend konnte die Kommission, der Staat, dessen Angehöriger verletzt war und der verklagte Staat – nicht aber das verletzte Individuum selbst – den EGMR anrufen. Verstrich diese Frist, ohne dass der EGMR angerufen wurde, entschied das Ministerkomitee des Europarates mit Zweidrittelmehrheit über die behauptete Konventionsverletzung.

2. Reform durch das elfte Zusatzprotokoll

Erst vierzig Jahre nach Inkrafttreten der EMRK wurde das ursprüngliche Kontrollsystem der EMRK durch das elfte Zusatzprotokoll, welches am 1. November 1998 in Kraft trat, den gewandelten Gegebenheiten, wie etwa der immer weiter ansteigenden Zahl von eingereichten Beschwerden, angepasst[54]. Es erfolgte eine grundlegende Neuregelung: Heute ist nur noch der EGMR als Kontrollinstanz tätig. Er nimmt seine Aufgaben als ständiger Gerichtshof wahr und verfügt über hauptamtlich tätige Richter[55]. Dabei gliedert sich der EGMR in drei Spruchkörper, nämlich in Ausschüsse mit drei Richtern, Kammern mit sieben Richtern und einer Kammer mit 17 Richtern[56]. Die Europäische Kommission für Menschenrechte dagegen wurde aufgelöst und dem Ministerkomitee kommt nun nur noch die Aufgabe zu, die Durchführung der Urteile des EGMR durch die Konventionsstaaten zu überwachen[57]. Hervorzuheben bleibt, dass die Gerichtsbarkeit seit der Reform durch das elfte Zusatzprotokoll für alle Konventionsstaaten obligatorisch, d.h. für Vorbehalte nicht zugänglich, ist[58]. Durch die Reform dagegen nicht

---

54 Der Text des Protokolls ist abgedruckt in EuGRZ 1994, 323 (323ff.); zur Reform stellvertretend statt vieler: Drzemczewski/Meyer-Ladewig, EuGRZ 1994, 317 (317ff.); Grabenwarter/Thienel – Siess-Scherz, Kontinuität und Wandel der EMRK, S. 1 (1ff.); Schlette, ZaöRV 56 (1996), 905 (905ff.); Siess-Scherz, EuGRZ 2003, 100 (100ff.); Ehlers – Ehlers, Europäische Grundrechte und Grundfreiheiten, S. 21 (41ff.). Siehe auch die Neuerungen durch das 14. Zusatzprotokoll. Dieses ist jedoch noch nicht in Kraft getreten. Stand: Januar 2007.

55 Vgl. Art. 19ff.

56 Vgl. Art. 27 Abs. 1 EMRK. Ausführlich zur Struktur des Gerichtshofs: Grabenwarter, EMRK, S. 55ff.; Peters, EMRK, S. 7f.; Villiger, EMRK, Rn. 189ff.

57 Vgl. Art. 46 Abs. 2 EMRK.

58 Die früheren Fakultativklauseln sind weggefallen (vgl. Art. 25 EMRK a.F.). Vgl. Schlette ZaöRV 1996, 905 (941).

geändert wurden die zwei vor dem EGMR möglichen Verfahrensarten, nämlich die Staatenbeschwerde (Art. 34 EMRK) und die Individualbeschwerde (Art. 35 EMRK).

Knapp fünf Jahre nach der Neuregelung durch das elfte Zusatzprotokoll wird heute eine erneute Reform des Rechtsschutzsystems gefordert, um dieses wiederum an die noch ansteigende Anzahl von Konventionsstaaten anzupassen und die Effektivität der Individualbeschwerde weiter zu gewährleisten[59].

3. Die Staatenbeschwerde

Die Staatenbeschwerde gibt jedem Konventionsstaat der EMRK die Möglichkeit, sich wegen einer behaupteten Verletzung der EMRK-Garantien durch einen anderen Konventionsstaat an den EGMR zu wenden[60]. Dabei muss der beschwerdeführende Staat keine eigenen Rechte geltend machen und braucht demzufolge auch kein eigenes Interesse am Ausgang des Verfahrens als Zulässigkeitsvoraussetzung darzulegen. Sinn dieser Beschwerde ist vielmehr, der Staatengemeinschaft eine Wächterfunktion hinsichtlich der Einhaltung des europäischen Grundrechtsschutzes zuzuweisen[61]. Damit ist die Staatenbeschwerde, obwohl zahlenmäßig im Vergleich zur Individualbeschwerde von geringer Bedeutung[62], wirksames Mittel zur Sicherung eines Mindeststandards des Menschenrechtsschutzes in den einzelnen Konventionsstaaten[63].

4. Die Individualbeschwerde

Überragende Bedeutung im Rahmen des Rechtsschutzsystems der EMRK kommt, insbesondere seit der Reform durch das elfte Zusatzprotokoll im Jahre 1998, der Individualbeschwerde zu[64]. Diese ist ein – der Verfassungsbeschwerde

---

59 Grabenwarter, EuGRZ 2003, 174 (174ff.).

60 Zu der Staatenbeschwerde: Ehlers – Ehlers, Europäische Grundrechte und Grundfreiheiten, S. 21 (41ff.); Frowein/Peukert, EMRK, Art. 24, Rn. 1ff.; Villiger, EMRK, Rn. 182ff.; Grabenwarter, EMRK, S. 60.

61 Villiger, EMRK, Rn. 182.

62 Bis heute sind insgesamt dreizehn Staatenbeschwerden erhoben worden. Eine kurze Übersicht findet sich in Villiger, EMRK, Rn. 118ff.; Grabenwarter, EMRK, S. 61/Fn. 6.

63 Vgl. Frowein, JuS 1986, 845 (846); Grabenwarter, EMRK, S. 61.

64 Allgemein zur Individualbeschwerde: Grabenwarter, EMRK, S. 58ff.; Ehlers – Ehlers, Europäische Grundrechte und Grundfreiheiten, S. 21 (42); Kälin/Künzli, Universeller Menschenrechtsschutz, S. 220ff.

vergleichbar – außerordentlicher Rechtsbehelf, der unmittelbar vor dem EGMR erhoben werden kann[65].

Die Individualbeschwerde darf von jeder natürlichen Person, nichtstaatlichen Organisation oder Personengruppe eingelegt werden, die behauptet, durch eine der Hohen Vertragsparteien in einem in der Konvention oder den Zusatzprotokollen gewährten eigenen Recht verletzt zu sein. Als Verletzungsakt kommt hierbei jedes staatliche bzw. dem Staat zurechenbare Verhalten in Betracht. Die wichtigste Zulässigkeitsvoraussetzung der Individualbeschwerde ist in Art. 35 Abs. 1 EMRK enthalten. Dieser legt fest, dass der EGMR erst „nach Erschöpfung aller innerstaatlichen Rechtsbehelfe" angerufen wird[66].

II. Wirkung der Urteile des EGMR

Bei Beantwortung der Frage, welche Wirkung die Urteile des EGMR entfalten, ist von der Prämisse auszugehen, dass die Urteile des EGMR grundsätzlich unmittelbar nur die Staaten binden und nicht kraft Konventionsrecht unmittelbare Wirkung in den einzelnen Rechtsordnungen entfalten[67]. Dies entspricht der Rechtsnatur der EMRK, die als völkerrechtlicher Vertrag nach dem Willen ihrer Vertragsstaaten nur die Staaten selbst bindet und nicht schon Kraft ihrer besonderen Rechtsnatur unmittelbar in den Konventionsstaaten gilt[68]. So bedarf es einer Untersuchung des jeweiligen innerstaatlichen Rechts, um die Bedeutung der EMRK und der Urteile des EGMR für die nationalen Rechtsordnungen im einzelnen herauszuarbeiten[69]. Vorliegend soll grundsätzlich nur auf die völkerrechtliche Wirkung der EGMR-Urteile nach der EMRK eingegangen werden.

1. Völkerrechtliche Bindungswirkung der Urteile des EGMR

Die völkerrechtliche Verbindlichkeit der Urteile des EGMR wird in Art. 46 EMRK geregelt: Danach verpflichten sich die Vertragsstaaten, in allen Rechtssa-

---

65 Siehe dazu Frowein/Peukert, EMRK, Art. 25, Rn. 2.

66 Diese Zulässigkeitsvoraussetzung ist insbesondere in den neuen Konventionsstaaten Mittel- und Osteuropas problematisch und führt oft zur Unzulässigkeit der aus diesen Ländern stammenden Beschwerden. Vgl. Weiß, Die neuen Mitgliedstaaten des Europarates, S. 11f. Zu den weiteren Zulässigkeitsvoraussetzungen siehe detailliert Ehlers – Ehlers, Europäische Grundrechte und Grundfreiheiten, S. 21 (42ff.).

67 Okresek, EuGRZ 2003, 168 (168); Maier – Ress, Europäischer Menschenrechtsschutz, S. 227 (227ff.); Stöcker, NJW 1982, 1905 (1905ff.); Papier, EuGRZ 2006, 1 (1ff.).

68 Siehe dazu ausführlich Kapitel 2 dieser Arbeit.

69 Vgl. dazu Maier – Ress, Europäischer Menschenrechtsschutz, S. 227 (227ff.).

chen, in denen sie Partei sind, das endgültige Urteil des Gerichtshofs zu befolgen. Die Überwachung der nationalen Urteilsdurchführung obliegt dabei gemäß Art. 46 Abs. 2 EMRK dem Ministerkomitee.

Die Bindungswirkung der Urteile des EGMR umfasst, wie dem Wortlaut des Art. 46 EMRK zu entnehmen ist, zum einen eine, die beteiligten Parteien betreffende, Rechtskraftwirkung. Zum anderen entfalten sie aber auch eine Orientierungswirkung im Übrigen[70].

a. Rechtskraftwirkung der Urteile des EGMR

Grundsätzlich gilt die Verpflichtung, ein Urteil zu befolgen, in den jeweiligen personellen, sachlichen und zeitlichen Grenzen des Streitgegenstandes[71].

Ebenso wie im nationalen Recht umfasst dabei auch im internationalen Recht die personelle Rechtskraft grundsätzlich nur die am Verfahren beteiligten Parteien. Dies gilt somit auch für die Urteile des EGMR[72]. Dabei sind Beteiligte des Verfahrens *„die klagende oder beklagten Vertragsparteien"*[73]. Ein Vertragsstaat ist demnach eine am Verfahren beteiligte Partei, wenn sich die Beschwerde gegen ihn richtet oder wenn er als klagender Staat auftritt. Nicht umfasst sind dage-

70 Grundlegende Literatur zur Wirkung der Urteile des EGMR: Grabenwarter, EMRK, S. 114ff.; Peters, EMRK, S. 253ff.; Frowein/Peukert, EMRK, Art. 53, Rn. 1ff.; Polakiewicz, Die Verpflichtung der Staaten aus den Urteilen des EGMR, S. 1 ff.; Meyer-Ladewig, EMRK, Art. 46, Rn. 2; Maier – Ress, Europäischer Menschenrechtsschutz, S. 227 (227ff.); Ehlers – Ehlers, Europäische Grundrechte und Grundfreiheiten, S. 21 (45f.); Villiger, EMRK, S. 147ff.; Grabenwarter, EuGRZ 2003, 174 (177f.); Frowein/Villiger, HRLJ 9 (1988), 23 (23ff.); Ress, Festschrift für Mosler, S. 719 (719ff.); Bleckmann, EuGRZ 1995, 387 (387ff.); Bausback, ZRP 1999, 6 (6ff.); Polakiewicz, ZaöRV 52 (1992), 149 (149ff.); Breuer, EuGRZ 2004, 257 (257ff.); Okresek, EuGRZ 2003, 168 (168ff.); Glauben, DRiZ 2004, 129 (129ff.); Geiger – Bernhardt, Völkerrechtlicher Vertrag, S. 147 (147ff.); Ress, EuGRZ 1996, 350 (350ff.); Stöcker, NJW 1982, 1905 (1905ff.).

71 BVerfG NJW 1986, 1425 (1425ff.). Ausführlich zu dem Umfang der sachlichen und zeitlichen Rechtskraftwirkung: Polakiewicz, Die Verpflichtung der Staaten aus den Urteilen des EGMR, S. 37ff.; Bleckmann, EuGRZ 1995, 387 (387ff.); Maier – Ress, Europäischer Menschenrechtsschutz, S. 231ff.

72 Siehe auch Art. 46 Abs. 1 EMRK. Vgl. Peters, EMRK, S. 253; Polakiewicz, Die Verpflichtung der Staaten aus den Urteilen des EGMR, S. 33; Meyer-Ladewig, EMRK, Art. 46, Rn. 2; Ehlers – Ehlers, Europäische Grundrechte und Grundfreiheiten, S. 21 (45); Okresek, EuGRZ 2003, 168 (169); Ress, EuGRZ 1996, 350 (350ff.). Eine Mindermeinung versucht dagegen den Urteilen des EGMR eine erga-omnes Wirkung zuzuschreiben. Vgl. Bleckmann, EuGRZ 1995, 387 (387ff.).

73 So die Parteidefinition in Art. 1 lit. h der Verfahrensordnung des Gerichtshofs (BGBl. 1989 II, S. 956ff.).

gen lediglich drittbeteiligte Staaten und sämtliche Vertragstaaten, die nicht an dem Verfahren beteiligt waren.

b. Orientierungswirkung der EGMR-Urteile

Von der Rechtskraftwirkung der Urteile des EGMR, die lediglich die Parteien des Verfahrens betrifft, ist eine von den Urteilen darüber hinaus ausgehende Wirkung zu unterscheiden. Zum einen können Urteile, die in Verfahren gegen andere Konventionsstaaten ergehen, über Sachverhalte und Rechtsfragen entscheiden, die auch für die übrigen EMRK-Staaten von Relevanz sind und gegebenenfalls dort bestehende Konventionsverletzungen aufdecken. Zum anderen wird in den Urteilen des EGMR neben der Entscheidung über eine bestimmte Konventionswidrigkeit eines staatlichen Verhaltens in den Entscheidungsgründen aber auch eine Auslegung der einschlägigen Konventionsbestimmung vorgenommen.

Dass nun der Feststellung der Konventionsverletzung und auch der Auslegung der Konventionsbestimmung rein faktisch ein ganz erheblicher Einfluss auf die Anwendung der Konvention durch innerstaatliche Gerichte zukommt, ist nicht zu bezweifeln[74]. Neben ihrer rein tatsächlichen Überzeugungskraft, kommt den Urteilen aber auch noch eine darüber hinausgehende rechtliche Bedeutung zu[75].

Zwar ergibt sich, wie gesehen, für nicht am Verfahren beteiligte Staaten keine von dem Urteil gemäß Art. 46 EMRK ausgehende Bindungswirkung. Auch entfalten diese Urteile aus innerstaatlicher Perspektive keine rechtliche Bindung[76]. Gleichwohl bleiben derartige Urteile für den nicht betroffenen Staat nicht ohne rechtliche Bedeutung: Gemäß Art. 1 EMRK sind alle Konventionsstaaten verpflichtet, den ihrer Hoheitsgewalt unterstehenden Personen die EMRK-Rechte in der Gestalt, welche sich in der Rechtsprechung des EGMR entwickelt hat[77], zu

74 So Polakiewicz, Die Verpflichtung der Staaten aus den Urteilen des EGMR, S. 279ff. Ausführlich dazu auch Kapitel 5 B der vorliegenden Arbeit.

75 Ausführlich zu der damit einhergehenden Problematik: Polakiewicz, Die Verpflichtung der Staaten aus den Urteilen des EGMR, S. 279ff. Obwohl der EGMR keine ausdrückliche Aussagen zur Verbindlichkeit seiner Präjudizwirkung für nationale Gerichte gemacht hat, finden sich in seiner Rechtsprechung durchaus Anhaltspunkte dafür, dass er seiner Auslegung des Konventionsrechts eine über den Einzelfall hinausgehende Bedeutung zumisst. Vgl. etwa EGMR 18.11.1978, Irland ./. Vereinigtes Königreich, A 25, abgedruckt in EuGRZ 1979, 149 (149ff.).

76 Polakiewicz, Die Verpflichtung der Staaten aus den Urteilen des EGMR, S. 286f.

77 Insoweit hat der EGMR Richterrecht geschaffen, das die EMRK fortentwickelte und das an der völkerrechtlichen Verbindlichkeit der Konvention teilhat. Meyer-Ladewig, EMRK, Einf., Rn. 30ff./Art. 46, Rn. 5.

zusichern. Darüber hinaus führt eine vom Urteil des EGMR abweichende Praxis der nationalen Gerichte voraussichtlich zu einer gegen diesen Staat selbst gerichtete Feststellung einer Konventionsverletzung. Spätestens im Falle einer ständigen Rechtsprechung des Gerichtshofs kommt dieser daher eine normative Leitfunktion zu, an der sich die Vertragsstaaten orientieren müssen[78]. Diese ist in der Literatur unterschiedlich als „indirekte Wirkung“[79], „Präjudizwirkung“ oder „Orientierungswirkung“[80] bezeichnet worden[81].

2. Völkerrechtliche Verpflichtung des betroffenen Staates aus dem EGMR-Urteil

Das Urteil des EGMR stellt die Konventionswidrigkeit eines staatlichen Handelns fest. Dabei kann es sich um einen Verwaltungsakt, um ein Gerichtsurteil, um eine Rechtsnorm oder um ein sonstiges staatliches Verhalten handeln. Die in Rede stehende Feststellung einer Konventionsverletzung begründet nun für den verurteilten Staat die Verpflichtung, die Konventionsverletzung abzustellen und gegebenenfalls Ersatz zu leisten[82]. Hierbei kommt ihm ein Beurteilungsspielraum[83] zu, in welcher Weise er den Verpflichtungen aus dem Urteil Folge leisten will. Jedoch ist – soweit möglich – eine Wiederherstellung des ursprünglichen Zustandes (*restitutio in integrum*) geschuldet[84]. Dabei ist zu beachten, dass darüber hinaus gehende konkrete Vorgaben den Urteilen des EGMR dagegen grundsätzlich nicht zu entnehmen sind.

78 So BVerwG NVwZ 2002, 87 (87ff.). Vgl. auch Meyer-Ladewig, EMRK, Art. 46, Rn. 5.

79 Frowein/Villiger, HRLJ 9 (1988), 23 (40).

80 Ress, EuGRZ 1996, 350 (350ff.).

81 Allgemein zur Orientierungswirkung der EGMR-Urteile: Meyer-Ladewig, EMRK, Art. 46, Rn. 4ff.; Grabenwarter, EMRK, S. 117; Frowein/Villiger, HRLJ 9 (1988), 23 (41ff.); Maier – Ress, Europäischer Menschenrechtsschutz, S. 256ff.; Stöcker, NJW 1982, 1905 (1905ff.).

82 Zu der völkerrechtlichen Verpflichtung der Staaten aus einem EGMR-Urteil: Peters, EMRK, S. 253ff.; Meyer-Ladewig, EMRK, Art. 46, Rn. 8ff.; Grabenwarter, EMRK, S. 114ff.; Bausback, ZRP 1999, 6 (6ff.); Frowein/Peukert, EMRK, Art. 53, Rn. 1ff.; Maier – Ress, Europäischer Menschenrechtsschutz, S. 227 (233ff.); Ehlers – Ehlers, Europäische Grundrechte und Grundfreiheiten, S. 21 (45).

83 So beispielsweise EGMR 29.11.1991, Vermeire ./. Belgien, A 214-C, abgedruckt in EuGRZ 1992, 12 (12ff.). Dazu ausführlich Polakiewicz, ZaöRV 52 (1992), 149 (149ff.); Bausback, ZRP 1999, 6 (6ff.); Okresek, EuGRZ 2003, 168 (170); Maier – Ress, Europäischer Menschenrechtsschutz, S. 234.

84 Maier – Ress, Europäischer Menschenrechtsschutz, S. 234; Peters, EMRK, S. 253; Frowein/Peukert, EMRK, Art. 53, Rn. 4; Ress, EuGRZ 1996, 350 (350ff.).

a. Konventionsverletzung durch einen Verwaltungsakt bzw. ein Urteil

Meist ist Grundlage des EGMR-Urteils eine Konventionsverletzung durch ein nationales Urteil oder einen nationalen Verwaltungsakt. Die Feststellung der Konventionsverletzung durch den EGMR hat dann die Wirkung, dass der beklagte Staat diese nicht mehr bestreiten kann. Insoweit ist der Staat gebunden[85]. Darüber hinaus muss eine gegebenenfalls andauernde Verletzung durch ihn beendet werden[86]. Sieht das staatliche Recht eine Entschädigung für die begangene Konventionsverletzung vor, ist diese zu gewähren. Im Übrigen kann der EGMR seinerseits eine gerechte Entschädigung nach Art. 41 EMRK festsetzen[87].

Die Beseitigung der Konventionsverletzung ist grundsätzlich im Falle eines konventionswidrigen Verwaltungsaktes nicht problematisch[88]. Bei Urteilen dagegen ist der Staat durch die Rechtskraft und die Unabhängigkeit der Justiz gebunden[89]. Die EMRK durchbricht also die Rechtskraft der nationalen Urteile nicht[90]. Ferner enthält sie aber auch keine Pflicht der Staaten, eine Wiederaufnahme des Verfahrens aufgrund einer festgestellten Konventionsverletzung zu ermöglichen[91].

Des weiteren geht die Bindungswirkung des Art. 46 Abs. 1 auch nicht soweit, dass nationale Gerichte eine vom EGMR für konventionswidrig gehaltene Rechtsvorschrift nicht mehr anwenden dürfen[92], da sich die Rechtskraft des Urteils nur auf den konventionswidrigen Verwaltungsakt oder das in Rede stehende Gerichtsurteil bezieht. Daraus ergibt sich nun das Problem, dass solange keine Gesetzesänderung bzw. -aufhebung erfolgt, gleichgelagerte Sachverhalte durch die nationalen Gerichte weiterhin konventionswidrig entschieden werden. Allerdings verpflichtet Art. 1 Abs. 1 EMRK dazu, allgemeine Maßnahmen zu treffen, um künftige Konventionsverletzungen zu vermeiden[93]. Aus ebendieser Vorschrift resultiert dann aber die Verpflichtung der Vertragsstaaten, eine Gesetzesänderung bzw. -aufhebung vorzunehmen.

---

85 Meyer-Ladewig, EMRK, Art. 46, Rn. 8f.; Frowein/Peukert, EMRK, Art. 53, Rn. 2.

86 Frowein/Peukert, EMRK, Art. 53, Rn. 6; Polakiewicz, Die Verpflichtung der Staaten aus den Urteilen des EGMR, S. 63ff./355.

87 Dazu Peters, EMRK, S. 254ff.

88 Maier – Ress, Europäischer Menschenrechtsschutz, S. 240ff.; Frowein/Peukert, EMRK, Art. 53, Rn. 5; Ehlers – Ehlers, Europäische Grundrechte und Grundfreiheiten, S. 45.

89 Vgl. Peters, EMRK, S. 253f.

90 Vgl. Maier – Ress, Europäischer Menschenrechtsschutz, S. 232; Frowein/Peukert, EMRK, Art. 53, Rn. 3.

91 So Grabenwarter, EMRK, S. 116.

92 Vgl. dazu Ress, EuGRZ 1996, 350 (352ff.); Meyer-Ladewig, EMRK, Art. 46, Rn. 5.

93 Okresek, EuGRZ 2003, 168 (169).

b. Konventionsverletzung durch eine Rechtsnorm

In den Fällen, in denen eine gesetzliche Regelung die Konvention verletzt[94], ist der Staat zunächst bezogen auf den Beschwerdeführer gemäß Art. 46 Abs. 1 EMRK verpflichtet, die andauernde Verletzung durch die Rechtsnorm zu beenden. Aber auch im Hinblick auf gegebenenfalls bestehende Parallelfälle, ergibt sich für den Staat eine Verpflichtung, die nationale Rechtsordnung in Einklang mit der Konvention zu bringen[95]. Somit besteht aus konventionsrechtlicher Sicht die völkerrechtliche Pflicht des nationalen Gesetzgebers[96] zur Aufhebung bzw. Änderung konventionswidriger Gesetze für den Fall, dass eine konventionskonforme Interpretation nicht möglich ist[97]. Ist die EMRK Prüfungsmaßstab der nationalen Gerichte, kann diese Verpflichtung zur Beseitigung der Konventionsverletzung auch die nationalen Gerichte und insbesondere die Verfassungsgerichte treffen[98]. Dabei ist es aus konventionsrechtlicher Sicht ohne Belang, ob die Gesetzesänderung oder -aufhebung durch das Verfassungsgericht oder den Gesetzgeber erfolgt[99].

3. Die Anordnung konkreter Abhilfemaßnahmen durch den EGMR

Im Hinblick auf den bei den EMRK-Staaten verbleibenden Beurteilungsspielraum, in welcher Weise sie den Verpflichtungen aus dem Urteil Folge leisten wollen, bleibt allerdings abzuwarten, ob nicht der EGMR durch zwei jüngst ergangene Urteile eine Umbruchsphase hinsichtlich der von seinen Urteilen ausgehenden völkerrechtlichen Bindung eingeläutet hat[100].

---

94 Beispielsweise eine gesetzliche Regelung über die Rechtsstellung nichtehelicher Kinder (EGMR 13.6.1979, Marckx ./. Belgien, A 31, abgedruckt in EuGRZ 1979, 454 (454ff.)).

95 Frowein/Peukert, EMRK, Art. 53, Rn. 7. Vgl. etwa EGMR 13.6.1979, Marckx ./. Belgien, A 31, abgedruckt in EuGRZ 1979, 454 (454ff.).

96 Polakiewicz, Die Verpflichtung der Staaten aus den Urteilen des EGMR, S. 156ff.; Maier – Ress, Europäischer Menschenrechtsschutz, S. 235.

97 EGMR 26.10. 1988, Norris ./. Irland, A 142, Ziff. 50; EGMR 13.6.1979, Marckx ./. Belgien, A 31, Ziff. 58, abgedruckt in EuGRZ 1979, 454 (454ff.); EGMR 6.11.1980, Sunday Times ./. Vereinigtes Königreich, A 38, Ziff. 16, abgedruckt in EuGRZ 1981, 209 (209ff.); Frowein/Peukert, EMRK, Art. 53, Rn. 6f.

98 Vgl. Grabenwarter, VVDStRL 60 (2001), 290 (320); Grabenwarter, EMRK, S. 116.

99 Vgl. Grabenwarter, EMRK, S. 116. Im Falle des Vereinigten Königreichs steht die Pflicht des Gesetzgebers nun außer Frage. Section 10 des „*Human Rights Act*" sieht für den Fall der Feststellung einer Verletzung der Konvention durch den EGMR oder ein nationales Gericht (vgl. Section 4 des „*Human Rights Act*") ein eigenes Gesetzgebungsverfahren vor.

100 So auch Breuer, EuGRZ 2004, 445 (445).

So hat der EGMR in seinem Urteil *Assanidze gegen Georgien*[101] erstmals in seiner Geschichte die uneingeschränkte Verpflichtung eines EMRK-Staates ausgesprochen, zur Beendigung der festgestellten Konventionsverletzung eine konkrete Abhilfemaßnahme zu ergreifen. Damit scheint es so, als wolle der EGMR mit dieser Entscheidung den neuen Weg einschlagen, den Staaten bei Umsetzung der Urteile keinen Beurteilungsspielraum mehr zuzuerkennen[102], sondern ihnen vielmehr konkrete Maßnahmen zu diktieren. Dieser Eindruck bestätig sich auch in dem wenige Wochen nach dieser Entscheidung gefällten Urteil in der Sache *Broniowski*[103]. In diesem legte der EGMR nicht nur Grundsätze fest, nach denen er in Zukunft in Parallelverfahren (*repetitive cases)* – Verfahren also, die in großer Zahl bei rechtlich gleichgelagerter Problematik zum Gerichtshof gelangen – vorzugehen gedenkt[104]. Darüber hinaus wies er auch hier den betroffenen Staat an, die in Streit stehende Konventionsverletzung mittels durch ihn konkret festgelegter Abhilfemaßnahmen zu beenden[105]. So beschränkte sich der Gerichtshof nicht wie in früheren Entscheidungen darauf, im Urteilstenor lediglich die Konventionsverletzung als solche festzustellen und allenfalls in den Entscheidungsgründen auf mögliche Abhilfemaßnahmen hinzuweisen. Vielmehr ordnet hier der EGMR bereits im Urteilstenor die Abhilfemaßnahme so konkret wie möglich an[106].

---

101 EGMR 8.4.2004, Assanidze ./. Georgien, Application Number 71503/01, abgedruckt in EuGRZ 2004, 268ff.

102 Dazu Breuer, EuGRZ 2004, 257 (257ff.). Siehe auch das erst jüngst vom Ministerkomitee verabschiedete Protokoll Nr. 14. Vgl. dazu Keller/Bertschi, EuGRZ 2005, 204 (204ff.).

103 EGMR 22.7.2004, Broniowski ./. Polen, Application Number 31443/96, abgedruckt in EuGRZ 2004, 472 (472ff.).

104 Vgl. dazu Breuer, EuGRZ 2004, 445 (445ff.). Vgl. dazu auch das Urteil zum Fall *Kudla* (EGMR 26.10.2000, Kudla ./. Polen, Application Number 30210/96, abgedruckt in EuGRZ 2004, 484 (484ff.). Dazu Bien/Guillaumont, EuGRZ 2004, 451 (451ff.). In diesem änderte der EGMR seine Rechtsprechung dahingehend, dass er Art. 13 EMRK einen Anspruch auf wirksame Beschwerde vor einer innerstaatlichen Instanz entnahm, um den durch eine überlange Verfahrensdauer verursachten Verstoß gegen Art. 6 EMRK geltend zu machen. In seinen früheren Urteilen hatte sich der Gerichtshof hingegen darauf beschränkt, den jeweiligen Staat lediglich durch einen Appell zu einer Änderung seiner Rechtsordnung zu bewegen. In dem Urteil im Fall *Kudla* leitete er nun aus Art. 13 EMRK eine entsprechende Rechtspflicht ab. Ziel dessen ist unter anderem, dass gleichgelagerte Probleme bereits auf nationaler Ebene gelöst werden.

105 Vgl. Breuer, EuGRZ 2004, 445 (448).

106 Breuer, EuGRZ 2004, 445 (448).

Jedoch muss zumindest im Hinblick auf das oben genannten Urteil *Assanidze*[107] beachtet werden, dass aufgrund der Besonderheiten des Einzelfalls nicht unbedingt von einer Verallgemeinerungsfähigkeit auszugehen ist. So hat der EGMR drei Voraussetzungen für die Anordnung einer konkreten Abhilfemaßnahme festgesetzt: 1. Es muss sich um eine Dauerverletzung der Konvention handeln. 2. Der Anordnung darf grundsätzlich kein rechtskräftiges innerstaatliches Urteil entgegenstehen. 3. Es muss eine Ermessensreduzierung auf Null vorliegen[108]. Diese Voraussetzungen waren bereits im Fall *Broniowski* nicht vollständig erfüllt, so dass der EGMR zwar zwei Abhilfemaßnahmen bezeichnen konnte, die weitere Ausgestaltung aber erneut dem nationalen Gesetzgeber überlassen musste[109]. Schließlich scheint der EGMR selbst unsicher, wie er seine gewandelte Rechsprechung dogmatisch begründen will: Im Fall *Assanidze* stützte er die Anordnung konkreter Abhilfemaßnahmen auf Art. 41 EMRK[110], während er diese im Fall *Broniowski* unter der Überschrift des Art. 46 EMRK setzt[111].

F. Beschwerdenanzahl und Arbeitsbelastung[112]

Die Zahlen der beim Europäischen Gerichtshof für Menschenrechte in Straßburg eingegangenen Beschwerden weisen bekanntermaßen in den letzten Jahren stetig nach oben. Seit dem Tag des Inkrafttretens der Konvention bis Ende des Jahres 2003 gingen etwa 133.250 Beschwerden in Straßburg ein. Dabei wurde der Großteil jedoch erst in den letzten Jahren eingereicht. Waren es in der gesamten Zeitspanne zwischen 1955 und 1988 insgesamt rund 44.199 eingereichte Beschwerden, so fanden im Jahre 1998 schon 18.164 Beschwerden den Weg nach Straßburg. Allein im Jahre 2002 waren es 34.618 und im Jahre 2003 rund 35.613 Beschwerden. Damit hat sich die Anzahl innerhalb von vier Jahren mehr als verfünffacht. Diese Entwicklung lässt sich auch anhand der von dem Gerichtshof erlassenen Urteile belegen. In den Jahren 1955 bis 1982 ergingen insgesamt 61 Urteile, im Jahre 2002 alleine 844 und im Jahre 2003 insgesamt 703. Folglich ist

---

107 EGMR 8.4.2004, Assanidze ./. Georgien, Application Number 71503/01, abgedruckt in EuGRZ 2004, 268 (268ff.).

108 Vgl. dazu Breuer, EuGRZ 2004, 445 (449).

109 Breuer, EuGRZ 2004, 445 (450).

110 EGMR 8.4.2004, Assanidze ./. Georgien, Application Number 71503/01, Ziff. 202f., abgedruckt in EuGRZ 2004, 268 (268ff.).

111 EGMR 22.7.2004, Broniowski ./. Polen, Application Number 31443/96, Ziff. 188ff.; abgedruckt in EuGRZ 2004, 472 (472ff.).

112 Statistische Übersichten finden sich jeweils in den Jahrbüchern des Europäischen Gerichtshofs für Menschenrechte.

ein weiterer Anstieg der Beschwerdenzahl und eine damit verbundene stetige Erhöhung der Arbeitsbelastung zu verzeichnen[113].

Ursache für die bemerkenswerte Zunahme der Beschwerdenzahl ist zum einen sicherlich der gestiegene Bekanntheitsgrad der Konvention und das inzwischen gewachsene Vertrauen in die Gewährleistungen der EMRK und die Arbeit der Konventionsorgane. Zum anderen schlägt sich der enorme Zuwachs der Vertragsstaaten in der Anzahl der Beschwerden nieder. 1953 konnten die Bürger von nur zehn Vertragsstaaten Menschenrechtsverletzungen vor dem EGMR geltend machen. Heute handelt es sich dagegen um 46 Vertragsstaaten. Besonders die Aufnahme der neuen Demokratien Mittel- und Osteuropas, für die die Handhabung der Menschenrechte ein Novum darstellt, hat zu einem Anstieg der Beschwerdenzahlen geführt. Im Jahre 1997 kamen schon knapp über 19 % der Beschwerden aus Mittel- und Osteuropa. 2002 betrafen dann etwa 50% der neu eingegangenen Beschwerden die ost- und zentraleuropäischen Staaten. Besonders hohe Zuwachsraten gibt es bei Beschwerden gegen die Russische Föderation, die Türkei, die Ukraine, Rumänien und Polen[114].

G. Die EMRK im europäischen Kontext

I. Die Europäische Integration

Die Idee einer europäischen Einigung lässt sich in Ansätzen bis in das 14. Jahrhundert zurückverfolgen, als sich das mittelalterliche Weltbild mit seinen eher dynastischen Einheitsvorstellungen aufzulösen begann[115]. Diese frühen Ideen enthielten jedoch meist nur staatenbündische Konzepte. Erst ab dem 19. Jahrhun-

---

113 Der Gerichtshof hat angesichts der immer weiter steigenden Beschwerdezahl bereits die Befürchtung geäußert, *„dass das Konventionssystem durch eine große Zahl an Beschwerden mit derselben Ursache überlastet wird"*. EGMR 22.7.2004, Broniowski ./. Polen, Application Number 31443/96, Ziff. 193, abgedruckt in EuGRZ 2004, 472 (472ff.).

114 Gegen Polen sind im Jahre 2003 etwa 5.136 Beschwerden eingegangen, insgesamt sind 46 Urteile gegen Polen ergangen. Gegen die Russische Föderation sind 5.338 Beschwerden eingegangen; es wurden nur fünf Urteile erlassen. Im Gegensatz dazu wurden gegen Ungarn nur 435 Beschwerden eingereicht und 13 Urteile gefällt. Grund für die doch im Vergleich zu den eingegangenen Beschwerden geringe Zahl der ergangenen Urteile ist die häufige Unzulässigkeit der Klagen wegen Abweisung *ratione temporis* und die mangelnde Erschöpfung des innerstaatlich Rechtsweges. Vgl. Weiß, Die neuen Mitgliedstaaten des Europarates, S. 11f.; Gross, EJIL 7 (1996), 89 (89ff.).

115 Hertel, Supranationalität als Verfassungsprinzip, S. 21.

dert kam es dann vermehrt zu der Forderung nach einer föderalen Staatenunion. Wirkliche Bedeutung gewann dieses Gedankengut allerdings erst nach den verheerenden Erfahrungen der Weltkriege. Zum einen büßten die europäischen Staaten, geschwächt durch die Kriege, ihre weltpolitische Vormachtstellung zugunsten der USA und der Sowjetunion ein. Zum anderen galt es, den Frieden auf dem europäischen Kontinent zu sichern[116]. Als politischer Anstoß für eine Einigung Europas wird häufig die Züricher Rede *Winston Churchills* vom 19. September 1946 genannt[117], in der er die Gründung *„der Vereinigten Staaten von Europa"* als europäisches Friedensprojekt forderte. Ein europäischer Bundesstaat stellte sich jedoch als zu großer Schritt für das nationalstaatlich geprägte Europa heraus[118]. Gleichwohl ist seit diesem Zeitpunkt eine Vorwärtsbewegung in Richtung eines einigeren Europas, wenn auch in kleineren Schritten, zu verzeichnen. So sind mannigfache Bemühungen zu beobachten, die Zusammenarbeit der Staaten Europas durch ein Geflecht an Internationalen Organisationen zu verstärken[119].

Auf europäischer Ebene findet man heute also ein Nebeneinander verschiedenster Internationaler Organisationen und Institutionen. Es handelt sich um unterschiedliche Formen der regionalen Zusammenarbeit unter europäischen Staaten auf verschiedenen Gebieten, mit unterschiedlichen Kreisen von europäischen Mitgliedstaaten und unterschiedlichen Mechanismen der Zusammenarbeit[120]. Dabei ist es nicht nur die EMRK, die sich des Schutzes der Menschenrechte angenommen hat, sondern auch innerhalb der anderen rechtlichen Ordnungen sind teilweise menschenrechtliche Gewährleistungen vorhanden. Eine Systematisierung der erwähnten Internationalen Organisationen kann im Europarecht im engeren und im weiteren Sinne erfolgen.

---

116 Streinz, Europarecht, Rn. 10; Giegerich, Europäische Verfassung, S. 42.

117 *„Wenn Europa einmal einträchtig sein gemeinsames Erbe verwalten würde, dann könnten seine drei- oder vierhundert Millionen Einwohner ein Glück, einen Wohlstand und einen Ruhm ohne Grenzen genießen. [...] Wir müssen eine Art Vereinigter Staaten von Europa schaffen. [...] Der Weg dahin ist einfach. Es ist nichts weiter dazu notwendig, als dass Hunderte von Millionen Männer und Frauen Recht statt Unrecht tun und Segen statt Fluch ernten."*. Vgl. auch Oppermann, Europarecht, Rn. 12.

118 Giegerich, Europäische Verfassung, S. 45.

119 Maurer, Staatsrecht I, § 4, Rn. 5.

120 Streinz, Europarecht, Rn. 1; Herdegen, Europarecht, Rn. 1; Schweitzer/Hummer, Europarecht, Rn. 1. Ausführlich zum Begriff und Gegenstand des Europarechts: Mosler, ZaöRV 28 (1968), 481 (481ff.).

II. Europarecht im engeren Sinne

Im Zentrum der institutionalisierten Zusammenarbeit und Integration in Europa stehen die drei Europäischen Gemeinschaften. Dabei handelt es sich um die Europäische Gemeinschaft für Kohle und Stahl (Montanunion)[121], die Europäische Gemeinschaft (früher: Europäische Wirtschaftsgemeinschaft) und die Europäische Atomgemeinschaft (Euroatom). In der Vergangenheit erschöpfte sich das Europarecht im engeren Sinne in diesen drei Europäischen Gemeinschaften. Umfasst waren alle Normen, die die Rechtsbeziehungen zwischen den Mitgliedstaaten, den Mitgliedstaaten und Gemeinschaftsorganen und der Staatsangehörigen der Mitgliedstaaten regelten[122]. Seit der 1993 in Kraft getretene Vertrag von Maastricht den Verbund der drei Gemeinschaften um zwei neue Politikfelder ergänzt und als gemeinsames Dach über die verschiedenen Gemeinschaften die Europäische Union geschaffen hat, müssen auch die hierin normierten Materien mitberücksichtigt werden. Heute umfasst der Begriff des Europarechts im engeren Sinne daher das Recht der drei Europäischen Gemeinschaften, die heute die Grundlage der Europäischen Union bilden[123], und die Normen über die neuen Formen der Zusammenarbeit im Rahmen der Europäischen Union[124].

III. Europarecht im weiteren Sinne

Das Europarecht im weiteren Sinne dagegen umfasst alle zwischenstaatlichen Organisationen im europäischen Raum und die daraus resultierenden Vertragswerke[125]. Hierbei handelt es sich um klassische völkerrechtliche Verträge, die in einem zeitgeschichtlich-politischen Sinne ihrerseits als Bestandteil des europäischen Einigungswerks seit dem Zweiten Weltkrieg verstanden werden müssen[126]. Zunächst wurde der Kreis der Internationalen Organisationen grundsätzlich nur auf die Staaten Westeuropas beschränkt. Einige von ihnen haben allerdings seit

---

121 Gemäß Art. 97 EGKSV endete die Europäische Gemeinschaft für Kohle und Stahl am 23.7.2002.

122 Bleckmann, Europarecht, Rn. 25.

123 Vgl. Art. 1 Abs. 3 S. 1 EUV.

124 Bleckmann, Europarecht, Rn. 25; Herdegen, Europarecht, Rn. 2f.; Schweitzer/Hummer, Europarecht, Rn. 7; Vitzthum, EuR 2002, 1 (1).

125 So Mosler, ZaöRV 28 (1968), 481 (500).

126 Oppermann, Europarecht, Rn. 2.

Anbeginn nicht-europäische Mitglieder[127], andere wurden seit 1990 auch für osteuropäische Staaten geöffnet[128].

Da das Vertragssystem der Europäischen Union immer wieder Bezug auf einige dieser europäischen Institutionen nimmt[129], ist eine Vernetzung zwischen dem Europarecht im engeren Sinne und dem Europarecht im weiteren Sinne gegeben.

Eine Einteilung der zwischenstaatlichen Organisationen kann anhand ihrer Aufgaben in vorwiegend politische, verteidigungspolitische und wirtschaftliche Organisationen vorgenommen werden. Daneben existieren jedoch noch zahlreiche zwischenstaatliche europäische Institutionen, die mit einzelnen Spezialfragen betraut sind. Im Folgenden soll nur eine kurze Darstellung der wichtigsten europäischen Internationalen Organisationen erfolgen[130].

1. Europarat

Teil des Europarechtes im weiteren Sinne ist zunächst der hier im Fokus des Interesses stehende Europarat mit den von ihm geschaffenen Vertragswerken, insbesondere der EMRK. 1949 gegründet ist der Europarat heute zu einem gesamteuropäischen Forum auf der Grundlage eines gemeinsamen Bestandes an rechtsstaatlichen und demokratischen Strukturprinzipien herangewachsen[131].

2. Organisation für Sicherheit und Zusammenarbeit in Europa

Daneben existiert die Organisation für Sicherheit und Zusammenarbeit in Europa (OSZE; früher: Konferenz für Sicherheit und Zusammenarbeit in Europa – KSZE). Ihr Ziel ist das Bemühen um eine europäische Sicherheitsarchitektur. Das erste wesentliche Dokument der damals noch KSZE ist die Schlussakte von Helsinki aus dem Jahre 1975. Diese enthält u.a. auch die Anerkennung der Menschenrechte und Grundfreiheiten[132]. Insbesondere die zwar rechtlich nicht ver-

---

127 Beispielsweise die KSZE/OSZE.

128 Schweitzer, Staatsrecht III, Rn. 15. Beispielhaft dafür ist nicht zuletzt der Europarat.

129 Beispielsweise soll nach Art. 303 EGV die Europäische Gemeinschaft mit dem Europarat jede zweckdienliche Zusammenarbeit herbeiführen und gemäß Art. 17 EUV der Amsterdamer Fassung ist die Westeuropäsche Union ein integraler Bestandteil der Entwicklung der EU.

130 Ausführlich zu den einzelnen Organisationen in Kimminich/Hobe, Völkerrecht, passim; Bleckmann, Europarecht, Rn. 16ff.; Herdegen, Europarecht, Rn. 5ff.

131 Herdegen, Europarecht, Rn. 6.

132 In Prinzip VII der KSZE Schlussakte vom 1. August 1975 wurde festgehalten, dass die Achtung der Menschenrechte *„ein wesentlicher Faktor für den Frieden, die Gerechtigkeit und das Wohlergehen ist"*.

bindliche Charta von Paris[133] von 1990, hat die Bedeutung der Menschenrechte für die OSZE weiter hervorgehoben.

3. Westeuropäische Union

Weiterhin ist die Westeuropäische Union (WEU) zu nennen. Im Kern ist diese eine Verteidigungsallianz, die nach Überwindung des Ost-West-Konflikts friedenssichernde Funktionen im Dienste der gesamteuropäischen Sicherheit übernommen hat[134]. Der WEU-Vertrag ergänzt die sicherheitspolitische Kooperation der NATO. Die NATO entstand 1949 und operiert auf militärischem Gebiet. Sie ist ein Bündnis zur kollektiven Selbstverteidigung.

4. Europäische Freihandelszone

Die im Jahre 1960 von Nicht-EG-Staaten gegründete Europäische Freihandelsassoziation (EFTA) ist auf wirtschaftlichem Gebiet tätig. Sie ist als Alternative zu den Europäischen Gemeinschaften gegründet worden. Jedoch gehören heute fast alle Mitgliedstaaten der EFTA, mit Ausnahme der Schweiz, dem Europäischen Wirtschaftraum (EWR) an, der sich weitestgehend an den Prinzipien der Europäischen Gemeinschaft orientiert, so dass die Bedeutung neben den Europäischen Gemeinschaften gering ist[135].

5. Organisation für wirtschaftliche Zusammenarbeit und Entwicklung

Schließlich gibt es die Organisation für wirtschaftliche Zusammenarbeit und Entwicklung (Organisation of Economic Co-Operation and Development – OECD). Im Jahre 1948 als Reaktion auf den Marshall-Plan der Vereinigten Staaten als Organisation für Europäische Wirtschaftliche Zusammenarbeit (OEEC) gegründet, wurde sie im Jahre 1961 zur heutigen OECD. Sie dient als Forum der wirtschaftlichen Zusammenarbeit für die 29 führendsten Wirtschaftsnationen[136].

---

133 Abgedruckt in EuGRZ 1990, 517 (517ff.).
134 Herdegen, Europarecht, Rn. 7.
135 Herdegen, Europarecht, Rn. 9.
136 Herdegen, Europarecht, Rn. 10; Schweitzer, Staatsrecht III, Rn. 15.

2. Kapitel: Geltung und Rang der EMRK in den nationalen Rechtsordnungen

Im folgenden Kapitel soll die Frage nach der innerstaatlichen Geltung und dem innerstaatlichen Rang der EMRK in den einzelnen Konventionsstaaten untersucht werden. Dies ist aus verschiedenen Gesichtspunkten heraus erforderlich.

Zunächst ist die innerstaatliche Geltung und der Rang der EMRK ein wichtiger Baustein zur Beantwortung der Frage, ob die EMRK gegebenenfalls heute bereits eine „Europäische Grundrechtsverfassung" darstellt. Beispielsweise ist ein Merkmal einer Verfassung ihre Vorrangstellung vor allem anderen Recht[137]. Zudem ist ihre Beantwortung Anhaltspunkt dafür, inwieweit die EMRK Einfluss auf die nationalen Rechtsordnungen ihrer Vertragsstaaten zunächst als abstrakt-generelle Norm und dann durch die Rechtsprechung des EGMR nimmt. Der EMRK ist schließlich durchaus ein entscheidender Einfluss auf die nationalen Rechtsordnungen möglich. Jedoch ist dies nicht unwesentlich von ihrem innerstaatlichen Rang abhängig. Ferner lässt sich anhand der verschiedenen Wege der einzelnen Nationen, die EMRK in ihr innerstaatliches Recht aufzunehmen, erkennen, inwieweit sie dem Völkerrecht im Allgemeinen bzw. einem internationalen System zum Schutze der Menschenrechte im Speziellen offen gegenüberstehen. Gerade die politische und verfassungsrechtliche Wende in den ehemals kommunistischen Staaten Mittel- und Osteuropas führt zu der interessanten Frage, welche innerstaatliche Geltung und welchen innerstaatlichen Rang Menschenrechtsverträge in diesen Staaten – vor allen Dingen im Vergleich zu den Vertragsstaaten der ersten Stunde – in der nationalen Normenhierarchie einnehmen.

A. Staats- und Völkerrecht

Da die innerstaatliche Geltung und der Rang von völkerrechtlichen Verträgen – und die EMRK ist als Menschenrechtsvertrag zumindest ihrer Herkunft nach ein solcher – eng mit den Regeln über das Verhältnis von Staats- und Völkerrecht zusammenhängt, soll hier zunächst grundlegend auf dieses eingegangen werden. Schließlich lassen sich, je nachdem, welcher Theorie sich ein Staat anschließt, Rückschlüsse auf die Geltung und Stellung des Völkerrechts in der innerstaatli-

137 Vgl. u.a. Wahl, Der Staat 20 (1981), 485 (485ff.).

chen Rechtsordnung ziehen, so dass es sich hierbei nicht um einen bedeutungslosen Streit überholter Meinungen handelt[138].

I. Das Verhältnis von Staats- und Völkerrecht

Die Frage nach dem grundsätzlichen Verhältnis von Staats- und Völkerrecht ist lange Zeit Diskussionspunkt zwischen verschiedenen Meinungen gewesen.

1. Der Dualismus

Nach Auffassung des strengen Dualismus[139] bilden Völkerrecht und Landesrecht zwei streng voneinander getrennte Rechtsordnungen: Kennzeichnend sei, dass diese Rechtskreise zwar nebeneinander bestünden, sich gegebenenfalls sogar berührten, sich jedoch niemals überschneiden könnten[140]. Die Entstehung einer Schnittmenge ist somit unmöglich. Da die Rechtskreise unabhängig von einander bestehen, kann es nach der dualistischen Theorie keinen Konflikt zwischen den beiden Kreisen geben[141]. Widerspricht ein innerstaatlicher Akt dem Völkerrecht, so bleiben beide nebeneinander bestehen und gelten gleichermaßen weiter[142]. Eine Rangfrage ist folglich nicht von Bedeutung. Nur durch Verweisungen auf das jeweils andere Recht ist eine Einwirkung auf den fremden Rechtskreis möglich[143].

Innerhalb des Dualismus besteht, parallel zu dem Gedankengut des oben beschriebenen strengen Dualismus, der Ansatz des gemäßigten Dualismus[144]. Auch der gemäßigte Dualismus hält an der grundsätzlichen Trennung von Völkerrecht

---

138 So aber u.a. Fiedler, Festschrift für Schlochauer, S. 57 (62).

139 Grundlegende Werke zur dualistischen Theorie: Triepel, Völkerrecht und Landesrecht, S. 169ff.; Anzilotti, Lehrbuch des Völkerrechts, S. 36ff. Ausführliche Darstellung des Dualismus bei Amrhein-Hofmann, Monismus und Dualismus, S. 80ff.

140 Triepel, Völkerrecht und Landesrecht, S. 111/254. Dazu Bleckmann, Völkerrecht, Rn. 400; Vitzthum – Kunig, Völkerrecht, S. 104; Verdross/Simma, Völkerrecht, S. 53; Seidl-Hohenveldern/Stein, Völkerrecht, Rn. 539 – 555; Münch, Völkerrecht, S. 176; Schweitzer, Staatsrecht III, Rn. 31ff.

141 Triepel, Völkerrecht und Landesrecht, S. 254.

142 Triepel, Völkerrecht und Landesrecht, S. 259 – 261.

143 Triepel, Völkerrecht und Landesrecht, S. 271. Dazu Vitzthum – Kunig, Völkerrecht, S. 104; Münch, Völkerrecht, S. 176; Verdross/Simma, Völkerrecht, S. 53.

144 Vertreten etwa von Anzilotti, Lehrbuch des Völkerrechts, S. 38; Walz, Völkerrecht und staatliches Recht, S. 1ff. Dazu Münch, Völkerrecht, S. 176; Schweitzer, Staatsrecht III, Rn. 33; Amrhein-Hofmann, Monismus und Dualismus, S. 119ff.

und nationalem Recht fest[145]. Jedoch gibt es nach dieser Ansicht zwischen den beiden an sich getrennten Rechtskreisen eine Schnittmenge. Es ist damit eine Konfliktsituation denkbar, die mit Hilfe von Kollisionsnormen gelöst werden kann[146]. Der gemäßigte Dualismus ist die wohl von den meisten Staaten vertretene Ansicht. Die Bundesrepublik Deutschland, Italien, Österreich, das Vereinigte Königreich und auch die romanischen und vormals sozialistischen Staaten folgen diesem Ansatz[147].

2. Der Monismus

Anders als der Dualismus sieht der Monismus[148] das Völkerrecht und das nationale Recht als ein einheitliches Rechtssystem an. Es besteht nur eine einzige umfassende Weltrechtsordnung[149]. Mit Entstehen der völkerrechtlichen Norm ist diese Bestandteil des innerstaatlichen Rechtskreises, so dass nicht nur eine Schnittmenge entsteht, sondern das Völkerrecht vollkommen in das nationale Recht aufgenommen wird. Aber mit der Aufnahme des Völkerrechts in das innerstaatliche Recht kann es zu einem Kollisionsfall zwischen den beiden kommen: Die Rangfrage wird entscheidend.

Innerhalb des Monismus bestehen verschiedene Ansätze, zugunsten welchen Rechtskreises im Falle der Kollision entschieden werden soll. Eine Ansicht vertritt den Gedanken des „Primats des Völkerrechts“[150]. Danach geht das Völkerrecht dem innerstaatlichen Recht grundsätzlich vor[151]. In der Lehre des „Primats des Völkerrechts“ gibt es wiederum zwei Unterkategorien. Nach dem radikalen Monismus[152] wird im Falle der Kollision zwischen nationalem Recht und Völkerrecht das nationale Recht durch das Völkerrecht gebrochen und der entgegenste-

---

145 Anzilotti, Lehrbuch des Völkerrechts, S. 33/39.

146 Dazu Schweitzer, Staatsrecht III, Rn. 33; Münch, Völkerrecht, S. 176.

147 Vgl. Fleiner-Gerster, Festschrift für Schindler, S. 687 (692f.); Bleckmann, Völkerrecht, Rn. 400.

148 Grundlegende Literatur zum monistischen Ansatz: Krabbe, Die Lehre der Rechtssouveränität, S. 278ff.; Kelsen, Reine Rechtslehre, S. 134; Duguit, Traité de Droit Constitutionnel, S. 551ff. Ausführliche Darstellung der monistischen Theorie bei Amrhein-Hofmann, Monismus und Dualismus, S. 152ff.

149 Etwa Krabbe, Die moderne Staatsidee, S. 305. Dazu Bleckmann, Völkerrecht, Rn. 409; Doehring, Völkerrecht, Rn. 698; Vitzthum – Kunig, Völkerrecht, S. 104; Kelsen, ZaöRV 19 (1958), 234 (234ff.); Verdross/Simma, Völkerrecht, S. 54; Münch, Völkerrecht, S. 176; Amrhein-Hofmann, Monismus und Dualismus, S. 158f.

150 Vertreten etwa von Krabbe, Die Lehre der Rechtssouveränität, S. 278; Duguit, Traité de Droit Constitutionnel, S. 551ff.

151 Dazu Herdegen, Völkerrecht, S. 154; Seidl-Hohenveldern/Stein, Völkerrecht, Rn. 542; Bleckmann, Völkerrecht, Rn. 409.

152 Vertreten etwa von Hugo Krabbe und Léon Duguit.

hende innerstaatliche Rechtsakt ist als nichtig anzusehen[153]. Dagegen geht der gemäßigte Monismus[154] davon aus, dass ein völkerrechtswidriger, innerstaatlicher Akt zunächst innerstaatlich gilt. Wird jedoch die Frage der Rechtmäßigkeit dieses Aktes vor einem internationalen Gericht in Frage gestellt, setzt sich der Vorrang des Völkerrechts erneut durch, da eine internationale Instanz auch nur Völkerrecht anwenden darf. Damit ist der völkerrechtswidrige innerstaatliche Akt zwar nicht von Anfang an nichtig, dafür aber vernichtbar[155].

Eine zweiter Ansatz innerhalb des Monismus geht von einem „Primat des Staatsrechts" aus[156]. Dieser Ansatz beruht auf dem Gedanken der absoluten Souveränität der Staaten. Das Völkerrecht wird lediglich als „äußeres Staatsrecht" betrachtet und gilt dieser Ansicht zu Folge nur, wenn der Staat es für sich als verbindlich anerkennt. Demnach geht im Kollisionsfall das innerstaatliche Recht dem Völkerrecht vor und der völkerrechtswidrige innerstaatliche Rechtsakt ist nicht nichtig[157].

3. *Würdigung*

Der strenge Dualismus ist heute ebenso überholt wie der radikale Monismus bzw. der Monismus mit „Primat des Staatsrechts"[158]. Diese Theorien setzen sich in Widerspruch zur Realität des Rechts[159].

Der strenge Dualismus verkennt, dass das Völkerrecht und das Staatsrecht keineswegs beziehungslos nebeneinander stehen[160]. Vielmehr begrenzt das Völkerrecht den Bereich der Staaten – das Staatsrecht läuft in den durch das Völkerrecht vorgegebenen Bahnen. Auch dem von Kelsen und der „Wiener Schule" begründeten radikalen Monismus wird heute nicht mehr gefolgt. In Anbetracht dessen, dass nach der Völkerrechtspraxis völkerrechtswidrige innerstaatliche Rechtsakte nicht nichtig sind, vielmehr die staatlichen Organe gehalten sind, auch diese völkerrechtswidrigen Gesetze anzuwenden[161], würde die Bejahung des radikalen Monismus der Völkerrechtspraxis widersprechen. Es besteht lediglich die Möglichkeit, den völkerrechtswidrig handelnden Staat auf diesen Umstand aufmerk-

153 Schweitzer, Staatsrecht III, Rn. 28.
154 Vertreten u.a. von Hans Kelsen.
155 Dazu Schweitzer, Staatsrecht III, Rn. 29.
156 Vertreten etwa von Jellinek, Die rechtliche Natur der Staatsverträge, S. 2ff.; Zorn, Grundzüge des Völkerrechts, S. 8f.
157 Dazu Vitzthum – Kunig, Völkerrecht, S. 105; Doehring, Völkerrecht, Rn. 700; Seidl-Hohenveldern/Stein, Völkerrecht, Rn. 543f.
158 Herdegen, Völkerrecht, S. 154; Schweitzer, Staatsrecht, Rn. 35.
159 Vitzthum – Kunig, Völkerrecht, S. 105.
160 Verdross/Simma, Allgemeines Völkerrecht, S. 57f.
161 Herdegen, Völkerrecht, S. 154; Ipsen – Gloria, Völkerrecht, S. 1078 (3. Auflage).

sam zu machen und gegebenenfalls auf Sanktionen hinzuweisen[162]. Aber auch der Monismus in der Ausprägung des „Primats des Staatrechts" widerspricht der tatsächlichen Rechtspraxis. Schließlich führt ein Monismus, der dem innerstaatlichen Recht den Vorrang vor dem Völkerrecht einräumt, zur Leugnung des Völkerrechts als selbständige Rechtsordnung und ist zur Regelung des friedlichen Zusammenlebens genauso ungeeignet wie die Theorie der absoluten Souveränität, auf der er beruht[163].

Eine endgültige Entscheidung dieses Theorienstreits soll hier aber nicht getroffen werden[164]. Entscheidend für diese Untersuchung ist, dass sowohl der gemäßigte Dualismus wie auch der gemäßigte Monismus zu befriedigenden Ergebnissen führen können[165].

II. Innerstaatliche Anwendbarkeit des Völkerrechts

Vor dem Hintergrund der Diskussion zwischen Dualismus und Monismus ist auch die Frage entscheidend, wie das Völkerrecht mit dem innerstaatlichen Recht verknüpft wird bzw. wie es zur innerstaatlichen Anwendbarkeit des Völkerrechts kommen kann. Da das Völkerrecht grundsätzlich nicht selbst Sorge dafür trägt, dass seine Normen innerstaatlich vollzogen werden, bedarf es der Ergänzung durch innerstaatliches Recht[166]. Die Durchführung ist den verpflichteten Staaten überlassen. Folglich gibt es auch im Hinblick auf eine innerstaatliche Anwendbarkeit des Völkerrechts unterschiedliche Ansätze.

1. Adoptionstheorie

In Anlehnung an den Monismus wird nach der Adoptionstheorie auf einen staatlichen Umsetzungsakt verzichtet. Das Völkerrecht gilt vielmehr unmittelbar im innerstaatlichen Recht[167], ohne dass die Adoptionstheorie jedoch den Rang des Völkerrechts, den es im nationalem Recht einnehmen soll, vorgeben würde. Eine Aussage über den Rang kann deshalb nur gemacht werden, wenn die nationale

162 Verdross/Simma, Allgemeines Völkerrecht, S. 56.

163 Neuhold/Hummer/Schreuer – Ermacora, Österreichisches Handbuch des Völkerrechts, Rn. 565; Seidl-Hohenveldern/Stein, Völkerrecht, Rn. 542.

164 Anders zum Beispiel bei Sternberg, Der Rang von Menschenrechtsverträgen, S. 96f., der sich für die Befolgung des Monismus ausspricht.

165 Schweitzer, Staatsrecht III, Rn 34.

166 Bungert, DÖV 1994, 797 (797); Verdross/Simma, Allgemeines Völkerrecht, S. 539.

167 Seidl-Hohenveldern/Stein, Völkerrecht, Rn. 571; Schweitzer, Staatsrecht III, Rn. 420.

Adoptionsnorm bzw. eine nationale Verfassungsbestimmung darüber Aufschluss gibt[168]. Durch die Einbettung des Völkerrechts in das innerstaatliche Recht wird dieses nicht in innerstaatliches Recht umgewandelt. Es behält seinen völkerrechtlichen Charakter. Inkrafttreten, Wirksamkeit und Beendigung richten sich also weiterhin nach den allgemeinen Regeln des Völkerrechts[169]. Die Adoptionstheorie findet hauptsächlich Anwendung im angelsächsischen Rechtsraum, während sie für den deutschen Rechtsraum keine Rolle spielt[170].

2. Transformationstheorie

Beeinflusst durch das Gedankengut des Dualismus geht eine zweite Ansicht – die Transformationstheorie – davon aus, dass es zur innerstaatlichen Anwendbarkeit völkerrechtlicher Normen eines staatlichen Transformationsaktes bedarf[171]. Bei weiterer Differenzierung muss zwischen einer generellen und einer speziellen Transformation unterschieden werden. Bei der generellen Transformation werden die völkerrechtlichen Normen en bloc in innerstaatliches Recht umgewandelt[172]. Beispielhaft dafür ist Art. 9 der österreichischen Verfassung von 1929[173], der besagte, dass die allgemein anerkannten Regeln des Völkerrechts als Bestandteil des Bundesrechts gelten sollten. Wird nur eine bestimmte völkerrechtliche Norm in innerstaatliches Recht umgewandelt, handelt es sich um eine spezielle Transformation[174]. Meist erfolgt dies durch das Zustimmungsgesetz zu dem jeweiligen völkerrechtlichen Vertrag (vgl. etwa Art. 59 Abs. 2 GG). Durch die generelle wie auch die spezielle Transformation verliert die völkerrechtliche Norm ihren Charakter als solche. Inkrafttreten, Wirksamkeit und Beendigung richten sich nunmehr nach dem jeweiligen nationalen Recht.

Darin ist schließlich auch der Unterschied zum Ansatz der gemäßigten Transformationstheorie zu sehen. Zwar verlangt diese auch einen staatlichen Transformationsakt, jedoch wird die völkerrechtliche Norm nicht aus ihrem völkerrechtlichen Kontext gerissen[175]. Ihre Wirksamkeitsvoraussetzungen orientieren sich nach wie vor an den Bestimmungen des allgemeinen Völkerrechts. Damit hat sich nach der gemäßigten Transformationstheorie lediglich der Adressatenkreis

168 Schweitzer, Staatsrecht III, Rn. 422.
169 Seidl-Hohenveldern/Stein, Völkerrecht, Rn. 566.
170 Sternberg, Der Rang von Menschenrechtsverträgen, S. 100.
171 Vitzthum – Kunig, Völkerrecht, S. 107; Bunger, DÖV 1994, 797 (797).
172 Bungert, DÖV 1994, 797 (797); Schweitzer, Staatsrecht III, Rn. 430.
173 Art. 9 der österreichischen Verfassung von 1929: *„Die allgemein anerkannten Regeln des Völkerrechtes gelten als Bestandteile des Bundesrechtes."*
174 Bungert, DÖV 1994, 797 (798); Schweitzer, Staatsrecht III, Rn. 431.
175 Schweitzer, Staatsrecht III, Rn. 435.

der völkerrechtlichen Norm geändert, nämlich was sich vorher nur an den Staat richtete, bezieht sich jetzt auch auf nationale Behörden. Der völkerrechtliche Charakter der Norm ist dabei erhalten geblieben.

Nach der Transformationstheorie allgemein nehmen Völkerrechtsverträge innerstaatlich grundsätzlich den Rang der Transformationsnorm ein[176]. Grund dafür ist, dass der Normgeber des Transformationsaktes immer nur Normen in Einklang mit seinen Kompetenzen setzen kann, aber niemals außerhalb seiner Kompetenzen liegendes höherrangiges Recht. Meist ist aber – wie auch in Deutschland – der Gesetzgeber Transformator, so dass es nur möglich ist, in den Rang des einfachen Gesetzesrechts zu transformieren[177].

3. Vollzugstheorie

Nach Ansicht eines anderen Ansatzes – der Vollzugstheorie – wird das Völkerrecht wie bei der Transformationstheorie erst durch einen innerstaatlichen Vollzugsbefehl zur Anwendung gebracht[178]. Dagegen wird aber das Völkerrecht, ebenso wie bei der oben erläuterten Adoptionstheorie, nicht in innerstaatliches Recht umgewandelt, sondern ausschließlich für anwendbar erklärt. Demzufolge wird auch hier der völkerrechtliche Charakter beibehalten[179]. Ebenfalls wird nach dieser Theorie keine Aussage über den Rang des Völkerrechts im innerstaatlichen Recht getroffen[180]. Die Vollzugstheorie lässt sich anders als die beiden zuerst genannten Ansichten nicht klar dem gemäßigten Monismus oder dem Dualismus zuordnen, da sie von Anhängern beider Strömungen vertreten wird[181].

B. Geltung der EMRK im innerstaatlichen Recht

I. Völkerrechtliche Bindung

Für die Frage der Geltung der EMRK im innerstaatlichen Recht ist zunächst entscheidend, ob nicht das Völkerrecht selbst eine diesbezügliche Aussage trifft.

---

176 Schweitzer, Staatsrecht III, Rn. 426.
177 Vgl. die Regelung des Art. 59 Abs. 2 GG; Seidl-Hohenveldern/Stein, Völkerrecht, Rn. 593; Schweitzer, Staatsrecht III, Rn. 426.
178 Vitzthum – Kunig, Völkerrecht, S.108; Schweitzer, Staatsrecht III, Rn. 423.
179 Schweitzer, Staatsrecht III, Rn. 423.
180 Schweitzer, Staatsrecht III, Rn. 423.
181 Vitzthum – Kunig, Völkerrecht, S. 108.

1. Allgemeines Völkerrecht

Weder die Theorie des Dualismus noch die des Monismus haben sich – wie oben erläutert – völlig durchgesetzt. Vielmehr haben beide Ansätze Anhänger unter den Staaten gefunden. Zwar besagt Art. 27 der Wiener Konvention über das Vertragsrecht[182], dass die Staaten grundsätzlich nicht dazu berechtigt sind, sich auf Bestimmungen ihres nationalen Rechts zu berufen, um der Erfüllung ihrer völkerrechtlichen Pflichten zu entgehen. Das Völkerrecht überlässt es aber letztlich den einzelnen Staaten, über die innerstaatliche Geltung von völkerrechtlichen Verträgen zu entscheiden[183].

2. Regelung der EMRK

Anders wäre allerdings zu entscheiden, wenn die EMRK selbst eine Inkorporationspflicht[184] ihrer Vertragsstaaten anordnen würde. Ausdrücklich enthält die EMRK keine Verpflichtung, die EMRK in das innerstaatliche Recht zu inkorporieren[185].

a. Inkorporationsverpflichtung gemäß Art. 1 und 13 EMRK

Teilweise wird vertreten, dass sich eine Pflicht der Vertragsstaaten zur Inkorporation bereits aus den Art. 1 und Art. 13 der EMRK ergibt[186]. Während Art. 1 EMRK festlegt, dass allen Personen, die der Hoheitsgewalt einer EMRK-Vertragspartei unterstehen, die Konventionsrechte zugesichert werden müssen, normiert Art. 13 EMRK, dass jede Person das Recht haben muss, wegen einer Verletzung ihrer Rechte wirksame Beschwerde vor einer innerstaatlichen Instanz zu erheben. Zwar habe der EGMR in seiner Rechtsprechung es bisher abgelehnt, eine sich aus der EMRK ergebende Inkorporationspflicht zu bejahen[187]. Durch

182 Abgedruckt in Sartorius II, Nr. 320.

183 Fleiner-Gerster, Festschrift für Schindler, S. 687 (689); Simma/Verdross, Allgemeines Völkerrecht, S. 539.

184 Der Begriff der „Inkorporation“ wird in dieser Arbeit im Sinne einer innerstaatlichen Geltung der völkerrechtlichen Norm verwandt, ohne eine Unterscheidung zwischen „Transformation“, „Vollzug“ oder „Adoption“ vorzunehmen.

185 Vgl. ausführlich Chryssogonos, EuR 2001, 49 (51ff.).

186 Chryssogonos, EuR 2001, 49 (51ff.). Zur allgemeinen völkerrechtlichen Verpflichtung zur Inkorporation vgl. Kälin/Künzli, Universeller Menschenrechtsschutz, S. 175ff.

187 EGMR 6.2.1976, Swedish Engine Drives Union ./. Schweden, A 20, Ziff. 50; EGMR 21.2.1986, James u.a. ./. Vereinigtes Königreich, A 98, Ziff. 84; EGMR

die zunehmende Bereitschaft gerade auch der neuen Konventionsstaaten, die EMRK in innerstaatliches Recht zu inkorporieren, sei aber ein Wandel der Gegebenheiten dahingehend zu bejahen, dass heute eine vertragliche Pflicht zur Inkorporation angenommen werden könne. Bestätigung finde diese Verpflichtung in dem Wortlaut der Art. 1 und 13 EMRK, da nur durch eine Inkorporation in innerstaatliches Recht jeder Person die Rechte der EMRK zugesichert und sie auch vor einer innerstaatlichen Instanz geltend gemacht werden könnten. Aber nicht nur alleine aus den Regelungen der Art. 1 und 13 EMRK soll sich eine Pflicht zur Inkorporation ergeben. Darüber hinaus verlange auch das Wesen der Konvention als ein „Verfassungsinstrument der europäischen öffentlichen Ordnung im Bereich der Grundrechte“[188] eine Inkorporationspflicht für die Vertragsstaaten[189]. Die Konvention unterscheide sich auf Grund ihres Wesens[190] von den üblichen völkerrechtlichen Verträgen, so dass die herkömmlichen Annahmen über den Ermessensspielraum der Staaten bezüglich der innerstaatlichen Geltung nicht zur Anwendung kommen könnten. Ziel der Konvention sei schließlich der Schutz der Menschenrechte, und um dieses zu erreichen sei es aber notwendig, dass eine Inkorporation in das innerstaatliche Recht erfolge.

b. Würdigung

Nach richtiger Ansicht ist allerdings davon auszugehen, dass die EMRK keine Inkorporationsverpflichtung der Konventionsstaaten enthält. Der Gerichtshof hat mehrfach, ohne von seiner bisherigen Rechtsprechung abzuweichen[191], betont, dass sich weder aus der schwachen Formulierung der Art. 1 und 13 EMRK noch aus der Konvention insgesamt eine Verpflichtung zur Inkorporation ergibt[192]. Art. 1 EMRK verlangt lediglich, dass der wesentliche Gehalt der in der EMRK verankerten Rechte in der innerstaatlichen Rechtsordnung in der einen oder in der anderen Form gesichert wird. Daneben legt Art. 13 EMRK den Vertragsstaaten die Verpflichtung auf, dass ein innerstaatlicher Rechtsbehelf zur Geltendmachung nationaler Gesetze, deren Gewährleistungen der Konvention ent-

---

8.7.1986, Lithgow u.a. ./. Vereinigtes Königreich, A 102, Ziff. 205; EGMR 26.11.1991, Observer and Guardian ./. Vereinigtes Königreich, A 216, Ziff. 75.

188 EGMR 23.3.1995, Loizidou ./. Türkei, A 310, Ziff. 75.

189 Chryssogonos, EuR 2001, 49 (54f.).

190 Vgl. auch EGMR 18.1.1978, Irland ./. Vereinigtes Königreich, A 25, Ziff. 239; EGMR 7.7.1989, Soering ./. Vereinigtes Königreich, A 161, Ziff. 87.

191 So z.B. noch in EGMR 27.9.1999, NJW 2000, 2089 (2096) – *Smith u. Grady ./. Vereinigtes Königreich.*

192 EGMR 6.2.1976, Swedish Engine Drives Union ./. Schweden, A 20, Ziff. 50.

sprechen, bereitgestellt werden muss[193]. Damit ist es aber ausreichend, dass das innerstaatliche Recht die materiellen Konventionsgarantien beachtet[194]. Um dies zu garantieren, genügt es, wenn die nationalen Rechtsordnungen den materiellen Gehalt der Konventionsrechte gewährleisten[195]. Zwar haben wohl die meisten Vertragsstaaten darüber hinausgehend inzwischen den Weg der Inkorporation gewählt und dies mag auch der effizienteste sein[196], notwenig ist dies aber nicht. Schließlich ist es auch ohne Inkorporation der EMRK in innerstaatliches Recht möglich, dem Ziel der EMRK – dem Schutz der Menschenrechte – gerecht zu werden. Dieses lässt sich auch dadurch garantieren, dass die nationalen Rechtsordnungen den materiellen Gehalt der EMRK gewährleisten[197]. Wird aber die Zielsetzung der EMRK auch auf diesem Wege erreicht, kann der EMRK alleine durch einen Verweis auf ihren – Dank der Inkorporationsrate – gestiegenen internationalpolitischen Status keine Implementierungspflicht entnommen werden, mag ein gegenteiliges Ergebnis auch noch so wünschenswert sein. Folglich ordnet die EMRK selbst keine Pflicht zur Inkorporation an[198].

II. Nationale Bindung

In den Rechtsordnungen der einzelnen Vertragsstaaten ist die Frage über die innerstaatliche Geltung der EMRK also unterschiedlich entschieden worden[199]. Die geschichtliche Entwicklung hat allerdings gezeigt, dass die Inkorporation der EMRK in das Recht der Konventionsstaaten im Laufe der Jahre von der Ausnahme zur Regel geworden ist. Bis zum 1. Januar 1960 hatten 14 Staaten die EMRK ratifiziert. Nur 8 davon inkorporierten sie in ihr innerstaatliches Recht.

---

193 EGMR 26.5.1993, Brannigan und MacBride ./. Vereinigtes Königreich, A 258 – B, Ziff. 75; EGMR 27.4.1988, Boyle und Rice ./. Vereinigtes Königreich, A 131, Ziff. 52.Vgl. auch Pache, EuR 2004, 393 (396).

194 Meyer-Ladewig, EMRK, Art. 13, Rn. 8.

195 Sternberg, Der Rang von Menschenrechtsverträgen, S. 92. Dabei ist allerdings wesentlich, dass das nationale Recht Freiheiten garantiert, die mindestens in erheblichem Umfang den in der Konvention gewährleisteten entsprechen. Vgl. Meyer-Ladewig, EMRK, Art. 13, Rn. 11.

196 EGMR 18.1.1978, Irland ./. Vereinigtes Königreich, A 25, Ziff. 239.

197 Pache, EuR 2004, 393 (397).

198 Vgl. Renzikowski – Tietje, EMRK im Privat-, Straf- und Öffentlichen Recht, S. 182ff. Hoffmeister, Der Staat 40 (2001), 349 (359) versucht den breiten Umsetzungskonsens der Mitgliedstaaten dogmatisch als spätere Vertragspraxis gem. Art. 31 Abs. 2 b) WVK zu Art. 1 und Art. 13 EMRK zu fassen, welche sich nunmehr zeitlich fixiert habe.

199 Chryssogonos, EuR 2001, 49 (50).

Heute haben 38 Konventionsstaaten, von insgesamt 39, zu deren Inkorporationsverhalten gesicherte Quellen vorliegen[200], der Konvention innerstaatliche Geltung verschafft. Einzig Irland hat die EMRK (noch) nicht in sein innerstaatliches Recht aufgenommen[201].

I. Ost- und Mitteleuropa

a. Situation in den ost- und mitteleuropäischen Staaten zur Zeit des Kommunismus

Vor den entscheidenden Umwälzungen herrschte in den sozialistischen Staaten ein sehr zurückhaltender Umgang mit dem Völkerrecht. Hauptsächlich die Angst vor einem staatlichen Souveränitätsverlust verhinderte das Eindringen des Völkerrechts in die nationalen Rechtsordnungen[202]. Insofern ist es nicht verwunderlich, dass die Verfassungen der sozialistischen Staaten in der Regel keine Bestimmungen zur Wirkung völkerrechtlicher Normen im innerstaatlichen Recht enthielten[203]. Das Völkerrecht wurde zumeist nur im Zusammenhang kompetenzrechtlicher Normen erwähnt[204]. So fand man in der polnischen Verfassung von 1952 keine materielle Norm, die einen Hinweis auf das Verhältnis von Völkerrecht und Landesrecht hätte geben können. Lediglich Art. 30 Abs. 1 erwähnte das Völkerrecht[205]. Danach sollte die Kompetenz zur Ratifikation völkerrechtlicher Verträge dem Staatsrat zukommen.

Bewegte die ehemals kommunistischen Staaten Mittel- und Osteuropas gerade die Angst vor einem staatlichen Souveränitätsverlust zugunsten einer internationalen Instanz, ist es auch nicht weiter überraschend, dass keiner dieser Staaten

---

200 Gesicherte Daten lagen für 39 der insgesamt 46 Konventionsstaaten vor: Albanien, Andorra, Belgien, Bulgarien, Dänemark, Deutschland, Estland, Finnland, Frankreich, Georgien, Griechenland, Irland, Island, Italien, Kroatien, Lettland, Lichtenstein, Luxemburg, Malta, Moldawien, Niederlande, Norwegen, Österreich, Polen, Portugal, Rumänien, die Russische Föderation, San Marino, Schweden, Schweiz, Slowakei, Slowenien, Spanien, Tschechien, Türkei, Ungarn, Vereinigtes Königreich und Zypern.

201 Vgl. auch Grabenwarter, VVDStRL 60 (2001), 290 (307).

202 Frowein/Marauhn – Hoskova, Verfassungsgerichtsbarkeit in Mittel- und Osteuropa, S. 443 (443).

203 Vgl. Küpper in ZaöRV 58 (1998), 239 (239).

204 Frowein/Marauhn – Hoskova, Verfassungsgerichtsbarkeit in Mittel- und Osteuropa, S. 443 (443).

205 Art. 30 Abs. 1 der polnischen Verfassung von 1952: „*Der Staatsrat [......] 8) ratifiziert und kündigt internationale Verträge; [......].*“

zur Zeit des Kommunismus Vertragspartner der EMRK war. Auch in dieser Hinsicht hat keine Öffnung zugunsten des Völkerrechts stattgefunden.

b. Situation in den ost- und mitteleuropäischen Staaten seit der politischen Wende

Nach der politischen Wende in den ehemals sozialistischen Staaten hat sich diese Situation jedoch entscheidend verändert. Heute haben alle in dieser Arbeit untersuchten ost- bzw. zentraleuropäischen Staaten sich dem Völkerrecht geöffnet. So enthalten etwa die Verfassungen Polens, Tschechiens und der Russischen Föderation Öffnungs- und Kooperationsklauseln mit der Zielrichtung Europa (vgl. Art. 90 der Verfassung Polens[206], Präambel der tschechischen Verfassung von 1992, Präambel der Verfassung der Russischen Föderation: *„[.....] im Bewusstsein, Teil der Weltgemeinschaft zu sein"*).

Darüber hinaus sind alle ost- und mitteleuropäischen Staaten Vertragsstaaten der EMRK und haben diese sogar – soweit ersichtlich – in ihr innerstaatliches Recht inkorporiert[207]. Auch die Zusatzprotokolle der EMRK wurden im Vergleich zu den alten Konventionsstaaten meist wesentlich bereitwilliger ratifiziert[208].

In Anbetracht der beschriebenen Situation zur Zeit des Sozialismus scheint es auf den ersten Blick erstaunlich, dass die ehemals sozialistischen Länder sich nach dem Umsturz ohne Zögern dem Völkerrecht und somit auch der EMRK öffneten. Jedoch haben diese Staaten gemeinsam, dass sie schnell Anschluss an die westeuropäischen Demokratien gewinnen wollten. Dieser enorme Wandel ist folglich getragen von dem Verlangen, sich dem Westen Europas anzunähern und

---

206 Art. 90 Abs. 1 der polnischen Verfassung: *„The Republic of Poland may, by virtue of international agreements, delegate to an international organization or international institution the competence of organs of State authority in relation to certain matters."*
Abs. 2: *„A statute, granting consent for ratification of an international agreement referred to in para. 1, shall be passed by the Sejm by a two-thirds majority vote in the presence of at least half of the statutory number of Deputies, and by the Senate by a two-thirds majority vote in the presence of at least half of the statutory number of Senators."*
Abs. 3: *„Granting of consent for ratification of such agreement may also be passed by a nationwide referendum in accordance with the provisions of Article 125."*
Abs. 4: *„Any resolution in respect of the choice of procedure for granting consent to ratification shall be taken by the Sejm by an absolute majority vote taken in the presence of at least half of the statutory number of Deputies."*

207 Allerdings fehlen dahingehende Informationen für Armenien, Aserbeidschan, Bosnien Herzegowina, Litauen, Mazedonien, Serbien Montenegro und die Ukraine.

208 Vgl. Ratifikationstabelle in EuGRZ 1997, 128 (128f.).

so schnell wie möglich ein gesellschaftliches, demokratisches System zu errichten[209]. Besonders die Menschenrechtsinstrumente spielen dabei eine große Rolle, *„denn nur ein Staat, der die Menschen- und Grundrechte achtet, kann sich heute in der Staatenwelt behaupten“*[210].

aa. Polen

In Polen setzte die Diskussion über die Bedeutung des Völkerrechts im innerstaatlichen Recht kurz nach der Demokratisierung des Staates ein[211]. Zunächst kam es jedoch nicht zu einer abschließenden Regelung. Selbst die „kleine Verfassung“ aus dem Jahre 1992 i.V.m. den weiterbestehenden Bestimmungen der Verfassung von 1952 enthielt keine derartige Regelung[212]. Erst die neue polnische Verfassung aus dem Jahre 1997 nimmt sich dieses Themas an. In Art. 91 Abs. 1[213] heißt es, dass völkerrechtliche Verträge nunmehr unmittelbar anwendbar sind, es sei denn, ihre Anwendung ist vom Erlass eines Gesetzes abhängig gemacht worden[214]. Dies ist bei der EMRK nicht der Fall, so dass sie nach Art. 91 Abs. 1 der polnischen Verfassung Bestandteil der innerstaatlichen Rechtsordnung geworden ist[215].

bb. Russische Föderation

In der Russischen Föderation bestimmt Art. 15 Abs. 4 der neuen Verfassung aus dem Jahre 1993[216], dass die allgemeinen Prinzipien und Normen des Völker-

---

209 Konstantinov, ROW 1998, 21 (23); Frowein/Marauhn – Hoskova, Verfassungsgerichtsbarkeit in Mittel- und Osteuropa, S. 443 (446).

210 So Zitat: Isensee/Kirchhof – Stern, HbStR Bd. V, § 108, Rn. 44; vgl. Bryde, Der Staat 42 (2003), 61 (61).

211 Sternberg, Der Rang von Menschenrechtsverträgen, S. 86.

212 Frowein/Marauhn – Hoskova, Verfassungsgerichtsbarkeit in Mittel- und Osteuropa, S. 443 (451).

213 Art. 91 der polnischen Verfassung: *„After promulgation thereof in the Journal of Laws of the Republic of Poland (Dziennik Ustaw), a ratified international agreement shall constitute part of the domestic legal order and shall be applied directly, unless its application depends on the enactment of a statute.“*

214 Banaszak, WGO 2003, 256 (263f.); Frowein/Marauhn – Hoskova, Verfassungsgerichtsbarkeit in Mittel- und Osteuropa, S. 443 (451).

215 Vgl. insgesamt dazu Jankowska-Gilberg, JöR 49 (2004), 427 (427ff.).

216 Art. 15 Abs. 4 der Verfassung der Russichen Föderation von 1993: *„Die allgemein anerkannten Prinzipien und Normen des Völkerrechts und die völkerrechtlichen Verträge der Rußländischen Föderation sind Bestandteil ihres Rechtssystems. Legt ein völkerrechtlicher Vertrag der Rußländischen Föderation andere Regeln fest als*

rechts und die geschlossenen völkerrechtlichen Verträge Bestandteil des russischen Rechtssystems sind. Die Verfassung verschafft folglich völkerrechtlichen Verträgen innerstaatliche Geltung, ohne dass es eines speziellen Transformationsaktes bedarf[217]. Die Vorraussetzungen einer Inkorporation werden näher in dem Gesetz „Über internationale Verträge der Russischen Föderation" vom 21. Juli 1995 bestimmt[218]. In Art. 5 Ziff. 1 und 2 wird die Inkorporationsklausel für völkerrechtliche Verträge, mithin auch der EMRK, bestätigt. Nur Völkergewohnheitsrecht und allgemeine Rechtsgrundsätze werden hier von dieser Regel ausgenommen[219].

cc. Ungarn

Das Verhältnis von Völkerrecht und Landesrecht wurde in Ungarn durch die Novelle der ungarischen Verfassung gleich zu Beginn der Wende geregelt[220]. Es wird in § 7 Abs. 1 der ungarischen Verfassung[221] festgelegt, dass die Rechtsordnung der Republik Ungarn die allgemein anerkannten Regeln des Völkerrechts annimmt und darüber hinaus gewährleistet, dass die eingegangenen völkerrechtlichen Verpflichtungen mit dem nationalen Recht in Einklang stehen. Nach Ansicht des ungarischen Verfassungsgerichts ist damit das Völkerrecht ohne besondere Transformation Teil des innerstaatlichen Rechts. Transformator sei in diesem Fall vielmehr die Verfassung selbst[222]. Etwas anderes gilt jedoch im Hinblick auf völkerrechtliche Verträge. Diese fallen nicht unter die allgemein anerkannten Regeln des Völkerrechts. Verträge unterliegen vielmehr einer Spezialtransformation. So hat Ungarn die EMRK auf dem Wege der speziellen Transformation ins innerstaatliche Recht inkorporiert[223].

---

die gesetzlich vorgesehenen, so werden die Regeln des völkerrechtlichen Vertrages angewandt. "

217 Danilenko, AJIL 8 (1994), 451 (465); Beknazar, ZaöRV 56 (1996), 406 (410f.).

218 Näher dazu Beknazar, ZaöRV 56 (1996), 406 (406ff.).

219 Beknazar, ZaöRV 56 (1996), 406 (410f.).

220 Küpper, ZaöRV 58 (1998), 239 (239).

221 § 7 Abs. 1: „*Die Rechtsordnung der Republik Ungarn nimmt die allgemein anerkannten Regeln des Völkerrechts an, sie garantiert weiterhin die Übereinstimmung der übernommenen völkerrechtlichen Verpflichtung und des innerstaatlichen Rechts.* "

222 Nachweis bei Frowein/Marauhn – Hoskova, Verfassungsgerichtsbarkeit in Mittel- und Osteuropa, S. 443 (455f.); Küpper, ZaöRV 58 (1998), 239 (242).

223 Küpper, ZaöRV 58 (1998), 239 (252).

c. Würdigung

Wie die Inkorporationspraxis der ehemals kommunistischen Staaten, insbesondere von Polen, der Russischen Föderation und Ungarn, zeigt, ist heute die Anwendung des Völkerrechts in den ost- und mitteleuropäischen Staaten demnach gängig und fast selbstverständlich geworden.

2. Westeuropa

Im Gegensatz dazu haben die westlichen Demokratien, die der Konvention schon früher beitraten, ihr teilweise nur sehr zögerlich zur innerstaatlichen Geltung verholfen.

a. Das Vereinigte Königreich und die skandinavischen Länder

Das Vereinigte Königreich spielte nicht nur eine große Rolle bei den Verhandlungen zur EMRK[224], darüber hinaus war es auch der erste Mitgliedstaat des Europarates, der die EMRK ratifizierte[225]. Trotzdem erfolgte eine Inkorporation in das innerstaatliche Recht erst bedeutend später. Damit ein völkerrechtlicher Vertrag unmittelbar Rechte und Pflichten für den Einzelnen begründen kann, ist nach britischem Verfassungsrecht[226] ein entsprechendes Parlamentsgesetz erforderlich[227]. Erst durch den am 2. Oktober 2000 in Kraft getretenen „*Human Rights Act 1998*“ sind die Art. 2 bis 12 und 14, sowie die Art. 1 bis 3 des ersten und die Art. 1 und 2 des sechsten Zusatzprotokolls endgültig in das britische Recht inkorporiert worden[228].

---

224 Grote, ZaöRV 58 (1998), 309 (311).

225 Das Vereinigte Königreich hinterlegte die Ratifikationsurkunde bereits am 8.März 1951.

226 Spricht man vom „*britischen Verfassungsrecht*“ ist zu beachten, dass im Vereinigten Königreich eine einheitliche Verfassungsurkunde fehlt, in der die maßgeblichen Prinzipien für die Beziehung zwischen Bürger und Staat und die Grundsätze der Staatsorganisation zusammengefasst sind. Die britische Verfassung speist sich vielmehr aus einer Reihe heterogener Quellen, die Ausdruck einer über die Jahrhunderte gewachsenen politischen Kultur sind. Diese Quellen sind: das von der Rechtsprechung konkretisierte und fortentwickelte Gewohnheitsrecht (*common law*), die für die Grundlagen der staatliche Ordnung bedeutsamen Teile des Gesetzesrechts (*statute law*) und die das Verhältnis der Staatsorgane zueinander regelnden Konventionen (*constitutional conventions*).Vgl. dazu Grote, ZaöRV 58 (1998), 309 (309).

227 Vgl. m.w.N. Grote, ZaöRV 58 (1998), 309 (312f.).

228 Vgl. ausführlich u.a. Grote, ZaöRV 58 (1998), 309 (309ff.); Baum, EuGRZ 2000, 281 (281ff.).

Auch die skandinavischen Staaten sahen lange von einer Inkorporation der EMRK ab. So erfolgte z.B. die Inkorporation in Norwegen erst 1999, obwohl schon im Jahre 1952 die Konvention ratifiziert wurde.

b. Österreich

Zu erwähnen bleibt, dass es aber auch westeuropäische Konventionsstaaten gibt, die sich dem Völkerrecht, mithin der EMRK, schon recht früh öffneten. Ein Beispiel dafür ist Österreich.

Zur innerstaatlichen Anwendbarkeit völkerrechtlicher Normen bedarf es in Österreich einer „Transformation" des Völkerrechts in innerstaatliches Recht[229]. Ursprünglich bestand nur die Technik der generellen Transformation[230]. Nach Art. 49[231] und 50[232] B-VG wird aufgrund dieser verfassungsrechtlichen Anord-

---

229 Jann, EuGRZ 1994, 1 (3). Anderer Ansicht nach erfolgt in Österreich eine Aufnahme völkerrechtlicher Verträge durch Adoption in innerstaatliches Recht. So Neuhold/Hummer/Scheuer – Emacora, Österreichisches Handbuch des Völkerrechts, Rn. 558; vgl. auch Grünigen, ZaöRV 25 (1965), 76 (79ff.).

230 Jann, EuGRZ 1994, 1 (3); Morscher, EuGRZ 1990, 454 (472). Seit 1964 besteht die Möglichkeit, in der Genehmigung eines Staatsvertrages vorzusehen, dass dieser durch Erlass einer generellen Norm zu erfüllen ist, so dass nun auch die Möglichkeit einer speziellen Transformation gegeben ist.

231 Artikel 49 B-VG:
„(1) *Die Bundesgesetze sind vom Bundeskanzler im Bundesgesetzblatt kundzumachen. Soweit nicht ausdrücklich anderes bestimmt ist, treten sie mit Ablauf des Tages ihrer Kundmachung in Kraft und gelten für das gesamte Bundesgebiet.*
(2) *Die gemäß Art. 50 Abs. 1 genehmigten Staatsverträge sind vom Bundeskanzler im Bundesgesetzblatt kundzumachen. Anlässlich der Genehmigung eines in Art. 50 bezeichneten Staatsvertrages kann der Nationalrat beschließen, auf welche andere Weise die Kundmachung des Staatsvertrages oder einzelner genau zu bezeichnender Teile desselben zu erfolgen hat; solche Beschlüsse des Nationalrates sind vom Bundeskanzler im Bundesgesetzblatt kundzumachen. Soweit nicht ausdrücklich anderes bestimmt ist, treten gemäß Art. 50 Abs. 1 genehmigte Staatsverträge mit Ablauf des Tages ihrer Kundmachung – im Fall des zweiten Satzes mit Ablauf des Tages der Kundmachung des Beschlusses des Nationalrates – in Kraft und gelten für das gesamte Bundesgebiet; dies gilt nicht für Staatsverträge, die durch Erlassung von Gesetzen zu erfüllen sind (Art. 50 Abs. 2).*"

232 Art. 50 B-VG:
„(1) *Politische Staatsverträge, andere nur, sofern sie gesetzändernden oder gesetzesergänzenden Inhalt haben und nicht unter Art. 16 Abs. 1 fallen, dürfen nur mit Genehmigung des Nationalrates abgeschlossen werden. Soweit solche Staatsverträge Angelegenheiten des selbständigen Wirkungsbereiches der Länder regeln, bedürfen sie überdies der Zustimmung des Bundesrates.*

nung eine Transformation vorgenommen. Folglich wird die innerstaatliche Geltung grundsätzlich nicht von dem Erlass eines formellen Gesetzes abhängig gemacht[233]. Damit wurde die EMRK mit ihrer Veröffentlichung im Gesetzblatt am 24. September 1958 Bestandteil der österreichischen Rechtsordnung. Gemäß des Art. 49 B-VG trat sie am darauffolgenden Tag in Kraft[234].

c. Würdigung

An den genannten Beispielen, insbesondere dem der skandinavischen Länder und des Vereinigten Königreichs, lässt sich erkennen, dass viele der „alten" Vertragsstaaten der EMRK zunächst oftmals reserviert gegenüberstanden und sie nur zögerlich in ihr innerstaatliches Recht inkorporierten. Aber auch dort ist dann, insbesondere in den letzten Jahren, eine Inkorporationsbewegung eingetreten: Der Trend weist also in Richtung einer flächendeckenden Inkorporation der EMRK in das innerstaatliche Recht.

C. Der Rang der EMRK in den nationalen Rechtsordnungen

Auch der Rang der EMRK im Recht der Vertragsstaaten und insbesondere ihr Verhältnis zum nationalen Verfassungsrecht ist uneinheitlich. Während der Europäische Gerichtshof schon in den 60er Jahren in seiner Entscheidung *Costa/Enel*[235] für das Recht der Europäischen Gemeinschaften einen Anwendungsvorrang vor jedwedem nationalen Recht – einschließlich dem Verfassungsrecht – festgelegt hat, ist die Situationen im Hinblick auf die EMRK in den verschiedenen Konventionsstaaten ungeklärt.

---

(2) Anlässlich der Genehmigung eines unter Abs. 1 fallenden Staatsvertrages kann der Nationalrat beschließen, dass dieser Staatsvertrag durch Erlassung von Gesetzen zu erfüllen ist.

(3) Auf Beschlüsse des Nationalrates nach Abs. 1 und Abs. 2 sind Art. 42 Abs. 1 bis 4 und, wenn durch den Staatsvertrag Verfassungsrecht geändert oder ergänzt wird, Art. 44 Abs. 1 und 2 sinngemäß anzuwenden; in einem gemäß Abs. 1 gefassten Genehmigungsbeschluss sind solche Staatsverträge oder solche in Staatsverträgen enthaltene Bestimmungen ausdrücklich als „verfassungsändernd" zu bezeichnen."

233 Morscher, EuGRZ 1990, 454 (471f.); Bleckmann, EuGRZ 1994, 149 (150); Pahr, EuGRZ 1975, 576 (576).

234 Jann, EuGRZ 1994, 1 (2).

235 EuGH 15.1.1964, Slg. 1964, 1251 (1251ff.) – *Costa/Enel.*

I. Völkerrechtliche Bindung

Das Allgemeine Völkerrecht enthält auch hier keine verbindliche Aussage über die Einordnung des Völkerrechts in die nationale Normenhierarchie, so dass es grundsätzlich Aufgabe des nationalen Staatsrechts ist, den Rang des Völkerrechts festzulegen[236]. Eine Ausnahme besteht nur dann, wenn der betreffende völkerrechtliche Vertrag vom allgemeinen Völkerrecht abweichend bestimmt, welcher Rang ihm innerstaatlich zukommen soll. In den meisten Fällen enthalten Menschenrechtsverträge jedoch keine Angaben über ihren innerstaatlichen Rang[237]. Zu fragen bleibt damit, ob vielleicht die EMRK ausnahmsweise eine Regelung enthält, die ihr innerstaatlich einen besonderen Rang einräumt.

Teilweise ist vertreten worden, dass Art. 13 EMRK eine solche Regelung enthalte[238]. Art. 13 EMRK verpflichte die Staaten, der Konvention Vorrang vor allem nationalen Recht und ihr damit sogar Verfassungsrang einzuräumen[239].

Aus Art. 13 EMRK ergibt sich jedoch keine Pflicht der Vertragsparteien, der EMRK im innerstaatlichen Recht einen bestimmten Rang einzuräumen. Art. 13 EMRK legt lediglich fest, dass jede Person die Möglichkeit haben muss, eine Verletzung ihrer Konventionsrechte vor einer innerstaatlichen Instanz mittels einer wirksamen Beschwerde geltend machen zu können[240]. Wie dies zu erfolgen hat, wird aber den einzelnen Vertragsstaaten überlassen[241]. Darüber hinaus beinhaltet Art. 13 EMRK bereits keine Pflicht der Vertragsstaaten, die EMRK in ihre innerstaatliche Rechtsordnung zu inkorporieren. Eine weiter gehende Verpflichtung, der EMRK im nationalen Recht Verfassungsrang einzuräumen, kann somit noch weniger dem Art. 13 EMRK entnommen werden. Auch ein Vergleich mit der Rechtslage der Europäischen Gemeinschaften führt hier nicht weiter. In diesem Fall ist zwar schon früh ein Anwendungsvorrang vor allem nationalen Recht anerkannt worden[242]. Bei den Europäischen Gemeinschaften handelt es sich je-

---

236 Verdross/Simma, Allgemeines Völkerrecht, S. 547.

237 Z.B. enthält auch der Internationale Pakt über bürgerliche und politische Rechte keine Regelung bezüglich seines innerstaatlichen Ranges.

238 Bleckmann, EuGRZ 1994, 149 (153); Chryssogonos, EuR 2001, 49 (52f.).

239 Bleckmann, EuGRZ 1994, 149 (153); Chryssogonos, EuR 2001, 49 (52f.).

240 Frowein/Peukert, EMRK, Art. 13, Rn. 11; Meyer-Ladewig, EMRK, Art. 13, Rn. 8.

241 Hoffmeister, Der Staat 40 (2001), 349 (358); st. Rspr. vgl. u.a. EGMR 6.2.1976, Swedish Engine Drives Union ./. Schweden, A 20, Ziff. 50; EGMR 21.2.1986, James u.a. ./. Vereinigtes Königreich, A 98, Ziff. 84; EGMR 8.7.1986, Lithgow u.a. ./. Vereinigtes Königreich, A 102, Ziff. 205; EGMR 26.11.1991, Observer and Guardian ./. Vereinigtes Königreich; A 216, Ziff. 75; EGMR 27.9.1999, NJW 2000, 2089 (2097) – *Smith u. Grady ./. Vereinigtes Königreich.*

242 EuGH 5.1.1964, Slg. 1964, 1251 (1251ff.) – *Costa/Enel.*

doch im Gegensatz zur EMRK um eine supranationale Organisation. Diese übt als solche eine gegenüber ihren Mitgliedstaaten selbständige und unabhängige öffentliche Gewalt aus[243]. Die EMRK errichtet aber keine eigene legislative bzw. exekutive Hoheitsgewalt. Folglich verpflichtet sie die Staaten nur völkerrechtlich, so dass Art. 13 EMRK nicht dahingehend ausgelegt werden kann, dass die EMRK, ebenso wie das Gemeinschaftsrecht, einen Anwendungsvorrang vor nationalem Recht beansprucht[244].

II. Nationale Bindung

Sieht man einmal von dem heute zur Ausnahme gewordenen Fall der unterlassenen Inkorporation der EMRK ab[245], kann man drei Kategorien von Staaten unterscheiden, je nach dem, welcher Rang der EMRK in der nationalen Rechtsordnung eingeräumt wurde: Staaten, in denen der Konvention Verfassungsrang zuerkannt wurde bzw. in denen sie Teil der Verfassung ist, Staaten, in denen die EMRK eine Stellung zwischen einfachem Gesetzesrang und Verfassungsrang einnimmt und Staaten, in denen ihr nur der Rang eines einfachen Gesetzes zukommt.

1. Verfassungsrang der EMRK

Nur in Österreich hat die EMRK und das erste Zusatzprotokoll seit der Bundesverfassungsnovelle über Staatsverträge aus dem Jahre 1964 (mit ex-tunc Wirkung) Verfassungsrang[246]. Durch diese Verfassungsnovelle wurde der zuvor herrschende Streit um den Rang der EMRK[247] beendet und ihr Verfassungsrang klar gestellt. Eine weitere Neuerung dieser Novelle besagte, dass Staatsverträge im Verfassungsrang ausdrücklich als verfassungsändernd zu bezeichnen sind[248]. Alle übrigen Zusatzprotokolle der Konvention wurden daraufhin vom Nationalrat mit den erforderlichen Quoren genehmigt und ausdrücklich als verfassungsergänzend bzw. verfassungsändernd bezeichnet, so dass ihnen dementsprechend nun auch Verfassungsrang zukommt. Der österreichische Grundrechtskatalog setzt

---

243 U.a. Isensee/Kirchhof – Pernice, HbStR Bd. VIII, § 191, Rn. 25.

244 Sternberg, Der Rang von Menschenrechtsverträgen, S. 92; Pache, EuR 2004, 393 (398).

245 Einzig Irland hat die EMRK noch nicht inkorporiert. Vgl. auch oben 2. Kapitel B II.

246 ÖBGBl. 1964 Nr. 59; Grünigen, ZaöRV 25 (1965), 76 (76ff.); Pahr, EuGRZ 1975, 576 (576f.).

247 Vgl. Bleckmann, EuGRZ 1994, 149 (151).

248 Vgl. Art. 50 Abs. 3 B-VG. Jann, EuGRZ 1994, 1 (3).

sich seitdem aus den national und den durch die EMRK gewährten Grundrechten zusammen[249]. Alle Rechte können wie innerstaatliche Rechte vor dem Verfassungsgerichtshof geltend gemacht werden.

Eine noch weitergehende Stellung nimmt die EMRK in den Niederlanden ein. Dort wird in Art. 93 der Verfassung von 1983[250] das Verhältnis von Völker- und Landesrecht im monistischen Sinne geregelt. Es bedarf grundsätzlich keines Transformationsaktes[251]. Art. 94[252] garantiert weiterhin den generellen Vorrang des Völkerrechts vor dem innerstaatlichen Recht. Folglich genießt die EMRK Vorrang vor allem nationalen Recht, einschließlich des Verfassungsrechts[253].

2. EMRK im Rang zwischen Gesetz und Verfassung

In der Mehrzahl der Konventionsstaaten nimmt die EMRK heute einen Rang über einfachem Gesetzes- aber unterhalb des Verfassungsrechts ein. Dabei besteht die Möglichkeit, dass speziell nur der EMRK ein solcher Rang zugestanden wird oder dass Menschenrechtsverträgen bzw. völkerrechtlichen Verträgen allgemein Übergesetzesrang zukommt. Der Rang zwischen einfachen Gesetzen und der Verfassung kommt einem ausdrücklich angeordneten Verfassungsrang nahe, da selbst der EMRK nachfolgende Gesetze diese nicht mehr beeinträchtigen. Die Regel *lex posterior derogat legi priori* greift in diesen Fällen nicht.

Beispiele für westeuropäische Staaten, welche der EMRK Übergesetzesrang eingeräumt haben, sind[254]: Belgien, Luxemburg, Frankreich, Griechenland, Liechtenstein, Malta, Portugal, Schweiz[255], Spanien und Zypern. Darüber hinaus nimmt die EMRK in vielen ost- bzw. zentraleuropäischen Staaten Übergesetzes-

---

249 Morscher, EuGRZ 1990, 454 (469).

250 Art. 93 der niederländischen Verfassung: *„Bestimmungen von Verträgen und Beschlüssen völkerrechtlicher Organisationen, die ihrem Inhalt nach allgemeinverbindlich sein können, haben Verbindlichkeit nach ihrer Veröffentlichung."*

251 Gearty – Klerk/de Jong, European Convention on Human Rights, S. 105 (110).

252 Art. 94 der niederländischen Verfassung: *„Statutory regulations in force within the Kingdom shall not be applied if such application is in conflict with provisions of treaties or decisions by international organisations that are binding to all persons."*

253 So auch Gearty – Klerk/de Jong, European Convention on Human Rights, S. 105 (110); Grabenwarter, EMRK, S. 19 m.w.N. A.A. Steinberg, Der Rang von Menschenrechtsverträgen, S. 78; Ehlers – Ehlers, Europäische Grundrechte und Grundfreiheiten, S. 21 (23). Diese gehen davon aus, dass Art. 94 der niederländischen Verfassung der EMRK lediglich Übergesetzesrang einräumt.

254 Vgl. insgesamt Grabenwarter, EMRK, S. 18ff.

255 Strittig. Zu den unterschiedlichen Meinungen vgl. Bleckmann, EuGRZ 1994, 149 (151).

rang ein[256]. So z.B. in Albanien, Bulgarien, Estland, Georgien, Kroatien, Lettland, Moldawien, Rumänien, Slowakei, Slowenien und Tschechien.

a. Polen

In Polen legt Art. 91 Abs. 2 und 3[257] der Verfassung von 1997 fest, dass völkerrechtliche Verträge, welche nach der Verabschiedung des Zustimmungsgesetzes ratifiziert werden, Vorrang vor vertragswidrigen Gesetzen haben. Welche Verträge die Verabschiedung eines Zustimmungsgesetzes erfordern, wird in Art. 89[258] näher definiert. Unter anderem nennt Art. 89 auch Menschenrechtsverträge. Somit nimmt auch in Polen die EMRK Übergesetzesrang ein[259].

b. Russische Föderation

Art. 15 Abs. 4 der Russischen Verfassung beinhaltet neben einer Inkorporationsklausel auch die Anordnung, dass, falls durch einen internationalen Vertrag der Russischen Föderation andere Regelungen als die vom Gesetz vorgesehenen getroffen werden, die Regelungen des internationalen Vertrages angewendet werden[260], so dass auch danach der EMRK Übergesetzesrang zukommt. Dies wird

---

256 Vgl. insgesamt Grabenwarter, EMRK, S. 18ff.

257 Art. 91 Abs. 2 der polnischen Verfassung: „*An international agreement ratified upon prior consent granted by statute shall have precedence over statutes if such an agreement cannot be reconciled with the provisions of such statutes*".
Art. 91 Abs. 3 der polnischen Verfassung: „*If an agreement, ratified by the Republic of Poland, establishing an international organization so provides, the laws established by it shall be applied directly and have precedence in the event of a conflict of laws.*"

258 Art. 89 der polnischen Verfassung: „*Ratification of an international agreement by the Republic of Poland, as well as denunciation thereof, shall require prior consent granted by statute – if such agreement concerns:*
require prior consent granted by statute – if such agreement concerns
1) peace, alliances, political or military treaties;
2) freedoms, rights or obligations of citizens, as specified in the Constitution;
3) the Republic of Poland's membership in an international organization;
4) considerable financial responsibilities imposed on the State;
5) matters regulated by statute or those in respect of which the Constitution requires the form of a statute."

259 Vgl. dazu Jankowska-Gilberg, JöR 52 (2004), 427 (445f.).

260 Art. 15 Abs. 4 S. 2: „*If an international treaty of the Russian Federation establishes other rules than those stipulated by the law, the rules of the international treaty shall apply.*" Zu Art. 15 Abs. 4 der Russischen Verfassung siehe Danilenko, AJIL 8 (1994), 451 (462).

durch Art. 5 Ziff. 1 und 2 des Gesetzes „Über internationale Verträge der Russischen Föderation“ bestätigt[261].

3. Gesetzesrang der EMRK

Den niedrigsten Rang nimmt die EMRK in denjenigen Staaten ein, in denen ihr der Rang eines einfachen Gesetzes ohne Vorrang gegenüber diesem zukommt. In diesen Staaten[262], nämlich u.a. Andorra, Dänemark[263], Deutschland (Art. 59 Abs. 2 GG)[264], Finnland[265], Island, Italien[266], Norwegen, San Marino[267], Schweden und der Türkei[268], wurde folglich keine normerhöhende Vorkehrung für völkerrechtliche Menschenrechtsverträge im allgemeinen bzw. der EMRK im speziellen getroffen.

Wichtig ist, dass der niedrige Rang der EMRK in den hier genannten Ländern grundsätzlich nicht in Zusammenhang mit einem auch niedrigen nationalen Schutzniveau steht. So gehören dieser Gruppe einige Staaten an – wie z.B. auch Deutschland – deren eigener Schutz der Menschenrechte weitestgehend dem der EMRK entspricht bzw. diesen sogar in manchen Bereichen übersteigt[269].

a. Das Vereinigte Königreich

Auch das Vereinigte Königreich zählt zu den Ländern, in denen der EMRK Gesetzesrang zukommt. Dennoch nimmt das Vereinigte Königreich innerhalb dieser Gruppe eine Sonderstellung ein, da die britische Verfassungstradition eine Einordnung in die hier vorgenommene Kategorisierung nicht ganz einfach macht.

---

261 Siehe auch Beknazar, ZaöRV 56 (1996), 406 (410f.).
262 Vgl. insgesamt Grabenwarter, EMRK, S. 18ff.
263 Hofmann, EuGRZ 1992, 253 (254f.).
264 BVerfGE 1, 396 (410); BVerfGE 31, 145 (178); Kirchhof, EuGRZ 1994, 16 (25).
265 Pellonpää, EuGRZ 1993, 590 (590); Polakiewicz/Jacob-Foltzer, HRLJ 12 (1991), 65 (74).
266 Polakiewicz/Jacob-Foltzer, HRLJ 12 (1991), 65 (83); Seidel, DVBl. 1975, 747 (750).
267 Polakiewicz/Jacob-Foltzer, HRLJ 12 (1991), 65 (125, 132).
268 Rumpf, EuGRZ 1995, 147, (147f.).
269 Geiger – Fiedler, Völkerrechtlicher Vertrag und staatliches Recht, S. 11 (15f.); Chryssogonos, EuR 2001, 49 (58). Jedoch gibt es auch Bereiche, in denen die Garantien des Grundgesetzes hinter denen der EMRK zurückbleiben – beispielsweise die Justizgrundrechte. Vgl. Bryde, Der Staat 42 (2003), 61 (72f.) mit Nachweisen von Bundesverfassungsgerichtsentscheidungen, in denen das Gericht zu diesem Thema die Rechtsprechung des EGMR heranzog.

Der *Human Rights Act*, der die Art. 2 bis 12 und 14 EMRK und die Art. 1 bis 3 des ersten und die Artikel 1 und 2 des sechsten Zusatzprotokolls in das britische Recht inkorporiert[270], trifft keine Aussage über eine genaue Einordnung der EMRK in das britische Normensystem. Vielmehr lässt er den britischen Verfassungsgrundsatz der *„Sovereignty of Parliament"* unberührt, so dass die EMRK grundsätzlich auf einen einfachgesetzlichen Rang verwiesen ist. Jedoch führen die Anordnungen des *Human Rights Act* dazu, dass die Gerichte und Behörden umfassend zu einer konventionskonformen Auslegung und Anwendung der Gesetzes verpflichtet sind.

Ferner sind die Obergerichte – im Falle der Unmöglichkeit einer konventionskonformen Auslegung – gehalten, bei (Parlaments)Gesetzen eine förmliche Feststellung der Unvereinbarkeit mit der EMRK auszusprechen[271]. Zwar hat eine derartige Feststellung zunächst keinen Einfluss auf die Gültigkeit der in Streit stehenden Norm. Vielmehr kann die betreffende Norm weiter angewendet werden. Auch ist die Feststellung der Unvereinbarkeit mit der EMRK für die Parteien nicht bindend. Jedoch ist zu erwarten, dass die oben beschriebenen Anordnungen bereits zu einer weitgehenden Beachtung der EMRK durch die Gerichte und Behörden führen werden.

Darüber hinaus ordnet der *Human Rights Act* eine Prüfung der Konventionsmäßigkeit eines Gesetzes durch den Minister schon vor Beschlussfassung des Parlaments an. So muss der zuständige Minister vor der zweiten Lesung eines Gesetzes zu dessen Konventionskonformität Stellung nehmen. Dabei kommt dieser Stellungnahme keine unwesentliche Aufgabe bei der Interpretation des jeweiligen Gesetzes zu, da sämtliche parlamentarischen Materialien – und damit auch die Stellungnahme des zuständigen Ministers – zur Norminterpretation herangezogen werden. Kommt es dann aber trotz der vorgeschalteten Prüfung des Ministers zu der förmlichen Feststellung der Unvereinbarkeit des Gesetzes mit der EMRK durch ein Obergericht, ist ein schnelleres Gesetzgebungsverfahren vorgesehen, in dem die Rechtslage rasch der Konvention angepasst werden kann[272].

Damit erlangt die EMRK durch die Anordnungen des *Human Rights Act* einen Rang, der zwar formal gesehen eine einfachgesetzliche Position darstellt und

---

270 Zu der Rechtslage vor Einführung des „*Human Rights Act*" siehe Staebe, EuGRZ 1997, 401 (401ff.); Jacobs/White, The European Convention on Human Rights, S. 23f.

271 Bei „*subordinate legislation*" können die Gerichte diese selbst für nichtig erklären, wenn diese sich in Widerspruch zur EMRK setzen. Vgl. m.w.N. Grabenwarter, EMRK, S. 24.

272 Vgl. Sommermann, DÖV 1999, 1025 (1027); Grabenwarter, EMRK, S. 23ff. m.w.N.

de iure die Parlamentssouveränität unberührt lässt, aber sich in der Praxis wohl eher einem verfassungsrechtlichen Grundrechtskatalog annähert[273].

b. Ungarn

Anders als viele andere postsozialistische Verfassungen kennt die ungarische Verfassung grundsätzlich keinen Übergesetzesrang für Menschenrechtsabkommen[274].

Menschenrechtsabkommen, denen Ungarn beigetreten ist, teilen den Rang ihrer Transformationsnorm, nämlich den eines einfachen Gesetzes[275]. Damit kann theoretisch ein nach dem Ratifikationsgesetz erlassenes konventionswidriges Gesetz die Grundrechtsgarantie der EMRK außer Kraft setzen. Jedoch würde dieses Gesetz § 7 Abs. 1 der Verfassung Ungarns verletzen.

§ 7 Abs. 1 legt fest, dass die Übereinstimmung des innerstaatlichen Rechts mit den übernommenen völkerrechtlichen Pflichten gewährleistet ist. Ein konventionswidriges Gesetz würde aber die innerstaatliche Rechtsordnung in Widerspruch mit den übernommenen völkerrechtlichen Verpflichtungen bringen. Um dies zu verhindern, räumt das ungarische Verfassungsgericht im Falle der Kollision einer innerstaatlichen Rechtsvorschrift mit einer völkervertraglichen Regelung, deren Transformationsnorm nicht unter dem Rang der betreffenden innerstaatlichen Vorschrift steht, der völkerrechtlichen Norm den Vorrang ein und setzt die innerstaatliche Norm außer Kraft[276].

4. Rechtslage in Deutschland

a. Die EMRK im Rang eines einfachen Gesetzes

Völkerrechtliche Verträge besitzen in der Bundesrepublik Deutschland den Rang eines einfachen Gesetzes[277], da sie den Rang des Gesetzes teilen, das die Trans-

---

273 Ausführlich zu dem Sonderfall des Vereinigten Königreiches: Grabenwarter, VVDStRL 60 (2001), 290 (303).

274 Küpper, ZaöRV 58 (1998), 239 (252); a. A. Chryssogonos, EuR 2001, 49 (57), der in Ungarn einen Übergesetzesrang völkerrechtlicher Menschenrechtsabkommen annimmt.

275 Küpper, ZaöRV 58 (1998), 239 (252).

276 Küpper, ZaöRV 58 (1998), 239 (252).

277 So die h.M.: Jarass/Pieroth, GG, Art. 59, Rn. 12; Schmidt-Bleibtreu/Klein – Kannengießer, GG, Art. 1, Rn. 18; Staebe, JA 1996, 75 (80); Klose, DRiZ 1997, 122 (123); Badura, Staatsrecht, S. 382ff.; BVerfGE 74, 358 (370). Erneut bestätigt in BVerfG, 2 BvR 1481/04 vom 14.10.2004, Ziff. 30ff., abgedruckt in FamRZ 2004, 1857 (1857ff.).

formation ausspricht[278]. Nach überwiegender Auffassung in der Literatur[279] soll für Menschenrechtsverträge, mithin die EMRK[280], keine andere Regelung greifen. Auch ihnen soll innerstaatlich nur der Rang eines einfachen Gesetzes zukommen. Das BVerfG hat sich dieser Ansicht angeschlossen. In ständiger Rechtsprechung hat es ausdrücklich festgelegt, dass Prüfungsmaßstab im Rahmen einer Verfassungsbeschwerde nach Art. 93 Abs. 1 Nr. 4a GG keine Konventionsvorschrift sein könne, so dass eine Verfassungsbeschwerde nicht allein auf eine Verletzung der EMRK gestützt werden könne[281]. Allerdings nimmt das BVerfG in seiner Rechtsprechung insoweit Abweichungen von diesem Grundsatz vor, als die Konvention bei der Auslegung der Grundrechte des Grundgesetzes berücksichtigt wird[282]. Deutsche Gesetze seien regelmäßig so auszulegen, dass sie mit den völkerrechtlichen, insbesondere den völkervertraglichen Pflichten der Bundesrepublik Deutschland in Einklang stünden. In diesem Fall gelte das selbst dann, wenn das Gesetz dem Vertrag zeitlich nachfolge und daher nach der *lex-posterior-Regel* eigentlich Vorrang beanspruchen könne.

b. Problemdarstellung

Nimmt die EMRK im innerstaatlichen Recht den Rang eines einfachen Gesetzes ein, können sich verschiedene Probleme ergebenen. Zum einen gelten in diesem Fall die völkerrechtlichen Menschenrechte nicht mehr und nicht weniger als ein anderes einfaches Gesetz und werden von ihnen zeitlich nachfolgenden Gesetzen theoretisch nach dem Grundsatz *lex posterior derogat legi priori* verdrängt. Degorationswirkung besitzen sie nur gegenüber solchen Gesetzen, die vor Inkrafttreten des völkerrechtlichen Vertrages erlassen worden sind[283]. Die Gerichte sind dann trotz gegebenenfalls festgestellter Konventionswidrigkeit eines nationalen Gesetzes aufgrund der Gesetzesbindung nach Art. 20 Abs. 3 GG gehalten, diese

---

278 Jarass/Pieroth, GG, Art. 59, Rn. 12; Schmidt-Bleibtreu/Klein – Kannengießer, GG, Art. 1, Rn. 18.

279 Münch/Kunig – Münch, GG Bd. I, Vorb. Art. 1 – 19, Rn. 80; Staebe, JA 1996, 75 (80).

280 Geiger – Fiedler, Völkerrechtlicher Vertrag und staatliches Recht, S. 11 (16); Grabenwarter, VVDStRL 60 (2001), 290 (305); Münch/Kunig – Münch, GG, Vorb. Art. 1 – 19, Rn. 80; Staebe, JA 1996, 75 (80); . Pache, EuR 2004, 393 (398).

281 U.a. BVerfG, 2 BvR 1481/04 vom 14.10.2004, Ziff. 30ff., abgedruckt in FamRZ 2004, 1857 (1857ff.); BVerfGE, 10, 271 (274); BVerfGE 64, 135 (157); BVerfGE 74, 102 (128).

282 BVerfGE 74, 358 (370); BVerfGE 82, 106 (120); Kirchhof, EuGRZ 1994, 16 (31ff.).

283 Pache, EuR 2004, 393 (398).

Regelung bis zur Anpassung der Gesetzeslage konventionswidrig anzuwenden[284]. Zum anderen werden völkerrechtliche Menschenrechtsverbürgungen mit Völkerrechtsverträgen anderen Inhalts gleichgestellt. Dies könnte aber der Bedeutung der Menschenrechte für die Legitimität staatlichen Handelns nicht gerecht werden[285]. Es könnte besonders in Hinblick auf die Natur der EMRK geboten sein, ihr einen höheren Rang in der nationalen Normenhierarchie einzuräumen, sollte sie bereits als eine europäische Grundrechtsverfassung anzusehen sein[286].

c. Lösungsansätze

Die damit verbundene Problematik ist in der Literatur schon frühzeitig erkannt worden. Gleich im Anschluss an die Verabschiedung des Ratifikationsgesetzes am 7. August 1952, durch das die EMRK Teil der deutschen Rechtsordnung wurde, ist die Ansicht der herrschenden Meinung mehrfach kritisiert worden[287]. Trotz des weitestgehend vergleichbaren Schutzumfangs des Grundgesetzes und der EMRK hat es in Hinblick auf die Europäische Menschenrechtskonvention sofort Versuche gegeben, ihr einen Rang oberhalb der einfachen Gesetze zuzuerkennen. Diesbezüglich wurden im wesentlichen fünf Ansätze vertreten[288].

aa. Art. 1 Abs. 2 GG als Transformator der EMRK

Die erste Ansicht, die versuchte der EMRK Verfassungsrang zu zuerkennen, wurde von *Echterhölter* bereits kurz nach Inkrafttreten der Konvention entwickelt[289]. Nach seiner Ansicht inkorporiere Art. 1 Abs. 2 GG die EMRK mit Verfassungsrang in die deutsche Rechtsordnung. Art. 1 Abs. 2 sei kein Programm-

---

284 Vgl. u.a. die Entscheidungen EGMR 23.10.1978, *Luedicke, Belkacem und Koc ./. Deutschland,* abgedruckt in EuGRZ 1979, 34 (34f.) und EGMR 21.2.1984, *Oztürk ./. Deutschland,* abgedruckt in EuGRZ 1985, 62 (62f.): Trotz festgestellter Konventionswidrigkeit dauerte es in beiden Fällen Jahre bis zur Änderung der deutschen Rechtslage. Dennoch wurden die konventionswidrigen Gesetze weiter von den Gerichten angewandt. Ausführlich dazu Uerpmann, EMRK und deutsche Rechtsprechung, S. 75f.

285 Sternberg, Der Rang von Menschenrechtsverträgen, S. 24.

286 Vgl. unten Kapitel 3 dieser Arbeit. So u.a. Walter, ZaöRV 59 (1998), 961 (971ff.); Hoffmeister, Der Staat 40 (2001), 349 (364ff.); Chryssogonos, EuR 2001, 49 (54f.); Bleckmann, EuGRZ 1994, 149 (149ff.).

287 Wendt, MDR 1955, 658 (658ff.); Herzog, DÖV 1959, 44 (44ff.); Münch, JZ 1961, 153 (153ff.); Guradze, NJW 1958, 817 (817f./1912f.); Guradze, DÖV 1960, 286 (286ff.); Guradze, DÖV 1961, 12 (12f.); Menzel, DÖV 1970, 509 (509ff.); Pache, EuR 2004, 393 (399).

288 Zusammenfassend u.a. Pache, EuR 2004, 393 (396).

289 Echterhölter, JZ 1955, 689 (689ff.); Echterhölter, JZ 1956, 142 (142ff.).

satz, sondern statuiere die Unverletzlichkeit der Menschenrechte[290]. Seine hauptsächliche Aufgabe sei, alle positivierten Menschenrechte in das Grundgesetz zu transformieren. Im Sinne dieser Grundgesetznorm verbürgten Menschenrechte alle Normen, die dem Schutz der Menschenwürde dienten. Die in der Konvention enthaltenen Rechte und Freiheiten seien sämtlich geeignet, die Menschenwürde zu schützen, und stellten demzufolge „Menschenrechte" i.S. des Art. 1 Abs. 2 GG dar. Folglich habe eine Transformation der EMRK durch Art. 1 Abs. 2 GG stattgefunden, so dass ihr auch Verfassungsrang zukomme[291].

bb. EMRK als regionales Gewohnheitsrecht i.S.d. Art. 25 GG

Ein anderer Weg ist in jüngerer Zeit von *Bleckmann* beschritten worden[292]. Dieser geht davon aus, dass ein von der EMRK geschütztes Recht regionales Gewohnheitsrecht i.S.d. Art. 25 GG darstelle. Daher inkorporiere Art. 25 i.V.m. Art. 1 Abs. 2 GG die EMRK in das nationale Recht. Da das Völkerrecht innerstaatlich immer den Rang der Regel einnehme, durch welche sie in das Recht inkorporiert wurde[293], sei der EMRK dementsprechend Verfassungsrang beizumessen. Als Folge davon könne bei einer Verletzung von Konventionsrechten nach ständiger Rechtsprechung des BVerfG[294] eine Verfassungsbeschwerde auf Art. 2 Abs. 1 GG gestützt werden. *Bleckmann* begründet eine Notwendigkeit zur Rangerhöhung der EMRK u.a. damit, dass der Europäische Gerichtshof in Luxemburg (EuGH) und der Europäische Gerichtshof für Menschenrechte in Straßburg Teile einer einheitlichen europäischen Verfassungsgerichtsbarkeit bildeten, die einen für die Konventionsstaaten verbindlichen *„ordre public européen"* errichteten. Sei aber nun für das Gemeinschaftsrecht durch eine langjährige Rechtsprechung des EuGH[295] ein Anwendungsvorrang vor jedwedem nationalen Recht klargestellt, lege der einheitliche *„ordre public européen"* mit Verfassungsqualität den Gedanken nahe, dass auch der EMRK Rang und Qualität von Verfassungsrecht zukomme[296].

290 Echterhölter, JZ 1955, 689 (691).
291 Echterhölter, JZ 1955, 689 (691ff.).
292 Bleckmann, EuGRZ 1994, 149 (152ff.); Bleckmann, EuGRZ 1995, 387 (389).
293 Bleckmann, Staatsrecht II, S. 62.
294 BVerfGE 23, 288 (300); BVerfGE 31, 145 (177).
295 Grundlegend in EuGH 15.1.1964, Slg. 1964, 1251 (1269ff.) – *Costa/Enel.*
296 Bleckmann, Völkerrecht, S. 300; Bleckmann, EuGRZ 1994, 149 (149f.).

cc. EMRK als Wesensgehalt des Art. 2 Abs. 1 GG

Frowein geht davon aus, dass der von der EMRK gewährte Grundrechtsstandard zum Wesensgehalt des Art. 2 Abs. 1 GG zähle[297]. Dadurch würde die EMRK mittelbar zum verfassungsrechtlichen Prüfungsmaßstab und sei somit in der Verfassungsordnung des Grundgesetzes verankert. Folglich dürfe kein Gesetz die Konventionsrechte beschränken oder sie missachten. Läge dennoch der Fall einer Konventionsverletzung vor, könne man sich dagegen mittels einer auf Art. 2 Abs. 1 GG gestützte Verfassungsbeschwerde wenden. Schließlich sei eine konventionswidrige Maßnahme nicht durch die verfassungsmäßige Ordnung[298] gedeckt.

dd. Verletzung des Art 3 Abs. 1 GG bei willkürlicher Nichtbeachtung von EMRK-Gewährleistungen

Eine weitere Möglichkeit wurde von dem *BVerfG* selbst angedeutet. So wiederholte zwar das *BVerfG* in der in Rede stehenden Entscheidung[299], in der Konventionsrechte betroffen waren, seine gefestigte Rechtsprechung[300], dass eine Verfassungsbeschwerde nicht auf die Verletzung von Konventionsrechten gestützt werden könne, da es sich dabei nicht um Grundrechte bzw. grundrechtsgleiche Rechte i.S. von Art. 93 Abs. 1 Nr. 4a GG handele. Darüber hinaus wies das *BVerfG* jedoch darauf hin, dass auch ein Verstoß gegen Art. 3 Abs. 1 GG mangels willkürlicher Nichtbeachtung von zwei EMRK-Garantien nicht gegeben sei. Danach erscheint es zumindest möglich, dass eine willkürliche Nichtbeachtung bzw. Auslegung[301] der Konvention einen mit der Verfassungsbeschwerde angreifbaren Grundgesetzverstoß darstellen könnte.

---

297 Frowein, Festschrift für Zeidler Bd. 2, S. 1763 (1770); ebenso Limbach, EuGRZ 2000, 417 (418), Uerpmann, EMRK und deutsche Rechtsprechung, S. 106.

298 Die Gewährleistungen des Art. 2 Abs. 1 GG können nur rechtmäßig beschränkt werden, wenn sich die fragliche Rechtsnorm im Rahmen des Schrankentrias des Art. 2 Abs. 1 GG bewegt. Seit dem Elfes-Urteil des BVerfG (BVerfGE 6, 32ff.) ist als Schranke des Art. 2 Abs. 1 GG praktisch nur die Schranke der verfassungsmäßigen Ordnung relevant. Darunter wird die Gesamtheit aller formell und materiell verfassungsmäßigen Rechtsnormen verstanden. Vgl. auch Frowein, Festschrift für Zeidler Bd. 2, S. 1763 (1770).

299 BVerfGE 64, 135 (157); BVerfG, Kammerbeschluss v. 21.1.1987 2 BvR 1156/86; Nachweis bei Frowein, Festschrift für Zeidler Bd. 2, S. 1763 (1767).

300 So z.B. BVerfGE 6, 290 (296); BVerfGE 10, 271 (274); BVerfGE 34, 384 (395); BVerfGE 41, 126 (149); BVerfGE 64, 135 (157).

301 So z.B. angedeutet in BVerfGE 64, 135 (157).

ee. EMRK als zwischenstaatliche Einrichtung i.S.v. Art. 24 Abs. 1 GG

Ein letzter Ansatz schließlich sieht das System der EMRK als „Konventionsgemeinschaft" im Sinne des Art. 24 Abs. 1 GG an. Der von *Ress* entwickelte Vorschlag[302] gründet auf einer Vergleichbarkeit des NATO-Vertrages und der EMRK. Ebenso wie beim NATO-Vertrag, den das BVerfG als zwischenstaatliche Einrichtung i.S. des Art. 24 Abs. 1 GG anerkannt habe[303], sei auch bei der EMRK eine institutionelle Verdichtung festzustellen, so dass sie ebenso als zwischenstaatliche Einrichtung zu qualifizieren sei.

d. Würdigung

Alle oben dargestellten Ansichten haben gemein, dass sie darauf abzielen, der EMRK im deutschen Recht Verfassungsrang zuzuerkennen. Hinsichtlich dieser Zielrichtung sind sie uneingeschränkt zu begrüßen. Leider hat jedoch keine dieser Ansichten bisher vermocht, umfassend zu überzeugen[304]. Heute noch verweist somit die herrschenden Meinung und Rechtspraxis die EMRK auf den Rang eines einfachen Gesetzes[305], auch wenn die Notwendigkeit einer Rangerhöhung der EMRK frühzeitig anerkannt wurde[306]. Hinsichtlich aller Ansätze sind dabei erhebliche dogmatische Bedenken laut geworden[307].

So verkennt etwa der Vorschlag, die EMRK als „Grundrechtsverfassung" über Art. 1 Abs. 2 GG in das deutsche Recht zu transformieren, dass ein solcher Verfassungsbegriff von dem des Grundgesetzes verschieden ist und dass der Begriff der Grundrechte auf jene des Grundgesetzes beschränkt ist[308]. Gegen die Meinung, die EMRK stelle insgesamt Völkergewohnheitsrecht dar und werde somit gemäß Art. 25 i.V.m. Art. 1 Abs. 2 GG in das Grundgesetz mit Verfassungsrang transformiert, ist einzuwenden, dass nicht für alle in der EMRK garantierten Rechte eine allgemeine Rechtsüberzeugung, wie sie aber für das Entstehen des Völkergewohnheitsrecht notwendig ist, festgestellt werden kann[309]. Problematisch im Rahmen des Ansatzes, die EMRK als Wesengehalt des Art. 2 Abs. 1

302 Ress, Festschrift für Zeidler Bd. 2, S. 1775 (1790); siehe dazu auch weitergehend Walter, ZaöRV 59 (1998), 911 (974).

303 BVerfGE 68, 1 (93f.).

304 Im Ergebnis auch Pache, EuR 2004, 393 (396)

305 Sie dazu jüngst: BVerfG, 2 BvR 1481/04 vom 14.10.2004, Ziff. 30ff., abgedruckt in FamRZ 2004, 1857 (1857ff.).

306 Stellvertretend: Hoffmeister, Der Staat 40, 2001, 349 (366).

307 Siehe ausführlich u.a. Sternberg, Der Rang von Menschenrechtsverträgen, S. 40ff.; Hoffmeister, Der Staat 40, 2001, 349 (366).

308 Grabenwarter, VVDStRL 60 (2001), 290 (305).

309 Uerpmann, EMRK und deutsche Rechtsprechung, S. 64ff.

GG anzuerkennen, ist, dass die EMRK so nur in dem „Auffanggrundrecht" des Art. 2 Abs. 1 GG verankert werden könnte und nicht unmittelbar in das jeweilig korrespondierende Grundrecht des GG einfließen würde.

aa. EMRK-Gewährleistungen als regionales Völkerrecht i.S.v. Art. 25 GG

Jedoch enthalten einige der oben genannten Meinungen durchaus auch verwertbare Ansätze. Insbesondere eine differenzierte Betrachtung der Inhalte der EMRK-Grundrechte lässt für Teilbereiche eine weitergehende Berücksichtigung der EMRK zu, als dies gegenwärtig in der Praxis des BVerfG geschieht. Zwar wäre es zu weitgehend, sämtliche in der EMRK enthaltenen materiellen Garantien als Völkergewohnheitsrecht i.S. des Art. 25 GG anzusehen[310]. Jedoch werden über Art. 25 GG diejenigen Vorschriften der EMRK in das deutsche nationale Recht transformiert, die kodifiziertes Gewohnheitsrecht sind[311]. Darunter fallen z.B. das Folterverbot[312], das Verbot der rückwirkenden Strafgesetze[313] oder die Religionsfreiheit[314].

bb. EMRK als zwischenstaatliche Einrichtung i.S.v. Art. 24 Abs. 1 GG

Insbesondere scheint jedoch der Ansatz, der die EMRK als eine zwischenstaatliche Internationale Organisation i.S. des Art. 24 Abs. 1 GG betrachtet, fruchtbar. Voraussetzung für das Vorliegen einer Internationalen Organisation ist, dass sie eine auf Dauer angelegte Vereinigung von zwei oder mehr Staaten ist. Diese Vereinigung muss aufgrund einer Einigung der Gründungstaaten auf dem Gebiet des Völkerrechts zustande gekommen sein. Darüber hinaus ist wesentliches Merkmal, dass sie mit der selbständigen Wahrnehmung eigener Aufgaben betraut ist. Schließlich müssen die Internationalen Organisationen zumindest mit einem eigenen Organ ausgestattet sein[315].

Die beiden erst genannten und auch die zuletzt genannte Voraussetzung werden von der EMRK erfüllt. So handelt es sich bei ihr um eine auf dem Gebiet des Völkerrechts geschlossene Vereinigung mehrer Staaten, die auf Dauer angelegt ist. Organ der EMRK ist der EGMR.

---

310 Uerpmann, EMRK und deutsche Rechtsprechung, S. 64ff.

311 Vgl. Walter, ZaöRV 59 (1998), 961 (972).

312 Vgl. Frowein/Kühner, ZaöRV 43 (1983), 537 (541ff.).

313 Vgl. BVerfGE 92, 277 (320/323).

314 Zur Religionsfreiheit als regionales Völkergewohnheitsrecht, Erberich/Hörster/Hoffman/Kingree/Pünder/Störmer – Bausback, Frieden und Recht, S. 85 (93f.).

315 Vgl. ausführlich zu den Voraussetzungen Internationaler Organisationen: Ipsen – Epping, Völkerrecht, S. 71ff.

Problematischer erscheint dagegen die Übertragung von Hoheitsgewalt auf die EMRK. Fraglich ist somit zunächst, ob die bloß grundrechtliche Begrenzung der mitgliedstaatlichen Hoheitsgewalt ausreicht, um eine selbständigen Aufgabenwahrnehmung anzunehmen. Schließlich wird durch die EMRK lediglich die grundsätzlich unbegrenzte Zuständigkeit ihrer Vertragsstaaten auf völkerrechtlicher Ebene begrenzt[316]. Es erfolgt aber keine unmittelbare Rechtswirkung in den einzelnen Konventionsstaaten (vgl. Art. 46 EMRK). Würde Art. 24 Abs. 1 GG also verlangen, dass die Internationale Organisation nach dem zugrundeliegenden Vertrag ermächtigt worden ist, Rechtsakte mit innerstaatliches Wirkung zu erlassen[317], wären die Voraussetzungen demzufolge nicht erfüllt. Jedoch kann im Hinblick auf die zunehmende Verflechtung von Staats- und Völkerrecht und der klar ausgeprägten verfassungsgerichtlichen Begrenzungsfunktion, die die EMRK in den nationalen Rechtsordnungen ihrer Vertragstaaten ausübt, die Wahrnehmung dieser als Ausübung von Hoheitsgewalt i.S.v. Art. 24 GG verstanden werden[318]. Darüber hinaus enthält die Straßburger Rechtsprechung sehr wohl ein regelndes Element. Dieses ist in der Konkretisierung des Inhalts der einzelnen Grundrechtsgarantien durch den EGMR zu sehen. Schließlich verbleibt das Problem der Bindungswirkung der EGMR-Entscheidungen. Da nun aber der Gerichtshof nach der Konvention in allen Angelegenheiten, die ihre Auslegung und Anwendung zum Gegenstand haben, entscheidet[319], ist dem Gerichtshof die Rechtsprechungsaufgabe anvertraut, den genauen Inhalt der einzelnen Grundrechte näher zu konkretisieren. Die EMRK gilt folglich in der innerstaatlichen Rechtsordnung mit dem Inhalt, den sie durch die Rechtsprechung des EGMR zugewiesen bekommt[320]. Dementsprechend ist durchaus von einer innerstaatlichen Bindungswirkung der EGMR-Urteile auszugehen.

cc. Ergebnis

Als Ergebnis kann folglich festgehalten werden, dass einige der oben dargestellten Ansätze Möglichkeiten bieten, die EMRK als in der Bundesrepublik Deutschland mit Verfassungsrang inkorporiert anzusehen. Insbesondere die Meinung, die die EMRK als Internationale Organisation i.S.v. Art. 24 Abs. 1 GG ansieht, scheint dabei vielversprechend. Nichtsdestotrotz hat sich bis heute keine der

---

316 Vgl. Walter, ZaöRV 59 (1998), 961 (974ff.).
317 So etwa Uerpmann, EMRK und deutsche Rechtsprechung, S. 172ff.; BVerfGE 90, 286 (346ff.).
318 Ebenso Walter, ZaöRV 59 (1998), 911 (974ff.).
319 Vgl. auch Art. 32 Abs. 1 EMRK.
320 So Walter, ZaöRV 59 (1998), 911 (974ff.).

Meinungen durchgesetzt. Die herrschende Meinung geht vielmehr weiter davon aus, dass die EMRK den Rang eines einfachen Gesetzes einnimmt.

D. Ergebnis

Die oben erfolgte vergleichende Darstellung macht deutlich, dass Geltung und Rang der Europäischen Menschenrechtskonvention in den einzelnen Konventionsstaaten unterschiedlich ausgestaltet sind[321].

In Hinblick auf die innerstaatliche Geltung der EMRK ist durch die Inkorporationsbewegung in den alten und die bereitwillige Öffnung der Rechtsordnungen der jungen Konventionsstaaten Ost- und Zentraleuropas für die EMRK ein Trend dahingehend zu beobachten, ihr innerstaatliche Geltung zu verschaffen. Dies lässt sich nicht zuletzt anhand der heute hohen Anzahl von Vertragsstaaten, die die EMRK in ihr nationales Recht inkorporiert haben, belegen.

Hinsichtlich des Ranges der EMRK in den verschiedenen innerstaatlichen Rechtsordnungen ist zu beobachten, dass der EMRK in den meisten Staaten, darunter auch in den meisten ost- und zentraleuropäischen Staaten, der Rang unterhalb einer Verfassung und oberhalb eines einfachen Gesetzes zukommt. Die EMRK im Rang der Verfassung bleibt weiter die Ausnahme. Den niedrigsten Rang nimmt die EMRK dagegen in den Staaten ein, die sie im Rang eines einfachen Gesetzes sehen.

Schwachpunkt der Konvention ist folglich weniger ihre innerstaatliche Geltung als ihr innerstaatlicher Rang. Nimmt man das Beispiel Deutschland, in dem der EMRK ebenfalls nur der Rang eines einfachen Gesetzes zukommt, ist bemerkenswert, dass die EMRK oftmals Gesetzesrang in solchen Staaten einnimmt, die als „gewachsene Demokratien“ und „bewährte Grundrechtsgemeinschaften“ zu qualifizieren sind. Zwar werden auch dort angesichts der mit dem Rang verbundenen Problematik Versuche unternommen, diesen zu erhöhen. Jedoch sind sie, wie z.B. in Deutsachland, wenig fruchtbar. Damit scheint es aber so, als sei in „gewachsenen Grundrechtsgemeinschaften“ der Wille zur Öffnung der Verfassung für die EMRK weniger ausgeprägt und als stünden sie dem völkerrechtlichen Menschenrechtsschutz introvertierter gegenüber als die neu dazu gestoßenen Staaten. Der Grund dafür ist allerdings leicht ersichtlich: Vor allen Dingen das Wissen um die umfassenden Grund- und Menschenrechtsgewährleistungen

321 Vgl. auch die vergleichende, wenn auch veraltete Darstellung bei Drzemczewski, European Human Rights Convention, S. 57ff.

der eigenen Verfassungen[322] sperrt diese Staaten gegen eine Öffnung hin zu internationalen Menschenrechtsabkommen. Für die neu hinzukommenden ost- und zentraleuropäischen Staaten ist die EMRK dagegen eine Möglichkeit, schnell Anschluss an Europa zu finden. Dieses Muss besteht für die „alten" Konventionsstaaten dagegen natürlich nicht. Gleichwohl wäre die Bejahung einer Rangerhöhung in Anbetracht der Bedeutung der EMRK auch dort zu begrüßen[323].

---

322 Ebenso Kreuzer/Scheuing/Sieber – Frowein, Grundrechtsschutz in Europa, S. 25 (26). Jedoch bestehen Ausnahmen, in denen die Konventionsrechte über diejenigen des Grundgesetzes hinausgehen. So sind die Justizgrundrechte der EMRK weit umfassender als die des Grundgesetzes.

323 Vgl. u.a. Hoffmeister, Der Staat 40 (2001), 349 (366); Kreuzer/Scheuing/Sieber – Frowein, Grundrechtsschutz in Europa, S. 25 (27).

3. Kapitel: Vom völkerrechtlichen Grundrechtsschutz zur europäischen Grundrechtsverfassung

Grundsätzlich bilden Verfassungen die Grundordnung von Staaten. Zwischenstaatliche Einrichtungen finden ihre Rechtsgrundlage dagegen in völkerrechtlichen Verträgen. Obwohl nun unstreitig kein Staat besteht, der den europäischen Menschenrechtsraum umfasst[324], ist in Bezug auf das System der EMRK häufig von einer europäischen (Grundrechts)Verfassung die Rede. Inwieweit heute die EMRK bereits als eine europäische (Grundrechts)Verfassung anzusehen ist, soll im Folgenden geklärt werden.

A. Europäischer Verfassungsbegriff

Möchte man den Begriff des europäischen Verfassungsrechts allgemein bzw. einer europäischen (Grundrechts)Verfassung in Bezug auf die EMRK verwenden, muss zunächst geklärt werden, ob überhaupt der Begriff der „Verfassung" geeignet ist, die in Rede stehenden rechtlichen Erscheinungen und Entwicklungen auf europäischer Ebene zu beschreiben.

I. Verfassungsgeschichte[325]

Die Ursprünge des Verfassungsbegriffs liegen weit in der Vergangenheit. Bereits Aristoteles ging von der Existenz einer „Verfassung" aus[326]. Jedoch bezog sich

---

324 Nach der Drei-Elemente-Lehre von G. Jellinek konstituiert sich ein Staat aus dem Staatsgebiet, dem Staatsvolk und der Staatsgewalt. Jellinek, Allgemeine Staatslehre, S. 394ff.; vgl. auch Isensee/Kirchhof – Isensee, HbStR Bd. I, § 13, Rn. 30. Für den europäischen Menschenrechtsraum der EMRK ist die fehlende Staatsqualität unbestritten. Sie ist ganz herrschende Meinung in Bezug auf die EU/EG: Vgl. Everling, DVBl. 1993, 936 (941); Isensee, Festschrift für Everling Bd. I, S. 567 (572).

325 Ausführlich zur Verfassungsgeschichte: Isensee/Kirchhof – Grimm, HbStR Bd. I, Historische Grundlagen, § 1; Grimm, JZ 1995, 581 (581ff.); Asbach, Der Staat 42 (2003), 1 (1ff.).

326 Aristoteles unterschied zwischen der die Grundlage des Staates bildenden Verfassung und den auf der Basis dieser erlassenen einfachen Gesetze. Die Verfassung selbst verstand Aristoteles als die Anordnung über die Gewalten im Staat: Die Verteilung, den Sitz und die Verfolgung der Zwecke des Gemeinwesens. Vgl. Jellinek,

diese nicht auf die heute damit verbundenen Inhalte. Wenn heute von einer Verfassung in Europa gesprochen wird, geht dies vielmehr auf den Begriff zurück, der Ende des 18. Jahrhunderts als Folge der Revolutionen in Nordamerika und Frankreich entwickelt wurde[327].

Entstehungsvoraussetzung für den heutigen Verfassungsbegriff waren die Säkularisierung und die bürgerlichen Revolutionen des ausgehenden 18. Jahrhunderts. Einst aus den religiösen Glaubenskriegen als unbeschränkte und friedensstiftende Ordnungsmacht hervorgegangen, wurde die staatliche Hoheitsgewalt in der Aufklärung ihrer religiösen Begründung entzogen[328]. Mit Wegfall der religiösen Legitimation der Hoheitsgewalt entstand die Notwendigkeit, eine andere Legitimationsquelle für diese zu finden. Als neues Ordnungsprinzip trat das befreite rechtsgleiche Individuum auf: Die Hoheitsgewalt gründete sich fortan auf dem Volk als Herrschaftsunterworfenen. Folge der Entwicklung war also, dass neben der Herrschaftsausübung an sich auf einmal auch deren Begründung einer rechtlichen Regelung zugänglich wurde.

Als Ergebnis der revolutionären Umstürze des 18. Jahrhunderts wurde die Rechtsordnung in zwei Bereiche geteilt. Ein Teil war das bereits bekannte, traditionell vom Staat ausgehende Gesetzesrecht, das den Einzelnen band. Der andere war der neuentstandene Teil der Rechtsordnung: Dieser ging vom Souverän, nunmehr dem Volk[329], aus, legitimierte und band den Staat. Dieser neue hier zuletzt genannte Teil wurde als „Verfassung" bezeichnet[330]. Erster Zweck des Verfassungsrechts war also die Verrechtlichung und Legitimation der Herrschaft[331]. Gerade daraus gewann der Verfassungsbegriff seine Bedeutung[332].

Wichtig ist, dass sich dieser moderne, konstitutionalistische Verfassungsbegriff in seinen Geburtsländern zumindest nicht primär auf den Staat bezog: Der

Allgemeine Staatslehre, S. 505f.; Stern, Das Staatsrecht der Bundesrepublik Deutschland Bd. I, S. 69f.; Peters, Verfassung Europas, S. 58; Stern, Grundideen der Verfassungsstaatlichkeit, S. 8ff.

327 Korioth, VVDStRL 62 (2003), 117 (121); Grimm, JZ 1995, 581 (582); Jellinek, Allgemeine Staatslehre, S. 518f.; Isensee/Kirchhof – Grimm, HbStR Bd. I, Historische Grundlagen, § 1, Rn. 11; Walter DVBl. 2000, 1 (4); Wahl, Der Staat 20 (1981), 485 (488); Stern, Das Staatsrecht der Bundesrepublik Deutschland Bd. I, S. 70; Stern, Grundideen der Verfassungsstaatlichkeit, S. 12ff.

328 Böckenförde, Recht, Staat, Verfassung, S. 92ff./107f.; Brugger, Der Staat 31 (1992), 19 (19ff.).

329 Vgl. Walter, ZaöRV 59 (1998), 961 (966).

330 Isensee/Kirchhof – Grimm, HbStR Bd. I, Historische Grundlagen, § 1, Rn. 27.

331 Grimm, JZ 1995, 581 (583); Korioth, VVDStRL 62 (2003), 117 (121).

332 Grimm, JZ 1995, 581 (584); Hirsch, NJW 2000, 46 (46); Walter, ZaöRV 59 (1998), 961 (966); Lhotta/Oebbecke/Reh – Morlok, Deutsche und europäische Verfassungsgeschichte, S. 113 (114).

britische Verfassungsbegriff ist als genium politisch, der amerikanische als genium gesellschaftlich und der französische als genium nationsbezogen beschrieben worden[333].

Im Gegensatz zu den Ursprungsländern war Deutschland gewissermaßen staatsfixiert. Trotz dieser Fixierung wurden jedoch zunächst Verfassung und Staat *nicht logisch* oder *begrifflich* gekoppelt[334]. Erst in der zweiten Hälfte des 19. Jahrhunderts verfestigte sich in Deutschland der Staatsbezug des Verfassungsbegriffs. Am Ende dieses Prozesses[335] erschien der Staat als *logisch-begriffliche* Vorraussetzung einer Verfassung.

II. Der Verfassungsbegriff im modernen Nationalstaat

Erster Zweck der Verfassung war – wie oben bereits dargestellt – die Verrechtlichung und Legitimation von Herrschaftsgewalt. Dem Begriff der Verfassung kommt darüber hinaus noch eine Vielzahl unterschiedlicher politischer und rechtlicher Bedeutungsinhalte zu. Bis heute hat sich allerdings dahingehend keine allgemein anerkannte bzw. vorherrschende Ansicht gebildet[336]. Grundsätzlich wird jedoch der Begriff der *„Verfassung im materiellen Sinne“* und der *„Verfassung im formellen Sinne“* verwandt[337].

1. Der formelle Verfassungsbegriff

Unter Verfassung im formellen Sinne versteht man das Verfassungsgesetz als „Grundgesetz“ (*lex fundamentalis*) eines Staates, das sich durch besondere Formqualitäten auszeichnet[338]: Es wird schriftlich beurkundet, ihm kommt der höchste Rang innerhalb der staatlichen Normenhierarchie zu (Vorrang der Verfassung)[339], es besteht erschwerte Abänderbarkeit und erhöhte Bestandskraft. Als

333 Vgl. Preuß – Preuß, Der Begriff der Verfassung, S. 7 (11ff.); Peters, Verfassung Europas, S. 95; dazu Schwarze – Häberle, Verfassungsrecht und Verfassungsgerichtsbarkeit im Zeichen Europas, S. 11 (26f.); Hobe, EuR 2003, 1 (6ff.).

334 Vgl. Peters, Verfassung Europas, S. 98.

335 Ausführlich zu dieser Entwicklung: Peters, Verfassung Europas, S. 100ff.

336 Bogdandy – Möllers, Europäisches Verfassungsrecht, S. 1 (1); Hesse, Grundzüge des Verfassungsrechts, Rn. 1ff.; Stern, Das Staatsrecht der Bundesrepublik Deutschland Bd. I, S. 69; Sachs – Sachs, GG, Einf., Rn. 1 / 4.

337 Vgl. Jellinek, Allgemeine Staatslehre, S. 506/508.

338 Isensee/Kirchhof – Isensee, HbStR Bd. I, § 13, Rn. 136; Jellinek, Allgemeine Staatslehre, S. 508; Stern, Grundideen der Verfassungsstaatlichkeit, S. 8ff.

339 Ausführlich dazu Wahl, Der Staat 20 (1981), 485 (485ff.).

höchste Norm der staatlichen Rechtsordnung gibt sie allen anderen Normen die Regeln ihrer Erzeugung vor und bildet deren Geltungsmaßstab[340].

Ihre eigene Entstehung wiederum verdankt die Verfassung einem besonderen Verfahren der Annahme[341]. Folglich lässt sich die Verfassung selbst nicht auf eine höherrangige Normerzeugungsregel zurückführen. Vielmehr entspringt sie im Legitimitätsgrund der Staatlichkeit, welcher außerhalb des Systems staatlich verfasster Legitimität liegt[342]. Das zugrundeliegende Verfahren der Annahme ist entscheidend für die besondere Qualität der Verfassungsurkunde. Jedoch ist seine Legitimität von dem Vorverständnis der Betroffenen abhängig. So kann in einer autoritären Gesellschaft durchaus eine den Regierten oktroyierte Verfassung Akzeptanz erreichen, während in einem demokratischen Regierungssystem nur eine in einem partizipativ-repräsentativen Verfahren erarbeitete Verfassung, die im Willen des Volkes liegt (*pouvoir constituant*)[343], als legitim empfunden wird[344].

Zusammengefasst sind die formellen Verfassungseigenschaften damit grundsätzlich die schriftliche Beurkundung und feierliche Verabschiedung in einem einmaligen Akt, der Vorrang vor dem einfachem Recht und die erschwerte Abänderbarkeit, teilweise sogar in Form eines änderungsfesten Kerns.

2. Der materielle Verfassungsbegriff

a. Verfassung als „rechtliche Grundordnung des Gemeinwesens"

Der Begriff der Verfassung im materiellen Sinne wurde bereits im Altertum erkannt, und ist damit der ältere der beiden Verfassungsbegriffe[345]. Im Gegensatz zur Verfassung im formellen Sinne stellt der materielle Verfassungsbegriff nicht auf bestimmte formelle Eigenschaften, sondern auf die Inhalte der Normen ab. Danach muss es sich in materieller Hinsicht um Normen handeln, die bestimmte Inhaltskategorien umfassen bzw. nach einem engeren Verständnis sogar ganz bestimmte Inhalte transportieren[346]. Diese Inhalte stellen den Rahmen für die Er-

340 Isensee/Kirchhof – Isensee, HbStR Bd. I, § 13, Rn. 136.

341 Preuß – Preuß, Der Begriff der Verfassung, S. 7 (29).

342 So Isensee/Kirchhof – Isensee, HbStR Bd. I, § 13, Rn. 136.

343 Emmanual Sieyès prägte den Begriff des *„pouvoir constituant"* und des *„pouvoir constitué"*. Der erstere lag bei der Nation als Träger aller öffentlichen Gewalt. Der zweite umfasste die vom Volk im Akt der Verfassungsgebung errichteten Organe. Vgl. Isensee/Kirchhof – Schneider, HbStR Bd. VII, § 158, Rn. 1ff.; Isensee/Kirchhof – Grimm, HbStR Bd. I, Historische Grundlagen, § 1, Rn. 30.

344 Hoffmeister, ZaöRV 40 (2001), 349 (351).

345 Jellinek, Allgemeine Staatslehre, S. 506.

346 Dorau, Die Verfassungsfrage der Europäischen Union, S. 62; Hoffmeister, Der Staat 40 (2001), 349 (351); Peters, Verfassung Europas, S. 52.

füllung derjenigen Aufgaben der staatlichen Gemeinschaft bereit, welche für den Gemeinschaftszweck unerlässlich sind. Die so verstandene Verfassung ist mithin „rechtliche Grundordnung des Gemeinwesens“[347] und inhaltliche Substanz der formellen Verfassung[348]. Dagegen ist zweitrangig, in welchem Verfahren und in welcher Form sie zustande gekommen ist.

b. Inhalte einer Verfassung

Grundsätzlich ist die Verfassung nicht auf bestimmte Inhalte festgelegt[349]. Jedoch ergeben sich aus der Funktion der Verfassung, nämlich „rechtliche Grundordnung des Gemeinwesens“ zu sein, für sie typische Bestandteile[350]. In einer Verfassung sind typischerweise die Konstituierung und Bindung der hoheitlichen Macht, ihr Grundverhältnis gegenüber den Bürgern und die Machtverteilung zwischen den einzelnen Herrschaftsorganen[351] geregelt. Somit bündeln Verfassungen zunächst drei Funktionen: die Legitimations-, Organisations- und Begrenzungsfunktion.

Neben dem Verständnis der Verfassung als konstituierende und legitimierende Grundlage der Herrschaftsgewalt und der politischen Ordnung wird die Verfassung in neuerer Zeit auch als Wertgrundlage und Werteordnung verstanden[352]. Daher treten neben die drei oben bereits genannten Funktionen noch zwei weitere. Zum einen erkennt man in der Verfassung eine identitäts- bzw. integrationsstiftende Funktion (Integrationsfunktion)[353]. Zum anderen spricht man einer Verfassung auch eine gewisse Entlastungsfunktion zu.

---

347 Hesse, Grundzüge des Verfassungsrechts, Rn. 17; Preuß – Preuß, Zum Begriff der Verfassung, S. 7 (11); Kägi, Verfassung als Grundordnung, S. 42.

348 Isensee/Kirchhof – Isensee, HbStR Bd. I, § 13, Rn. 139ff.

349 Grimm, JZ 1995, 581 (584); Peters, Verfassung Europas, S. 57.

350 Ausführlich zu dem Problem der „inhaltsneutralen oder inhaltlich festgelegten Verfassung“: Peters, Verfassung Europas, S. 63.

351 Jellinek, Allgemeine Staatslehre, S. 505; Isensee/Kirchhof – Isensee, HbStR Bd. I, § 13, Rn. 121ff./ Rn. 139; Korioth, VVDStRL 62 (2003), 117 (118); Dorau, Die Verfassungsfrage der Europäischen Union, S. 62; Hoffmeister, Der Staat 40 (2001), 349 (351); Grimm, JZ 1995, 581 (584); Walter, DVBl. 2000, 1 (5); Stern, Das Staatsrecht der Bundesrepublik Deutschland, S. 82ff.

352 BVerfGE 6, 32 (40f.); BVerfGE 7, 198 (205); BVerfGE 10, 59 (81); BVerfGE 21, 362 (372); Hesse, Grundzüge des Verfassungsrechts, Rn. 17ff.; Stern, Das Staatsrecht der Bundesrepublik Deutschland Bd. I, S. 90f. Kritisch gegenüber dem Verständnis der Verfassung als Wertgrundlage und -ordnung: Mohler – Isensee, Wirklichkeit als Tabu, S. 11 (20/25).

353 Smend, Verfassung und Verfassungsrecht, S. 1199ff.; Isensee/Kirchhof – Isensee, HbStR Bd. I, § 13, Rn. 115f.

In Ländern, in denen keine geschriebene, zusammenhängende bzw. formale Verfassungsurkunde existiert – wie z.B. im Vereinigten Königreich – wird das Verfassungsrecht ausschließlich im materiellen Sinne definiert. Formale Verfassungseigenschaften sind dagegen nicht anerkannt. Beispielsweise ist der Vorrang der Verfassung bzw. ihre Änderungsfestigkeit unbekannt[354].

aa. Organisation

Da nur durch planmäßiges und bewusstes, d.h. organisiertes Zusammenwirken eine politische Einheit entstehen kann, finden sich in einer Verfassung Bestimmungen über die Konstituierung verschiedener Organe und die Ausübung ihrer Hoheitsgewalt[355]. Es werden Organisations- und Verfahrensregeln aufgestellt, die eine prinzipienkonforme Handhabung der öffentlichen Gewalt garantieren und Missbräuche verhindern sollen[356]. Üblicherweise werden zu diesem Zweck die Rechtsstaatlichkeit und Gewaltenteilung festgelegt.

bb. Legitimation

Regelungsaufgabe einer Verfassung ist ferner die Legitimation der Staatsgewalt. In einer verfassungsrechtlichen Ordnung bedarf jede Form von Herrschaftsausübung einer systemimmanenten Form der Rechtfertigung[357].

cc. Begrenzung hoheitlicher Macht

Das Besondere der durch die Verfassung gewährten Ordnung ist, dass sie eine Begrenzung des Staates und der Staatsgewalt bedeutet. Begrenzt die Verfassung die Staatsgewalt auf der einen Seite, schafft sie – und das ist ihr zentrales Anliegen – einen freien Bereich des Einzelnen auf der anderen[358]. Gerade die Machtbegrenzung ist damit klassische Funktion einer Verfassung[359]. Die formale Begrenzung der Ordnung muss durch materielle Prinzipien ausgefüllt werden. Diese

354 Peters, Verfassung Europas, S. 52.

355 Kägi, Verfassung als rechtliche Grundordnung, S. 41: In der Ordnung der Staatsverhältnisse äußere sich der allgemeinste Sinn der Verfassung, nämlich eine einheitsstiftende Ordnung im Gegensatz zur Anarchie. Peters, Verfassung Europas, S. 79.

356 Stern, Das Staatsrecht der Bundesrepublik Deutschland Bd. I, S. 95; Hesse, Grundzüge des Verfassungsrechts, Rn. 12.

357 Häberle, DVBl. 2000, 840 (841); Bogdandy – Möller, Europäisches Verfassungsrecht, S. 1 (5).

358 Kägi, Verfassung als Grundordnung, S. 43.

359 Häberle, DVBl. 2000, 840 (841); Peters, Verfassung Europas, S. 78.

materiellen Prinzipien sind die Grund- und Menschenrechte, die eine Verfassung verbürgt[360].

Die Machtbegrenzungsfunktion lässt sich anhand verschiedener Kriterien herausarbeiten[361]: Die Verfassung muss zunächst das Verhältnis zwischen Regierung und Regierten regeln. Dieser Regelung muss dabei ein umfassender Charakter zukommen. Da das parlamentarische Gesetz das zentrale Instrument der Herrschaftsausübung ist[362], ist es erforderlich, dass die Verfassung die Spitze der Normenhierarchie bildet, um die rechtsetzende parlamentarische Gewalt wirksam zu begrenzen[363]. Folglich muss zur Gewährleistung der Begrenzung der hoheitlichen Gewalt der Verfassung im nationalen Normensystem eine Vorrangstellung vor allem anderen Recht zukommen. Die Vorstellung von der Höherrangigkeit der Verfassung ist seit Anbeginn mit ihr verknüpft. So führte bereits Aristoteles aus, dass man Gesetze nach der Verfassung einrichten müsse, nicht jedoch die Verfassung nach dem Gesetz[364].

dd. Integration

Die Verfassung ist des weiteren ein wichtiger Faktor der gesellschaftlich-sozialen Integration[365]. Versucht man den Begriff der „Integration" zu definieren, stellt man fest, dass sich dahinter die Herstellung oder Wiederherstellung eines Ganzen bzw. Einigung oder Einigkeit einer Gesellschaft verbirgt[366]. Mittel der Integration sind u.a. Grundrechte[367].

Die Verfassung hat nun die Aufgabe, den Grundkonsens einer Gesellschaft über die Prinzipien ihres Zusammenlebens und die Bewältigung von Konflikten,

---

360 Vgl. u.a. Uerpmann, JZ 2001, 565 (565); Bryde, Der Staat 42 (2003), 61 (62); Isensee/Kirchhof – Grimm, HbStR Bd. I, Historische Grundlage, § 1, Rn. 32.

361 Vgl. dazu Hoffmeister, Der Staat 40 (2001), 349 (354).

362 Isensee/Kirchhof – Ossenbühl, HbStR Bd. III, § 61, Rn. 19ff. Gesetze werden dort als *„Eckstein des demokratischen Rechtsstaats"* bezeichnet.

363 Jestaedt, Grundrechtsentfaltung im Gesetz, S. 11ff.; Walter, DVBl. 2000, 1 (5).

364 Vgl. Peters, Verfassung Europas, S. 58.

365 So unterstellt Dolf Sternbergers Gedanke vom „Verfassungspatriotismus" eine solche integrierende Kraft der Verfassung. Vgl. Sternberger, Verfassungspatriotismus, S. 13ff.; Isensee/Kirchhof – Isensee, HbStR Bd. I, § 13, Rn. 116; Walter, DVBl. 2000, 1 (5); vgl. ausführlich zum Begriff der Integration: Korioth, VVDStRL 62 (2003), 117 (117ff.).

366 Korioth, VVDStRL 62 (2003), 117 (118); vgl. auch Peters, Verfassung Europas, S. 86.

367 BVerfGE 7, 198 (205).

festzuhalten. Durch Aufnahme dieser gemeinsamen Sach- und Kulturwerte wird sie zum Motor ständiger Einheitsbildung[368].

ee. Entlastung

Schließlich kommt der Verfassung eine Entlastungsfunktion zu. Zunächst entlastet sie die Politik von gewissen Streitfragen, indem sie diese aus den politischen Auseinandersetzungen herausnimmt[369]. Beispielhaft dafür ist u.a. der Grundsatz der religiösen Neutralität des Staates[370]. Darüber hinaus verleiht sie durch langfristige Vorgaben bezüglich des sozialen und politischen Handelns dem politischen Prozess eine Struktur, an der eine Orientierung möglich ist. Diese Strukturierung garantiert in den politischen Abläufen eine Stabilität und entlastet die Politik von einer ständigen Diskussion über Ziele und Verfahren der Einheitsbildung[371].

3. Zusammengehörigkeit von formellen und materiellen Verfassungseigenschaften

Eine strenge Unterteilung zwischen einer formellen und materiellen Verfassung ist in dem Sinne missverständlich, als es sich dabei nicht um zwei verschiedene Verfassungen handelt. Vielmehr gehen beide Verfassungseigenschaften Hand in Hand und erst beide gemeinsam ergeben eine Verfassung[372]. Beispielsweise können bestimmte formelle Eigenschaften allein, wie z.B. die Fixierung in einer Urkunde, einen inhaltlich beliebigen Rechtstext nicht in den Stand einer anerkannten Verfassung heben. Es muss sich auch in inhaltlicher Hinsicht um Normen handeln, die die eben beschriebenen Inhaltskategorien behandeln. Ein Zusammenspiel zwischen formellen und materiellen Kriterien ist auch durchaus sinnvoll. Die formellen Verfassungseigenschaften dienen schließlich der Verwirklichung der Inhalte. Gerade weil die Inhalte einer Verfassung von Bedeutung sind, bedarf es zu deren Schutz einer erschwerten Abänderbarkeit oder eine Vorrangstellung in der nationalen Normenhierarchie.

---

368 Grimm, JZ 1995, 581 (584); Hesse, Grundzüge des Verfassungsrecht, Rn. 6.

369 Walter, ZaöRV 59 (1998), 961 (967); Grimm, JZ 1995, 581 (584); Walter, DVBl. 2000, 1 (5).

370 Walter, ZaöRV 59 (1998), 961 (967).

371 Preuß – Grimm, Zum Begriff der Verfassung, S. 277 (290); Grimm, JZ 1995, 581 (584).

372 Kägi, Verfassung als Grundordnung, S. 62; Isensee/ Kirchhof – Isensee, HbStR Bd. I, § 13, Rn. 140; Peters, Verfassung Europas, S. 52; Stern, Das Staatsrecht der Bundesrepublik Deutschland Bd. I, S. 75.

Zu beachten ist allerdings, dass nach heute herrschender Meinung[373] sich beide Bereiche nicht vollkommen abdecken. Nicht jede einzelne Norm muss beide, formelle wie materielle, Eigenschaften aufweisen. Einzelne Vorschriften können auch jeweils einem der Kriterien entsprechen. Beispielsweise können einzelne Normen nur formelles Verfassungsrecht sein, wenn sie zwar aus politischen Erwägungen in die Verfassung übernommen wurden, jedoch nicht den verfassungswürdigen Inhaltskategorien zuzuordnen sind (z.B. Bestimmungen des Beamten- und Staatskirchenrechts). Aber auch nicht alle materiellen Verfassungsinhalte erfüllen die formellen Kriterien[374], z.B. das Staatsangehörigkeitsrecht, das Wahlrecht, Geschäftsordnungen der obersten Bundesorgane.

III. Ablösung der Verfassung vom Staat?

Der Begriff der Verfassung wird, wie oben gesehen, in der deutschen Staatstheorie traditionell mit dem Staat assoziiert[375]. Da dem System der EMRK als dem Ursprung nach klassischen völkerrechtlichen Vertrag keine Staatsqualität zukommt, gerät diese Staatsorientierung des bisherigen Verfassungsdenkens mit Blick auf die Entwicklungen auf europäischer Ebene in Schwierigkeiten. Damit stellt sich die Frage, ob die Verfassung, welche ursprünglich auf den Staat bezogenen wurde, diesem so verhaftet ist, dass sie nicht von ihm abgelöst werden kann, oder ob sie sich vielleicht auch auf nichtstaatliche politische Einheiten – wie in diesem Fall auf die EMRK – übertragen lässt.

Da es weder einen Staat gibt, der den europäischen Menschenrechtsraum umfasst, es ihn noch in absehbarer Zeit geben wird, wäre diese Frage dem Teil der deutschen Staatsrechtslehre folgend, der den Verfassungsbegriff immer noch spezifisch mit dem Staat verbunden sieht, nur zu verneinen[376].

Jedoch ist der Verfassungsbegriff gerade historisch gesehen nicht auf eine Staatsverfassung beschränkt[377]. Dass der Verfassungsbegriff lange Zeit lediglich auf den Staat bezogen wurde und dort die vorgefundenen Gegebenheiten zu erklären versuchte, dürfte vor allen Dingen daran liegen, dass es nur den Staat gab,

373 Vgl. u.a. Stern, Das Staatsrecht der Bundesrepublik Deutschland Bd. I, S. 70ff.
374 Jellinek, Allgemeine Staatslehre, S. 532.
375 Sachs – Sachs, GG, Einf., Rn. 1; Heintzen, EuR 1997, 1 (1); Grimm, JZ 1995, 581 (584), Uerpmann, JZ 2001, 565 (565); Walter, DVBl. 2000, 1 (5); Grabenwarter, VVDStRL 60 (2001), 290 (292); Di Fabio, JZ 2000, 737 (739ff.); Peters, Verfassung Europas, S. 95.
376 Vgl. Isensee/Kirchhof – Isensee, HbStR Bd. I, § 13, Rn. 1f.
377 Stern, Grundideen der Verfassungsstaatlichkeit, S. 8ff.; Peters, Verfassung Europas, S. 95.

der die politische Wirklichkeit prägte[378]. Anfangspunkt der Entstehung Internationaler Organisationen oder Staatenverbindungen ist der Beginn des letzten Jahrhunderts. Zuvor bestand damit natürlich keinerlei Veranlassung für die Rechtswissenschaft, den Verfassungsbegriff in einem anderen Kontext zu sehen. Aber mit Auftreten der ersten Internationalen Organisationen begannen dann auch die Überlegung, den Verfassungsbegriff aus seinem Staatsbezug zu lösen[379].

Notwendig ist dieser Staatsbezug folglich nicht[380]: Es ist ebenso denkbar, dass Verfassungsfunktionen überall dort erfüllt werden, wo Hoheitsgewalt von anderen als staatlichen Einheiten wahrgenommen wird. Schließlich bedarf diese, sobald sie von nicht-staatlichen Akteuren ausgeübt wird – ebenso wie die staatseigene Hoheitsgewalt – der rechtlichen Bindung[381]. Ansonsten könnte sich die Wahrnehmung öffentlicher Aufgaben durch die Verlagerung dieser auf überstaatliche Ebenen zunehmend einer unmittelbaren verfassungsrechtlichen Bindung entziehen[382].

Gerade im Hinblick auf die Grundrechte lässt sich eine zunehmende Vernetzung von verschiedenen Systemen, die ihrem Schutz dienen, feststellen. Verfassungsinhalte lassen sich nur noch durch Aufschlüsselung der wechselseitigen Verwiesenheit und Verbundenheit von nationaler und europäischer Ebene darstellen[383]. Speisen sich aber nun die Grundrechte als *„unaufgebbares, zur Verfassungsstruktur [......] gehörendes Essential“*[384] aus verschiedenen nationalen wie internationalen Systemen[385], scheint es angemessen, von einem funktionalen, nicht staatsbezogenen Verfassungsrecht zu sprechen[386]. Nur so kann erfasst wer-

---

378 Huber, VVDStRL 60 (2001), 194 (198); Walter, DVBl. 2000, 1 (6); Walter, ZaöRV 59 (1998), 961 (967); Isensee/Kirchhof – Grimm, HbStR, Bd. I, Historische Grundlagen, § 1, Rn. 87f.

379 Nach Schaffung des Völkerbundes im Jahre 1919 sprach Alfred Verdross bereits von einer „Verfassung der Völkerrechtsgemeinschaft“; Verdross, Verfassung der Völkerrechtsgemeinschaft, Berlin 1926.

380 Im Ergebnis auch Hirsch, NJW 2000, 46 (46); Peters, Verfassung Europas, S. 100ff.

381 Steinberg, ZRP 1999, 365 (369); Hobe, EuR 2003, 1 (6); Lhotta/Oebbecke/Reh – Morlok, Deutsche und europäische Verfassungsgeschichte, S. 113 (114).

382 Ebenso Walter, DVBl. 2000, 1 (2).

383 Grabenwarter, VVDStRL 60 (2001), 290 (293); Isensee/Kirchhof – Tomuschat, HbStR Bd. VII, § 172, Rn. 73.

384 BVerfGE 37, 271 (280).

385 Ebenso Grabenwarter, EMRK, S. 6.

386 Vgl. auch Häberle, EuGRZ 1991, 261 (261ff.); Pernice, Festschrift für Steinberger, S. 1319 (1319ff.); Dreier – Dreier, GG Bd. I, Vorb., Rn. 24ff.; Schwarze, DVBl. 1999, 1677 (1682ff.); Walter, ZaöRV 59 (1999), 961 (967); Hoffmeister, Der Staat 40 (2001), 349 (351); Pernice, VVDStRL 60 (2001), 148 (153ff.); Walter, DVBl. 2000, 1 (6).

den, inwieweit die Vertragsstaaten der EMRK möglicherweise einen Teil ihres materiellen Verfassungsrechts in eine „Komplementärverfassung“[387] ausgegliedert haben.

Folgt man einer derartigen funktionalen (d.h. in Ansehung der tatsächlichen Funktionen) Betrachtung, kann der Verfassungsbegriff von seinem Staatsbezug losgelöst werden. Festzuhalten bleibt damit, dass der Begriff der Verfassung durchaus unabhängig vom Staat verwandt werden kann.

B. Die EMRK als europäische Grundrechtsverfassung

Vor diesem Hintergrund soll untersucht werden, ob die EMRK nicht längst Verfassungscharakter angenommen hat.

I. Meinungsstand

Der Gedanke, dass es sich bei der EMRK um eine „Verfassung“ handeln könnte, ist nicht neu. Vielmehr sind Begriffe wie „Verfassung“, „Teilverfassung“ bzw. „Grundrechtsverfassung“ in der Literatur[388] und auch in der Rechtsprechung schon oft mit Bezug auf die EMRK verwandt worden.

Bemerkenswert ist, dass bereits kurz nach der Geburtsstunde der EMRK *Karl Josef Partsch* die Idee entwickelte, dass es sich bei der EMRK zwar *„[...] formell um einen multilateralen Vertrag [....]„* handele, materiell gesehen sie aber längst *„[...] das erste Stück einer gemeinsamen Verfassung[...]„* darstelle[389]. Der Gedanke *Partschs* wurde in der Folgezeit aufgegriffen und darüber hinausgehenden Überlegungen zugrunde gelegt. Beispielsweise bezieht sich der von *Hillgruber* entwickelte Begriff der EMRK als *„materielle(r) gemeineuropäische(r) Verfassung“* auf die Idee *Partschs*[390]. *Frowein* bezeichnet die EMRK als eine *„europäische Teilverfassung“*, die einen *„gemeineuropäischen Grundrechtsfreiraum“* bilde, in dem jeder unter europäischer Jurisdiktion stehende Mensch geschützt wer-

387 Zum Begriff: Isensee/Kirchhof – Pernice, HbStR Bd. VIII, § 191, Rn. 25ff.; Pernice, JZ 2000, (866) 866ff.; Peters, Verfassung Europas , S. 166.

388 Im Folgenden soll lediglich eine Auswahl an Literaturstimmen aufgearbeitet werden. Eine umfassende Darstellungen aller Literaturmeinungen, die die EMRK als „Verfassung“ bezeichnen, ist im Rahmen dieser Arbeit zum einen nicht erforderlich, zum anderen aufgrund des Umfanges auch gar nicht möglich.

389 Partsch, ZaöRV 1953/54, 631 (633).

390 Hillgruber, DVBl. 1999, 1155 (1176).

de[391]. Die EMRK erhalte dadurch Verfassungscharakter, dass ein unabhängiges Gericht in letzter Instanz die Grenzen der Garantien abstecke und Urteile mit bindender Wirkung fälle[392]. *Walter* spricht mit Blick auf die EMRK von einem *„grenzüberschreitenden Konstitutionalisierungsprozess“*[393]. Er begreift dabei die EMRK als einen *„Vertrag mit Verfassungselementen“*, dessen Besonderheit darin liege, dass er auf völkerrechtlicher Ebene geschlossen werde und von dort aus, indem er die Staatsgewalt der Konventionsstaaten rechtlich begrenze, eine wichtige Funktion des nationalstaatlichen Verfassungsrechts ergänzend wahrnähme, ohne dieses allerdings zu ersetzen[394]. Als *„Dokument europäischen Verfassungsrechts“* wird die EMRK von *Uerpmann* bezeichnet[395]. *Häberle* sieht die EMRK als ein Teilstück eines *„wachsenden Ensemble[s] einzelner Verfassungsprinzipien“*[396]. *Thürer* geht davon aus, dass die Konvention den liberal-rechtsstaatlichen Gehalt des Verfassungsstaates unterstütze, den Grundrechtschutz des Individuums erweitere und die richterliche Gewalt auf europäischer und nationaler Ebene aufwerte[397].

Schließlich ist auch vom EGMR der Gedanke der Verfassungsqualität der EMRK angesprochen worden. So bezeichnete der EGMR in dem Urteil *Loizidou gegen die Türkei*[398] die Konvention als *„constitutional instrument of European public order“*, ohne allerdings eine nähere Begründung dahingehend zu liefern.

Gemeinsam ist allen aufgeführten Meinungen, dass davon ausgegangen wird, dass die EMRK nicht sämtliche erwähnten Verfassungsmerkmale in sich vereint. Vielmehr legt die Verwendung von Begriffen wie „Teilverfassung“ oder „Grundrechtsverfassung“ nahe, dass nur einzelne Verfassungsmerkmale in der EMRK verwirklicht werden.

II. Verfassungsmerkmale der EMRK

Im Folgenden soll nun anhand des oben erarbeiteten funktionalen Verfassungsbegriffs untersucht werden, ob und welche Verfassungsmerkmale die EMRK bereits erfüllt.

391 Frowein, Festschrift für Maihofer, S. 149 (149); Frowein, EuR 1995, 315 (327).
392 Frowein, Festschrift für Maihofer, S. 149 (149/152).
393 Walter, ZaöRV 59 (1998), 961 (961ff.).
394 Walter, ZaöRV 59 (1998), 961 (971).
395 Uerpmann, JZ 2001, 565 (570).
396 Häberle, EuGRZ 1991, 261 (262); Häberle, DVBl. 2000, 840 (841).
397 Thürer, VVDStRL 50 (1991), 99 (138).
398 EGMR 23.3.1995, Loizidou./.Türkei, A 310, Ziff. 70, 75, 93.

1. Organisation

a. Etablierung einer Hoheitsgewalt

Die EMRK errichtet keine Organe mit exekutiven oder legislativen Kompetenzen zur Durchsetzung bestimmter eigener Ziele[399], so dass dem Staatsorganisationsrecht ähnliche Aspekte in der Konvention grundsätzlich nicht enthalten sind[400]. Folglich organisiert die EMRK keine umfassende hoheitliche Gewalt im eigentlichen Sinne.

Allerdings ist auffällig, dass die EMRK zwar keine exekutiven oder legislativen Hoheitsgewalten regelt, sie aber mit der Einsetzung des EGMR in Straßburg judikative Kompetenzen zur Durchsetzung ihrer Ziele in den einzelnen Vertragsstaaten errichtet hat. Seit Inkrafttreten des elften Zusatzprotokolls hängt die Zuständigkeit des EGMR nicht mehr von einer zusätzlichen Unterwerfungserklärung der Vertragsstaaten ab. Damit handelt es sich bei dem EGMR um ein unabhängiges judizielles Organ, das Verletzungen der Konvention überprüfen und gegebenenfalls mit bindender Wirkung in einem Urteil feststellen kann. Der EGMR ist in jedem Konventionsstaat, nach Erschöpfung des innerstaatlichen Rechtsweges, Anlaufstelle für grundrechtliche Beschwerden der Bürger. Dieser dem Einzelnen gewährte Zugang zum EGMR ist dabei in solchen Konventionsstaaten um so bedeutender, in denen eine verfassungsgerichtliche Kontrolle von Gesetzen fehlt oder unzureichend ist[401], da der Rechtsschutz des EGMR in diesen Fällen sogar die Rolle einer Art „Ersatz-Verfassungsgerichtsbarkeit" übernimmt[402]. Folglich regelt die EMRK durchaus einen wichtigen Teil des Staatsorganisationsrechts: die Judikative[403].

---

399 Seit Inkrafttreten des elften Zusatzprotokolls errichtet die EMRK als Vertragsorgane den Europäischen Gerichtshof für Menschenrechte und das Ministerkomitee. Der Gerichtshof ist befugt, bei Individual- und Staatenbeschwerden rechtsverbindliche Urteile zu fällen. Das Ministerkomitee hat die Aufgabe, die Befolgung dieser Urteile zu überwachen.

400 Hoffmeister, Der Staat (40) 2001, 349 (354); Walter, ZaöRV 59 (1999), 961 (965/971).

401 So etwa in Frankreich, das keine nachträgliche Kontrolle parlamentarischer Gesetze kennt. Dazu eingehender in Kapitel 5 C I dieser Arbeit. Vgl. auch Walter, ZaöRV 59 (1999), 961 (962ff.).

402 Herdegen, Europarecht, Rn. 18f.

403 Ebenso Frowein, Festschrift für Maihofer, S. 149 (152); Uerpmann, JZ 2001, 565 (570).

b. (Staats)Ziele

Mangels Errichtung einer umfassenden Hoheitsgewalt, verfügt die EMRK nicht über Zielbestimmungen, die etwa mit den Regelungen des Art. 20 GG vergleichbar wären[404]. Jedoch lassen sich der Konvention und ihrer Zusatzprotokolle staatsbezogene „Ziele“ entnehmen, die durch den EGMR in den einzelnen Vertragsstaaten durchgesetzt werden und für diese verbindlich sind. Fraglich ist allerdings, um welche (Staats)Ziele es sich vorliegend handelt.

aa. Demokratieprinzip

(1) Festlegung des Demokratieprinzips

Die EMRK schützt u.a. politische Grundrechte, wie die Garantie freier Wahlen (Art. 3 des ersten Zusatzprotokolls), die Freiheit der Meinungsäußerung und der Presse (Art. 10 EMRK) und die Versammlungs- und Vereinigungsfreiheit (Art. 11 EMRK). Diese Grundrechte enthalten zum Teil Eingriffsvorbehalte[405], nach denen eine Beschränkung des Grundrechtes nur möglich ist, wenn dies zur Erreichung legitimer Ziele in *„einer demokratischen Gesellschaft“* erforderlich ist[406]. In diesen von der EMRK gewährten Eingriffsschranken kommt das Leitbild der demokratischen Gesellschaft zum Ausdruck: Die EMRK macht deutlich, dass nur die Demokratie durch die Konvention und ihrer Zusatzprotokolle in Betracht gezogen wird und demnach mit ihr vereinbar ist[407]. So verweist auch die Präambel der Konvention auf die Demokratie. Dort wird erwogen, dass die Wahrung und Entwicklung der Menschenrechte und Grundfreiheiten *„am besten durch eine wahrhaft demokratische politische Ordnung“* einerseits und *„ein gemeinsames Verständnis und eine gemeinsame Achtung“* der Menschenrechte andrerseits gesichert wird[408].

Mit Hilfe des Auslegungsmaterials, das die Präambel und das die Freiheitsrechte und ihre Einschränkungstatbestände bieten, entwickelte auch der EGMR den Demokratiebegriff. Die Festlegung der EMRK auf das Demokratieprinzip tritt damit gleichfalls in der EGMR-Rechtsprechung – insbesondere zur Presse-

---

404 Vgl. Kugelmann, EuGRZ 2003, 533 (533).

405 Vgl. z.B. Art. 8 Abs. 2 EMRK und Art. 9 Abs. 2 EMRK.

406 Allgemein zu den Eingriffskriterien: Grabenwarter/Thienel – Hauer, Wandel und Kontinuität der EMRK, S. 115 (115ff.).

407 Vgl. auch Grabenwarter, VVDStRL 60 (2001), 290 (308f.). Dieser geht davon aus, dass durch die Gewährleistungen der EMRK *„Eckpunkte des Leitbildes eines demokratischen Rechtsstaates europäischer Prägung“* entstehen.

408 Vgl. auch EGMR 23.3.1995, Loizidou ./. Türkei, A 310, Ziff. 75.

und Rundfunkfreiheit – zu Tage[409]. Die Medien, denen in der Demokratie die Aufgabe zufällt, Informationen und Ideen zu verbreiten[410] und die damit dem Kernbereich einer Demokratie, der Freiheit der politischen Debatte[411], dienen, genießen einen besonderen Schutz. In ihrem Bereich sind Eingriffe des Staates nur in sehr engen Grenzen erlaubt worden[412].

(2) Prinzip der wehrhaften Demokratie

Die von den EMRK-Staaten geforderte Pflicht zur Achtung der Grundrechte der EMRK muss allerdings nicht so weit gehen, dass das staatseigene Fundament zerstört wird. So legt die Konvention in Art. 17 EMRK das Verbot des Missbrauchs ihrer Rechte fest. Dies entspricht dem im deutschen Verfassungsrecht bekannten Prinzip der wehrhaften Demokratie[413]. Die verfassungskräftigen Werte, die dabei verteidigt werden sollen, müssen jedoch mit dem in der EMRK niedergelegten Minimalkonsens übereinstimmen. Dieser stellt für die zuständigen Behörden und Gerichte der Vertragsstaaten, die bei ihrer Entscheidung vom nationalen Recht ausgehen, eine Schranke ihrer Entscheidungsspielräume dar. Damit stößt die EMRK, insbesondere in jüngeren Demokratien, einen Prozess der Konstitutionalisierung an, indem sie diesen einen auf jeden Fall zu wahrenden Standard vorgibt[414].

Beispielhaft in diesem Zusammenhang ist das EGMR-Urteil *Refah Partisi (Wohlfahrtspartei) u.a. gegen die Türkei*[415]. Dort verweist der EGMR erneut darauf, dass die Demokratie die einzige mit der EMRK vereinbare Staatsform sei und dass politischen Parteien grundsätzlich eine zentrale Rolle für das Funktionieren einer pluralistischen Demokratie zukäme. Dennoch stellte der Gerichtshof im Ergebnis fest, dass die Auflösung einer politischen Partei zulässig sei, wenn u.a. eine Gefahr für das demokratische Regierungssystem unmittelbar bevorsteht.

---

409 Vgl. EGMR 30.1.1998, TBKP – Vereinigte Kommunistische Partei der Türkei u.a. ./. Türkei, RJD 1998-I, S. 1, Ziff. 24; Kugelmann, EuGRZ 2003, 533 (533).

410 EGMR 26.4.1979, Sunday Times ./. Vereinigtes Königreich, A 30, Ziff. 65.

411 EGMR 8.7.1986, Lingens ./. Österreich, A 103, Ziff. 42.

412 EGMR 7.12.1976, Handyside ./. Vereinigtes Königreich, A 24, Ziff. 49; EGMR 19.12.1994, VSDÖ ./. Österreich, A 302, Ziff. 37. Ein Überblick über die Rechtsprechung des Gerichtshofs der letzten Jahre zu Art. 10 EMRK gibt Hoffmeister in EuGRZ 2000, 358 (358ff.); Grabenwarter/Thienel – Kolonovitis, Wandel und Kontinuität der EMRK, S. 169 (169ff.).

413 Maurer, Staatsrecht I, § 23, Rn. 9.

414 Vgl. Kugelmann, EuGRZ 2003, 533 (542).

415 EGMR 13.2.2003, EuGRZ 2003, 206 (206ff.) – *Refah Partisi (Wohlfahrtspartei) u.a. ./. Türkei.* Ausführlich zu Parteiverboten und der EMRK Koch, DVBl. 2002, 1388 (1391).

bb. Rechtsstaatsprinzip

Im deutschen Grundgesetz ist das Rechtsstaatsprinzip „eines der elementaren Prinzipien“[416]. Dieses setzt sich aus verschiedenen Teilelementen zusammen, die im Grundgesetz durch zahlreiche Vorschriften eine nähere Konkretisierung erfahren haben[417]. Einige dieser Teilelemente lassen sich nun aber auch der Konvention und ihrer Zusatzprotokolle entnehmen. Diese werden also auch von der Konvention für ihre Vertragsstaaten verbindlich vorgeschrieben. Bei diesen Ausprägungen des Rechtsstaatsprinzips handelt es sich um den Verhältnismäßigkeitsgrundsatz, den Vorbehalt des Gesetzes und das Recht auf ein faires Verfahren.

(1) Verhältnismäßigkeitsgrundsatz

Die klarste Ausprägung hat das in der EMRK verankerte Rechtsstaatsprinzip durch die Verhältnismäßigkeitsprüfung der Schrankenvorbehalte in den Art. 8 bis 11 EMRK erhalten[418]. In der Rechtsprechung des EGMR ist anerkannt, dass sowohl Einzelfallentscheidungen der Behörde als auch abstrakt-generelle Normen (Gesetze und Verordnungen) in einem angemessenen Verhältnis zu dem von ihnen verfolgten Ziel stehen müssen[419]. Diese Bindung aller staatlichen Gewalten durch das Verhältnismäßigkeitsprinzip trifft den Kern des in den meisten Staaten ausdrücklich anerkannten Rechtsstaatsprinzips[420].

(2) Gesetzesvorbehalt

Die Beeinträchtigung nicht vorbehaltlos gewährleisteter EMRK-Garantien ist grundsätzlich nur durch oder aufgrund eines Gesetzes zulässig[421]. Allerdings ist nicht abschließend geklärt, welche Anforderungen an das „Gesetz“ in diesem

---

416 Vgl. BVerfGE 20, 323 (331).

417 Teilelemente des Rechtstaatsprinzips sind beispielsweise die Gewaltenteilung, der Vorrang der Verfassung und des Gesetzes, der Rechtsschutz gegenüber der öffentlichen Gewalt, das rechtliche Gehör und die Gewährleistung des gesetzlichen Richters. Vgl. ausführlich dazu etwa Jarass/Pieroth – Jarass, GG, Art. 20, Rn. 28ff.

418 Grabenwarter, VVDStRL 60 (2001), 290 (308); Illiopoulos-Strangas, Rabels Zeitschrift 1999, 415 (415ff.).

419 Vgl. auch die Regelung des Art. 18 EMRK. Weitere Nachweise bei Frowein/Peukert, EMRK, Vorb. zu Art. 8 – 11, Rn. 2ff./11.

420 Vgl. etwa Jarass/Pieroth – Jarass, GG, Art. 20, Rn. 81.

421 Vgl. etwa Art. 8 Abs. 2; Art. 9 Abs. 2 EMRK. Dazu Ehlers – Ehlers, Europäische Grundrechte und Grundfreiheiten, 21 (41); Peters, EMRK, S. 23; Grabenwarter, EMRK, S. 127.

Sinne zu stellen sind. Unbestritten ist jedoch, dass darunter auch nicht kodifizierte Normen des Common law[422], Gewohnheitsrecht[423], ungeschriebenes Richterrecht[424] und Rechtsverordnungen[425] zu fassen sind. Qualitative Anforderungen bestehen lediglich hinsichtlich der Zugänglichkeit und der Bestimmtheit der Rechtsvorschrift[426].

Entscheidend ist, dass sich die grundrechtlichen Gesetzesvorbehalte der EMRK aus einer rechtsstaatliche und einer demokratische Komponente zusammen setzten. Dem Rechtsstaatsprinzip entspricht es, dass grundrechtliche Gesetzesvorbehalte ein Element enthalten, welches der Bedeutung eines rechtsstaatlichen Vorbehaltes des Gesetzes[427] entspricht: Sie legen fest, dass Grundrechtseinschränkungen nur in Form eines Gesetzes erfolgen dürfen und dienen so dem Schutz vor behördlicher Willkür auf Seiten der Exekutive. Dagegen ist Teil des Demokratieprinzips, dass dadurch eine Rückbindung des Grundrechtseingriffs an einen Akt des Parlamentes gefordert wird.

(3) Recht auf ein faires Verfahren

Ein wesentliches Teilelement des Rechtsstaatsprinzips in nationalen Verfassungen ist das Recht auf ein faires Verfahren[428]. Für die Konvention ist dieses Recht in Art. 6 EMRK verankert, so dass dieser einen wesentlichen Aspekt des in der Konvention zum Ausdruck kommenden Rechtsstaatsprinzips darstellt. Seine Garantien beruhen auf der Leitvorstellung eines in Gewalten gegliederten Rechtsstaates[429].

c. Zwischenergebnis

Neben den Strukturprinzipien der nationalen Verfassungen entfalten also auch die, die in der EMRK enthalten sind und durch den EGMR durchgesetzt werden, Wirkung für die nationalen Rechtsordnungen der Vertragspartner. Damit erfüllt

---

422 EGMR 26.4.1979, Sunday Times ./. UK, A 30, Ziff. 47.
423 Vgl. Peters, EMRK, S. 23.
424 Vgl. Peters, EMRK, S. 23.
425 EGMR 26.3.1987, Leander ./. Schweden, A 116, Ziff. 52ff.
426 Vgl. Peters, EMRK, S. 23.
427 Zu der unterschiedlichen Begrifflichkeit und Bedeutung des Vorbehalts des Gesetzes und des grundrechtlichen Gesetzesvorbehalts siehe Jarass/Pieroth – Jarass, GG, Art. 20, Rn. 45.
428 Grabenwarter, EMRK, S. 326f.; Jarass/Pieroth – Jarass, GG, Art. 20, Rn. 93.
429 Näher zu den Gewährleistungen des Art. 6 EMRK vgl. Grabenwarter, EMRK, S. 326ff.; Peters, EMRK, S. 102ff.; Meyer-Ladewig, EMRK, Art. 6; Frowein/Peukert, EMRK, Art. 6.

die EMRK ebenso wie eine nationale Verfassung die Funktion, dass sie Demokratie und Rechtsstaatlichkeit als (Staats)Ziele verankert.

2. Legitimation

Da die EMRK keine eigenständige und umfassende hoheitliche Macht legislativer bzw. exekutiver Natur organisiert, entfällt grundsätzlich auch das Bedürfnis nach einer demokratischen Legitimation.

Fraglich ist jedoch, ob nicht die Ausübung judikativer Hoheitsgewalt durch den EGMR einer demokratischen Legitimation bedarf. Der EGMR, der nicht selten für die nationalen Rechtsordnungen die Funktion eines „Quasi-Verfassungsgerichts" übernimmt und dessen Urteile für die bereffenden Staaten verbindlich sind[430], übt politische Macht aus. Allein dieser Umstand verlangt grundsätzlich nach einer demokratischer Legitimation wie nach einer zeitlichen Begrenzung des verfassungsrichterlichen Amtes[431]. Jedoch sollen die Richter des EGMR wiederum politisch, mithin persönlich und sachlich, unabhängig sein, so dass einseitige Einflüsse auf die Auswahl der Richter verhindert werden müssen[432].

In der Bundesrepublik Deutschland hat man versucht dem oben beschriebenen Konflikt in Hinblick auf die nationale Verfassungsgerichtsbarkeit Herr zu werden, indem man – ohne die Unabhängigkeit der Richter aus den Augen zu verlieren – die rechtsprechende Gewalt in das System von „checks and balances" einbezieht und auch sie demokratisch legitimiert[433]. Ausdruck dessen ist etwa das in Art. 94 Abs. 1, 95 Abs. 2 und 98 Abs. 2 GG verankerte Institut der Richterwahl und die in Art. 98 Abs. 2 normierte Richteranklage[434].

Für die Richter des EGMR besteht nun eine vergleichbare Situation. Gemäß Art. 22 EMRK werden die Richter von der Parlamentarischen Versammlung des Europarates – besetzt mit Parlamentsmitgliedern jedes Konventionsstaates[435] – gewählt. Auch ist unter gewissen Voraussetzungen die Entlassung eines EGMR-Richters möglich. Insbesondere ist es aber der Umstand, dass eine parlamentarische Wahl vorgesehen ist, der den Richtern des EGMR eine hohe demokratische Legitimation verleiht[436].

430 Siehe dazu ausführliche Kapitel 5 C dieser Arbeit.
431 Vgl. Böckenförde, NJW 1999, 9 (15).
432 Vgl. Hoffmann-Riem, DRiZ 2000, 18 (18ff.).
433 Böckenförde, NJW 1999, 9 (15f.).
434 Vgl. auch zur Legitimation der Judikative in anderen europäischen Staaten: Bökkenförde, NJW 1999, 9 (15f.).
435 Vgl. Art. 25 der Satzung des Europarates.
436 Zu dem genauen Verfahren der Wahl: Meyer-Ladewig, EMRK, Art. 22, Rn. 2ff.

Demzufolge enthält die EMRK zwar keine demokratische Legitimation für eine legislative bzw. exekutive Gewalt. Für die von der EMRK errichtete Judikative ist aber eine ausreichende demokratische Legitimation vorgesehen.

3. Begrenzung hoheitlicher Macht

Insbesondere ist jedoch eine Prüfung, ob die EMRK in verfassungsmäßiger Weise die nationalen Hoheitsgewalten ihrer Vertragspartner zugunsten der Bürger begrenzt, lohnenswert. Prüfungsmaßstab dafür sind die verschiedenen Kriterien, an denen die Begrenzungsfunktion einer Verfassung festzumachen ist.

a. Erfüllung wesentlicher Grundrechtsfunktionen

Nach deutschem Verständnis sind wesentliche Grundrechtsfunktionen die Abwehr-, Teilhabe- und Verfahrensrechte[437]. Wollte man einen ähnlich umfassenden Schutzumfang auch bei der EMRK annehmen, müsste diese auch die wesentlichen Grundrechtsfunktionen erfüllen.

aa. Abwehrrechte (status negativus)

Die EMRK schützt zunächst schwerpunktmäßig die fundamentalen Freiheitsrechte – also die Freiheit des Einzelnen vom Staat – indem sie dem Einzelnen eine bestimmte Freiheitssphäre garantiert und ihm einen Anspruch auf Unterlassung rechtswidriger Eingriffe des Staates sowie auf Beseitigung bereits vollzogener, aber noch rückgängig zu machender Eingriffe vermittelt. Inhaltlich geht es z.B. um das Recht auf Leben einschließlich des grundsätzlichen Verbots der Todesstrafe, auf körperliche Unversehrtheit, persönliche Freiheit, Achtung der Privatsphäre, Glaubens-, Meinungs- und Versammlungsfreiheit und das Eigentumsrecht. In diesem Zusammenhang hat der Gerichtshof zugleich das Bestimmtheitsgebot[438] und das Verhältnismäßigkeitsprinzip[439] entwickelt. Damit legt die EMRK besonderes Augenmerk auf die Gewährung der klassischen Grundrechtsfunktion, den Schutz fundamentaler Freiheitsrechte[440].

---

437 Sachs – Sachs, GG, Vor Art. 1, Rn. 42ff.; Hesse, EuGRZ 1978, 427 (427ff.); Brugger, Der Staat 31 (1992), 19 (19ff.).

438 U.a. EGMR 26.4.1979, Sunday Times ./. Vereinigtes Königreich, A 30, Ziff. 49; EGMR 27.3.1996, Goodwin ./. Vereinigtes Königreich, RJD 1996-II, Ziff. 31; EGMR 25.3.1983, Silver ./. Vereinigtes Königreich, A 61, Ziff. 88.

439 St. Rsp. seit EGMR 22.10.1981, Dudgeon ./. Vereinigtes Königreich, A 45, Ziff. 33; EGMR 25.3.1985, Barthold ./. Deutschland, A 90, Ziff. 55ff.

440 Bleckmann, Festschrift für Bernhardt, S. 309 (309).

bb. Teilhaberechte (status positivus)

Teilhaberechte sind auf staatliches Handeln gerichtet. Eine Einteilung ist danach möglich, ob sie auf originäre Teilhabe, d.h. auf noch nicht vorhandene staatliche Maßnahmen, oder ob sie auf derivative Teilhabe, d.h. auf Zugang zu schon bestehenden staatlichen Einrichtungen bzw. Leistungen, gerichtet sind.

Ebenso wie im Grundgesetz finden sich in der EMRK kaum Bestimmungen, die ausdrücklich auf ein originäres Teilhaberecht des Einzelnen abzielen. Einzig sei hier auf Art. 13 EMRK, der dem einzelnen den Zugang zu einer innerstaatlichen Instanz im Falle einer Konventionsverletzung garantiert, und auf Art. 3 des siebten Zusatzprotokolls, das ein Recht auf Entschädigung bei Fehlurteilen enthält, hingewiesen[441]. Zu den originären Leistungsrechten sind aber auch die Ansprüche auf Gewährung staatlichen Schutzes zu rechnen. Der Gerichtshof hat im Einzelfall bestimmten Freiheitsrechten eine Schutzpflicht des Staates entnommen[442]: Beispielsweise normiert Art. 2 EMRK nicht nur eine Verpflichtung des Staates, das Leben per Gesetz zu schützen, sondern er dürfte gleichzeitig ein Recht auf entsprechende gesetzliche Vorkehrungen enthalten[443]. Art. 2 des ersten Zusatzprotokolls wird dahingehend interpretiert, dass eine positive Schutzpflicht des Staates besteht, einen Pluralismus in der Erziehung sicherzustellen[444]. Jedoch bezieht sich dies nur auf staatlicherseits bereits eingerichtete Ausbildungsgänge. Dagegen soll nicht die Einrichtung neuer Ausbildungsgänge gefordert werden können[445].

cc. Verfahrensrechte (status activus processualis)

Die EMRK hat besonderes Gewicht auf die Gewährung von Verfahrensgarantien gelegt. Im Einzelnen schützt Art. 5 EMRK vor ungerechtfertigten Verhaftungen[446], Art. 6 EMRK normiert Garantien für Gerichtsverfahren, Art. 7 statuiert

441 Ehlers – Ehlers, Europäische Grundrechte und Grundfreiheiten, S. 21 (26); Ehlers, Jura 2000, 372 (374).

442 Vgl. EGMR 13.6.1979, Marckx ./. Belgien, A 31, Ziff. 13, abgedruckt in EuGRZ 1979, 454 (454ff.); EGMR 9.10.1979, Airey ./. Ireland, A 32, Ziff. 25; EGMR 28.5.1985, Abdulaziz ./. Vereinigtes Königreich, A 94, Ziff. 67; EGMR 9.12.1994, Lopez Ostra ./. Spanien, A 303 – C, Ziff. 58. Ausführlich dazu Bleckmann, Festschrift für Bernhardt, S. 309 (309ff.).

443 Ehlers – Ehlers, Europäische Grundrechte und Grundfreiheiten, S. (21) 26.

444 EGMR 7.12.1976, Kjeldsen ./. Dänemark, A 23, Ziff. 50 – 51.

445 Ehlers – Ehlers, Europäische Grundrechte und Grundfreiheiten, S. (21) 26.

446 Vgl. EGMR 27.11.1997, NJW 1999, 775 (775ff.) – *K-F ./. Deutschland.*

den Grundsatz „nulla poena sine lege“[447] und das siebte Zusatzprotokoll enthält u.a. Schutzvorschriften in Bezug auf die Ausweisung ausländischer Personen oder die Beachtung des Grundsatzes „ne bis in idem“. Die Verfahrensrechte strahlen bekanntermaßen insbesondere auf das Verfahrensrecht der EMRK-Vertragsstaaten aus. Beispielsweise entnahm der Gerichtshof dem Folterverbot des Art. 3 EMRK in dem Fall *Assenov gegen Bulgarien* die Pflicht, staatliche Untersuchungen über die Behauptung eines Häftlings anzustrengen, er sei in der Haft misshandelt worden[448]. Aus dieser gefestigten Rechtsprechung ergibt sich nun die staatliche Ermittlungspflicht, wenn eine sich im staatlichen Gewahrsam befindende Person zu Tode oder zu Gesundheitseinbußen kommt. In Deutschland ist in diesem Zusammenhang Art. 6 EMRK, der die Verfahrensgarantien vor Gericht normiert, von Bedeutung: So stellte der Gerichtshof fest, dass ein Verfahren vor dem Bundesverfassungsgericht nicht dessen Anforderungen, eine Rechtssache „in angemessener Zeit“ zu entscheiden, entsprochen habe[449].

dd. Staatsbürgerliche Rechte (status activus)

Auf die Gewährung staatsbürgerlicher Grundrechte hat die EMRK selbst weitestgehend verzichtet. Dafür ist der *status activus* des Bürgers durch Art. 3 des ersten Zusatzprotokolls gesichert, in dem festgelegt ist, dass in den Konventionsstaaten periodisch freie Wahlen stattzufinden haben. Zu Tage trat dieser *status activus* der Rechtsunterworfenen der EMRK besonders in dem Fall *Matthews gegen Vereinigtes Königreich*[450]. Der Gerichtshof erklärte in diesem Fall die Verweigerung des Wahlrechts zum Europäischen Parlament für die Bürger Gibraltars durch das Vereinigte Königreich als konventionswidrig. Er sah in diesem Fall den *status activus* der Bürger Gibraltars verletzt.

ee. Zwischenergebnis

Aus dem Vorgenannten ist zu schließen, dass die EMRK das Verhältnis der Rechtsunterworfenen zu ihren jeweiligen Hoheitsgewalten in grundrechtstypi-

---

447 Vgl. dazu EGMR 22.3.2001, NJW 2001, 3035 (3035ff.) – *Streletz, Keßler und Krenz ./. Deutschland.*

448 EGMR 28.10.1998, Assenov ./. Bulgarien, Application Number 00024760/94, Ziff. 106; ebenso EGMR 27.9.1995, McCann ./. Vereinigtes Königreich, A 324, Ziff. 169; EGMR 19.2.1998, Kaya ./. Türkei, RJD 1998-I, 297, Ziff. 86; EGMR 4.12.1995, Ribitsch ./. Österreich, A 336, Ziff. 34.

449 EGMR 1.7.1997, EuGRZ 1997, 310 (310ff.) – *Pammel ./. Deutschland.*

450 EGMR 18.2.1999, EuGRZ 1999, 206 (206ff.) – *Matthews ./. UK*, vgl. Winkler in EuGRZ 2001, 18 (18ff.).

scher Weise regelt. Sie erfüllt die klassischen Grundrechtsfunktionen, mithin gewährleistet sie Abwehr-, Teilhabe- und Verfahrensrechte in einem – einer nationalen Verfassung vergleichbaren – umfassenden Schutzumfang. Die eben genannten materiellen Garantien haben darüber hinaus eine zusätzliche Stabilisierung durch das mit dem elften Zusatzprotokoll eingeführte Rechtschutzsystem erfahren. Demzufolge ist zentrale Aufgabe der EMRK, die Machtausübungen der nationalen Hoheitsgewalt zugunsten der Rechtsunterworfenen zu begrenzen.

b. Umfassende Rechtsbindung, Wirkung und Geltung

Die Begrenzungsfunktion der EMRK würde allerdings nahezu leer laufen, wenn die EMRK für weite Sachbereiche nicht anwendbar wäre. Es wäre dann keine umfassende Rechtsbindung der EMRK gewährleistet.

Problematisch erscheint damit, dass zu einzelnen Bestimmungen der EMRK Vorbehalte erklärt werden können, nicht alle der Vertragsstaaten alle Zusatzprotokolle der EMRK ratifiziert haben, und dass es die Möglichkeit der Derogation im Notstandsfall gibt.

aa. Die Vorbehalte nach Art. 57 EMRK

Die vertragsrechtliche Möglichkeit, durch einen Vorbehalt[451] einzelne Bestimmungen eines völkerrechtlichen Vertrages von der Bindung auszunehmen, ist allgemein in Art. 19 WVK geregelt. Art. 57 Abs. 1 EMRK greift sie ausdrücklich auf[452]. Gemäß Art. 57 Abs. 1 EMRK darf ein Staat anlässlich der Ratifikation der EMRK oder eines ihrer Zusatzprotokolle einen Vorbehalt erklären, soweit eine nationale Verfassungsnorm bzw. ein nationales Gesetz nicht mit der in Rede stehenden Vorschrift der EMRK übereinstimmt. Die Staaten haben von der Möglichkeit der Vorbehalte Gebrauch gemacht. Die meisten Vorbehalte finden sich zu den Verfahrensgarantien der Art. 5 und 6 EMRK[453].

Konsequenz des Art. 57 EMRK ist, dass dort, wo im Zeitpunkt der Ratifikation nationale Gesetze bzw. Grundrechte Regelungen zulassen, die der EMRK widersprechen, die nationalen Regierungen einen Vorbehalt aussprechen können,

---

451 Begriffsdefinition in Art. 2 Abs. 1 lit d) Wiener Vertragsrechtkonvention (WKV).

452 Allgemein zu der Möglichkeit, Vorbehalte zu Menschenrechtabkommen zu erklären: Giegerich, ZaöRV 56 (1995), 713 (713ff.); Maier – Imbert, Europäischer Menschenrechtsschutz, S. 95 (95ff.); Geiger – Schweisfurth, Völkerrechtlicher Vertrag und staatliches Recht, S. 71 (71ff.); Stahn, EuGRZ 2001, 607 (607ff.); Martens, Festschrift für Rauschning, S. 351 (351ff.).

453 Vgl. die Auflistung der Vorbehalte und Erklärungen in Frowein/Peukert, EMRK, S. 893ff. Aktuell unter: www.coe.int/DefaultDe.asp.

mit dem Ergebnis, dass das nationale Schutzniveau weiterhin hinter dem der EMRK zurückbleiben kann. Der EGMR ist gehalten, derartige Abweichungen vom Schutzniveau der EMRK anzuerkennen[454]. Der Schutz der EMRK bleibt damit grundsätzlich lückenhaft.

Dennoch ist die Möglichkeit der Staaten, ihr nationales Recht durch Vorbehalte dem Einfluss der EMRK zu entziehen, aus rechtlichen und politischen Gründen als eher begrenzt einzuschätzen[455]. Den rechtlichen Grund liefert Art. 57 EMRK selbst: In seinem Abs. 1 S. 2 und Abs. 2 stellt er strenge Bedingungen an die Gültigkeit eines Vorbehalts. In einer Art „Bestimmtheitsgebot"[456] ist festgelegt, dass Vorbehalte „allgemeiner Art" nicht zulässig sind. Darüber hinaus müssen diese mit einer kurzen Darstellung des betreffenden Gesetzes verbunden sein. Auch der EGMR hat dieses Bestimmtheitsgebot in seiner Rechtsprechung angenommen. Er legt die bestehenden Vorbehalte soweit als möglich eng aus[457] und erklärte sogar viele von den ersten Mitgliedern abgegebene Vorbehalte für ungültig[458] oder in ihrer Wirkung für eingeschränkt[459]. Für Art. 4 des sechsten Zusatzprotokolls wurden Vorbehalte gar nicht mehr zugelassen. Angesichts dieser engen Handhabung und des damit verbundenen politischen Drucks erklärten die neu beigetretenen Mitglieder aus Ost- und Mitteleuropa kaum noch Vorbehalte zu den einzelnen Bestimmungen[460].

bb. Die Zusatzprotokolle

Der Grundrechtsschutz der EMRK ist seit ihrer Entstehung durch verschiedene Zusatzprotokolle sukzessive erweitert worden. Jedoch haben nicht alle Vertragsstaaten jedes der Zusatzprotokolle ratifiziert, so dass der Ratifikationserfolg der

---

454 EGMR 25.5.1993, Chorherr ./. Österreich, A 266 – B, §§ 17ff./33 zum österreichischen Vorbehalt zu Art. 5 EMRK.

455 Darüber hinausgehend Giegerich, ZaöRV 1995, 713 (713ff.), der Vorbehalte zu Menschenrechtsabkommen für völkerrechtswidrig hält.

456 Ebenso Grabenwarter, VVDStRL 60 (2001), 290 (296); Grabenwarter, EMRK, S. 10.

457 EGMR 9.10.1979, Airy ./. Irland, A 32, Ziff. 25.

458 EGMR 23.10.1995, Gradinger ./. Österreich, A 328 – C; EGMR 29.4.1988, Belilos ./. Schweiz, A 132; EGMR 3.10.2000, Eisenstecken ./. Österreich, Application Number 29477/95, Ziff. 21ff.: In dieser Entscheidung hat der EGMR erst vor kurzem den Vorbehalt Österreichs zu Art. 6 EMRK für ungültig erklärt. Dazu u.a. Stahn, EuGRZ 2001, 607 (613.), der davon ausgeht, dass die Frage nach der Rechtsfolge unzulässiger Vorbehalte im Rahmen der EMRK vorbildlich gelöst wurde.

459 EGMR 25.5.1993, Chorherr ./. Österreich, A 266 – B.

460 Grabenwarter, VVDStRL 60 (2001), 290 (298).

einzelnen Protokolle sehr unterschiedlich ist[461]. Lediglich das erste und das sechste Zusatzprotokoll wurden von fast allen Vertragsstaaten der EMRK ratifiziert. Im Gegensatz dazu haben etliche Staaten die Ratifizierung des vierten und siebten Zusatzprotokolls abgelehnt.

Aber auch hier lässt sich eine zunehmende Bereitschaft – vor allen Dingen der neu hinzugekommenen Staaten aus Mittel- und Osteuropa – erkennen, die Zusatzprotokolle zu ratifizieren. Folglich gelangt man auch im Bereich der Zusatzprotokolle zu einer immer umfassenderen Rechtsbindung.

cc. Die Derogation

Gemäß Art. 15 Abs. 1 EMRK kann jeder Vertragsstaat der EMRK im Falle des Krieges oder eines anderen öffentlichen Notstandes, der die Nation bedroht, das Maß seiner Verpflichtungen, die sich aus der Konvention ergeben, reduzieren[462]. Die Derogation im Notstandsfall gibt den einzelnen Vertragsstaaten somit die Möglichkeit, sich von der Rechtsbindung der EMRK zu befreien. Fraglich ist folglich, ob dies gegen eine wirksame, umfassende Begrenzung nationaler hoheitlicher Macht durch die EMRK sprechen könnte.

Zunächst ist von Bedeutung, dass Art. 15 Abs. 1 EMRK eine Entbindung von den Verpflichtungen der Konvention nur für einen bestimmten Zeitraum zulässt und darüber hinaus strenge Vorraussetzungen normiert. So bedarf es eines Krieges oder eines anderen öffentlichen Notstandes, der das Leben der Nation bedroht. Zudem können die Verpflichtungen der EMRK nur außer Kraft gesetzt werden[463], soweit es die Lage unbedingt erfordert und soweit die Maßnahme nicht in Widerspruch zu sonstigen völkerrechtlichen Verpflichtungen des Vertragsstaates steht. Schließlich enthält Art. 15 Abs. 2 EMRK verschiedene notstandsfeste Rechte, die selbst unter den engen Voraussetzungen des Art. 15 Abs. 1 EMRK nicht außer Kraft gesetzt werden dürfen. Folglich entbindet auch Art. 15 Abs. 1 EMRK die Konventionsstaaten in nur sehr begrenzten Ausnahmefällen

461 Vgl. Übersicht der Ratifikationen unter http://www.humanrights.ch/cms/frontcontent.php?idcat=56.

462 Allgemein zu der Derogation der EMRK im Notstandsfall: Grabenwarter, EMRK, S. 12ff.

463 In der deutschen Übersetzung heißt es, dass von der EMRK „abgewichen werden kann“. Dies ist jedoch insofern missverständlich, als dass von ihr in diesen Fällen nicht nur abgewichen werden kann, sondern diese unanwendbar, mithin „außer Kraft gesetzt“ ist. Vgl. EGMR 26.5.1993, Brannigan u. McBride, A 258 – B. Vgl. allgemein zur Derogation im Notstandsfall im Rahmen internationaler Menschenrechtskonventionen: Merten/Papier – Stein, Handbuch der Grundrechte, § 23, Rn. 99ff.

von den Verpflichtungen der EMRK. Eine umfassende Rechtsbindung der Staaten an die Konventionsrechte ist damit dennoch zu bejahen.

Jedoch wichtiger als die an sich nur begrenzte Möglichkeit, sich von den Gewährleistungen der EMRK zu lösen, ist, dass auch nationalen Verfassungen der Gedanke der Derogation im Notstandsfall nicht unbekannt ist[464]. Beispielsweise enthält die Verfassung Polens aus dem Jahre 1997 Regelungen über den Staatsnotstand[465]. In den Art. 228ff. werden für diesen Fall der EMRK vergleichbare Regelungen getroffen. So können die Grundrechte in Zeiten des Kriegsrechts und des Ausnahmezustandes insbesondere im Bereich der persönlichen Rechte bestimmten Einschränkungen unterliegen (vgl. Art. 233 Abs. 1)[466]. Auch das deutsche Grundgesetz kennt die Möglichkeit der Einschränkung der Grundrechte im Notstandsfall[467]. Im Falle eines äußeren Notstandes[468] beispielsweise, dessen Voraussetzungen eng normiert sind, besteht auch die Möglichkeit, die Grundrechte des Grundgesetzes einzuschränken.

Folglich kann die Notsatndsklausel grundsätzlich nicht als Einwand gegen eine wirksame Begrenzung der hoheitlichen Macht, mithin gegen die Verfassungsqualität der EMRK, erhoben werden.

dd. Zwischenergebnis

Trotz der oben aufgeführten Regelungen, die alle auf verschiedenen Wegen eine Entbindung von den Verpflichtungen der EMRK ermöglichen, kann nicht davon gesprochen werden, dass die EMRK für weite Sachbereiche nicht anwendbar ist. Vielmehr ist von einer umfassenden Rechtsbindung der Vertragsstaaten an die Garantien der EMRK auszugehen.

---

464 Siehe etwa eine vergleichende Darstellung bei Merten/Papier – Stein, Handbuch der Grundrechte Bd. I, § 24, Rn. 78ff.

465 Unterschieden wird dabei zwischen dem Kriegszustand, dem Ausnahmezustand und dem Katastrophenzustand. Vgl. Art. 228 Abs. 1 der polnischen Verfassung von 1997: *„In besonderen Bedrohungssituationen, wenn die gewöhnlichen verfassungsrechtlichen Mittel nicht genügen, kann ein entsprechender Ausnahmezustand eingeführt werden: Kriegszustand, Notstand oder Katastrophenzustand.“*

466 Ausführlich dazu: Banaszak, Einführung in das polnische Verfassungsrecht, S. 90; Brunner – Diemer-Benedict, Verfassungs- und Verwaltungsrecht der Staaten Osteuropas, Ländereinführung Polen, S. 51. Vgl. etwa auch Art. 56 der Verfassung der Russischen Föderation von 1993.

467 Merten/Papier – Stein, Handbuch der Grundrechte Bd. I, § 24, Rn. 1ff.

468 Siehe zur Erläuterung: Merten/Papier – Stein, Handbuch der Grundrechte Bd. I, § 24, Rn. 32ff.

c. Vorrang der Verfassung

Zumindest aus deutscher Sicht beansprucht in modernen (Staats)Verfassungen[469] wenigstens der Grundrechtsteil, um die ihm übertragene Begrenzungsfunktion ausüben zu können, Vorrang vor sämtlichem nationalen Recht[470]. Wollte nun die EMRK in den nationalen Rechtsordnungen – über ihre völkerrechtliche Bindung hinaus – eine ähnlich starke Stellung einnehmen, müsste ihr im nationalen Recht wenigstens Verfassungsrang zukommen. Erforderlich für eine derartige Stellung der EMRK in der innerstaatlichen Normenhierarchie ist zum einen die Inkorporation der EMRK in die nationale Rechtsordnung, zum anderen ihre Vorrangstellung.

aa. Inkorporation

Wie bereits im 2. Kapitel dieser Arbeit festgestellt, fordert weder das allgemeine Völkerrecht noch die EMRK selbst ihre Inkorporation in die nationalen Rechtsordnungen. Gleichwohl hat die Untersuchung des Inkorporationsverhaltens der Konventionsstaaten gezeigt, dass die Bereitschaft der Staaten, die EMRK in ihr innerstaatliches Recht aufzunehmen, sehr hoch ist. Heute haben fast alle Vertragspartner die EMRK in ihr nationales Recht inkorporiert. Einzig nennenswerte Ausnahme der hier untersuchten Staaten war, wie gesehen, Irland.

bb. Vorrang

Schwachpunkt der Konvention ist aber nicht ihre innerstaatliche Geltung, sondern vielmehr ihr Rang in den nationalen Rechtsordnungen: Nur in Österreich und den Niederlanden kommt der EMRK Verfassungsrang zu. Der Großteil der Staaten räumt ihr einen Rang zwischen einfachen Gesetzen und der Verfassung ein. Darüber hinaus gibt es jedoch auch Staaten, die die EMRK im Rang eines einfachen Gesetzes sehen[471].

In den Ländern, in denen die EMRK Verfassungsrang bzw. den Rang zwischen einfachen Gesetzen und der Verfassung einnimmt, geht die EMRK einfachen Gesetzen vor. Auch im Falle der EMRK im einfachen Gesetzesrang wird meist der Anwendungsvorrang der EMRK vor später erlassenen Gesetzen sicher-

469 Vgl. zur Verfassungsgeschichte Kapitel 3 A dieser Arbeit.

470 Kelsen, Reine Rechtslehre, S. 228ff.; Maurer, Staatsrecht I, § 1, Rn. 36; grundlegend zum Vorrang der Verfassung: Wahl, Der Staat 20 (1981), 485 (485ff.); Jestaedt, Grundrechtsentfaltung im Gesetz, S. 11ff.

471 Vgl. ausführlich zur Problematik der innerstaatlichen Geltung und dem innerstaatlichen Rang mit Nachweisen in Kapitel 2 dieser Arbeit.

gestellt, da die *lex-posterior-Regel* dort weitgehend außer Kraft gesetzt wird[472]. Folglich setzt sich zumindest faktisch die EMRK gegenüber nationalen einfachen Gesetzen meist durch.

Darüber hinaus ist aber auch das Verhältnis der EMRK zu nationalem Verfassungsrecht bedeutend. De iure besteht grundsätzlich kein Vorrang der EMRK vor nationalem Verfassungsrecht: Zwar muss nationales Verfassungsrecht aus Sicht der Konvention mit dieser in Einklang stehen[473]. Jedoch setzt sich das nationale Verfassungsrecht aus innerstaatlicher Sicht gegen entgegenstehendes Konventionsrecht wirksam durch[474]. Um allerdings sich ständig wiederholenden Verurteilungen durch den EGMR zu entgehen, haben die EMRK-Staaten ein eigenes Interesse daran, ihr nationales Verfassungsrecht den Vorgaben der EMRK anzupassen, selbst wenn diese innerstaatlich keine Vorrangstellung vor der Verfassung beanspruchen kann. Von einer Verurteilung durch den EGMR geht damit ein nicht unerheblicher Druck auf die Konventionsstaaten aus. Folglich mag der EMRK de iure kein Vorrang vor nationalem Verfassungsrecht zukommen, de facto setzt sie sich aufgrund der politischen Anpassungsbereitschaft der einzelnen Vertragsstaaten wohl meist gegenüber diesem durch[475].

Aus dem Gesagten folgt, dass zwar der Rang der EMRK wegen der unterschiedlichen Handhabung in den einzelnen Vertragsstaaten eine Schwachstelle der EMRK darstellt. Jedoch hat die EMRK gegenüber einfachen Gesetzen meist de iure eine Vorrangstellung und setzt sich de facto gegenüber nationalem Ver-

---

472 Vgl. beispielsweise die Situation in Deutschland: Das Bundesverfassungsgericht geht hier davon aus, dass deutsche Gesetze regelmäßig so auszulegen seien, dass sie mit den völkerrechtlichen, insbesondere den völkervertraglichen Pflichten der Bundesrepublik Deutschland in Einklang stünden. In diesem Fall gelte das selbst dann, wenn das Gesetz dem Vertrag zeitlich nachfolge und daher nach der *lex-posterior-Regel* eigentlich Vorrang beanspruchen könne. BVerfGE 74, 358 (370); BVerfGE 82, 106 (120).

473 Vgl. ausdrücklich EGMR 30.1.1998, Vereinigte Kommunistische Partei ./. Türkei, RJD 1998-I, § 30.

474 Vgl. Hoffmeister, Der Staat 40 (2001), 349 (362).

475 So steht in dem Fall EGMR 20.5.1999, Rekvényi ./. Ungarn, Application Number 25390/94, RJD 1999-III, Ziff. 49ff. außer Frage, dass Ungarn die Bestimmungen seiner Verfassung der Konvention angepasst hätte, wenn der EGMR in dem Verfahren eine Konventionswidrigkeit festgestellt hätte. Der EGMR überprüfte in diesem Verfahren das Verbot des § 40 B der ungarischen Verfassung für Polizeibeamte, sich parteipolitisch zu engagieren, anhand von Art. 10 EMRK. Der Gerichtshof vertrat aber schließlich die Ansicht, dass ein Widerspruch mit Art. 10 EMRK nicht gegeben sei. Das Urteil im Fall Incal hat in der Türkei tatsächlich zu einer Verfassungsänderung geführt. So schaffte die Türkei nach ihrer Verurteilung den verfassungsrechtlich vorgesehenen Militärrichter ab. Vgl. dazu auch Ress, ZRP 2002, 367 (369).

fassungsrecht durch, so dass grundsätzlich von einem – und sei es auch nur ein faktischer – Vorrang der EMRK vor nationalem Recht ausgegangen werden kann.

d. Zeitliche Unbeschränktheit

Ein Merkmal nationaler Verfassung ist ihre unbeschränkte Geltungsdauer. Da die EMRK von ihren Vertragsstaaten auf unbestimmte Zeit geschlossen wird, trägt sie diesem Grundsatz Rechnung[476].

Schwerwiegender ist dagegen das Kündigungsrecht des Art. 58 EMRK gegen den Willen der anderen Vertragsstaaten zu beurteilen. Dieses entspringt dem völkerrechtlichen Charakter der EMRK und ist in nationalen Verfassungen unbekannt. Erneut ist aber mehr auf die praktische Relevanz dieses Rechts als auf sein faktisches Bestehen abzustellen. Seit Beginn der EMRK gab es lediglich einen einzigen Fall, in dem ein Staat von dem in der EMRK verankerten Kündigungsrecht Gebrauch machte: Am 12. Dezember 1969 kündigte Griechenland nach Einleitung des Ausschlussverfahrens gemäß Art. 8 des Europaratstatuts als Folge des Obristenaufstandes die Konvention. Aber bereits vier Jahre später, im Jahre 1974, trat die neu gewählte demokratische Regierung der EMRK wieder bei, so dass diese Kündigung nicht nur die einzige in der Geschichte der EMRK ist, sie erwies sich zudem als temporär[477]. Darüber hinaus darf der von der Gemeinschaft der Vertragsstaaten ausgehende Druck auf die einzelnen Mitglieder nicht unterschätzt werden. So wurde zwar im Jahre 1995 nach dem Fall *McCann*[478], in dem das Vereinigte Königreich wegen der Erschießung zweier IRA-Terroristen verurteilt wurde, dort laut über eine Kündigung der Konvention nachgedacht. Jedoch wuchs der Druck der eigenen Bevölkerung und der anderen Vertragsstaaten derart, dass ein Austritt letztlich nicht ernsthaft in Betracht gezogen werden konnte. Ferner ist die Mitgliedschaft im Europarat seit 1990 an den Beitritt zur EMRK geknüpft[479]. Mit Kündigung der EMRK ginge folglich auch die Mitgliedschaft im Europarat verlustig[480], so dass auch dadurch eine Hemmschwelle der Staaten zum Austritt besteht.

Wie vorangehend festgestellt, scheinen sich die EMRK-Staaten umfassend und zeitlich unbeschränkt an diese binden zu wollen. Die Möglichkeit der Kün-

---

476 Frowein/Peukert, EMRK, Art. 25, Rn. 47.

477 Grabenwarter, EMRK, S. 3; Meyer-Ladewig, EMRK, Art. 58.

478 EGMR 27.9.1995, McCann ./. U.K., A 324: Verletzung des Rechts auf Leben nach Art. 2; vgl. auch Grabenwarter/Thienel – Kneihs, Kontinuität und Wandel der EMRK, S. 21 (29).

479 Vgl. Art. 3 der Satzung des Europarates.

480 Vgl. etwa die Regelung des Art. 8 der Satzung des Europarates.

digung der Konvention gemäß Art. 58 EMRK steht der Begrenzungsfunktion demzufolge nicht entgegen.

e. Zwischenergebnis

In Bezug auf die Begrenzungsfunktion der EMRK bestehen also mehrfach Bedenken: Ihre teilweise durchbrochene Rechtsbindung, der oft de iure fehlende Vorrang der EMRK in den nationalen Rechtsordnungen und das Kündigungsrecht der Vertragsstaaten. Obwohl diesen Schwachstellen der EMRK nur durch einen Hinweis auf ihre tatsächliche Wirkung entgegengetreten werden kann, erfüllt die Konvention vollumfassend die verfassungsrechtliche Begrenzungsfunktion: Sie begrenzt effektiv die Ausübung der hoheitlichen Macht, indem sie ihren Rechtsunterworfenen einen einer nationalen Verfassung vergleichbaren umfassenden Schutzumfang bietet, für den nur sehr wenige Ausnahmen gelten[481].

4. Integration

Eine Verfassung ist nicht nur konstituierende und legitimierende Grundlage der Herrschaftsgewalt und der politischen Ordnung. In neuer Zeit wird sie auch als Wertgrundlage und Werteordnung einer Gesellschaft verstanden. Sie wird damit zum Faktor der gesellschaftlich-sozialen Integration, d.h. zum Motor einer ständigen gesellschaftlichen Einheitsbildung. Eine Einordnung der EMRK als europäische Verfassung ist folglich nur sinnvoll, wenn sie durch ihre Inhalte eine europäische Werteordnung schaffen und gleichzeitig die Identifikation des Einzelnen mit diesem Europa erleichtern würde.

a. Verwirklichung der Integrationsfunktion im Rahmen der Europäischen Union

In Bezug auf die EU ist der Gedanke nicht neu, dass die europäischen Gemeinschaftsverträge gewissermaßen die Verfassung der EU darstellen, so dass diese schon längst über konstitutionelle Elemente verfügt[482].

---

481 Ebenso Hoffmeister, Der Staat 40 (2001), 349 (362).

482 Bogdandy – Bogdandy, Die Europäische Option, S. 97 (101ff.); Zuleeg, BB 1994, 581 (581ff.); Oppermann, Europarecht, Rn. 475; Iglesias, EuGRZ 1996, 125 (125); Pernice, DVBl. 2000, 847 (848); Steinberg, ZRP 1999, 365 (365); Schwarze, DVBl. 1999, 1677 (1680); Lhotta/Oebbecke/Reh – Morlok, Deutsche und europäische Verfassungsgeschichte, S. 113 (114); Grimm, JZ 1995, 581 (581); Schwarze – Häberle, Verfassungsrecht und Verfassungsgerichtsbarkeit im Zeichen Europas, S. 11 (17f.); Heintzen, EuR 1997, 1 (2); Hohloch – Hatje, Wege zum europäischen Recht, S. 73 (73); Oeter, ZaöRV 59 (1999), 901 (902); Pernice, JZ 2000, 866 (867);

Zudem wurden in der Vergangenheit diese bisherigen vertraglichen Grundlagen in zunehmendem Maße im Hinblick auf die Entwicklung der EU als unzureichend empfunden[483], so dass darüber hinaus eine inhaltliche Reform des materiellen europäischen Verfassungsrechts mit dem Endziel angestrebt wurde, für die EU einen Verfassungsvertrag zu entwickeln[484]. Die Diskussion um einen europäische Verfassungsvertrag hatte zunächst durch die auf dem Gipfel der Staats- und Regierungschefs von Nizza am 7. Dezember 2000 vom Europäischen Rat gebilligte und vom Europäischen Parlament, dem Rat und der Kommission feierlich proklamierte EU-Grundrechtecharta[485] eine neue Dynamik erfahren. Allerdings folgte aufgrund des Scheiterns der Verabschiedung eines endgültigen Verfassungsvertragstextes im Dezember 2003 eine Stagnation der Entwicklung. Inzwischen ist zwar die Verabschiedung des endgültigen Vertragstextes gelungen[486]. Am 29. Oktober 2004 wurde der Verfassungsvertrag von sämtlichen Mitgliedstaaten der EU und den drei Beitrittskandidaten Türkei, Bulgarien und Rumänien unterzeichnet. Damit schien die EU auf dem Weg zu einer eigenen Verfassung gewesen zu sein. Jedoch scheint dieses Ziel nun durch die Ablehnung des Verfassungsvertrages durch das französische und niederländische Volk wieder in weite Ferne gerückt zu sein[487].

Aber nichtsdestotrotz stellt die EU bereits eine Gemeinschaft mit konstitutionellen Elementen dar, die es Dank gewisser Inhalte leicht machen, von einer „europäischen Identität" zu reden.

Dieser Identität Europas helfen zunächst die gemeinsamen Institutionen wie die Unionsbürgerschaft[488], die Europäische Zentralbank oder die europäischen Symbole, wie z.B. die europäische Flagge oder Hymne. Darüber hinaus geben vor allen Dingen die Vertragstexte selbst Aufschluss über das Maß der europäi-

---

Hobe, EuR 2003, 1 (1ff.). Eine Gegenmeinung lehnt dies entschieden ab. Dabei wird nicht nur das Vorhandensein konstitutioneller Elemente abgelehnt, sondern es wird darüber hinaus gehend bezweifelt, dass die EU verfassungsfähig ist: vgl. u.a. Koenig, DÖV 1998, 268 (268ff.); Koenig, NVwZ 1996, 549 (549ff.).

483 Grimm, JZ 1995, 581 (581).

484 Zur europäischen Verfassungsfrage: Pernice, Festschrift für Steinberger, S. 1319 (1319ff.); Oppermann, DVBl. 2003, 1165 (1165ff.); Vgl. den Überblick bei Hertel, JöR 48 (2000), 233 (233ff.); Hobe, EuR 2003, 1 (1ff.).

485 ABl. 2000, Nr. C 364. Im einzelnen u.a.: Pernice, DVBl. 2000, 847 (847ff.); Weber, NJW 2000, 537 (537ff.).

486 Abrufbar unter http://ue.eu.int/igcpdf/de/04/cg00/cg00087-re01co02.de04.pdf. Dazu ausführlich Schwarze (Hrsg.), Der Verfassungsentwurf des Europäischen Konvents, Baden-Baden, 2004.

487 Geerlings, DVBl. 2006, S. 129 (129ff.).

488 Huber, VVDStRL 60 (2001), 194 (208).

schen Integration[489]: In Art. 6 Abs. 1 und 2 EUV[490] wird darauf verwiesen, dass *„die Union auf den Grundsätzen der Freiheit, der Demokratie, der Achtung der Menschenrechte und Grundfreiheiten sowie der Rechtsstaatlichkeit*" basiert. Diese Grundsätze sind dabei *„allen Mitgliedstaaten gemeinsam*". Ferner legt Art. 151 EGV fest, dass Aufgabe der Gemeinschaften auch die *„Hervorhebung des gemeinsamen kulturellen Erbes*" ist. Auch in der Präambel der EU-Grundrechtecharta findet sich ganz aktuell ein Hinweis auf die Identität Europas. In ihr werden die allen Mitgliedstaaten gemeinsamen Grundwerte vorgestellt. Sie bezieht sich auf das „geistig-religiöse" Erbe der *„Union Europas*", *„auf die unteilbaren und universellen Werte der Würde der Menschen, der Freiheit, der Gleichheit und Solidarität*".

b. Verwirklichung der Integrationsfunktion im Rahmen der EMRK

aa. Integrationspolitische Bedeutung für den Europarat

Schwieriger erscheint es dagegen, im Rahmen des Europarates die Integrationsfunktion durch die EMRK verwirklicht zu sehen. Zwar haben viele europäische Verfassungen und darunter auch Verfassungen der Staaten, die Mitglieder des Europarates, nicht aber der EU sind, auf der einen Seite Öffnungs- und Kooperationsklausel mit der Zielrichtung Europa (vgl. Art. 90 der Verfassung Polens[491], Präambel der tschechischen Verfassung von 1992, Präambel der Verfassung der Russischen Föderation: *„[.....] im Bewusstsein, Teil der Weltgemeinschaft zu sein*")[492]. Jedoch halten diese nationalen Verfassungen genauso an ihrer *„natio-*

---

489 Ebenso Häberle, DVBl. 2000, 840 (841).

490 Vitzthum, EuR 2002, 1 (7).

491 Art. 90 Abs. 1 der polnischen Verfassung: *„The Republic of Poland may, by virtue of international agreements, delegate to an international organization or international institution the competence of organs of State authority in relation to certain matters."*
Abs. 2: *„A statute, granting consent for ratification of an international agreement referred to in para. 1, shall be passed by the Sejm by a two-thirds majority vote in the presence of at least half of the statutory number of Deputies, and by the Senate by a two-thirds majority vote in the presence of at least half of the statutory number of Senators."*
Abs. 3: *„Granting of consent for ratification of such agreement may also be passed by a nationwide referendum in accordance with the provisions of Article 125."*
Abs. 4: *„Any resolution in respect of the choice of procedure for granting consent to ratification shall be taken by the Sejm by an absolute majority vote taken in the presence of at least half of the statutory number of Deputies."*

492 Vgl. dazu Schwarze – Häberle, Verfassungsrecht und Verfassungsgerichtsbarkeit im Zeichen Europas, S. 11 (18f.).

nalen Identität" und ihrem „*nationalen Erbe*" fest. So verweist etwa Art. 6 Abs. 2 der polnischen Verfassung[493] auf das „*nationale Kulturerbe Polens*" oder die Präambel der Russischen Föderation „*auf die historisch entstandene staatliche Einheit*".

Zwei Erwägungen lassen aber dennoch auf die Verwirklichung der Integrationsfunktion für das Europa des Europarates durch die EMRK schließen. Zum einen haben die Konventionsstaaten zugunsten der EMRK einen wesentlichen Teil ihrer klassischen staatlichen Souveränität preisgegeben, indem sie die EMRK in ihr nationales Recht inkorporierten, ihr zum Teil eine hochrangige Stellung in ihrer nationalen Rechtsordnung einräumten[494] und indem sie die Gerichtsbarkeit des EGMR anerkannten[495]. Zum anderen verweisen sowohl die Präambel der EMRK wie auch die Präambel und Art. 1 der Satzung des Europarates auf die „*unerschütterliche Verbundenheit mit den geistigen und sittlichen Werten, die das gemeinsame Erbe [der] Völker sind*".

bb. Integrationspolitische Bedeutung für die Europäische Union

Zu beachten ist darüber hinaus, dass die EMRK eine integrationspolitische Bedeutung für das Recht der Europäischen Union besitzt.

Die Achtung der EMRK wird heute nicht nur durch den EuGH in seiner Rechtsprechung praktiziert[496], sondern ist des weiteren seit 1993 in Art. 6 Abs. 2 EUV (ex. Art. F EUV) vertraglich sichtbar festgeschrieben. Damit wird die EMRK, unter Beachtung der EGMR-Rechtsprechung, genauso wie die nationalen Grundrechte zur Ermittlung der Gemeinschaftsgrundrechte herangezogen und ist als Rechterkenntnisquelle anerkannt[497]. Der Rückgriff auf die Gewährleistungen der EMRK hat dabei durchaus legitimatorische Gründe[498]: So fehlte bzw. fehlt –

---

493 Art. 6 Abs. 2 der polnischen Verfassung: „*The Republic of Poland shall provide assistance to Poles living abroad to maintain their links with the national cultural heritage.*"

494 So hat die EMRK sowohl in der Russische Föderation als auch in Polen Übergesetzesrang. Vgl. ausführlich dazu Kapitel 2 C dieser Arbeit.

495 Im Ergebnis: Weber, NJW 2000, 537 (537ff.); Pernice, DVBl. 2000, 847 (847ff.).

496 Hilf, Festschrift für Bernhardt, S. 1194 (1194ff.); Warnken, Das Verhältnis der EG zur EMRK, S. 63ff.; Strasser, Grundrechtsschutz in Europa, S. 67ff.; Iglesias, Festschrift für Bernhardt, S. 1269 (1271ff.); Pernice, NJW 1990, 2409 (2409ff.); Lenz, EuGRZ 1993, 585 (585ff.); Alber/Widmaier, EuGRZ 2000, 497 (502ff.).

497 Groeben/Thiesing/Ehlermann – Beutler, Kommentar zum EU-/EG-Vertrag, Art. F, Rn. 27; Bernhardt, Festschrift für Everling, S.103 (103ff.); Molthagen, Das Verhältnis der EU-Grundrechte zur EMRK, S. 59ff. Vergleich dazu ausführlich Kapitel 4 A I dieser Arbeit.

498 Vgl. auch Kälin, Festschrift für Schindler, S. 529 (537).

denkt man an die Unverbindlichkeit der Charta der Grundrechte der EU – dem Unionsrecht auf der einen Seite ein geschriebener Grundrechtskatalog. Auf der anderen Seite ist mit zunehmender Übertragung von nationaler Hoheitsgewalt auf die Union aber ein grundrechtlicher Schutz zunehmend erforderlich.

Ferner wird nicht erst seit dem Vertrag von Maastricht[499] versucht, die EU auch auf das Ziel der politischen Integration festzulegen: In ganz zentralen Bereichen soll die EU damit heute bereits mehr sein als nur ein gemeinsamer Markt oder eine Freihandelszone. Sie stellt vielmehr schon eine Wertegemeinschaft dar. Dabei spielen nicht zuletzt die Menschenrechte eine wichtige Rolle. So verweist etwa die Präambel des Maastricht-Vertrages darauf, dass Ziel ist, unter besonderer Beachtung der Menschenrechte und Grundfreiheiten „*den mit der Gründung der Europäischen Gemeinschaften eingeleiteten Prozess der europäischen Integration auf eine neue Stufe zu heben*“.

Somit hat die EMRK im Recht der EU eine besondere Stellung erlangt und trägt auf diese Weise zu einer Integration im Rahmen der Europäischen Union bei[500].

c. Zwischenergebnis

Den kulturellen, linguistischen und geographischen Unterschieden zum Trotz entwickelt sich damit auch im Europa des Europarates eine immer engere Verbindung seiner Mitgliedstaaten[501]. Die Identität findet ihren Ausdruck in dem Schutz der überragenden Gemeinschaftsgüter: dem der Freiheit, der Demokratie, der Rechtsstaatlichkeit und vor allen Dingen dem der Menschenrechte. Der Schutz dieser Gemeinschaftsgüter ist in der EMRK gewährleistet, so dass diese folgerichtig zum Motor dieser Integrationsbewegung wird.

5. Entlastung

Schließlich nimmt eine Verfassung eine Entlastungsfunktion wahr. Dies umfasst zum einen die Entlastung der Politik von gewissen Streitfragen, indem sie diese

---

499 Vgl auch schon die Präambel der Einheitlichen Europäische Akte, die ebenfalls die Entschlossenheit der EG-Staaten betont, „ *gemeinsam für die Demokratie einzutreten, wobei sie sich auf die in den Verfassungen und Gesetzen der Mitgliedstaaten, in der Europäischen Konvention zum Schutze der Menschenrechte und Grundfreiheiten und der Sozialcharta anerkannten Grundrechte [....] stützen*“.

500 So auch Kälin, Festschrift für Schindler, S. 529 (537).

501 Ebenso Bogdandy – Bogdandy, Die Europäische Option, S. 97 (99), der jedoch davon ausgeht, dass der Europarat es letztlich nicht vermocht hat, eine konkrete Alternative zum Ordnungsmodell des souveränen Nationalstaates zu entwickeln.

aus den politischen Auseinandersetzungen herausnimmt[502] und zum anderen die Strukturierung politischer Abläufe, welches eine Stabilität der Politik erreicht und diese von einer ständigen Diskussion über Ziele und Verfahren der Einheitsbildung entlastet[503].

Indem die EMRK in ihrem Art. 9 die Religionsfreiheit verankert und der Gerichtshof in diesem Zusammenhang ausgeführt hat, dass der Staat die Rolle eines neutralen Organisators der Bedingungen für die Möglichkeit einer Wahrnehmung der Religionsfreiheit wahrnehmen solle[504], wird diese Streitfrage aus der politischen Diskussion herausgenommen, mithin von ihr entlastet.

Dadurch, dass die EMRK ein obligatorisches Rechtssystem errichtet, welches die einzelnen Hoheitsgewalten der jeweiligen Vertragsstaaten in grundrechtsrelevanten Bereichen überwacht, hat die EMRK zudem dem politischen Ablauf eine Struktur gegeben, an dem sich ihre Rechtsunterworfenen orientieren können. Weiterhin legt die Konvention eine Basis an Grundfreiheiten und Menschenrechten fest und fördert so die europäische Integration. Mit der Strukturierung der politischen Abläufe und Festlegung der Grundfreiheiten und Menschenrechte garantiert die EMRK eine Stabilität und entlastet die Politik von einer ständigen Diskussion über Ziele und Verfahren dieser Einheitsbildung.

---

502 Walter, ZaöRV 59 (1998), 961 (967); Grimm, JZ 1995, 581 (584); Walter, DVBl. 2000, 1 (5).

503 Preuß – Grimm, Zum Begriff der Verfassung, S. 277 (290); Grimm, JZ 1995, 581 (584).

504 Vgl. z.B. EGMR 26.10.2000, Hasan und Chaush ./. Bulgarien, Application Number 30985/96, RJD 2000-XI, Ziff. 78: „*Nevertheless, the Court considers, like the Commission, that facts demonstrating a failure by the authorities to remain neutral in the exercise of their powers in this domain must lead to the conclusion that the State interfered with the believers' freedom to manifest their religion within the meaning of Article 9 of the Convention. It recalls that, but for very exceptional cases, the right to freedom of religion as guaranteed under the Convention excludes any discretion on the part of the State to determine whether religious beliefs or the means used to express such beliefs are legitimate. State action favouring one leader of a divided religious community or undertaken with the purpose of forcing the community to come together under a single leadership against its own wishes would likewise constitute an interference with freedom of religion. In democratic societies the State does not need to take measures to ensure that religious communities are brought under a unified leadership (see Serif, cited above, § 52).*" Insgesamt dazu Kugelmann, EuGRZ 2003, 533 (538f.).

C. Ergebnis

Die Analyse der idealtypischen Verfassungsmerkmale hat gezeigt, dass die EMRK, mit Ausnahme der Etablierung und Legitimation einer Legislative und Exekutive, die wesentlichen Funktionen einer Verfassung einer Rechtsgemeinschaft erfüllt: Sie errichtet ein dem Demokratie- und Rechtsstaatsprinzip verhaftetes umfassendes System zur wirksamen Begrenzung der jeweiligen Hoheitsgewalten, das eine integrierende und entlastende Aufgabe erfüllt, zeitlich unbeschränkt gilt und sich innerstaatlich zumindest de facto gegen widersprechendes Gesetzes- bzw. Verfassungsrecht durchsetzt.

Da die EMRK aber nicht alle Verfassungsfunktionen in sich vereinigt, das Zusammenspiel der von ihr erfüllten Funktionen aber dennoch bereits wesentlich ist, kann sie zwar nicht als eine vollumfassende, jedoch schon als eine „europäische Teilverfassung“[505] betrachtet werden. Der von ihr erfüllte „Teil“ bezieht sich dabei nur auf die Bindung der staatlichen Macht durch die Instrumente der Grundrechte. Aus diesem Grund soll sie in der vorliegenden Arbeit noch spezifischer als „europäische Grundrechtsverfassung“ bezeichnet werden. Das Adjektiv „europäisch“ bezieht sich hierbei, anders als oft im sonstigen Sprachgebrauch, nicht auf das geographische Europa der EU[506], sondern natürlich auf die Grenzen des Wirkungsraumes der EMRK.

505 Ebenso u.a. Grabenwarter, VVDStRL 60 (2001), 290 (293). Kritisch dazu Marenholz, JöR 49 (2001), 15 (21).

506 Vgl. zum Europabegriff auch Schwarze – Häberle, Verfassungsrecht und Verfassungsgerichtsbarkeit im Zeichen Europas, S. 11 (13f.).

4. Kapitel: Die EMRK und die Europäische Union

Die EMRK, wichtigstes völkerrechtliches Instrument zum Schutze der Menschenrechte auf europäischer Ebene, steht nicht beziehungslos neben dem Recht der Europäischen Union (EU)[507]. Vielfältig ergeben sich Anknüpfungspunkte – man denke allein an Art. 6 Abs. 2 EUV – und Verflechtungen zwischen den beiden Rechtskreisen. Aktuelles Beispiel für die Einflussnahme der EMRK auf das Unionsrecht ist die Charta der Grundrechte der EU (GRC), die nicht zuletzt aus dem Erfahrungsschatz der EMRK schöpfte. Aber auch vermittelt über die Mitgliedstaaten der EU, welche allesamt ebenfalls Vertragsstaaten der EMRK sind, erlangt diese Bedeutung für das Recht der Europäischen Union.

Wie weitgehend die EMRK nun aber tatsächlich Einfluss auf das Recht der EU und speziell auf die Grundrechtecharta nimmt und inwieweit sie auf europäischer Ebene einen Impuls zur Konstitutionalisierung gibt, soll im folgenden geklärt werden.

A. Die EMRK und das Recht der Europäischen Union

Aus Sicht der EMRK ergeben sich in Bezug auf das Recht der Europäischen Union verschiedene Fragen. Zunächst stellt sich die Frage nach dem Einfluss, den die Gewährleistungen der EMRK auf die gemeinschaftsrechtlichen Grundrechte nehmen können. Zum anderen drängt sich die Frage nach dem Verhältnis der EU und dem System der Europäischen Menschenrechtskonvention auf: Kann man möglicherweise von einer durch die Mitgliedstaaten vermittelten oder viel-

---

507 Die Europäischen Union wurde durch den am 1. November 1993 in Kraft getretenen Vertrag über die Europäische Union durch die Mitgliedstaaten der drei Europäischen Gemeinschaften (EWG, heutige EG, EAG und EGKS) gegründet. Sie ruht auf fünf Säulen: Dies sind zunächst die bereits erwähnten drei Europäischen Gemeinschaften. Zudem bilden die Gemeinsame Außen- und Sicherheitspolitik und die Zusammenarbeit in den Bereichen Justiz und Inneres, die heutige polizeiliche und justizielle Zusammenarbeit in Strafsachen, die vierte und fünfte Säule (vgl. Art. 1 Abs. 3 EUV). Die Wendungen „Recht der EU", „Unionsrecht" bzw. „Gemeinschaftsrecht" werden in dieser Bearbeitung umfassend verwandt: Umfasst werden die verschiedenen Gründungsverträge, das sonstige Primär- und Sekundärrecht sowie sämtliches Recht der vierten und fünften Säule.

leicht darüber hinausgehend von einer eigenen rechtlichen Bindung der EU bzw. Europäischen Gemeinschaft(en) an die EMRK ausgehen?

I. Achtung der EMRK durch die Europäische Union

1. Rechtsprechung des EuGH

a. Beachtung der EMRK-Grundrechte durch den EuGH

Der Europäische Gerichtshof lehnte es von Anbeginn an ab, die Gültigkeit von Gemeinschaftsrechtsakten am Maßstab nationaler Grundrechte zu überprüfen, da er nationale Vorschriften weder auslegen noch gegenüber dem Gemeinschaftsrecht anwenden kann[508]. Angesichts des so entstehenden Eindrucks mangelnder Grundrechtssensibilität[509], erwähnte er erstmals im Urteil *Stauder*[510] vom 12. November 1969, dass sich ein eigener gemeinschaftsrechtlicher Grundrechtsschutz aus den allgemeinen Rechtsgrundsätzen der Mitgliedstaaten als ungeschriebenes Gemeinschaftsrecht ableiten lasse[511].

Im Urteil zum Fall *Nold*[512] aus dem Jahre 1974 bestätigte der Gerichtshof diese Rechtsprechung erneut. Darüber hinaus erkannte er – wenn auch nur sehr zögerlich und nicht ausdrücklich – an, dass auch die EMRK „Hinweise" geben könne, welche Grundrechte vom EuGH als allgemeine Rechtsgrundsätze zu wahren seien. So führte er aus, dass *„auch die internationalen Verträge über den Schutz der Menschenrechte, an deren Abschluss die Mitgliedstaaten beteiligt waren oder denen sie beigetreten sind[....]„*, Hinweise geben können, *„die im Rahmen des Gemeinschaftsrechts zu berücksichtigen sind."* Dass mit den inter-

508 Der Gerichtshof wies Rügen, die sich auf eine Verletzung nationaler Grundrechte stützen, als unzulässig zurück, ohne überhaupt auf das Grundrechtsproblem einzugehen. So geschehen etwa in EuGH 17.12.1970, Slg. 1970, 1125 (1135) – *Internationale Handelsgesellschaft*; EuGH 15.7.1960, Slg. 1960, 885 (920f.) – *Ruhrkohlen-Verkaufsgesellschaft*. Vgl. Schwarze, EuGRZ 1986, 293 (294); Iglesias, Festschrift für Bernhardt, S. 1269 (1271).

509 Ress/Ukrow, EuZW 1990, 499 (500ff.); Lenz, EuGRZ 1993, 585 (585).

510 EuGH 12.11.1969, Slg. 1969, 419 (425) – *Stauder.*

511 Ausführlich zur Entwicklung der Rechtsprechung des EuGH: Hilf, Festschrift für Bernhardt, S. 1194 (1194ff.); Warnken, Das Verhältnis der EG zur EMRK, S. 63ff.; Strasser, Grundrechtsschutz in Europa, S. 67ff.; Iglesias, Festschrift für Bernhardt, S. 1269 (1271ff.); Pernice, NJW 1990, 2409 (2409ff.); Lenz, EuGRZ 1993, 585 (585ff.); Alber/Widmaier, EuGRZ 2000, 497 (502ff.).

512 EuGH 14.5.1974, Slg. 1974, 491 (491ff.), abgedruckt in EuGRZ 1974, 3 (3ff.) – *Nold ./. Kommission.*

nationalen Verträgen zum Schutze der Menschenrechte vornehmlich die EMRK gemeint war, bestätigte der Gerichtshof in seiner weiteren Rechtsprechung immer wieder[513]. Es ist kein Zufall, dass diese Spruchpraxis des EuGH im Jahre 1974 ihren Anfang nahm. In diesem Jahr ratifizierte Frankreich als letzter der damaligen Mitgliedstaaten der Europäischen Gemeinschaften die EMRK[514].

In den darauffolgenden Jahren bezog der EuGH die EMRK immer stärker in seine Entscheidungsfindung ein: 1975 sprach der Gerichtshof im Urteil *Rutili*[515] von der Ausprägung eines allgemeinen Grundsatzes, der in der EMRK verankert sei. Im Urteil *Johnston*[516] erwähnte er die EMRK bereits ausdrücklich, wenn auch wieder mit zögernden Zusatz, dass nur *„ihre leitenden Grundsätze"* im Rahmen des Gemeinschaftsrechts zu berücksichtigen seien. Dagegen findet man im Urteil zum Fall *Wachauf*[517] aus dem Jahre 1989 erstmalig eine ausdrückliche Bezugnahme auf die EMRK. Dort führte der Gerichtshof aus, dass in der Europäischen Gemeinschaft keine Maßnahmen rechtens sein können, die mit den in der EMRK anerkannten und gewährleisteten Menschenrechten unvereinbar seien[518].

Das Urteil des Gerichts Erster Instanz (EuG) *X gegen die Kommission*[519] vom 14. April 1994 ging über die oben dargestellte Rechtsprechung des EuGH noch hinaus, da dort die EMRK direkt in die Entscheidungsfindung miteinbezogen wurde: Ein HIV-infizierter Bewerber war mangels körperlicher Eignung von der Kommission nicht eingestellt worden. Streitige Frage war u.a., ob der Kläger durch die ärztliche Einstellungsuntersuchung in seinem Grundrecht aus Art. 8 EMRK auf Achtung des Privatlebens verletzt worden sei. Das Gericht Erster Instanz bezog sich auf die bisherige Rechtsprechung des EuGH und erstmals auf Art. F Abs. 2 EUV, den heutigen Art. 6 Abs. 2 EUV. Es stellte fest, dass in keiner Weise gegen das in Art. 8 EMRK verankerte Recht auf Achtung des Privatlebens verstoßen worden sei, das sich aus den Verfassungstraditionen der Mitgliedstaaten herleite[520]. Damit wurde die EMRK also unmittelbar in die Entschei-

513 So etwa im Fall *Johnston*: EuGH, 15.5.1986, Slg. 1986, 1651 (1651ff.).

514 Groeben/Thiesing/Ehlermann – Beutler, Kommentar zum EU-/EG-Vertrag, Art. F EUV, Rn. 69; Lenz, EuGRZ 1993, 585 (586.).

515 EuGH 28.10.1975, Slg. 1975, 1219, Rn. 32 – *Rutili.*

516 EuGH 15.5.1986, Slg. 1986, 1651(1651ff.) – *Johnston.*

517 EuGH 13.7.1989, Slg. 1989, 2609 (2609ff.) – *Wachauf.*

518 EuGH 13.7.1989, Slg. 1989, 2609 (2639) – *Wachauf.*

519 EuG 18.9.1992, Slg. 1992, II-2195 (2195ff.) – *X ./. Kommission*; EuGH 5.10.1994, Rs. C-404/92 P, Slg. 1994, I-4737 (4737ff.), abgedruckt in NJW 1994, 3005 (3005ff.) – *X ./. Kommission.*

520 EuG 18.9.1992, Slg. 1992, II-2195 (2195ff.) – *X ./. Kommission*; EuGH 5.10.1994, Rs. C-404/92, Slg. 1994, I-4737 (4737ff.), abgedruckt in NJW 1994, 3005 (3006/ Ziff. 17) – *X ./. Kommission.*

dungsfindung miteinbezogen. Jedoch setzte sich diese Vorgehensweise in der Rechtsprechung des EuGH nicht durch[521].

b. Beachtung der Rechtsprechung des EGMR durch den EuGH

In den Urteilen *Orkem*[522] und *Hoechst*[523] schließlich bezog sich der EuGH sogar auf die Spruchpraxis der Organe der EMRK, um eine Entscheidungskonkordanz sicherzustellen, und erkannte sie so als eigene Erkenntnisquelle an[524]. Auch das Urteil des EuGH *Familiapress*[525] weist in diese Richtung. Dort berief sich der EuGH ausdrücklich auf das in dem Fall maßgebliche Urteil *Informationsverein Lentia*[526] des EGMR. Dies ist damit eine weitere Entscheidung des EuGH, in welcher explizit und positiv ein Urteil des EGMR zitiert und diesem unmittelbar gefolgt wurde[527]. Der EuGH beachtet die Urteile des EGMR demzufolge vollinhaltlich und ihre Bedeutung ist über die einer reinen Auslegungshilfe bereits hinausgewachsen[528].

2. Regelung des Art. 6 Abs. 2 EUV

Bestätigt wird diese Rechtsprechung des EuGH seit 1993 durch den Vertrag von Maastricht[529]. Nach dessen Art. 6 Abs. 1 (ex Art. F Abs. 1) beruht die Union auf den *„Grundsätzen der Freiheit, der Demokratie, der Achtung der Menschen-*

521 Siehe dazu auch Grabenwarter/Pabel, Grundrechtsschutz in der Rechtsprechung des EuGH und des EGMR, S. 3.

522 EuGH 18.10.1989, Slg. 1989, 3283 (3283ff.) – *Orkem.*

523 EuGH 12.9.1989, Slg. 1989, 2859 (2859ff.) – *Hoechst.*

524 Vgl. auch aus neuerer Zeit: EuGH 28.3.2000, Slg. 2000, I-1935 (1935ff.), abgedruckt in EuGRZ 2000, 160 (162/Ziff. 39f.) – *Krombach*; Eifler, JuS 1999, 1068 (1072); Iglesias, Festschrift für Bernhardt, S. 1269 (1275); Alber/Widmaier, EuGRZ 2000, 497 (502).

525 EuGH 16.6.1997, I-3689, abgedruckt in EuGRZ 1997, 344 (345/Ziff. 26) – *Familiapress.*

526 EGMR 24.11.1993, Informationsverein Lentia ./. Österreich, A 276 = EuGRZ 1994, 549 (549ff.).

527 Ebenso Kühling, EuGRZ 1997, 296 (297).

528 So auch Alber/Widmaier, EuGRZ 2000, 497 (505); m.w.N. Blanke, Der Grundrechtsschutz des Europäischen Gerichtshofs in Luxemburg, S. 4.

529 Ebenso Alber, EuGRZ 2001, 349 (349); Eifler, JuS 1999, 1068 (1069); Zuleeg, EuGRZ 2000, 511 (511); Hilf, Festschrift für Bernhardt, S. 1193 (1196); Groben/Thiesing/Ehlermann – Beutler, Kommentar zum EU-/EG-Vertrag, Art. F EUV, Rn. 27; Grabitz/Hilf – Pernice/Mayer, Kommentar zur EU, nach Art. 6 EUV, Rn. 2; Pernice, Festschrift für Steinberger, S. 1319 (1334); Grabenwarter, VVDStRL 60 (2001), 290 (325).

rechte und Grundfreiheiten sowie der Rechtsstaatlichkeit; diese Grundsätze sind allen Mitgliedstaaten gemeinsam". Art. 6 Abs. 2 EUV spezifiziert weiter, dass die Union die Grundrechte, wie sie in der EMRK gewährleistet sind und wie sie sich aus den gemeinsamen Verfassungsüberlieferungen der Mitgliedstaaten entsprechend der vom EuGH entwickelten Formel (Grundrechte als allgemeine Rechtsgrundsätze) ergeben, achtet[530]. Nicht nur der Begriff der Grundrechte taucht damit erstmals im Text der Verträge auf. Es wird auch zum erstenmal die Achtung der EMRK im gesamten Tätigkeitsfeld der EU festgelegt. Dabei richtet sich dieser Grundrechtsschutz nicht nur gegen die EU, sondern auch gegen die Europäischen Gemeinschaften als Bestandteile der EU (Art. 1 Abs. 3 EUV) sowie gegen deren Organe (Art. 46 lit. d EUV).

a. Verhältnis der EMRK zu den Verfassungsüberlieferung der EU-Mitgliedstaaten

Nach dem Wortlaut des Art. 6 Abs. 2 EUV achtet die Union *„die Grundrechte, wie sie in der am 4. November 1950 in Rom unterzeichneten Europäischen Konvention zum Schutze der Menschenrechte und Grundfreiheiten gewährleistet sind und wie sie sich aus den gemeinsamen Verfassungsüberlieferungen der Mitgliedstaaten als allgemeine Grundsätze des Gemeinschaftsrechts ergeben"*. Die Struktur der Norm wirft damit die Frage auf, in welchem Verhältnis die beiden Rechtserkenntnisquellen – die EMRK und die Verfassungsüberlieferungen der Mitgliedstaaten – zueinander stehen.

Die EMRK stellt auf europäischer Ebene einen grundrechtlichen Mindeststandard dar, zu dem sich jeder EU-Mitgliedstaat verpflichtet hat[531]. Die nationalen Verfassungsüberlieferungen bestätigen diesen zusätzlich, denn die EMRK ist ihrerseits wiederum Ausdruck der Verfassungsüberlieferungen ihrer Vertragsstaaten[532]. Insoweit genügt zur Entwicklung der gemeinschaftsrechtlichen Grundrechtsgehalte weitestgehend ein Rückgriff auf die EMRK[533]. Bedeutung erlangen die nationalen Grundrechte in Gestalt der Verfassungsüberlieferungen an sich nur noch dort, wo die EMRK keine derartigen Gewährleistungen enthält. Erst dann,

---

530 Grabitz/Hilf – Pernice/Mayer, Kommentar zur EU, nach Art. 6 EUV, Rn. 2.

531 Calliess/Ruffert – Kingreen, Kommentar zum EU-/EG-Vertrag, Art. 6 EUV, Rn. 42.

532 Vgl. die Präambel der EMRK: *„[....] Entschlossen, als Regierungen europäischer Staaten, die vom gleichen Geist beseelt sind und ein gemeinsames Erbe an politischen Überlieferungen, Idealen, Achtung der Freiheit und Rechtsstaatlichkeit besitzen [....]„*.

533 Im Ergebnis ebenso Grabenwarter/Pabel, Grundrechtsschutz in der Rechtsprechung des EuGH und des EGMR, S.

wenn die EMRK „schweigt“ bzw. lediglich einen weniger umfassenden Schutz gewährleistet, wird der Inhalt eines Gemeinschaftsgrundrechts im Rückgriff auf die nationalen Verfassungen ermittelt[534].

Der Rückgriff auf die Gewährleistungen der EMRK hat daneben auch ganz pragmatische Gründe. Wird ein Gemeinschaftsgrundrecht an Hand der Vorgaben der EMRK ermittelt, erspart dies weitestgehend den umständlicheren Vorgang der wertenden Rechtsvergleichung[535], ohne dass jedoch die nationalen Verfassungsüberlieferungen dabei außer Acht gelassen würden, beruht die EMRK doch wiederum auf diesen.

b. Der von Art. 6 Abs. 2 EUV erfasste Grundrechtsbestand der EMRK

Stellt man die Frage nach dem durch Art. 6 Abs. 2 EUV erfassten Grundrechtsbestand[536] der EMRK, lenkt dies den Blick auf die in den Zusatzprotokollen enthaltenen materiellen Gewährleistungen. Dass die Art. 1 bis 14 EMRK selbst von Art. 6 Abs. 2 EUV erfasst werden, steht dagegen außer Zweifel[537].

Die Formulierung des Art. 6 Abs. 2 EUV lässt die Vermutung zu, dass auch die Rechte der Zusatzprotokolle solche der EMRK und somit auch Rechtserkenntnisquelle des Unionsrechts sind[538]. Aus der Perspektive der EMRK verdeutlicht dies beispielsweise Art. 5 des ersten und Art. 6 des sechsten Zusatzprotokolls, die in Bezug auf ihre Gewährleistungen „von Zusatzartikeln“ sprechen und ferner die entsprechende Anwendung der Konvention anordnen.

Fraglich ist jedoch, ob der Verweis des Art. 6 Abs. 2 EUV nur für die Zusatzprotokolle gilt, die von sämtlichen EU-Mitgliedstaaten ratifiziert wurden, mithin lediglich das erste und das sechste Zusatzprotokoll, oder ob auch Zusatz-

534 Vgl. etwa EuGH 28.4.198, Slg. 1998, I-1971 (1971ff.) – *Metronom Musik GmbH.* Darstellung bei Calliess/Ruffert – Kingreen, Kommentar zum EU-/EG-Vertrag, Art. 6 EUV, Rn. 38/zustimmend Rn. 42; Kühling, EuGRZ 1997, 296 (297). Es gibt allerdings auch die gegenteilige Auffassung, die den nationalen Verfassungsüberlieferungen größere Bedeutung als der EMRK beimisst, *„da hier die Mitgliedstaaten über die innerstaatliche Grundrechtsverbürgungen Einfluss auf die Fortentwicklung der Gemeinschaftsgrundrechte nehmen“*. Vgl. m.w.N. Calliess/Ruffert – Kingreen, Kommentar zum EU-/EG-Vertrag, Art. 6 EUV, Rn. 42.

535 Vgl. zur wertenden Rechtsvergleichung Calliess/Ruffert – Kingreen, Kommentar zum EU-/EG-Vertrag, Art. 6 EUV, Rn. 39f.

536 Aus dem Begriff der „Grundrechte“, wie er in Art. 6 Abs. 2 EUV verwandt wird, ergibt sich, dass das Verfahrens- und Organisationsrecht der EMRK nicht gemeint ist.

537 Grabenwarter, VVDStRL 60 (2001), 290 (328).

538 Im Ergebnis ebenso Warnken, Das Verhältnis der EG zur EMRK, S. 63; Grabenwarter, VVDStRL 60 (2001), 290 (328); Molthagen, Das Verhältnis der EU-Grundrechte zur EMRK, S. 82.

protokolle, die noch nicht von allen Mitgliedstaaten ratifiziert wurden, erfasst werden.

aa. Verweis des Art. 6 Abs. 2 EUV auf die „Europäische Konvention zum Schutze der Menschenrechte und Grundfreiheiten"

Der allgemein gehaltene Verweis des Art. 6 Abs. 2 EUV auf die „*Europäische Konvention zum Schutze der Menschenrechte und Grundfreiheiten*" gibt keinen Aufschluss darüber, ob auf sämtliche Zusatzprotokolle zur EMRK oder nur auf solche, die von allen EU-Mitgliedstaaten ratifiziert wurden, verwiesen werden soll.

Gegen eine alle Zusatzprotokolle umfassende Bedeutung des Verweises spricht aus Sicht der EMRK, dass nicht von allen Staaten ratifizierte Zusatzprotokolle für diejenigen Staaten, die sie nicht ratifiziert haben, keine Ergänzung der EMRK darstellen. Diese Zusatzprotokolle müssen demnach nicht zwingend unter den Begriff der EMRK gefasst werden. Darüber hinaus würde durch eine derartige Ausdehnung des Begriffes die bewusste Entscheidung der einzelnen Mitgliedstaaten, ein Zusatzprotokoll nicht zu ratifizieren, unterwandert.

Dies wird zudem durch die unionsrechtliche Praxis untermauert. In dieser wird ausschließlich auf das erste und das sechste Zusatzprotokoll Bezug genommen. So entnahm der EuGH im Fall *Hauer*[539] einem Vergleich der Verfassungsbestimmungen der Mitgliedstaaten in Verbindung mit dem ersten Zusatzprotokoll die Eigentumsgarantie[540]. Zum anderen macht z.B. in der Erklärung Nr. 1 der Regierungskonferenz anlässlich der Ratifikation des Vertrages von Amsterdam die Konferenz unter Bezugnahme auf Art. 6 Abs. 2 EUV darauf aufmerksam, dass das 6. Zusatzprotokoll die Abschaffung der Todesstrafe vorsieht[541].

Folglich werden von dem Verweis des Art. 6 Abs. 2 EUV auf die EMRK nur die von allen EU-Mitgliedstaaten ratifizierten Zusatzprotokolle erfasst. Auf Zusatzprotokolle, die für einige Vertragsstaaten keine völkerrechtliche Verbindlichkeit entfalten, wie etwa das vierte bzw. das siebte Protokoll, verweist Art. 6 Abs. 2 EUV dagegen nicht.

---

539 EuGH 13.12.1979, Slg. 1979, 3727 (3744/Rn. 15) – *Hauer*.

540 Vgl. auch Groeben/Thiesing/Ehlermann – Beutler, Kommentar zu EU-/EG-Vertrag, Art. F EUV, Rn. 56.

541 Vgl. Grabenwarter, VVDStRL 60 (2001), 290 (328).

bb. Verweis des Art. 6 Abs. 2 EUV auf die „gemeinsamen Verfassungsüberlieferungen der Mitgliedstaaten"

Zwar nimmt die EMRK in den Rechtsordnungen der Konventionsstaaten nur selten Verfassungsrang ein, so dass sie nur ausnahmsweise nationales Verfassungsrecht im formellen Sinne darstellt. Jedoch haben die EU-Mitgliedstaaten durch die Ratifizierung der Konvention und der Zusatzprotokolle die darin enthaltenen Gewährleistungen – unabhängig ihres innerstaatlichen Rangs – zum Teil ihres materiellen Grundrechtsbestandes, folglich ihrer materiellen Verfassungsüberlieferungen, gemacht[542]. Diesen Gewährleistungen sind sie damit aber auch bei der Übertragung von Hoheitsrechten auf eine supranationale Organisation weiterhin verpflichtet und können sich ihrer dadurch nicht entledigen[543].

Im Rahmen der wertenden Rechtsvergleichung umfasst der Begriff der allgemeinen Rechtsgrundsätze der gemeinsamen (materiellen) Verfassungstraditionen aber nicht nur das, *„was die Mehrheit der Rechtsordnungen übereinstimmend anordnet"*, sondern vielmehr auch das, *„was sich bei einer kritischen Analyse der Lösungen, die sich nach einer rechtsvergleichenden Umschau ergeben, als die beste Lösung darstellt"*[544]. Gesucht wird demnach das, was den optimalsten Grundrechtsschutz bietet. So kann durchaus auch ein nur einigen wenigen Verfassungstraditionen immanentes Grundrecht unter den Begriff der „gemeinsamen Verfassungstraditionen" des Art. 6 Abs. 2 EUV subsumiert werden[545].

Angesicht dieser Überlegungen erscheint es also sinnvoll, zwar eine Ausdehnung des Begriffs der „EMRK" in Art. 6 Abs. 2 EUV auf die von nicht allen EU-Mitgliedstaaten ratifizierten Zusatzprotokolle abzulehnen. Jedoch sind die betreffenden Zusatzprotokolle durch Ratifikation der jeweiligen Mitgliedstaaten Teil deren Verfassungsüberlieferungen geworden, so dass es geboten ist, sie von dem Verweis des Art. 6 Abs. 2 EUV auf die Verfassungsüberlieferungen der Mitgliedstaaten erfasst zu sehen[546]. Die Gemeinschaftsgerichte können demnach bei der Berücksichtigung dieser Protokolle zwar zurückhaltender sein als bei den von sämtlichen Mitgliedstaaten ratifizierten Zusatzprotokollen[547]. Sie dürfen sie je-

542 Zur Differenzierung zwischen materiellen und formellen Verfassungsrechts s. Kapitel 3 A II.

543 Vgl. u.a. EGMR 18.2.1999, Application Number 24833/94 – *Matthews ./. Vereinigtes Königreich*. Ausführlich dazu: Winkler, EuGRZ 2001, 18 (18ff.).

544 Calliess/Ruffert – Kingreen, Kommentar zum EU-/EG-Vertrag, Art. 6 EUV, Rn. 39; Pauly, EuR 1998, 242 (254).

545 Calliess/Ruffert – Kingreen, Kommentar zum EU-/EG-Vertrag, Art. 6 EUV, Rn. 39.

546 So auch Grabenwarter, VVDStRL 60 (2001), 290 (328).

547 Grabitz/Hilf – Hilf, Kommentar zur EU, Art. F EUV, Rn. 33.

doch nicht gänzlich ignorieren[548]. Darüber hinaus kommt den Bestimmungen dieser Zusatzprotokolle auch Indizwirkung für das Bestehen gemeinsamer Werte im Sinne des Art. 6 Abs. 1 EUV zu, da sie trotz fehlender Ratifikation durch einige der Mitgliedstaaten Zusätze zur Konvention darstellen, welche gemäß ihrer Präambel und des Statuts des Europarates ebenso *„auf den Grundsätzen der Freiheit, der Demokratie, der Achtung der Menschenrechte und Grundfreiheiten sowie der Rechtsstaatlichkeit"* beruhen[549]. Insgesamt wird durch diese Vorgehensweise eine Befreiung der betreffenden Konventionsstaaten von bestehenden völkerrechtlichen Bindungen weitestgehend vermieden.

Im Ergebnis ist demnach festzuhalten, dass auch die Gewährleistungen der nicht von allen Mitgliedstaaten ratifizierten Zusatzprotokolle durch den Verweis des Art. 6 Abs. 2 EUV auf die *„gemeinsamen Verfassungsüberlieferungen der Mitgliedstaaten"* Beachtung finden[550].

3. Zwischenergebnis

Heute wird die Achtung der EMRK nicht nur durch den EuGH in seiner Rechtsprechung praktiziert, sondern sie ist auch in Art. 6 Abs. 2 EUV vertraglich sichtbar festgeschrieben. Damit ist die EMRK, unter Beachtung der EGMR-Rechtsprechung, mehr als eine Quelle von „Hinweisen". Vielmehr wird sie genauso wie die nationalen Grundrechte zur Ermittlung der allgemeinen Rechtsgrundsätze, mithin der Gemeinschaftsgrundrechte, herangezogen. Dies erfolgt unabhängig von ihrem innerstaatlichen Rang in den nationalen Rechtsordnungen.

II. Bindung der Union an die EMRK

Seit 1974[551] sind alle Mitgliedstaaten der Europäischen Gemeinschaften zugleich der EMRK unterworfen. Dieser Umstand führt allerdings für die Mitgliedstaaten

548 Grabitz/Hilf – Hilf, Kommentar zur EU, Art. F EUV, Rn. 33. Vgl. ausführlich dazu Molthagen, Das Verhältnis der EU-Grundrechte zur EMRK, S. 93ff.

549 Vgl. etwa Art. 1 lit. b der Satzung des Europarates, 4. Erwägungsgrund der Präambel der EMRK. Vgl. Grabenwarter, VVDStRL 60 (2001), 290 (329).

550 Hinsichtlich der zu EMRK-Bestimmungen erklärten Vorbehalte stellt sich das gleiche Problem wie in Bezug auf die Zusatzprotokolle, die nicht von allen EU-Mitgliedstaaten ratifiziert wurden. Darüber hinaus können ebendiese Überlegungen auch für den in Art. 52 Abs. 3 GRC enthaltenen Verweis auf die EMRK fruchtbar gemacht werden. Vgl. Molthagen, Das Verhältnis der EU-Grundrechte zur EMRK, S. 93ff./120ff.

551 Im Jahre 1974 trat Frankreich als letzter Mitgliedstaat der Europäischen Gemeinschaften der EMRK bei.

zu einer Konfliktsituation: Auf der einen Seite sind diese Staaten mit Beitritt zur EMRK verpflichtet, allen ihrer Hoheitsgewalt unterstehenden Personen die dort genannten Grundrechte zu gewähren[552]. Auf der anderen Seite haben die einzelnen Mitgliedstaaten nun aber im Rahmen der fortschreitenden Integration bestimmte Kompetenzen und Hoheitsrechte – so auch in menschenrechtlich sensiblen Bereichen, wie z.B. dem Asylrecht – auf die Union[553] übertragen. Aufgrund dessen ist diese dort nicht nur in der Lage, Normen zu erlassen[554], sondern diese auch durchzusetzen. Sie übt demnach sowohl legislative als auch exekutive Hoheitsgewalt aus, die vormalig den Mitgliedstaaten zustand. Neben dem Unionsrecht, und seinem Vollzug durch die Union selbst[555], vollziehen die einzelnen Mitgliedstaaten darüber hinaus von den Europäischen Gemeinschaften erlassenes Sekundärrecht. Diese nationalen Vollzugsakte sind es aber, die regelmäßig erst eine konkrete Grundrechtsbetroffenheit des Rechtsunterworfenen auslösen.

Beide beschriebenen Fallgruppen führen unweigerlich zu der Überlegung, wie sich die Übertragung von Hoheitsgewalt auf eine supranationale Organisation und auch der Vollzug der Rechtsakte der Union durch die Mitgliedstaaten auf den Grundrechtsschutz auf europäischer Ebene auswirken. Fraglich ist dabei, ob das Handeln von Organen der Union und das Handeln von staatlichen Organen im Anwendungsbereich des Unionsrecht noch der völkerrechtlichen Bindung der EMRK unterliegen. Konsequenz einer solchen Annahme wäre nicht zuletzt die Kompetenz der Straßburger Konventionsorgane zur Überprüfung des Unionsrechts und dessen Vollzugsmaßnahmen.

1. Unmittelbare völkerrechtliche Bindung der Europäischen Gemeinschaft / Europäischen Union an die EMRK

a. Unmittelbare Bindung kraft Beitritt der EG/EU

aa. Notwendigkeit eines Beitritts

Ein Beitritt der Europäischen Gemeinschaft (damals noch „EWG“, heutige EG) zur EMRK ist bereits früh als einfachste Möglichkeit einer ummittelbaren recht-

---

552 Vgl. Art. 1 EMRK.

553 Der Begriff der „Union“ wird in der vorliegenden Arbeit in der Art verwandt, dass er sowohl die Europäische Union wie auch die Europäischen Gemeinschaften umfasst.

554 Vgl. auch Entschließung des Europäischen Parlamentes vom 18. Januar 1994, abgedruckt in EuGRZ 1994, 191 (192 / Ziff. 2).

555 Ein Vollzug von Gemeinschaftsrecht durch die Union ist insbesondere in dem Bereich der Beihilfeaufsicht gegeben. Vgl. Warnken, Das Verhältnis der EG zur EMRK, S. 4.

lichen Bindung der EG an die EMRK erkannt worden. Seit mittlerweile über zwei Jahrzehnten wird diese Diskussion nunmehr geführt[556], trotzdem sind weder die EG noch die EU jemals der Konvention und ihren Zusatzprotokollen beigetreten. Gleichwohl ist die Frage nach einem Beitritt immer noch von aktueller Brisanz: So wurde sie etwa am 22. September 2000 durch einen finnischen Antrag zur Regierungskonferenz[557] wieder aufgeworfen und auch der Verfassungsvertrag der EU lässt diese Diskussion nicht verstummen. In seinem Art. I-9 Abs. 2[558] wird ein Beitritt der Union zur EMRK angestrebt.

Ein Beitritt würde zahlreiche Vorteile mit sich bringen. Zum einen würde die Union eine zusätzliche externe Kontrolle des Gemeinschaftsrechts anhand der EMRK-Garantien akzeptieren. Zum andern könnte sie auf diese Weise ihrem Bekenntnis zu den Grundrechten erhöhte Glaubwürdigkeit verleihen, die materielle Kongruenz des europäischen Grundrechtsschutzes gewährleisten und eine Divergenz der Rechtsprechung des EuGH und des EGMR sicherstellen[559].

bb. Beitritt der EG

Zunächst soll hier die Möglichkeit eines Beitritts der EG zur EMRK diskutiert werden. Dieser wird insbesondere von dem Europäischen Parlament und der Kommission seit den späten 70er Jahren gefordert. So dachte bereits 1979 die

---

556 Vgl. etwa Bieber, EuGRZ 1979, 338 (338ff.); Golsong, EuGRZ 1979, 70 (70ff.); Vogel, EuGRZ 1979, 66 (66); Bernhardt, Festschrift für Everling, S.103 (103ff.). Aktueller: Busse, NJW 2000, 1074 (1074ff.); Strasser, Grundrechtsschutz in Europa, S. 90ff.; Warnken, Das Verhältnis der EG zur EMRK, S. 77ff.; Ehlers – Walter, Europäische Grundrechte und Grundfreiheiten, S. 1 (13f.); Krüger/Polakiewicz, EuGRZ 2000, 93 (93ff.); Grabenwarter, Festschrift für Steinberger, S. 1129 (1145ff.); Hohloch – Grabenwarter, Wege zum europäischen Recht, S. 87 (98); Pache, EuR 2001, 475 (491); Alber/Widmaier, EuGRZ 2000, 497 (505); Ruffert, JZ 1996, 624 (624ff.); Callewaert, EuGRZ 2003, 198 (201); Grabenwarter EuGRZ 2004, 563 (563ff.).

557 Regierungskonferenz 2000 – Finnische Delegation: Antrag auf Schaffung der Zuständigkeit der EG für den Beitritt zur EMRK durch die Regierungskonferenz 2000, abgedruckt in EuGRZ 2000, 572 (572ff.).

558 Art. I-9 Abs. 2 des Verfassungsvertrages: *„Die Union tritt der Europäischen Konvention zum Schutz der Menschenrechte und Grundfreiheiten bei. Der Beitritt zu dieser Konvention ändert nicht die in der Verfassung festgelegten Zuständigkeiten der Union."* Der Entwurf des Verfassungsvertrages ist abrufbar unter http://ue.eu.int/igcpdf/de/04/cg00/cg00087-re01co02.de04.pdf.

559 Breuer, EuGRZ 2005, 229 (229ff.); Callewaert, EuGRZ 2003, 198 (201). Kritisch dazu: Weber, DVBl. 2003, 220 (225ff.); Alber/Widmaier, EuGRZ 2000, 497 (506); Groeben/Thiesing/Ehlermann – Beutler, Kommentar zum EU-/EG-Vertrag, Art. F EUV, Rn. 118; Grabenwarter/Pabel, Grundrechtsschutz in der Rechtsprechung des EuGH und des EGMR, S.12f.; Alber/Widmaer, EuGRZ 2006, 113 (113ff.).

Kommission – unterstützt vom Parlament[560] – in einem Memorandum die Möglichkeit eines Beitritts zur EMRK an[561]. Einem solchen Beitritt stehen jedoch mehrere Hindernisse entgegen.

(1) Hindernisse aus Sicht des Rechts der Europäischen Gemeinschaft

Bereits aus Sicht des Rechts der EG ist die Möglichkeit eines Beitritts fraglich. Im Jahre 1994 beantragte der Rat der Europäischen Gemeinschaft beim EuGH ein Gutachten zur Vereinbarkeit eines Beitritts der EG zur Konvention und zu sämtlichen Protokollen, die von allen EU-Mitgliedstaaten ratifiziert wurden, mit dem EG-Vertrag[562]. Angesichts der erweiterten Kompetenzen der Gemeinschaft gemäß dem Vertrag über die Europäische Union sei es angebracht, den Bürgern eine Möglichkeit einzuräumen, sich wegen einer Grundrechtsverletzung direkt an eine internationale Gerichtsinstanz außerhalb der Union, mithin den EGMR, zu wenden, mit dem Ziel, Gemeinschaftsakte oder nationale Durchführungsmaßnahmen auf ihre Vereinbarkeit mit EMRK-Gewährleistungen überprüfen zu lassen. Eine Zusammenarbeit des EuGH und EGMR in Form von Vorlagen zur Vorabentscheidung sei dagegen abzulehnen, da es in erster Linie Aufgabe des EuGH sei, die Einhaltung der Bestimmungen der EMRK im Bereich der Anwendung der Normen der Gemeinschaft zu überwachen[563].

Im Jahre 1996 schloss der Gerichtshof die Untersuchung[564] jedoch mit dem Ergebnis ab, dass der Europäischen Gemeinschaft die Zuständigkeit fehle, der

---

560 Entschließung vom 27.4.1979, abgedruckt in EuGRZ, 1979, 257 (257). Zu den Stellungnahmen einiger EU-Mitgliedstaaten und einzelner EG-Organe in Hinblick auf einen Beitritt vgl. Molthagen, Das Verhältnis der EU-Grundrechte zur EMRK, S. 184ff.

561 EG-Kommission, Memorandum betreffend den Beitritt der Europäischen Gemeinschaften zur Konvention über den Schutz der Menschenrechte und Grundfreiheiten, abgedruckt in EuGRZ 1979, 330 (330ff.); dazu die Bemerkung von Bieber, EuGRZ 1979, 338 (338ff.).

562 Entschließung vom 15. Dezember 1993, abgedruckt in EuGRZ 1994, 82 (82ff.); Entschließung vom 18. Januar 1994, abgedruckt in EuGRZ 1994, 191 (191ff.). Zur Problematik der Statthaftigkeit des Gutachtens vgl. Strasser, Grundrechtsschutz in Europa, S. 91ff.; Ruffert, JZ 1996, 624 (626); Molthagen, Das Verhältnis der EU-Grundrechte zur EMRK, S. 185ff.

563 Zu der Frage eines Vorlageverfahrens: Hohloch – Grabenwarter, Wege zum Europäischen Recht, S. 87 (98); Ruffert, JZ 1996, 624 (626); Grabenwarter, EMRK, S. 40; Bernhardt, Festschrift für Everling, S. 103 (109); Krüger/Polakiewicz, EuGRZ 2001, 92 (101).

564 EuGH, Gutachten 2/94 vom 28. März 1996 – Beitritt der Gemeinschaft zur Konvention zum Schutze der Menschenrechte und Grundfreiheiten, Slg. 1996, I-1759, abgedruckt in EuGRZ 1996, 197 (197ff.). Dazu etwa Ruffert, JZ 1996, 624 (624ff.);

EMRK förmlich beizutreten. Er stützte diese Entscheidung maßgeblich auf seine ständige Rechtsprechung, nach der die EG im Außenverhältnis nur dort (ungeschriebene) Kompetenzen zum Abschluss völkerrechtlicher Verträge besitzt[565], wo sie auch im Innenverhältnis, dem Prinzip der begrenzten Einzelermächtigung[566] folgend, zuständig wäre[567]. Da allerdings keine Bestimmung des Vertrages den Gemeinschaftsorganen allgemein die Befugnis übertrage, Vorschriften auf dem Gebiet der Menschenrechte zu erlassen oder völkerrechtliche Verträge in diesem Bereich zu schließen, komme eine ausdrückliche oder implizit spezifische Befugnis nicht in Betracht. Darüber hinaus gehend sei auch aus Art. 308 EG-Vertrag (ex Art. 235 EGV) keine Befugnis der EG zu einem EMRK-Beitritt zu entnehmen. Nach Art. 308 EG-Vertrag soll ein Ausgleich für die Fälle geschaffen werden, in denen den Gemeinschaftsorganen durch den Vertrag verliehene Befugnisse fehlen, gleichwohl Befugnisse aber erforderlich erscheinen, damit die Gemeinschaft ihre Aufgaben im Hinblick auf die Erreichung der in den Verträgen festgelegten Ziele wahrnehmen kann[568]. Der Gerichtshof vertrat diesbezüglich nun die Auffassung, dass zwar die Achtung der Menschenrechte eine Vorraussetzung für die Rechtmäßigkeit von Gemeinschaftshandeln sei[569]. Mit dem Beitritt zur EMRK sei jedoch eine so grundlegende Änderung des primären Gemeinschaftsrechts verbunden, dass die Grenzen des Art. 308 EG-Vertrag überdehnt würden[570]. Denn aufgrund der Ratifizierung der EMRK müsste die Gemeinschaft sämtliche Konventionsbestimmungen übernehmen und sich dem System der

---

Strasser, Grundrechtsschutz in Europa, S. 97ff.; Stieglitz, Allgemeine Lehren im Grundrechtsverständnis nach der EMRK und der Grundrechtsjudikatur des EuGH, S. 223ff.

565 Die Europäischen Gemeinschaften sind nach den Bestimmungen der EG-Verträge durchaus berechtigt, am völkerrechtlichen Verkehr teilzunehmen, mithin völkerrechtliche Verträge abzuschließen, und besitzen demnach Völkerrechtssubjektivität. Diese ergab sich explizit aus Art. 6 EGKS-Vertrag für die Europäische Gemeinschaft für Kohle und Stahl. Dagegen leitet sie sich für die EG und EAG aus den Art. 281, 282 EGV, Art. 184, 185 EAGV und der Gesamtschau der Verträge ab. Vgl. Koenig/Hartsch, Europarecht, Rn. 747ff.

566 Art. 5 Abs. 1 EG-Vertrag (ex. Art. 3).

567 Vgl. etwa EuGH 31.3.1971, Slg. 1971, 263, Rn. 15ff. – *AETR;* Koenig/Hartsch, Europarecht, Rn. 747ff.; EuGH, Gutachten 2/94 vom 28. März 1996 – Beitritt der Gemeinschaft zur Konvention zum Schutze der Menschenrechte und Grundfreiheiten, Slg. 1996, I-1759 (1759ff.), abgedruckt in EuGRZ 1996, 197 (206).

568 EuGH, Gutachten 2/94 vom 28. März 1996, Slg. 1996, I-1759 (1759ff.), abgedruckt in EuGRZ 1996, 197 (206).

569 EuGH, Gutachten 2/94 vom 28. März 1996, Slg. 1996, I-1759 (1759ff.), abgedruckt in EuGRZ 1996, 197 (199).

570 Zu den Grenzen des Art. 308 EGV: Calliess – Ruffert, Kommentar zum EU-/EG-Vertrag, Art. 308, Rn. 2ff.

EMRK unterordnen. Somit würde der Beitritt zu Änderungen führen, die von ihrer Intensität her das Ausmaß einer „verfassungsrechtlichen Dimension" annähmen, die aber von Art. 308 EG-Vertrag nicht mehr umfasst wären[571]. Konsequenz dessen ist, dass nach Auffassung des EuGH keine vertragliche Zuständigkeit der EG für einen Beitritt zur EMRK vorhanden ist. Eine solche Kompetenz müsste folglich erst durch eine Vertragsänderung durch die Mitgliedstaaten geschaffen werden.

(2) Hindernisse aus Sicht der EMRK

Aber auch aus Sicht der EMRK ergeben sich Hindernisse. So besteht das Problem, dass die Konvention und ihre Zusatzprotokolle nur *„für Mitglieder des Europarates zur Unterzeichnung"* aufliegen[572]. Die Satzung des Europarates sieht jedoch wiederum lediglich den Beitritt von Staaten vor[573], so dass ein Beitritt einer Internationalen Organisation grundsätzlich nicht möglich ist. Daher wurde in dem oben genannten Gutachtenantrag eine Änderung der Konvention und ihrer Zusatzprotokolle dahingehend gefordert, dass auch Internationale Organisationen ihnen beitreten können und ein Beitritt zur EMRK nicht an den zum Europarat geknüpft bleibt[574].

Darüber hinaus müssten die sich konkret auf Staaten beziehenden Bestimmungen der EMRK durch eine Änderung der Formulierung in „Vertragspartei" verallgemeinert werden. Schließlich müssten institutionelle Fragen, wie etwa die Stellung des EG-Richters, die Vertretung der EG im Ministerkomitee und die Staatenbeschwerde zwischen EU-Mitgliedstaaten geregelt werden[575].

Einen ersten Schritt in diese Richtung scheint das noch nicht in Kraft getretene Zusatzprotokoll Nr. 14 zur EMRK zu wagen. In dessen Art. 17 wird eine Änderung des Art. 59 der EMRK dahingehend festgelegt, daß es in dessen neuen

571 EuGH, Gutachten 2/94 vom 28. März 1996, Slg. 1996, I-1759 (1759ff.), abgedruckt in EuGRZ 1996, 197 (206f.). Kritisch dazu Strasser, Grundrechtsschutz in Europa, S. 97ff.

572 Vgl. Art. 59 EMRK.

573 Vgl. Art. 4 der Satzung des Europarates.

574 Vgl. etwa den Bericht zum Gutachtenantrag im Gutachten 2/94 vom 28. März 1996, Slg. 1996, I-1759, abgedruckt in EuGRZ 1996, 197 (197ff.); Peters, EMRK, S. 28; Grabenwarter, EMRK, S. 42; Strasser, Grundrechtsschutz in Europa, S. 129; Bernhardt, Festschrift für Everling, S.103 (103ff.); Molthagen, Das Verhältnis der EU-Grundrechte zur EMRK, S. 203; Krüger/Polakiewicz, EuGRZ 2001, (92) 102, der zusätzlich das Problem der Repräsentation der EU im Europäischen Gerichtshof für Menschenrechte erörtert.

575 Krüger/Polakiewicz, EuGRZ 2001, 92 (102).

Absatz 2 heißt: „Die Europäische Union kann dieser Konvention beitreten"[576]. Leider werden jedoch keine konkreten Lösungsvorschläge bezüglich der oben aufgeworfenen Fragen angeboten. Die praktische Umsetzung ist damit abzuwarten.

(3) Würdigung

Aus Sicht der EG wäre es voreilig, das Gutachten des EuGH als endgültige Absage an einen Beitritt zur EMRK zu verstehen. Vielmehr ist es ein Hinweis darauf, dass Voraussetzung eines Beitritts die Vertragsänderung ist. Darüber hinaus kann es als Aufruf verstanden werden, diese Änderungen vorzunehmen. Leider ist die EG diesem Aufruf in den darauffolgenden Jahren nicht gefolgt. Die nach dieser Rechtsprechung erforderlichen Änderungen des primären Gemeinschaftsrechts sind weder durch den Amsterdamer Vertrag noch durch Nizza erfolgt. Die EU verfügt vielmehr seit Ende 2000 sogar über einen eigenen Grundrechtskatalog.

Dennoch ist nicht davon auszugehen, dass sich die Frage eines Beitritts der EG zur EMRK aus Sicht des Gemeinschaftsrechts erledigt hat[577]. So macht die Grundrechtecharta der EU einen Beitritt zur EMRK eher noch dringlicher: Zum einen ist angesichts der Regelung des Art. 52 Abs. 3 der Charta, der die genaue Ermittlung des jeweiligen Standes der EGMR-Judikatur voraussetzt, eine harmonische Entwicklung der Rechtsprechung der beiden Europäischen Gerichtshöfe in Menschenrechtsfragen wünschenswert[578]. Zum anderen legt Art. I-9 Abs. 2[579] des Verfassungsvertrages – dessen Bestandteil die Grundrechtecharta zukünftig werden soll – fest, dass die Union einen Beitritt zur EMRK anstrebt.

Aus Sicht der EMRK ergibt sich aus einer vom Europarat kürzlich ausgearbeiteten Studie[580], dass sich die rechtlichen bzw. technischen Probleme, die der Beitritt nach sich ziehen würde, allesamt ohne große Mühen beheben lassen. So finden sich in der in Rede stehenden Studie für nahezu alle Probleme konkrete

576 Dass in dem Protokoll Nr. 14 auf den Beitritt der EU verwiesen wird, ist nicht dahingehend zu verstehen, dass gerade kein Beitritt der EG gewünscht ist. Vielmehr ist von einem Beitritt der EG auszugehen.

577 So Ehlers – Walter, Europäische Grundrechte und Grundfreiheiten, S. 1 (12).

578 Im Ergebnis auch Molthagen, Das Verhältnis der EU-Grundrechte zur EMRK, S. 206ff.

579 Der Entwurf des Verfassungsvertrages ist abrufbar unter http://ue.eu.int/igcpdf/de/04/cg00/cg00087-re01co02.de04.pdf.

580 „*Study of technical and legal issues of a possible EC/EU accession to the European Convention on Human Rights*" vom 28.6.2002; Arbeitsgruppe II, Arbeitsdokument 8. Abrufbar unter: http://european-convention.eu.int/docs/wd2/1711.pdf.

Lösungsvorschläge. Zudem weist auch das 14. Zusatzprotokoll in diese Richtung. Klar wird dadurch, dass auch von Seiten der EMRK ein Beitritt erwünscht ist.

cc. Beitritt der EU

Neben dem Beitritt der EG zur EMRK könnte zusätzlich an einen Beitritt der EU zur EMRK gedacht werden, um so das gewünschte Ziel, nämlich eine Bindung der Union an diese, zu erreichen.

Der genaue Wortlaut des vom Rat der Europäischen Gemeinschaft am 26. April 1994 bei der Kanzlei des Europäischen Gerichtshof gestellten Gutachtenantrags lautete: *„Ist der Beitritt der Europäischen Gemeinschaft zur Konvention zum Schutze der Menschenrechte und Grundfreiheiten mit dem Vertrag zur Gründung der Europäischen Gemeinschaft vereinbar?"*. Folglich bezieht sich der Gutachtenantrag und das damit korrespondierende Gutachten des Gerichtshofs nicht darauf, ob auch ein Beitritt der EU zur EMRK möglich erscheint[581]. Jedoch ergeben sich auch in dieser Hinsicht mehrere Probleme: Zum einen stellt sich bereits die Frage, ob ein Beitritt der Europäischen Union rechtlich möglich ist. Zum anderen ist fraglich, ob auf diesem Wege überhaupt eine Bindung der EG-Organe an die EMRK erreicht werden könnte[582].

(1) Rechtsnatur der EU

In Bezug auf die rechtliche Möglichkeit eines Beitritts der EU zur EMRK wird deren Rechtsnatur bedeutsam: Nur in dem Fall, dass es sich bei der Europäischen Union um eine Internationale Organisation[583] mit Völkerrechtssubjektivität handelt[584], wäre sie in der Lage, völkerrechtliche Verträge abzuschließen, mithin der EMRK beizutreten.

581 Vgl. Art. 228 Abs. 6 S.2 EG-Vertrag (ex. Art. 300 Abs. 6 S.2).

582 Ausführlich zu dieser Thematik: Strasser, Grundrechtsschutz in Europa, S. 130ff.

583 Internationale Organisationen werden definiert als durch völkerrechtliche Willenseinigung geschaffene, auf Dauer angelegte mitgliedschaftliche Verbände, die zur Wahrnehmung bestimmter Aufgaben mit eigenen Organen ausgestattet und dem Völkerrecht unterstellt sind. Vgl. Ipsen – Epping, Völkerrecht, S. 71f. Zu der Frage, ob es sich bei der EU überhaupt um eine Internationale Organisation handelt: Bejahend Dörr, EuR 1995, 334 (335ff.); Strasser, Grundrechtsschutz in Europa, S. 130ff., die davon ausgeht, dass es sich bei der Europäischen Union um eine Internationale Organisation mit interner Rechtsfähigkeit handelt.

584 Dörr, EuR 1995, 334 (335ff.); Koenig/Haratsch, Europarecht, Rn. 768ff. Zur Frage, ob es auch Internationale Organisationen ohne Völkerrechtssubjektivität gibt, ablehnend Pechstein/Koenig, Die Europäische Union, Rn. 58ff.; bejahend etwa

Die Völkerrechtssubjektivität Internationaler Organisationen ist gekennzeichnet durch deren Fähigkeit, Träger von völkerrechtlichen Rechten und Pflichten zu sein. Aus ihr folgt regelmäßig die völkerrechtliche Handlungsfähigkeit der Internationalen Organisation[585]. Der von den Mitgliedstaaten ratifizierte EU-Vertrag verleiht der Europäischen Union keine ausdrücklich eigene Völkerrechtssubjektivität[586]. Neben der ausdrücklichen Verleihung der Völkerrechtssubjektivität im Gründungsvertrag kann eine Internationale Organisation jedoch auch konkludent Rechtsfähigkeit erlangen, wenn der Gründungsvertrag Regelungen enthält, die den Schluss zulassen, dass die Verleihung der Rechtsfähigkeit von den Gründerstaaten beabsichtigt war (*„implied-powers-Lehre“*)[587]. Danach sind bestimmte, nicht explizit im Gründungsvertrag verliehene Fähigkeiten einer Organisation als gleichwohl gegeben anzusehen, wenn andernfalls ausdrücklich eingeräumte Aufgaben und Befugnisse nicht sinnvoll erfüllt oder wahrgenommen werden könnten. Aber derartige Bestimmungen enthält der Unionsvertrag nicht[588]. Diese lassen sich des weiteren auch nicht den Vorschriften über eine Gemeinsame Außen- und Sicherheitspolitik (Art. 11 bis 28 EUV) und denen über die polizeiliche und justiziellen Zusammenarbeit (Art. 29 bis 42 EUV) entnehmen[589]. Damit handelt es sich bei der EU nicht um eine mit Völkerrechtsfähigkeit ausgestattete Internationale Organisation[590].

Strasser, Grundrechtsschutz in Europa, S. 130ff.; Pitschas, Völkerrechtliche Verantwortlichkeit, S. 26.

585 Pechstein/Koenig, Die Europäische Union, Rn. 58ff.

586 So aber etwa Art. 6 EGKS-Vertrag. Diese Situation könnte sich auch für die Europäischen Union im Falle des Inkrafttretens des Verfassungsvertrages ändern, da dieser in seinem Art. I-7 festlegt, dass der Europäschen Union Rechtspersönlichkeit zukommt. Bogdandy – Schroeder, Europäisches Verfassungsrecht, S. 373 (386ff.); Dörr, EuR 1995, 334 (335ff.). Zur Völkerrechtssubjektivität als Ausfluss der Gründungsverträge: Pitschas, Völkerrechtliche Verantwortlichkeit, S. 28ff.

587 Koenig/Haratsch, Europarecht, Rn. 739; Dörr, EuR 1995, 334 (335ff.); Pechstein/Koenig, Die Europäische Union, Rn. 73. Allgemeine Darstellung der „implied powers“ Doktrin: Nakanishi, Entwicklung der Außenkompetenzen der EG, S. 30ff.

588 Pechstein/Koenig, Die Europäische Union, Rn. 60ff.; Koenig/Haratsch, Europarecht, Rn. 770. Kritisch dazu: Dörr, EuR 1995, 334 (335ff.).

589 Ausführlich Koenig/Haratsch, Europarecht, Rn. 770ff.; Dörr, EuR 1995, 334 (335ff.).

590 Dazu Pechstein/Koenig, Die Europäische Union, Rn. 81; Nakanishi, Entwicklung der Außenkompetenzen der EG, S. 19ff.; a.A. Strasser, Grundrechtsschutz in Europa, die von einer partiellen Völkerrechtssubjektivität der EU ausgeht, jedoch eine Bindung der EG durch einen Beitritt der EU verneint und so auch zu dem Ergebnis kommt, dass dieses Ziel nur durch den Beitritt der EG zur EMRK erreicht werden kann. Lehnt man die Charakterisierung der EU als eine Internationalen Organisation ab, sind die Vertragsstaaten des EU-Vertrages strenggenommen keine *Mitgliedstaaten*. Jedoch verwendet der EU-Vertrag selbst die Bezeichnung Mitgliedstaaten

(2) Wirkung des Beitritts der EU für die EG

Unabhängig von der mangelnden rechtlichen Möglichkeit eines EMRK-Beitritts der EU, ist darüber hinaus unklar, ob ein solcher Beitritt überhaupt eine Bindung der EG-Organe an die EMRK nach sich ziehen würde. Lediglich unter einem Gesichtspunkt könnte diese Schlussfolgerung gezogen werden[591]: So läge eine gleichzeitige Bindung auch der EG-Organe an die EMRK vor, wenn es sich bei den Europäischen Gemeinschaften und der EU um eine einheitliche Organisation handeln würde, so dass die EU mit ihrem Beitritt unweigerlich auch die Gemeinschaften verpflichten würde.

i. Das Verhältnis der EU zu den Europäischen Gemeinschaften

In welchem Verhältnis die EU zu den Europäischen Gemeinschaften steht, ist nicht einfach zu beantworten. Zumindest der allgemeine Sprachgebrauch in Medien, Politik und bei den Institutionen der Europäischen Gemeinschaften, der seit Inkrafttreten des Maastrichter Vertrages nur noch den Begriff der Europäischen Union verwendet, hinterlässt den Eindruck, dass es sich bei den Europäischen Gemeinschaften und der EU um eine einheitliche Organisation handelt. In der Literatur gehen die Meinungen dagegen weit auseinander. Teilweise wird vertreten, dass die Europäischen Gemeinschaften mit der Europäischen Union zu einem einzigen Völkerrechtssubjekt verschmolzen seien[592]. Andere Literaturstimmen gehen wiederum von einem eigenständigen Fortbestand der Gemeinschaften neben der EU aus[593].

(vgl. etwa Art. 1 Abs. 3 S. 2 EUV), so dass auch in dieser Arbeit diesbezüglich der Begriff Mitgliedstaaten verwendet wird.

591 Ausführlich zu dieser Problematik: Strasser, Grundrechtsschutz in Europa, S. 151ff. Diese geht darüber hinaus auch auf die Möglichkeit ein, ob eine Bindung der EG-Organe an die EMRK möglicherweise über Art 46 lit. d und Art. 6 Abs. 2 EUV erreicht werden könnte. Sie kommt allerdings zu dem Ergebnis, dass auch über diese Vorschriften keine gleichzeitige Bindung der EG-Organe erreicht werden kann.

592 Bogdandy/Nettesheim, NJW 1995, 2324 (2324ff.); Dörr, NJW 1995, 3162 (3162ff.).

593 Koenig/Pechstein, Die Europäische Union, Rn. 60ff./93ff.; Klein/Haratsch, DÖV 1993, 785 (787); Koenig/Haratsch, Europarecht, Rn. 768ff. A.A. Bogdandy/Nettesheim, NJW 1995, 2324 (2324ff.). Ausführlich zu den unterschiedlichen Ansätzen: Bogdandy – Schroeder, Europäisches Verfassungsrecht, S. 373 (378ff.); Dörr, EuR 1995, 334 (335ff.).

ii. Würdigung

Die besseren Gründe sprechen für die hier zuletzt genannte Ansicht[594]. Beispielsweise bestimmen die Art. 5 und 47 EUV, dass die Kompetenzen der Europäischen Gemeinschaften und ihre Rechtsgrundlage von der Gründung der Europäischen Union unberührt bleiben sollen. Außerdem bestimmt Art 5 EUV, dass die Gemeinschaften *„ihre Befugnisse nach Maßgabe und im Sinne der Verträge zur Gründung der Gemeinschaften sowie der nachfolgenden Verträge und Akte zu deren Änderung und Ergänzung einerseits und der übrigen Bestimmungen des Vertrages über die Europäische Union andererseits aus[üben]„*. Der eindeutige Wortlaut dieser beiden Vorschriften kann nur so verstanden werden, dass die Europäischen Gemeinschaften ihre eigenständige Rechtspersönlichkeit trotz Einführung der EU beibehalten.

Folglich ist als Ergebnis festzuhalten, dass es sich bei der EU und den Europäischen Gemeinschaften um rechtlich selbständige Organisationen handelt und somit eine Bindung der EG-Organe an die EMRK nicht durch einen Beitritt der EU erreicht werden kann.

(3) Zwischenergebnis

Ein Beitritt der EU zur EMRK ist, wie oben dargestellt, aus mehren Gründen zum jetzigen Zeitpunkt abzulehnen. Zum einen ist er bereits aus der Erwägung heraus nicht möglich, dass es sich bei der EU nicht um eine mit Völkerrechtsfähigkeit ausgestattete Internationale Organisation handelt. Zum anderen würde durch einen Beitritt der EU zur EMRK keine Bindung der EG-Organe erzielt. Als Ergebnis ist damit festzuhalten, dass auch über einen Beitritt der EU zur EMRK eine unmittelbare völkerrechtliche Bindung des Unionsrechts an die EMRK nicht erreicht werden kann.

b. Unmittelbare Bindung kraft Funktionsnachfolge

aa. EG als Funktionsnachfolger der Mitgliedstaaten

Weder sind die EU bzw. die EG bis heute selbst Vertragspartner der EMRK noch ist deren Beitritt, wie gesehen, absehbar. Da aber alle Mitgliedstaaten der EG Vertragsparteien der Konvention sind, könnte die EG nichtsdestotrotz durch eine

594 Ausführlich hierzu Strasser, Grundrechtsschutz in Europa, S. 151ff.

sog. Funktionsnachfolge in die Rechte- und Pflichtenstellung der Mitgliedstaaten unmittelbar an die EMRK gebunden sein[595].

Ausgangspunkt dieses Ansatzes ist die Rechtsprechung des EuGH im Fall *International Fruit Company*[596]. Dort ging der Gerichtshof von einer völkerrechtlichen Bindung der Europäischen Gemeinschaft durch Funktionsnachfolge an das GATT 1947 (*General Agreement on Tariffs and Trade*) aus, obgleich die EG selbst nie formell dem GATT beigetreten war.

bb. Würdigung

Nach richtiger Ansicht kann aber nicht auf eine unmittelbare Bindung der EG an die EMRK kraft einer Funktionsnachfolge geschlossen werden.

Zwar mag der EuGH in Bezug auf das GATT eine Funktionsnachfolge der EG bejaht haben, jedoch hat er niemals die Feststellung getroffen, dass die EG auch an die EMRK gebunden sei. Vielmehr zieht er die EMRK – zwar ihre besondere Bedeutung hervorhebend – lediglich als Rechtserkenntnisquelle zur Ermittlung der Gemeinschaftsgrundrechte heran[597].

Darüber hinaus ist eine Funktionsnachfolge nicht ohne weitere Voraussetzungen möglich: Da neben den Mitgliedstaaten der EG auch andere Staaten Vertragspartner der Konvention sind, müsste eine Zuständigkeitsverlagerung von den Mitgliedstaaten auf die EG von allen Vertragsparteien der EMRK akzeptiert bzw.

---

595 Pescatore, Festschrift für Wiarda, S. 441 (450f.). Ausführlich dazu Iglesias, Festschrift für Bernhardt, S. 1269 (1273); Strasser, Grundrechtsschutz in Europa, S. 69ff.; Warnken, Das Verhältnis der EG zur EMRK, S. 87ff.; Molthagen, Das Verhältnis der EU-Grundrechte zur EMRK, S. 55ff. Anders Hilf, Festschrift für Bernhardt, S. 1193 (1197). Dieser ist der Ansicht, dass die Europäischen Gemeinschaften als *Rechtsnachfolger* der Mitgliedstaaten unmittelbar an die EMRK gebunden seien. Bestätigt sieht er diese Meinung durch das Urteil der Kommission im Fall *Melchers & Co* (Entscheidung der Europäischen Menschenrechtskommission 9.2.1990, Application Number 13258/87, abgedruckt in ZaöRV 1990, 865 (865ff.) – *Melchers & Co. ./. Deutschland.* Zu der Entscheidung siehe Giegerich, ZaöRV 50 (1990), 836 (836ff.). Dort stellte die Kommission fest, dass sich die Konventionsstaaten ihrer Bindung an die EMRK nicht durch die Übertragung von Hoheitsrechten auf eine supranationale Organisation entziehen können. Jedoch scheitert diese Ansatz bereits am Sinn des Wortes Rechtsnachfolge. Rechtsnachfolge ist u.a. dadurch definiert, dass mit Rechtserwerb auf der einen Seite ein Rechtsverlust auf der anderen eintritt. Eine Rechtsnachfolge soll aber vorliegend nicht die Bindung der einzelnen Mitgliedstaaten von der EMRK aufheben, sondern zusätzlich die der EG begründen. Auch ist die Entscheidung der Kommission im Fall *Melcher & Co.* wenig aussagekräftig. Vgl. dazu Strasser, Grundrechtsschutz in Europa, S. 69ff.

596 EuGH 12.12.1972, Slg. 1972, 1219 (1219ff.) – *International Fruit Company.*

597 Vgl. dazu bereits 4. Kapitel A I dieser Arbeit.

anerkannt werden[598]. Auf diese Voraussetzung weist der EuGH auch in dem Urteil *International Fruit Company*[599] hin: Der Gerichtshof begründet dort die Bindungswirkung des GATT für die EG unter anderem mit der Feststellung, dass die Übertragung von Zuständigkeiten der Mitgliedstaaten auf die Gemeinschaft im GATT-Bereich von den anderen Vertragsparteien anerkannt worden sei[600].

Weiterhin steht die Annahme einer Funktionsnachfolge im Widerspruch zur Haltung der Europäschen Kommission für Menschenrechte, die sich anlässlich verschiedener – direkter oder indirekter – Verfahren gegen die EG als unzuständig *ratione personae* erklärt hat[601]. So bestätigte die Kommission zwar in der Entscheidung *Melchers & Co.*, in der es um die Vereinbarkeit eines Kartellverstoßverfahrens mit Art. 6 Abs. 1 EMRK ging, dass grundsätzlich ein Kartellverstoßverfahren unter Art. 6 EMRK fallen könne. Jedoch betonte sie ausdrücklich, dass dies ausschließlich der Fall sei, wenn es sich dabei um ein Verfahren einer deutschen und nicht um das einer europäischen Behörde handeln würde. Im letzteren Fall sei eine Überprüfung anhand von Art. 6 Abs. 1 EMRK gerade nicht möglich[602].

Aus den oben genannten Gründen ist damit eine unmittelbare Bindung der EG an die EMRK durch eine Funktionsnachfolge abzulehnen.

c. Bindung über Art. 6 Abs. 2 EUV

Schließlich könnte eine Bindung der Union an die EMRK durch Art. F Abs. 2 EUV in der Fassung des Maastrichter Vertrages[603] bzw. spätestens aber durch die mit dem Inkrafttreten des Amsterdamer Vertrages verbundenen Änderungen eingetreten sein. Dann müsste Art. 6 Abs. 2 EUV (ex Art. F Abs. 2) allerdings mehr beinhalten als nur die Festschreibung dessen, was der EuGH bisher in seiner

598 Iglesias, Festschrift für Bernhardt, S. 1269 (1274); Molthagen, Das Verhältnis der EU-Grundrechte zur EMRK, S. 18.

599 EuGH 12.12.1972, Slg. 1972, 1219 (1219ff.) – *International Fruit Company.*

600 EuGH 12.12.1972, Slg. 1972, 1219 (1219ff.) – *International Fruit Company.*

601 Entscheidung der Europäischen Menschenrechtskommission 10.7.1978, C.F.D.T. ./. EG, Application Number 8030/77, abgedruckt in EuGRZ 1979, 431 (431ff.); Entscheidung der Europäischen Menschenrechtskommission 19.1.1989, C.Dufay ./. Europäiche Gemeinschaften, Application Number 135398/88; Entscheidung der Europäischen Menschenrechtskommission 9.2.1990, Application Number 13258/87, abgedruckt in ZaöRV 1990, 865 (865ff.) – *Melchers & Co. ./. Deutschland.* Zu der Entscheidung siehe Giegerich, ZaöRV 50 (1990), 836 (836ff.).

602 Giegerich, ZaöRV 50 (1990), 836 (838/860).

603 Ausführlich darüber, ob bereits Art. F Abs. 2 in der Fassung des Maastrichter Vertrages eine Bindung der EG an die EMRK enthielt: Hilf, Festschrift für Bernhardt, S. 1193 (1202); Strasser, Grundrechtsschutz in Europa, S. 75ff.

ständigen Rechtsprechung anerkannt hat[604]. Eine Bestätigung dieses Ansatzes schien sich zunächst dem bereits erwähnten Urteil des Gerichts Erster Instanz *X gegen die Kommission*[605] vom 14. April 1994 entnehmen zu lassen. Dort bezog sich das Gericht auf die bisherige Rechtsprechung des EuGH und erstmals auf Art. F Abs. 2 EUV, den heutigen Art. 6 Abs. 2 EUV. Es stellte fest, dass in diesem Fall in keiner Weise gegen das in Art. 8 EMRK verankerte Recht auf Achtung des Privatlebens verstoßen wurde, das sich aus den Verfassungstraditionen der Mitgliedstaaten herleite[606]. Damit wurde die EMRK unmittelbar in die Entscheidungsfindung miteinbezogen. Auch in einigen Entscheidungen des EuGH lassen sich dahingehende Ansätze erkennen. In diesen bezieht sich der Gerichtshof unmittelbar auf die EMRK und die Rechtsprechung des EGMR. Beispielhaft dafür ist etwa ein Urteil des EuGH aus dem Jahre 2003[607]. In diesem legte der Gerichtshof Art. 8 EMRK und die dazu ergangene EGMR-Rechtsprechung zugrunde. Dabei folgte der EuGH sogar dem vom EGMR angewendeten Prüfungsschema, dem von diesem festgelegten Anforderungen an die gesetzliche Grundlage eines Grundrechtseingriffs und der Anwendung des Verhältnismäßigkeitsgrundsatzes[608].

aa. Wortlaut des Art. 6 Abs. 2 EUV

Der Wortlaut des Art. 6 Abs. 2 EUV lässt insofern zwei Deutungsmöglichkeiten zu: Durch die zweimalige Verwendung des Wortes „*wie*" könnte zum einem zum Ausdruck gebracht werden, dass sich der Zusatz „*als allgemeine Grundsätze des Gemeinschaftsrechts*" nur auf die Verfassungsüberlieferungen der Mitgliedstaaten bezieht und nicht auf die Gewährleistungen der EMRK[609]. Demzufolge käme der EMRK Direktwirkung im Gemeinschaftsrecht zu. Zum anderen ist aber auch die Deutung möglich, dass sich der Zusatz „*als allgemeine Grundsätze des Gemeinschaftsrechts*" auch auf die EMRK bezieht, so dass auch ihr „nur" die Rolle einer Rechtserkenntnisquelle zukäme.

604 Vgl. dazu 4. Kapitel A I dieser Arbeit.

605 EuG 18.9.1992, Slg. 1992, II-2195 (2195ff.); EuGH 5.10.1994, Rs. C-404/92, Slg. 1994, I-4737 (4737ff.), abgedruckt in NJW 1994, 3005ff – *X ./. Kommission.*

606 EuG 18.9.1992, Slg. 1992, II-2195 (2195ff.); EuGH 5.10.1994, Rs. C-404/92, Slg. 1994, I-4737 (4737ff.), abgedruckt in NJW 1994, 3005 (3006) – *X ./. Kommission.*

607 EuGH 20.5.2003, Rs. 465/00, Slg. 2003, I-6041 (6041ff./Ziff. 71ff.) – *Rechnungshof.*

608 EuGH 20.5.2003, Rs. 465/00, Slg. 2003, I-6041 (6041ff./Ziff. 71ff.) – *Rechnungshof.*

609 Molthagen, Das Verhältnis der EU-Grundrechte zur EMRK, S. 57.

bb. Würdigung

Angesichts der Bedeutung der EMRK, die für den Fall der direkten Anwendbarkeit eine eindeutigere Formulierung erwarten ließe, und anhand des Wortlauts des Art. 6 Abs. 2 EUV, der besagt, dass die Union die Grundrechte achtet, *„wie sie"* die EMRK gewährleistet und gerade nicht *„die die EMRK gewährleistet"*, ist davon auszugehen, dass die EMRK nicht vollständig in das Gemeinschaftsrecht eingebunden wird. Vielmehr bestätigt Art. 6 Abs. 2 EUV lediglich die Rechtsprechung des EuGH, an die die Formulierung des Art. 6 Abs. 2 EUV offensichtlich angelehnt ist: Die EMRK findet nur in Gestalt der allgemeinen Rechtsgrundsätze Eingang in das Unionsrecht[610]. Gleichwohl ist der EMRK dadurch ein entscheidender Einfluss auf das Unionsrecht möglich[611]. Lediglich eine direkte Bindung des Unionsrechts wird durch die Bestimmungen des Art. 6 Abs. 2 EUV nicht erzielt.

d. Zwischenergebnis

Folglich ist als Ergebnis festzuhalten, dass die Europäische Gemeinschaft und auch die Europäische Union weder durch einen Beitritt noch auf andere Weise unmittelbar an die EMRK gebunden sind. Im Gegensatz zu den Mitgliedstaaten der EU, die allesamt Konventionsmitglieder sind, besteht seitens der EU/EG selbst folglich keine formelle Verpflichtung, sich konventionsgemäß zu verhalten.

2. Unterwerfung der EU unter die Gerichtsbarkeit des EGMR / Mittelbare Bindung

Da nicht unmittelbar an die EMRK gebunden, können nach gegenwärtiger Rechtslage Rechtsakte der Organe der Europäischen Gemeinschaft bzw. der Europäischen Union grundsätzlich nicht vor dem EGMR angegriffen werden. Jedoch stellt sich die Frage, ob nicht (schon längst) die EMRK-Konformität von Gemeinschaftshandlungen mittelbar anhand der EMRK überprüft wird, indem der EGMR die staatlichen Übertragungsakte von Hoheitsgewalt auf die EU, das

---

610 Callewaert, EuGRZ 2003, 198 (199); Ehlers, Jura 2000, 372 (373); Groeben/Thiesing/Ehlermann – Beutler, Kommentar zum EU-/EG-Vertrag, Art. F EUV, Rn. 27; Bernhardt, Festschrift für Everling, S.103 (103ff.); Molthagen, Das Verhältnis der EU-Grundrechte zur EMRK, S. 57; Ehlers – Ehlers, Europäische Grundrechte und Grundfreiheiten, S. 21 (24); Grabenwarter/Pabel, Grundrechtsschutz in der Rechtsprechung des EuGH und des EGMR, S. 2.

611 Vgl. dazu bereits 4. Kapitel A I dieser Arbeit.

Handeln der Organe der EU und nationale Maßnahmen, welche Rechtsakte der EU durchführen, anhand der EMRK überprüft. Eine derartige Überprüfung könnte zumindest dann erfolgen, wenn die Mitgliedstaaten dafür verantwortlich wären, dass bei Übertragung von nationaler Hoheitsgewalt auf internationaler Organisationen die Konvention beachtet wird, die Gemeinschaft keine konventionswidrigen Maßnahmen vornimmt oder sie bei Vollzug von Gemeinschaftsakten der EMRK verpflichtet wären.

a. Völkerrechtliche Verantwortlichkeit der EU-Mitgliedstaaten für konventionswidrige Gemeinschaftsakte

Eine mittelbare Bindung könnte zunächst dann gegeben sein, wenn eine völkerrechtliche Verantwortlichkeit der EU-Mitgliedstaaten für konventionswidriges Verhalten der Union bestünde. Dabei sind zwei Anknüpfungspunkte denkbar: Zum einen könnte eine Verantwortlichkeit der Mitgliedstaaten für konventionswidrige Gemeinschaftsakte aufgrund ihrer Mitwirkung in den Organen der EG bestehen. Zum anderen könnte sich eine derartige Verantwortlichkeit aber auch aufgrund der Übertragung von nationalen Hoheitsrechten auf die Union ergeben[612].

aa. Verantwortlichkeit aufgrund der Mitwirkung in den EG-Organen

Eine individuelle Verantwortlichkeit der Mitgliedstaaten für ihre Mitwirkung in den Organen der EG hat der Gerichtshof und auch die Menschenrechtskommission – mangels Ausübung nationaler Hoheitsgewalt im Sinne des Art. 1 EMRK – abgelehnt[613]. Grund dafür sei die von den Mitgliedstaaten unabhängige und daher davon zu trennende Rechtspersönlichkeit der EG. Diese Rechtsprechung wird auch konsequent im Hinblick auf die Mitwirkung der EU-Mitgliedstaaten in anderen Internationalen Organisationen verfolgt[614].

---

612 Vgl. ausführlich dazu: Warnken, Das Verhältnis der EG zur EMRK, S. 131ff.

613 Beispielsweise Entscheidung der Europäischen Menschenrechtskommission 10.7.1978, D.F.D.T. ./. EG, Application Number 8030/77, abgedruckt in EuGRZ 1979, 431 (431ff.); EGMR 18.2.1999, Matthews ./. Vereinigtes Königreich, Application Number 24833/94, abgedruckt in EuGRZ 1999, 200 (200ff.).

614 Entscheidung der Europäischen Menschenrechtskommission 28.5.1979, Hess ./. Vereinigtes Königreich, Application Number 6231/73, abgedruckt in EuGRZ 1975, 482 (482ff.).

bb. Verantwortlichkeit aufgrund der Übertragung von Hoheitsrechten

Zweiter Anknüpfungspunkt für eine Verantwortlichkeit der Mitgliedstaaten für konventionswidrige Gemeinschaftsakte könnte die nationale Übertragung von Hoheitsrechten[615] auf die Union sein, da in dem Moment, in dem ein Vertragsstaat der EMRK Hoheitsrechte auf die Union überträgt, eine Aushebelung des EMRK-Rechtsschutzes stattfindet: Mangels direkter Kontrolle von Gemeinschaftsrecht durch den EGMR ist der Einzelne bei gemeinschaftlichen Rechtsakten grundsätzlich nicht mehr durch die EMRK geschützt.

(1) Matthews gegen das Vereinigte Königreich

Nach anfänglichem Zögern[616] deutete sich schon früh in der Rechtsprechung der Menschenrechtskommission und des EGMR an, dass die Vertragsstaaten die Konvention auch beim Abschluss völkerrechtlicher Verträge zu beachten haben[617]. Wegweisend in dieser Hinsicht ist aber vor allen Dingen das Verfahren *Matthews gegen das Vereinigte Königreich*[618].

i. Sachverhaltsdarstellung

In diesem Verfahren überprüfte der Straßburger Gerichtshof die Regelung zur Wahl des Europäischen Parlaments anhand von Art. 3 des ersten Zusatzprotokolls. Dieser enthält die Verpflichtung der Vertragsparteien, in angemessenen Zeitabständen freie und geheime Wahlen zu den gesetzgebenden Körperschaften abzuhalten. Eine auf dem *Akt zur Einführung allgemeiner unmittelbarer Wahlen der Abgeordneten des Europäischen Parlaments* – einem gesonderten Vertrag zwischen den Mitgliedstaaten der EG – beruhende Wahlregelung schloss jedoch

---

615 Hoheitsrechte sind als die Befugnisse des Staates zur Ausübung öffentlicher Gewalt im innerstaatlichen Bereich durch die Legislative, Exekutive und Judikative gegenüber den in ihm zusammengeschlossenen Personen oder Personenverbänden definiert. Vgl. Jarass/Pieroth, GG, Art. 24, Rn. 18.

616 Vgl. etwa Entscheidung der Europäischen Menschenrechtskommission 10.7.1978, C.F.D.T. ./. EG, Application Number 8030/77, abgedruckt in EuGRZ 1979, 431 (431ff.).

617 Vgl. etwa Entscheidung der Europäischen Menschenrechtskommission 9.2.1990, Application Number 13258/87, abgedruckt in ZaöRV 1990, 865 (865ff.) – *Melchers & Co. ./. Deutschland.* Dazu insgesamt Giegerich, ZaöRV 1990, 836 (836ff.); Warnken, Das Verhältnis der EG zur EMRK, S. 196ff.

618 EGMR 18.2.1999, Application Number 24833/94 – *Matthews ./. Vereinigtes Königreich.* Ausführlich dazu: Winkler, EuGRZ 2001, 18 (18ff.); Warnken, Das Verhältnis der EG zur EMRK, S. 144ff.; Lenz, EuZW 1999, 311 (311ff.).

auf Gibraltar lebende Personen von der Teilnahme an Wahlen zum Europäschen Parlament aus. Die in Gibraltar ansässige Beschwerdeführerin sah sich durch diese Regelung nun in ihrem Recht auf Teilnahme an den Wahlen zum Europäischen Parlament verletzt. Das Urteil des EGMR in dieser Rechtssache wurde aus verschiedenen Aspekten heraus als „*Paukenschlag*“[619] empfunden.

ii. Das Europäische Parlament als wesentlicher Bestandteil der Demokratie

Der Vollständigkeit halber soll zunächst erwähnt werden, dass der EGMR in dem in Rede stehenden Urteil das Europäische Parlament als wesentlichen Bestandteil der Demokratie im System der Europäischen Gemeinschaften und als gesetzgebende Körperschaft i.S.d. Art. 3 des ersten Zusatzprotokolls zur EMRK anerkannte. Dadurch weist der Gerichtshof alle Einwände zurück, die Stellung und insbesondere die Mitwirkungsrechte des Parlaments seien zu schwach, als dass man es als „gesetzgebende Körperschaft“ bezeichnen könne[620]. Vielmehr hebt er dessen besondere Funktion für die Demokratie hervor und bekräftigt den Anspruch des Unionsbürgers auf politische Mitbestimmung. Beachtenswert daran ist vor allen Dingen, dass der EGMR damit dem Europäischen Parlament die Anerkennung verschafft, die diesem durch die Mitgliedstaaten – sichtbar etwa in dem Maastricht-Urteil des Bundesverfassungsgerichts[621] – bis jetzt verwehrt wird.

iii. Verurteilung eines EG-Mitgliedstaates

Für die vorliegende Untersuchung entscheidend ist aber, dass in dieser Rechtssache das erste Urteil erging, in dem ein EG-Mitgliedstaat in einem unmittelbar gemeinschaftsrechtlich motivierten Streit wegen der Verletzung einer Konventionsgarantie verurteilt wurde. Der Gerichtshof wies zu Anfang darauf hin, dass unmittelbar gegen die EG gerichtete Beschwerden durch ihn nicht überprüfbar seien, da die EG (noch) keine Vertragspartei der EMRK sei. Des weiteren führte er aus, dass die Übertragung von Hoheitsgewalt auf Internationale Organisationen durch die Konvention nicht ausgeschlossen sei, jedoch müsse gewährleistet sein, dass der Schutz der Konventionsrechte weiterhin sichergestellt bleibe. Daher bestehe die Verantwortlichkeit eines jeden Konventionsstaates auch nach einer solchen Übertragung von Hoheitsgewalt fort. Auf die Besonderheit hinwei-

---

619 Lenz, EuZW 1999, 311 (311).

620 So berief sich das Vereinigte Königreich darauf, dass das Europäische Parlament nicht unter Art. 3 des ersten Zusatzprotokolls zu fassen sei, da dieses weder über das Recht verfüge, Gesetzgebungsakte zu initiieren, noch über das Recht, Gesetzgebungsakte zu verabschieden. Vgl. dazu Winkler, EuGRZ 2001, 18 (19ff.).

621 Winkler, EuGRZ 2001, 18 (19ff.).

send, dass der zugrundeliegende Ratsbeschluss und Direktwahlakt nicht vor dem EuGH angegriffen werden könne[622], seien die Mitgliedstaaten im Hinblick auf Art. 1 EMRK und Art. 3 des ersten Zusatzprotokolls für die Konsequenz, die dieser Vertrag mit sich bringt, konventionsrechtlich verantwortlich. Der Gerichtshof verzichtet in seiner Argumentation auf jede nationale Anknüpfung. Vielmehr bezieht er sich direkt auf das von den der EMRK verpflichteten Mitgliedstaaten geschaffene primäre Gemeinschaftsrecht und deren kollektive Verantwortlichkeit zur Wahrung der EMRK-Garantien.

(2) Aktuelle Entwicklung: Die Beschwerdeverfahren Société Guérin Automobiles und Senator Lines

Die Rechtsprechung des Gerichtshofs in der Sache *Matthews* wurde bereits in zwei weiteren Entscheidungen aufgegriffen und weiter geführt[623]. In den beiden folgenden Entscheidung geht es weitergehend als in der Matthews-Entscheidung auch um die Überprüfung von sekundärem Gemeinschaftsrecht bzw. von Organhandeln der EG anhand der EMRK.

In dem Beschwerdeverfahren *Société Guérin Automobiles gegen 15 Mitgliedstaaten der Europäischen Union*[624] wurde die fehlende Belehrung über Rechtsmittelfristen und die daraus folgende Verfristung einer gegen die Kommission der Europäischen Gemeinschaften gerichteten Klage als ein Verstoß gegen Art. 6 und 13 EMRK gerügt. Hier ließ der Gerichtshof die Frage nach der Passivlegitimation der Mitgliedstaaten für das Verhalten der Gemeinschaftsorgane ausdrücklich offen. Er erklärte die Klage *ratione materiae* für unzulässig.

Dagegen beschloss der EGMR, die Beschwerde *Senator Lines gegen 15 Mitgliedstaaten der Europäischen Union*[625] den Regierungen der betroffenen Mit-

---

622 In der Entscheidung der Europäischen Menschenrechtskommission 9.2.1990, Application Number 13258/87, abgedruckt in ZaöRV 1990, 865 (865ff.) – *Melchers & Co. ./. Deutschland*, führte diese aus, dass die Verantwortlichkeit eines Konventionsstaates für konventionswidrige Akte einer zwischenstaatlichen Einrichtung dann nicht bestehe, wenn die Menschenrechte innerhalb dieser Organisation einen äquivalenten Schutz erführen. Diese Entscheidung der Menschenrechtskommission ist mit dem Karlsruher Solange-II Beschluss vergleichbar. Vgl. etwa Ehlers, Jura 2000, 372 (373). Damit ist aber vorliegend fraglich, inwieweit die Entscheidung des EGMR anders ausgefallen wäre, wenn die Beklagte den Wahlakt vor dem EuGH hätte angreifen können.

623 Dazu ausführlich Winkler, EuGRZ 2001, 18 (26).

624 EGMR 4.7.2000, EuGRZ 2000, 334 (334ff.) – *Senator Lines ./. 15 Mitgliedstaaten der EU.*

625 EGMR 4.7.2000, EuGRZ 2000, 334 (334ff.) – *Senator Lines ./. 15 Mitgliedstaaten der EU.*

gliedstaaten zuzustellen. Die Beschwerdeführerin, eine deutsche Reederei, richtet sich in dieser Beschwerde gegen die Verweigerung einer vorläufigen Aussetzung der Vollstreckung einer von der Kommission der Europäischen Gemeinschaften in einem Kartellverfahren verhängten Geldbuße. Anders als in der *Melcher-Entscheidung*[626], in der sich der Beschwerdeführer gegen die Bundesrepublik Deutschland als ausführenden Staat richtete, richtet sich diese Beschwerde gegen die damals 15 EU-Mitgliedstaaten aufgrund der Übertragung nationaler Kompetenzen auf die EG. Somit folgt die Beschwerdeführerin der Argumentation der *Matthews-Entscheidung*, auf die sie auch ausdrücklich verweist.

Die Tatsache, dass der EGMR die Beschwerde an die Mitgliedstaaten zustellte, ließ auch in dieser Sache eine konventionsrechtliche Haftung der Mitgliedstaaten für das Handeln der Gemeinschaftsorgane mehr als möglich erscheinen. Nachdem allerdings das Gericht Erster Instanz am 30. September 2003 die Vollstreckung aussetzte, erklärte der EGMR am 10. März 2003 die Beschwerde mangels Opfereigenschaft des Beschwerdeführers für unzulässig[627].

(3) Würdigung

Der Gerichtshof geht damit von einer umfassenden Bindung der EG-Mitgliedstaaten an die EMRK aus, die sich auch auf den Abschluss völkerrechtlicher Verträge erstreckt. Grund dafür ist die umfassende Verantwortlichkeit der EMRK-Staaten nach Art. 1 EMRK. Dieser können sich die Konventionsstaaten auch nicht durch eine Verlagerung von Kompetenzen auf eine Internationale Organisation entziehen. Konsequenz der Rechtsprechung ist, dass der EGMR die EG-Mitgliedstaaten für konventionswidrige Gemeinschaftsakte kollektiv zur Verantwortung zieht. Auf diese Weise ist ihm eine indirekte Kontrolle der jeweiligen Gemeinschaftsakte möglich und er kann so die Einhaltung der EMRK auch im Rahmen des Gemeinschaftsrechts sichern.

Da der EGMR in der Lage ist, die EMRK-Staaten für konventionswidrige Gemeinschaftsakte zur Rechenschaft zu ziehen, können sich auch die Organe der EG nicht mehr der Beachtung der EMRK und der Rechtsprechung des EGMR entziehen. Ansonsten würden sie riskieren, dass sich die EU-Mitgliedstaaten aufgrund ihrer unmittelbaren Verantwortung für die von ihnen geschaffene Europäi-

---

626 Entscheidung der Europäischen Menschenrechtskommission 9.2.1990, Application Number 13258/87, abgedruckt in ZaöRV 1990, 865 (865ff.) – *Melchers & Co. ./. Deutschland.* Eine genauere Darstellung dieser Entscheidung erfolgt in Kapitel 4 A II 2 b dieser Arbeit.

627 Vgl. EGMR 10.3.2004, Senator Lines ./. 15 Mitgliedstaaten der EU, Application Number 56672/00, abgedruckt in EuGRZ 2004, 279 (279ff.).

schen Gemeinschaft ständig im Verfahren vor dem EGMR für konventionswidrige Gemeinschaftsakte zu verantworten hätten.

b. Völkerrechtliche Verantwortlichkeit der EU-Mitgliedstaaten bei Vollzug von Gemeinschaftsrecht

Weiterhin ist die Situation denkbar, dass ein Rechtsunterworfener eines EU-Mitgliedstaates durch einen nationalen Ausführungsakt[628], dessen Inhalt vom Gemeinschaftsrecht vorgegeben ist, in einem seiner konventionsmäßigen Rechten verletzt wird und aus diesem Grund an den EGMR herantritt. Mittelbar über die Kontrolle des Vollzugsaktes des EMRK-Vertragsstaats würde dann die Vereinbarkeit des Gemeinschaftsrechts mit der Konvention durch den Gerichtshof überwacht. Auch in diesem Fall ist Prüfungsgegenstand also wieder – wenn auch nur mittelbar – das Unionsrecht. Vorraussetzung dafür ist allerdings, dass die Mitgliedstaaten bei der Umsetzung von Gemeinschaftsrecht zur Beachtung der EMRK verpflichtet sind.

aa. Problemdarstellung

Da die Konventionsstaaten gemäß Art. 1 EMRK bei der Ausübung jeder hoheitlichen Handlung an die EMRK gebunden sind, käme eine Verantwortlichkeit der EU-Mitgliedstaaten gegenüber der EMRK bei Vollzug von Gemeinschaftsrecht nur in Betracht, wenn dies auch eine hoheitliche Handlung des Staates i.S. des Art. 1 EMRK darstellt[629]. Zwar liegt bei dem Vollzug von Gemeinschaftsakten ein Handeln bzw. Unterlassen von Organen des Staates vor, so dass grundsätzlich der Geltungsbereich der Konvention gemäß Art. 1 EMRK eröffnet sein könnte. Dennoch ist fraglich, ob man in solch einem Fall von einer hoheitlichen Maßnahme des ausführenden Staates sprechen kann. Schließlich beruht die staatliche Verletzungshandlung auf einer gemeinschaftsrechtlichen Maßnahme (Verordnung oder Richtlinie), auf die der vollziehende Staat letztlich keinen Einfluss hat, da sie von einer anderen Hoheitsgewalt, hier der Union, stammt.

---

628 Beispiel dafür ist etwa die Umsetzung von Richtlinien durch einen Mitgliedstaat. Solchen Maßnahmen kommt in der Praxis eine große Bedeutung zu, da das Gemeinschaftsrecht überwiegend nicht von der Gemeinschaft selbst, sondern von nationalen Behörden vollzogen wird. Nur in wenigen Bereichen, wie z.B. der Beihilfeaufsicht, agiert die Gemeinschaft selbst.

629 Meyer-Ladewig, EMRK, Art. 1, Rn. 4ff.; Frowein/Peukert, EMRK, Art. 1, Rn. 4ff.

bb. Rechtsprechung der Menschenrechtskommission und des EGMR

Aufgrund der zunehmenden Aktivität der EG erreichten die Menschenrechtskommission und den EGMR einige Beschwerden, in denen eine mitgliedstaatliche Vollzugsmaßnahme streitig war.

Im Ergebnis stellten die Entscheidungsorgane der EMRK in diesen Verfahren zunächst klar, dass sehr wohl eine Verantwortlichkeit der EMRK-Staaten beim Vollzug von Gemeinschaftsrecht besteht. So wurden die mitgliedstaatlichen Vollzugsakte durch den EGMR an der EMRK gemessen.

Allerdings hat der EGMR in einer Entscheidung aus dem Jahre 2005[630] das Verhältnis zwischen dem Menschenrechtsschutz der EMRK und dem Recht der EU neu geordnet.[631] In dieser Entscheidung wich der EGMR dabei erheblich von seiner bisherigen Rechtsprechung ab. So legte er fest, dass für auf Grundlage von EU-Recht ergangene Maßnahmen eine (widerlegbare) Vermutung der Vereinbarkeit mit der EMRK besteht, da das Unionsrecht sowohl materiell als auch prozessual gewährleistet, dass ein der EMRK gleichwertiger Grund- und Menschenrechtsschutz sichergestellt werde. Ob allerdings durch diese Rechtsprechung eine Abweichung von der bisherigen Linie erfolgt, ist zu diskutieren.

Die Rechtsprechungsentwicklung nun im Einzelnen:

(1) Melchers & Co. gegen die Bundesrepublik Deutschland

Im Jahre 1990 bekam die Menschenrechtskommission in dem Verfahren *Melchers*[632] Gelegenheit, sich mit der Zulässigkeit einer derartigen Beschwerde gegen einen EG-Mitgliedstaat, hier Deutschland, zu befassen. Die Beschwerdeführerin sah sich durch ein EuGH-Verfahren in ihren Rechten aus Art. 6 Abs. 2 und 3 c EMRK verletzt. Ihre Beschwerde richtete sie allerdings nicht gegen die EG. Vielmehr ging sie von einer Verantwortlichkeit der Bundesrepublik Deutschland für diese Rechtsverletzung aus, da durch deren Ausführungsakt die Konventionsverletzung erst wirksam geworden sei. Die Bundesrepublik habe schließlich das von der Kommission verhängte Bußgeld vollstreckt, ohne die Konventionsmäßigkeit des zugrundeliegenden EuGH-Urteils zu überprüfen. Dagegen machte die Bundesrepublik geltend, sie träfe für Handlungen und Unterlassungen der Ge-

630 EGMR, 30.6.2005, Application Number 45036/98 – *Bosphorus Hava Yollari Turizm Ve Tricaret Anomin ireketi ./. Ireland.*

631 Vgl. dazu Bröhmer, EuZW 2006, 71 (71ff.).

632 Entscheidung der Europäischen Menschenrechtskommission 9.2.1990, Application Number 13258/87, abgedruckt in ZaöRV 1990, 865 (865ff.) – *Melchers & Co. ./. Deutschland.* Dazu insgesamt Giegerich, ZaöRV 1990, 836 (836ff.); Warnken, Das Verhältnis der EG zur EMRK, S. 196ff.

meinschaft keine Überprüfungspflicht. Daher sei der mögliche Verstoß gegen die EMRK nicht durch eine hoheitliche Handlung ihrerseits, sondern vielmehr durch den EuGH, mithin eine hoheitliche Handlung eines Gemeinschaftsorgans, eingetreten.

Zunächst stellte die Menschenrechtskommission[633] fest, dass die deutsche Behörde trotz Ausführung von Gemeinschaftsrecht hoheitlich im Sinne des Art. 1 EMRK gehandelt habe. Jedoch überprüfte die Menschenrechtskommission nicht, ob im konkreten Fall eine Verletzung von Art. 6 EMRK vorlag, sondern beschränkte sich darauf, eine generelle Anwendbarkeit des Art. 6 EMRK auf das Gemeinschaftsrecht zu bejahen. Die Menschenrechtskommission ging damit letztlich nicht so weit, die nationale Durchführungsmaßnahme tatsächlich anhand der EMRK-Gewährleistungen zu überprüfen.

(2) Procola et autres gegen Luxemburg

Im Jahre 1993 hatte die Menschenrechtskommission im Verfahren *Procola*[634] über die Zulässigkeit einer Beschwerde gegen eine Vollzugsmaßnahme Luxemburgs zur gemeinschaftsrechtlichen Quotenregelung für Milch zu entscheiden. Das in Streit stehende Quotensystem zur Regelung der Milchmenge beruhte auf einer vom Rat erlassenen EG-Verordnung[635], mithin auf unmittelbar anwendbarem Gemeinschaftsrecht. Den Mitgliedstaaten blieb bei der Durchführung nur ein kleiner Ausführungsspielraum[636], so dass die Mitgliedstaaten den Gemeinschaftsakt lediglich vollzogen. Letztlich kam die Menschenrechtskommission zu dem Ergebnis, dass eine Grundrechtsverletzung nicht gegeben sei. Entscheidend für die vorliegende Untersuchung ist jedoch, dass sie Luxemburg als ausführenden Staat als tauglichen Beschwerdegegner ansah und dies, obwohl die Mitgliedstaa-

---

633 Die Beschwerde wurde vor der Reform der EMRK durch das 11. Zusatzprotokoll eingelegt, so dass zunächst die Kommission über die Zulässigkeit der Beschwerde befand. Darstellung des Verfahrensablaufs: Schlette, ZaöRV 56 (1996), 905 (908); anschauliche Skizze des Verfahrensablaufs bei Schweitzer, Staatsrecht III (7. Auflage), Rn. 727.

634 Entscheidung der Europäischen Menschenrechtskommission 1.7.1993, Application Number 14570/89 – *Procola et autres ./. Luxemburg.*

635 Verordnung (EWG) Nr. 857/84 des Rates vom 31. März 1984 über Grundregeln für die Anwendung der Abgabe gemäß Artikel 5c der Verordnung (EWG) Nr. 804/68 im Sektor Milch und Milcherzeugnisse, ABl. 1984, Nr. L 90, S. 13ff.

636 Bei Durchführung des Quotensystems, das der Bekämpfung der Milchmenge diente, konnten die EU-Mitgliedstaaten lediglich entscheiden, ob sie die festgelegte Produktionsmenge auf die Milchproduzenten oder auf die Molkereien aufteilen. Bei Überschreitung der Referenzmenge waren in jedem Fall Abschlagszahlungen zwingend vorgesehen.

ten zur Durchführung der Verordnung mit nur minimalen Ausführungsspielraum verpflichtet waren.

Damit überprüfte die Menschenrechtskommission hier eine mitgliedstaatliche Maßnahme, die inhaltlich vollständig durch die Gemeinschaft bestimmt war, und machte für deren Konventionsmäßigkeit nicht den Urheber, die EG, sondern den ausführenden Staat verantwortlich.

(3) Cantoni gegen Frankreich

In der Entscheidung *Cantoni*[637] war es der EGMR selbst, der über die Überprüfung mitgliedschaftlicher Vollzugsmaßnahmen anhand der EMRK zu befinden hatte. In Streit stand der Arzneimittelbegriff verschiedener Artikel[638] des französischen Rechts. Der dort verwandte Arzneimittelbegriff entsprach dem des Art. 1 der Gemeinschaftsrichtlinie 65/65[639]. Die Verteidigung der französischen Regierung stützte sich aus diesem Grund u.a. darauf, dass sie bei Erlass der Artikel durch die Vorgaben der Richtlinie gemeinschaftsrechtlich gebunden gewesen sei. Die Überprüfung der innerstaatlichen Bestimmungen liefe daher auf eine unzulässige Überprüfung des Gemeinschaftsrechts hinaus.

i. Entscheidung der Menschenrechtskommission

Zunächst erklärte die Kommission[640] den EGMR, trotz des gemeinschaftsrechtlichen Ursprungs des Arzneimittelbegriffs, für zuständig. Sie ging davon aus, dass die Auslegung der Bestimmung im Einzelfall Sache der nationalen Gerichte sei[641]. Auf Grund der Interpretationsmöglichkeit der Gerichte, in der eine nationale Handlung zu sehen sei, handele es sich aber um eine nationale und nicht um eine gemeinschaftsrechtliche Maßnahme.

---

637 EGMR 15.11.1996, Application Number 17862/91 = EuGRZ 1999, 193 (193ff.) – *Cantoni ./. Frankreich*. Dazu insgesamt Winkler, EuGRZ 1999, 181 (181ff.).

638 Es handelte sich dabei um Art. L. 511, Art. L. 512 und Art. L. 517 des *„code de la santé publique"*.

639 ABl. 1965, Nr. L 369.

640 Entscheidung der Europäischen Menschenrechtskommission 12.4.1995, EuGRZ 1999, 198 (198ff.). Auch diese Beschwerde wurde vor der Reform der EMRK durch das 11. Zusatzprotokoll eingelegt, so dass zunächst die Kommission über die Zulässigkeit der Beschwerde befand. Darstellung des Verfahrensablaufs: Schlette, ZaöRV 56 (1996), 905 (908); anschauliche Skizze des Verfahrensablaufs bei Schweitzer, Staatsrecht III (7. Auflage), Rn. 727.

641 Entscheidung der Europäischen Menschenrechtskommission 12.4.1995, EuGRZ 1999, 198 (199/Ziff. 56.).

ii. Rechtsprechung des EGMR

Auch der EGMR erklärte, dass der gemeinschaftsrechtliche Ursprung des Begriffs nicht gegen seine Überprüfung anhand der EMRK spreche. Jedoch ging der EGMR von einem anderen Anknüpfungspunkt als die Kommission aus. Während sie eine eigenständige nationale hoheitliche Handlung i.S. des Art. 1 EMRK als Ausgangspunkt wählte, führte der EGMR aus, dass Anknüpfungspunkt die eigene Verantwortlichkeit der Mitgliedstaaten gegenüber der EMRK bei Durchführung von Gemeinschaftsakten sei[642]. Somit geht der EGMR in seiner Entscheidung einen Schritt weiter als die Kommission: Er lässt keinen Zweifel an der Verantwortlichkeit der Mitgliedstaaten gegenüber der EMRK bei dem Vollzug von Gemeinschaftsakten[643] und erreicht so mittelbar eine Kontrolle von Organhandeln der EG.

(4) Bosphorus Airlines gegen Irland

Im Jahre 2005 erfolgte schließlich eine weitere Grundsatzentscheidung des EGMR in der Sache Bosphorus Airlines gegen Irland[644]. In dieser wich der EGMR nun entscheidend von seiner bisherigen Rechtsprechung ab, indem er auf Grundlage von EU-Recht ergangene Maßnahmen nicht mehr per se an der EMRK zu messen gedenkt[645].

i. Sachverhalt

Inhaltlich wandten sich die Beschwerdeführer, eine türkische Chartergesellschaft, gegen die Beschlagnahme von zwei geleasten Flugzeugen durch Irland. Eine Ermächtigungsgrundlage zur Beschlagnahme war in einer EG-Verordnung[646] enthalten.

Der Beschwerdeführer beschritt zunächst erfolgreich den nationalen Rechtsweg. Durch den irischen Supreme Court erfolgte dann jedoch eine Vorlage gem.

642 EGMR 15.11.1996, EuGRZ 1999, 193 (193/Ziff. 12/30): *„Der von der Regierung betonte Umstand, dass Art. 511 des codes de la santé publique nahezu wortgleich der Gemeinschaftsrichtlinie 65/65 entspricht, entzieht diese Bestimmung nicht dem Anwendungsbereich des Art. 7 der Konvention.“*

643 Winkler, EuGRZ 1999, 181 (182); Grabenwarter/Pabel, Grundrechtsschutz in der Rechtsprechung des EuGH und des EGMR, S. 4.

644 EGMR, 30.6.2005, Application Number 45036/98 – *Bosphorus Hava Yollari Turizm Ve Tricaret Anomin ireketi ./. Ireland.*

645 Vgl. insgesamt dazu Bröhmer, EuZW 2006, 71 (71ff.); Schohe, EuZW 2006, 33 (33); Heer-Reißmann, NJW 2006, 192 (192ff.).

646 EG-Verordnung 990/93 des Rates vom 26.4.1993, AblEG Nr. L 102/14 (1993).

Art. 234 EGV an den EuGH. Die Vorlage betraf dabei die Auslegung der einschlägigen EG-Verordnung. Nachdem der EuGH die Verordnung für anwendbar erklärt hatte, erfolgte eine erneute Beschlagnahme der Flugzeuge durch Irland.

Die Beschwerdeführer hingegen sahen sich durch die Beschlagnahme des Flugzeuges in ihrem Eigentumsrecht aus Art. 1 ZP 1 EMRK beeinträchtigt.

ii. Entscheidung des EGMR

Gegen die erneute Beschlagnahme wandte sich nun der Beschwerdeführer an den EGMR.

Der EGMR bestätigte zunächst seine bisherige Rechtsprechung, indem er von einer sachlichen Anwendbarkeit der EMRK ausging[647]. So wurde die nach EU-Recht zwingende direkte Anwendung der EG-Verordnung durch den irischen Staat als Ausübung irischer und damit nationaler Hoheitsgewalt angesehen, auf die sich die EMRK bezieht. Die verpflichtende Anwendung wurde folglich nicht als Ausschlusskriterium aufgefasst. Vielmehr stellte der EGMR erneut fest, dass zwar eine Übertragung bzw. Auslagerung von Hoheitsgewalt auf eine internationale Organisation grundsätzlich zulässig sei. Allerdings führe der Vollzug von (zwingendem) EU-Recht nicht zur Unanwendbarkeit der EMRK.

Als Abweichung von seiner bisherigen Rechtsprechung stellte der EGMR zusätzlich jedoch eine widerlegbare Vermutung auf. Danach soll der Vollzug von zwingendem Gemeinschaftsrecht nicht der Überprüfung durch die EMRK unterstellt sein, wenn die supranationale Organisation über einen materiell-rechtlichen als auch prozessual gleichwertigen („equivalent") Grundrechtsschutz verfügt, der allerdings nicht identisch („identical"), sondern nur qualitativ vergleichbar („comparable") sein muss. Eine Widerlegung der Vermutung kann im Einzelfall bei unzureichender Beachtung der EMRK erfolgen. Eine Entscheidung darüber obliegt dem EGMR.

Hervorzuheben ist, dass der EGMR den Grundrechtsschutz durch die EU bzw. den EuGH als vergleichbar einstufte. Im Hinblick auf die materiellrechtliche Seite verweist der Gerichtshof auf die Entwicklung des Grundrechtsschutzes innerhalb der EG. So hebt er den Fortschritt von der Entwicklung der Grundrechte als allgemeine Rechtsgrundsätze bis zur Europäischen Grundrechtecharta und dem europäischen Verfassungsentwurfes hervor. Die verfahrensrechtlichen Anforderungen sieht der EGMR durch den EuGH gewährleistet.[648]

---

647 Bröhmer, EuZW 2006, 71 (72).

648 Zu beachten ist aber, dass sich eine Reihe von Richtern dieser Entscheidung nur im Ergebnis, nicht aber dem Begründungsansatz der Vermutung der Konventionsgemäßheit anschließen konnten. Vgl. dazu Bröhmer, EuZW 2006, 71 (71ff.).

cc. Würdigung

An der obigen Auswertung der Rechtsprechung der Menschenrechtskommission und des EGMR zeigt sich, dass die Beurteilung staatlicher Durchführungsmaßnahmen in der Entscheidungspraxis der Konventionsorgane eine Entwicklung durchlaufen hat:

War in der Entscheidung *Melchers* nur zögernd von einer Bindung des staatlichen Vollzugsaktes an die EMRK die Rede, war seit den Entscheidungen *Procola* und *Cantoni* eine derartige Überprüfung unstreitig. Angeknüpft wurde dabei an den nationalen Durchführungsakt, bei dem die Konventionsstaaten nach Art. 1 EMRK zur Beachtung der EMRK verpflichtet sind. Gegenstand der Rechtsprechung war zwar nicht unmittelbar Gemeinschaftsrecht, sondern der nationale Ausführungsakt. Dies war jedoch für das Ergebnis nahezu ohne Belang: Faktisch war den Konventionsorganen auf diese Weise eine (mittelbare) Kontrolle des Gemeinschaftsrechts anhand der EMRK möglich und über die Mitgliedstaaten wurde schließlich eine (mittelbare) Bindung des Gemeinschaftsrechts an die EMRK erlangt.

Zu beachten ist allerdings die Weiterentwicklung der Rechtsprechung des EGMR durch die Entscheidung Bosphorus Airlines gegen Irland. Hier werden zwar die oben dargestellten Grundsätze bestätigt. So soll weiterhin die EMRK bei Vollzug von EU-Recht anwendbar und der Mitgliedstaat verantwortlich bleiben. Aber eine Überprüfung anhand der EMRK soll nur dann erfolgen, soweit der Grundrechtsschutz der supranationalen Organisation als unzureichend empfunden wird. Dies ist bei der EU (widerlegbar) nicht der Fall. Eine Überprüfung durch den EGMR findet demnach nicht mehr statt.

Die oben beschriebene Rechtsprechung des EGMR kann grundsätzlich für diejenigen EMRK-Staaten, die gleichzeitig auch EU-Mitgliedstaaten sind, zu erheblichen Problemen führen. Folgen sie dem konventionswidrigen Gemeinschaftsrecht, verletzen sie die EMRK. Wenden sie dagegen das in Streit stehende Gemeinschaftsrecht nicht an, missachten sie dessen Vorrang gegenüber nationalem Recht[649].

Eine Änderung bringt womöglich die neue Rechtsprechungsentwicklung. Danach ist eine Überprüfung durch den EGMR zwar theoretisch noch möglich. Ihr steht aber praktisch die (widerlegbare) Vermutung des ausreichenden Grundrechtschutzes durch das EU-Recht entgegen.

Wichtig ist aber, dass man nicht aus den Augen verliert, dass die EMRK auch nach dieser Rechtsprechungsänderung innerhalb der EU den Ton angibt: Im Zweifelsfall wird den Gemeinschaftsgrundrechten wegen ihrer Bezugnahme in

649 Vgl. dazu EuGH 15.1.1964, Slg. 1964, 1251 (1270f.) – *Costa/Enel*.

Art. 6 Abs. 2 EUV auf die EMRK, der Unberührtheitsklausel des Art. 307 EGV und dem Gebot der völkerrechtsfreundlichen Auslegung des Gemeinschaftsrechts[650] ein Inhalt beigemessen, der mit den aus der EMRK resultierenden Verpflichtungen konform geht[651]. Der Standard der EMRK ist auch nach der neuen Rechtsprechung gewahrt. Zudem ist es der EGMR, der festlegt, ob der von der EMRK vorgegebende Maßstab eingehalten wurde. Schließlich nimmt der EGMR auch weiterhin die Mitgliedstaaten der EU in die Pflicht. Sie tragen die Sorge dafür, dass ein vergleichbares Schutzniveau durch die EU erreicht wird. Er setzt damit seine bisherige Rechtsprechung konsequent fort[652].

c. Das Verhältnis von EGMR und EuGH

Bei Analyse des Verhältnisses von EMRK und EU und der Frage einer zumindest mittelbaren Bindung ist zudem auch ein kurzer Blick auf das Verhältnis der beiden Rechtsprechungsorgane der verschiedenen Rechtskreise zu werfen. So ist die Frage, in welchem Verhältnis der EGMR und EuGH zueinander stehen durchaus von aktueller Brisanz und keineswegs geklärt[653].

Durch die heute erreichte wechselseitige Durchdringung von Gemeinschaftsrecht und EMRK, wie sie auch oben dargestellt wurde, kann es mitunter geschehen, dass EuGH und EGMR in Einzelfragen zu divergierenden Ergebnissen kommen. Konstellationen, in denen dies erfolgen kann, lassen sich dabei leicht finden. Wie oben bereits ausgeführt, überprüft der EGMR etwa nationale Rechtsakte, die Durchführungsmaßnahmen von EU-Recht darstellen, anhand der EMRK: eine „Flucht ins Völkerrecht“ der Vertragsstaaten ist nicht gestattet. Solch ein nationaler Rechtsakt kann beispielsweise bei einer Richtlinie der nationale Umsetzungsakt, bei Verordnungen der nationale Durchführungsakt aber auch bei Vorabentscheidungen des EuGH das darauf hin erlassene nationale Urteil sein. Anderslautende Entscheidungen von EuGH und EGMR stehen sich in einer solchen Situation dann unmittelbar gegenüber.

Die Gefahr der divergierenden Entscheidungen wird heute durch verschiedene Aspekte gemindert. Zum einen zeigt der EuGH eine offenkundige Bereitschaft, die Rechtsprechung des EGMR und die Gewährleistungen der EMRK in

650 Callliess/Ruffert – Schmalenbach, Kommentar zum EU-/EG-Vertrag, Art. 307 EGV, Rn. 15.

651 Ausführlich dazu: Warnken, Das Verhältnis der EG zur EMRK, S. 205ff.; Ebenso: Grabenwarter, VVDStRL 60 (2001), 290 (331f.); Ehlers, Jura 2000, 372 (373).

652 VGl. Heer – Reißmann, NJW 2006, 192 (193ff.).

653 Vgl. dazu statt vieler: Breuer, EuGRZ 2005, 229 (229ff.); Bergmann, EuGRZ 2004, 620 (623ff.).

seinen Urteilen heranzuziehen[654]. Zudem setzte der EGMR durch seine Entscheidung im Fall Bosphorus gegen Irland neue Akzente. Er schränkt seine eigene Judikatur zugunsten des EuGH ein und erklärt sich bereit, diese nur in dem Falle auszuüben, dass der Grundrechtsschutz des EU-Rechts als unzureichend zu beurteilen ist.

Allerdings ist eine dogmatische Lösung dieses Problems noch lange nicht gefunden[655]. Folglich scheint immer noch ein Beitritt der EU zur EMRK sinnvoll. Damit würde das Verhältnis der beiden Gerichtshöfe zueinander endlich durch ein Vertragswerk geregelt.

3. Zwischenergebnis

Im Ergebnis zeigt sich, dass grundsätzlich eine mittelbare Kontrolle der EU/EG durch den EGMR auch ohne einen formellen Beitritt zur EMRK möglich ist. So hat die Entscheidung des EGMR im Fall *Matthews* die konventionsrechtliche Verantwortlichkeit der Mitgliedstaaten für das, was auf Gemeinschafts- und Unionsebene geschieht, deutlich gemacht. Danach müssen die Mitgliedstaaten – trotz Übertragung von Teilen ihrer nationalen Hoheitsgewalt auf eine supranationale Organisation – konventionsrechtlich für die Konsequenzen einstehen, die sich aus eben dieser Übertragung ergeben.

Hinsichtlich des Vollzuges von Gemeinschaftsrecht sind die Mitgliedstaaten zwar grundsätzlich auch an die EMRK gebunden, unabhängig davon, inwieweit ihnen bei der Durchführung ein eigener Spielraum verbleibt. Durch die Kontrolle der nationalen Durchführungsmaßnahmen ist dem EGMR folglich eine mittelbare Kontrolle des Gemeinschaftsrechts möglich. Allerdings ist hier die neue Rechtsprechungsentwicklung zu beachten. Das oben Gesagte gilt danach eben nur noch dem Grundsatz nach. Der EGMR verzichtet nun auf eine Ausübung der Judikatur, solange im EU-Recht ein qualtitativ gleichwertiger Grundrechtsschutz besteht. Der EGMR hat sich damit zur Vermeidung von Rechtsprechungsdivergenzen zurückgenommen. Dennoch ist er es, der in jedem Einzelfall erneut über das Bestehen eines gleichwerigen Grundrechtsschutzes entscheidet. Der Standard der EMRK wird gewahrt[656].

---

654 Vgl. oben Kapitel 4 A I 1. Vgl. auch Jaeger, EuGRZ 2005, 193 (198).
655 Vgl. mit Lösungsversuchen Breuer, EuGRZ 2005, 229 (229ff.).
656 So auch Schohe, EuZW 2006, 33 (33).

III. Ergebnis

Zunächst öffnet sich das Gemeinschaftsrecht der EMRK durch Art. 6 Abs. 2 EUV: Dieser verpflichtet die Union zur Achtung der Grundrechte wie sie die EMRK gewährleistet. Das entspricht zwar keiner unmittelbaren Bindung, wird sie doch nur als Rechtserkenntnisquelle anerkannt. Doch sollten die Auswirkungen nicht unterschätzt werden. So zeigt bereits die Rechtsprechung des EuGH, dass die EMRK für die Ermittlung der Gemeinschaftsgrundrechte nicht mehr weggedacht werden kann.

Aber auch die EMRK ihrerseits leistet einen aktiven Beitrag zur Gewährleistung ihrer Rechte im Gemeinschaftsrecht: Das Fehlen einer unmittelbaren Bindung der EU/EG an die EMRK – weitestgehend als großes Manko empfunden – hindert den EGMR nicht daran, auf das Recht der Union einzuwirken. So macht er die Mitgliedstaaten für Gemeinschaftsakte und nationale Durchführungsakte grundsätzlich konventionsrechtlich verantwortlich und erreicht damit letztlich doch eine (zumindest mittelbare) Bindung der EU an die EMRK. Dies ändert sich auch nicht durch die neue Rechtsprechung des EGMR in der Sache Bosphorus gegen Irland. Zwar gibt der EGMR seine bisherige Rechtsprechung auf und beschränkt seine Rechtsprechung auf den Fall, dass das EU-Recht keinen gleichwertigen Grundrechtsschutz bietet. Allerdings bestimmt der EGMR, wann ein gleichwertiger Grundrechtsschutz vorliegt. Zudem wird dieser Grundrechtsschutz – wie oben dargelegt – maßgeblich wiederum durch die EMRK bestimmt.

B. Die EMRK und die Grundrechtecharta der EU

Im Dezember 2000, parallel zum Europäischen Rat von Nizza, proklamierten das Europäische Parlament, der Rat und die Kommission in Nizza feierlich den Text der Charta der Grundrechte der Europäischen Union[657]. Als Abschluss eines beschwerlichen Prozesses verfügt die EU damit heute über einen seit langem herbeigesehnten eigenen geschriebenen Grundrechtskatalog. Sinn und Zweck dieser Charta ist zum einen die Sichtbarmachung der gemeinschaftlichen Grundrechte und, damit verbunden, die Erhöhung der Rechtsicherheit für den Bürger[658]. Zum

---

657 Abgedruckt mit Erläuterungen zum endgültigen Textentwurf des Konventes in EuGRZ 2000, 559 (559ff.) oder ABl. EG 2000, Nr. C 364/01.

658 Vgl. Präambel der Charta, Erwägungsgrund Nr. 4: *„Zu diesem Zwecke ist es notwendig, angesichts der Weiterentwicklung der Gesellschaft, des sozialen Fortschritts und der wissenschaftlichen und technologischen Entwicklung den Schutz der Grundrechte zu stärken, indem sie in einer Charta sichtbar gemacht werden."*

anderen soll deutlich gemacht werden, dass die Europäische Union in ganz zentralen Bereichen bereits eine Wertegemeinschaft ist, mithin Europa heute mehr ist als nur ein gemeinsamer Markt oder eine Freihandelszone[659]. Die Grundrechtecharta übernimmt damit eine entscheidende Integrationsfunktion für den Bürger nach innen und eine Symbolfunktion nach außen[660].

Aus Sicht der EMRK stellen sich vier Fragen bezüglich der Charta, nämlich die Frage nach dem möglicherweise veränderten Grundrechtsschutz in der EU, die Frage nach dem Einfluss der EMRK auf die Charta und umgekehrt, die Frage nach dem Einfluss der Charta auf die EMRK und schließlich die Frage nach dem Verhältnis der beiden Grundrechtskataloge zueinander.

I. Die Bedeutung der Charta

1. Entwicklung des Grundrechtsschutzes in der EU

a. Grundrechtsschutz in der EU bis zur Proklamation der Europäischen Grundrechtecharta

Weder der EG-Vertrag, inklusive der Modifikationen durch die Einheitliche Europäische Akte und den Maastrichter Unionsvertrag, noch das sonstige EG-Recht[661] enthalten bis heute einen geschriebenen Grundrechtskatalog[662]. Aufgrund des Vorranges des Gemeinschaftsrechts können grundrechtsrelevante Eingriffe der Gemeinschaftsorgane in der Regel nicht anhand nationaler Grundrechte von mitgliedstaatlichen Gerichten überprüft werden. Aber auch der EuGH lehnt

Dazu ausführlich Meyer – Meyer, Kommentar zur Charta der EU, Präambel, Rn. 43f.; Pache, EuR 2001, 475 (477); Pietsch, ZRP 2003, 1 (1).

659 Vgl. auch Schwarze – Häberle, Verfassungsrecht und Verfassungsgerichtsbarkeit im Zeichen Europas, S. 11 (27f.).

660 Vgl. den oben zitierten Erwägungsgrund Nr. 4 der Präambel der Charta. Pache, EuR 2001, 475 (477ff.); Magiera, DÖV 2000, 1017 (1019); Zuleeg, EuGRZ 2000, 511 (514).

661 Diese Rechtslage könnte sich jedoch in Zukunft ändern, falls die feierlich proklamierte Charta der Grundrechte der EU für verbindlich erklärt und in die Verträge aufgenommen wird.

662 Zwar finden sich im EG-Vertrag ausdrückliche Freiheitsverbürgungen, wie etwa das Diskriminierungsverbot (Art. 12 EG/Art. 141 EG), das Recht auf freien Warenverkehr (Art. 28 EG) und die Freizügigkeit des Arbeitnehmers (Art. 39ff. EG). Jedoch ist die Literatur uneins darüber, ob es sich dabei um europäische Grundrechte handelt. Ablehnend etwa Bahlmann, EuR 1982, 1 (3). Zustimmend Schwarze, EuGRZ 1986, 293 (296ff.). Ausführlich dazu Strasser, Grundrechtsschutz in Europa, S. 47ff.

eine Überprüfung von Gemeinschaftsakten anhand nationaler Grundrechte ab. So wies er Rügen, die sich auf die Verletzung nationaler Grundrechte stützen, als unzulässig zurück und erweckte damit in seiner frühen Rechtsprechung den Eindruck mangelnder Grundrechtssensibilität. Hintergrund dieser Spruchpraxis war insbesondere die Angst, dass durch die Anwendung nationalen Rechts die Einheitlichkeit des Gemeinschaftsrechtes schwinden könnte[663].

Das beschriebene Vorgehen des Gerichtshofs ist zwar dogmatisch zwingend, denn er kann nationale Vorschriften weder auslegen noch gegenüber dem Gemeinschaftsrecht anwenden. Insgesamt hinterlässt es jedoch den Eindruck eines nicht vorhandenen Grundrechtsschutzes[664]. Angesichts der so entstehenden Rechtsschutzlücken entwickelte der EuGH nach anfänglichem Zögern in ständiger Rechtsprechung auf Grundlage von Art. 220 EG (früher Art. 164 EGV) Gemeinschaftsgrundrechte im Wege einer Methode wertender Rechtsvergleichung[665]. Diese Rechtsprechung, die mit der Entscheidung *Stauder* aus dem Jahre 1969[666] ihren Anfang nahm, wurde von der *Solange-I-Entscheidung* des Bundesverfassungsgerichts[667] beeinflusst.

Bis heute hat der EuGH einen beachtlichen und umfassenden Katalog von Gemeinschaftsgrundrechten entwickelt[668]. Darin sind neben wirtschaftlichen Freiheitsrechten, dem Recht auf die Unverletzlichkeit der Wohnung auch die Meinungs- und Informationsfreiheit, die Vereinigungs- und Religionsfreiheit, die

---

663 Der Gerichtshof wies Rügen, die sich auf eine Verletzung nationaler Grundrechte stützen, als unzulässig zurück, ohne überhaupt auf das Grundrechtsproblem einzugehen. So geschehen etwa in EuGH 17.12.1970, Slg. 1970, 1125 (1135) – *Internationale Handelsgesellschaft* EuGH 15.7.1960, Slg 1960, 885 (920f.) – *Ruhrkohlen-Verkaufsgesellschaft*. Vgl. Schwarze, EuGRZ 1986, 293 (294).

664 Ress/Ukrow, EuZW 1990, 499 (500ff.); Lenz, EuGRZ 1993, 585 (585).

665 Strasser, Grundrechtsschutz in der Europa, S. 47ff.; Grabitz/Hilf – Pernice/Mayer, Kommentar zur EU, Art. 6 EUV, Rn. 1; Ress/Ukrow, EuZW 1990, 499 (500ff.); Bahlmann, EuR 1982, 1 (9); Molthagen, Das Verhältnis der EU-Grundrechte zur EMRK, S. 6ff.; Ruffert, EuGRZ 1995, 518 (518); Ehlers – Calliess, Europäische Grundrechte und Grundfreiheiten, S. 447 (447); Blanke, Der Grundrechtsschutz des Europäischen Gerichtshofs in Luxemburg, S. 1ff.; ausführlich dazu Ehlers – Walter, Europäische Grundrechte und Grundfreiheiten, S. 1 (8f.).

666 EuGH 12.11.1969, Slg. 1969, 419 (425) – *Stauder*. Im Fall *Stauder* stand die Gemeinschaftsrechtskonformität einer Entscheidung der Kommission in Frage. Der EuGH hat darin festgestellt, dass die streitige Entscheidung nichts enthalte, *„was die in den allgemeinen Grundsätzen der Gemeinschaftsrechtsordnung, deren Wahrung der Gerichtshof zu sichern hat, enthaltenen Grundrechte der Person in Frage stellen könnten.“* Vgl. dazu auch Ress/Ukrow, EuZW 1990, 499 (500ff.).

667 BVerfGE 37, 271 (280).

668 Dazu Zuleeg, EuGRZ 2000, 511 (512f.); Lenz, EuGRZ 1993, 585 (585ff.); Blanke, Der Grundrechtsschutz des Europäischen Gerichtshofs in Luxemburg, S. 3.

Achtung des Familienlebens und weitreichende Verfahrensrechte enthalten[669]. Diese Grundrechte gelten als allgemeine Grundsätze des Gemeinschaftsrechts mit Gemeinschaftsverfassungsrang[670]. Ihre verbindliche Geltung gegenüber der EU und den Europäischen Gemeinschaften ist im Vertragsrecht in Art. 6 Abs. 2 EUV ausdrücklich festgeschrieben[671]. Damit gehört die Garantie der Grundrechte bereits seit langem, also auch schon vor der Existenz der Charta von Nizza, zum gesicherten Bestand des Europäschen Gemeinschaftsrechts[672].

b. Kritik an dem gemeinschaftsrechtlichen Grundrechtsschutz

An diesem gemeinschaftsrechtlichen Grundrechtsschutz ist in mehrfacher Hinsicht Kritik geübt worden, indem auf verschiedenste rechtsstaatliche Defizite aufmerksam gemacht wurde.

Zum einen wurde der gemeinschaftsrechtliche Grundrechtsschutz unter dem Aspekt des effektiven Grundrechtsschutzes kritisch betrachtet. Der Schutzbereich und die Schranken der Grundrechte ließen sich inhaltlich nur schwer konkretisieren. Grund dafür sei, dass die Grundrechte des Gemeinschaftsrechts aus allgemeinen Rechtsgrundsätzen in einem sich ständig weiter vervollkommnenden Prozess entwickelt werden müssten[673]. Daher wende sich der EuGH im Rahmen der Grundrechtsprüfung zumeist zügig der Verhältnismäßigkeitsprüfung[674] zu. An dieser Stelle betone der EuGH aber wiederum die funktionell-rechtlichen Grenzen seiner Rechtsprechung im Verhältnis zum Gemeinschaftsgesetzgeber[675]. Folge sei, dass zwar der Frage nach dem legitimen Ziel des Eingriffes und danach, ob die ergriffene Maßnahme zu seiner Erreichung nicht vollkommen ungeeignet ist (Evidenzkontrolle), nachgegangen werde. Jedoch werde eine Erforderlich-

---

669 Insgesamt dazu Magiera, DÖV 2000, 1017 (1018); Lenz, EuGRZ 1993, 585 (585ff.).

670 Ress/Ukrow, EuZW 1990, 499 (500ff.).

671 Grabitz/Hilf – Pernice/Mayer, Kommentar zur EU, Art. 6 EUV, Rn. 2ff.

672 Ruffert, EuGRZ 1995, 518 (518); Pache, EuR 2001, 474 (476); Bogdandy, JZ 2001, 157 (157); Magiera, DÖV 2000, 1017 (1017f.).

673 Ress/Ukrow, EuZW 1990, 499 (500ff.) – speziell mit Blick auf das Hoechst-Urteil des EuGH vom 21.9.1989, Slg. 1989, 2859 (2859), abgedruckt in NJW 1989, 3080 (3080ff.); Bogdandy, JZ 2001, 157 (167f.).

674 Der Verhältnismäßigkeitsgrundsatz ist in der Rechtsprechung des EuGH als allgemeiner Rechtsgrundsatz anerkannt und heute teilweise in Art. 5 Abs. 3 EGV kodifiziert. Vgl. Groeben/Thiesing/Ehlermann – Beutler, Kommentar zum EU-/EG-Vertrag, Art. F EUV, Rn. 93; m.w.N. Kischel, EuR 2000, S. 380 (382); von Danwitz, EWS 2003, 393 (393ff.).

675 Vgl. Bogdandy, JZ 2001, 157 (165f.); Ehlers – Calliess, Europäische Grundrechte und Grundfreiheiten, S. 447 (447).

keits- und Angemessenheitskontrolle mit Blick auf den Gestaltungsspielraum des Gemeinschaftsgesetzgebers selten durchgeführt. Dies führe nun zu einer erheblichen Zurücknahme der grundrechtlichen Kontrolldichte[676].

Zum anderen ist der gemeinschaftsrechtliche Grundrechtsschutz unter dem Aspekt der Rechtssicherheit zum Diskussionspunkt geworden[677]. Der EuGH sei mangels eines formulierten Grundrechtskataloges gezwungen, das jeweilige Grundrecht vor der Prüfung erst einmal „zu finden" und „auszuformen". Dies bedeute aber, dass das in Rede stehende Grundrecht für den Grundrechtsträger, entgegen der Bestimmung des Art. 1 Abs. 2 EUV, nicht sichtbar sei. Der Grundsatz der Transparenz und Bürgernähe werde nicht eingehalten[678]. Unvorteilhaft in diesem Zusammenhang sei weiterhin, dass es sich bei der Ausformung der Gemeinschaftsgrundrechte um Richterrecht handele. Richterrecht sei zwar in allen EU-Mitgliedstaaten bekannt, werde dort aber in der Regel auf den Fall beschränkt, dass der Gesetzgeber eine unbeabsichtigte Lücke im Gesetz gelassen habe[679]. In Bezug auf einen zu gewährenden Grundrechtsschutzes könne heute aber wohl kaum von einer unbeabsichtigten Lücke im Gemeinschaftsrecht ausgegangen werden[680].

c. Die Europäische Grundrechtecharta

In Anbetracht dieser rechtsstaatlich motivierten Kritik an dem gemeinschaftlichen Grundrechtsschutz entwickelte sich die Idee, dass lediglich ein geschriebe-

---

676 Siehe beispielsweise EuGH 5.10.1994, Slg 1994, I-4973, Rn. 94ff. – *Deutschland/Rat*; Huber, EuZW 1997, 517 (517ff.), Stein, EuZW 1998, 261 (261f.); Bahlmann, EuR 1982, 1 (10f.); Bogdandy, JZ 2001, 157 (167f.); a. A. Zuleeg, NJW 1997, 1201 (1201ff.); Zuleeg, EuGRZ 2000, 511 (512); Kischel, EuR 2000, 380 (380ff.); Blanke, Der Grundrechtsschutz des Europäischen Gerichtshofs in Luxemburg, S. 6; Von Danwitz, EWS 2003, 393 (395f.).

677 Magiera, DÖV 2000, 1017 (1018); Ehlers – Calliess, Europäische Grundrechte und Grundfreiheiten, S. 447 (448); Ruffert, EuGRZ 1995, 518 (518).

678 Magiera, DÖV 2000, 1017 (1018); Ehlers – Calliess, Europäische Grundrechte und Grundfreiheiten, S. 447 (448); Ruffert, EuGRZ 1995, 518 (518).

679 Vgl. m.w.N. Stein, Festschrift für Steinberger, S. 1426 (1426ff.); Ehlers – Calliess, Europäische Grundrechte und Grundfreiheiten, S. 447 (448); Bahlmann, EuR 1982, 1 (10f.).

680 Vgl. auch Stein, Festschrift für Steinberger, S. 1426 (1426ff.); Ehlers – Calliess, Europäische Grundrechte und Grundfreiheiten, S. 447 (448); Bahlmann, EuR 1982, 1 (10f.).

ner Grundrechtskatalog geeignet sei, diesem auf Dauer für eine Rechtsgemeinschaft nicht akzeptablen Zustand endgültig abzuhelfen[681].

aa. Entstehungsgeschichte der Charta

Die rechtspolitische Forderung nach einem Katalog geschriebener Gemeinschaftsgrundrechte ist nicht neu[682]. Schon im Jahre 1989 verabschiedete das Europäische Parlament mit der *„Erklärung der Grundrechte und Grundfreiheiten"* erstmals einen entsprechenden umfassenden Katalog[683]. Letzter Anstoß zur Ausarbeitung einer EU-Grundrechtecharta gab jedoch das auf Initiative der deutschen Ratspräsidentschaft vom Europäischen Rat von Köln am 4. Juni 1999 formulierte Mandat für die Erarbeitung einer Charta der Grundrechte, deren Ziel es sein sollte, die überragende Bedeutung der Grundrechte und ihre Tragweite für die Unionsbürger sichtbar[684] zu machen[685]. Darauf hin setzte der Europäische Rat von Tampere am 16. Oktober 1999 ein Gremium, welches sich anlässlich seiner ersten Sitzung den Namen „Konvent" gab, zur Erarbeitung einer solchen Charta ein[686]. Der unter dem Vorsitz von Roman Herzog[687] arbeitende Konvent umfasste 62 Mitglieder. Die Zusammensetzung erfolgte zu drei Viertel aus Parlamentariern und zu etwa einem Viertel aus Vertretern der europäischen Einrich-

681 Bahlmann, EuR 1982, 1 (16f.); Alber/Widmaier, EuGRZ 2000, 497, (499f.); Zuleeg, EuGRZ 2000, 511 (512); Kritisch: Bernhardt, Festschrift für Everling, S. 103 (106.).

682 Vgl. m.w.N. Dorau, Verfassungsfrage der EU, S. 114.

683 Abgedruckt in ABl. 1989, Nr. C 120/51. Vgl. auch Magiera, DÖV 2000, 1017 (1017).

684 So Abs. 4 der Präambel der Charta. Vgl. auch Dorau, Verfassungsfrage der EU, S. 115.

685 Ausführlich zur Vorgeschichte und politischem Hintergrund der Charta sowie zum Verfahren des Konvents: Barriga, Charta der Grundrechte der EU, S. 17ff.; Weber, NJW 2000, 537 (537ff.); Pietsch, ZRP 2003, 1 (1f.); Strawe/Zuegg, ZRP 2000, 365 (365ff.); Baer, ZRP 2000, 361 (361ff.); Molthagen, Das Verhältnis der EU-Grundrechte zur EMRK, S. 9f.; Alber/Widmaier, EuGRZ 2000, 497 (497ff.); Hobe, EuR 2003, 1 (1ff.). Zu den Entscheidungen und der Arbeit des Europäischen Rates von Köln: Schwarze, DVBl. 1999, 1677 (1680f.); Szczekalla, DVBl. 2001, 345 (346f.); Merten/Papier – Stern, Handbuch der Grundrechte Bd. 1, § 1, Rn. 45ff.

686 Barriga, Charta der Grundrechte der EU, S. 22.

687 Nachdem der Europäische Rat dem Konvent selbst die Entscheidung überlassen hatte, ob der Vorsitz permanent oder rotierend geführt werden soll, wählte der Konvent in seiner konstituierenden Sitzung von 17. Dezember 1999 den deutschen Altbundespräsident Roman Herzog zum ständigen Vorsitzenden. Vgl. Charte 4105/00 Body 1.

tungen[688]. Hierdurch wurden folglich neue Wege der Beteiligung nationaler Parlamente und der Öffentlichkeit beschritten, die der Charta eine bislang in dieser Form auf europäischer Ebene nicht erreichte (parlamentarische) Legitimation vermittelten[689]. In weniger als einem Jahr – die Arbeiten des Konvents endeten bereits zehn Monate nach ihrer Aufnahme am 2. Oktober 2000 – gelang es dem Konvent, einen Entwurf einer Grundrechtecharta vorzulegen[690]. Dieser Entwurf bildete, trotz der verhältnismäßig kurzen Erarbeitungsdauer, das Ergebnis eines intensiven Beratungsprozesses. Am 7. Dezember 2000, parallel zum Europäischen Rat von Nizza, konnten dann das Europäische Parlament, der Rat und die Kommission, jeweils vertreten durch ihre Präsidenten, in Nizza feierlich den vom Konvent ausgearbeiteten Text als Charta der Grundrechte der Europäischen Union proklamieren[691].

bb. Materielle Gewährleistungen der Charta

Die insgesamt 54 Artikel der Charta sind in verschiedene Abschnitte gegliedert, so dass ihr eine übersichtliche Struktur verliehen wird. Im Anschluss an die Präambel folgen sieben thematisch zusammengefasste Kapitel. Kapitel I steht unter der Überschrift „Würde des Menschen“, Kapitel II unter „Freiheit“, Kapitel III unter „Gleichheit“, Kapitel IV unter „Solidarität“, Kapitel V unter „Bürgerrechte“, Kapitel VI unter „Justizielle Rechte“ und Kapitel VII schließlich unter „Allgemeine Bestimmungen“[692]. Die Einteilung in diese verschiedenen Kapitel ist dabei jedoch eher als Maßnahme zur Erhöhung der Übersichtlichkeit der Charta

688 Vgl. Baer, ZRP 2000, 361 (363); Pernice, Festschrift für Steinberger, S. 1319 (1333f.); Barriga, Charta der Grundrechte der EU, S. 22; Weber, NJW 2000, 537 (538); Krüger/Polakiewicz, EuGRZ 2001, 92 (93); Grabitz/ Hilf – Pernice/Mayer, Kommentar zur EU, Art. 6 EUV, Rn. 21ff.; Ehlers – Walter, Europäische Grundrechte und Grundfreiheiten, S. 1 (13).

689 So Ehlers – Walter, Europäische Grundrechte und Grundfreiheiten, S. 1 (13); Dorau, Verfassungsfrage der EU, S. 115; Pache, EuR 2001, 475 (484); Barriga, Charta der Grundrechte der EU, S. 26. Einblicke in die Arbeitsweise des Konvents: Szczekalla, DVBl. 2001, 345 (346f.).

690 Charte 4473/00 Convent 49, mit den Änderungen 1/00 Rev. 1. Abgedruckt in EuGRZ 2000, 559ff.

691 Kritisch zu der Charta der Grundrechte der EU u.a. Stein, Festschrift für Steinberger, S. 1424 (1425ff.).

692 Ausführlich zu der Entstehungsgeschichte und den Inhalten der einzelnen Artikel der Grundrechtecharta: Meyer, Kommentar zur Charta der EU; Grabitz/Hilf – Pernice/Mayer, Kommentar zur EU, nach Art. 6 EUV, Rn. 53ff.; Pache, EuR 2001, 475 (476); Barriga, Charta der Grundrechte der EU, S. 68ff.; Grabenwarter, DVBl. 2001, 1 (1ff.); Magiera, DÖV 2000, 1017 (1022ff.); Alber/Widmaer, EuGRZ 2006, 113 (113ff.).

und nicht als Interpretationshilfe der einzelnen Artikel im Lichte der jeweiligen Überschrift zu verstehen.

(1) Fundamentale Freiheitsrechte

Vergleichbar mit dem deutschen Grundgesetz beginnt die Charta in Art. 1 mit einer absoluten Garantie der Menschenwürde. Dies ist ein erster Hinweis auf zwei wesentliche Aspekte des gemeinschaftsrechtlichen Grundrechtsschutzes: Die Abwehrdimension, die auf ein Unterlassen hoheitlicher Handlungen gerichtet ist, und die Schutzdimension der formulierten Grundrechte, die auf einen Schutz vor Grundrechtsbeeinträchtigungen abzielt[693]. Es folgen in weiteren vier Artikeln der Schutz fundamentaler Menschenrechte: das Recht auf Leben, das Recht auf Unversehrtheit, das Folterverbot und das Verbot der Sklaverei und der Zwangsarbeit.

(2) Freiheitsrechte

Kapitel II der Grundrechtecharta formuliert im wesentlichen alle schon aus der EMRK bekannten klassischen Freiheitsrechte. Angefangen etwa bei dem Recht auf Freiheit und – die Schutzdimension der Grundrechte unterstreichend – dem Recht auf Sicherheit, Schutz des Privat- und Familienlebens, dem Datenschutz, Schutz der Ehe und Familie, der Gedanken-, Gewissens- und Religionsfreiheit, der Meinung- und Informationsfreiheit, der Versammlungs- und Vereinigungsfreiheit und der Freiheit der Kunst und Wissenschaft.

(3) Gleichheitsrechte

Kapitel III der Charta umfasst sieben Artikel, die allesamt Gleichheitssätze enthalten. Begonnen wird mit einem allgemeinem Gleichheitssatz, dessen Entwicklung aus den zahlreichen speziellen Diskriminierungsverboten des Gemeinschaftsrechts erfolgte[694] und der den Verfassungsüberlieferungen der Mitgliedstaaten entspricht[695]. Darüber hinaus wird die Vielfalt der Kulturen, Sprachen und Religionen, die Gleichheit von Mann und Frau, die Rechte des Kindes und der älteren Menschen und die Integration von Menschen mit Behinderung sichergestellt.

---

693 Ehlers – Calliess, Europäische Grundrechte und Grundfreiheiten, S. 447 (450); Calliess, Rechtsstaat und Umweltstaat, S. 307ff.

694 Grabitz/Hilf – Pernice/Mayer, Kommentar zur EU, nach Art. 6 EUV, Rn. 163f.

695 Grabenwarter, DVBl. 2001, 1 (2).

(4) Wirtschaftliche und soziale Grundrechte

Das mit „Solidarität“ überschriebene vierte Kapitel der Charta enthält eine Mischung verschiedenster wirtschaftlicher und sozialer Gewährleistungen. Diese Grundrechte sind weitgehend an die der Europäischen Sozialcharta und der Gemeinschaftscharta der Sozialen Grundrechte der Arbeitnehmer angelehnt[696]. So finden sich dort beispielsweise sozialrechtliche Schutzansprüche im Hinblick auf den Arbeitsplatz oder Leistungs- und Teilhaberechte im engeren Sinne[697].

(5) Bürgerrechte

Kapitel V befasst sich mit der Gewährung der „Bürgerrechte“. Allerdings darf die gewählte Überschrift nicht zu der Annahme verleiten, die gewährten Rechte stünden allesamt ausschließlich Unionsbürgern zu. Neben tatsächlichen Unionsbürgerrechten finden sich in diesem Kapitel nämlich auch Menschenrechte und Garantien, die allen in der Union Wohnhaften zustehen. Enthalten ist für alle Unionsbürger ein aktives und passives Wahlrecht zum Europäischen Parlament und zu den Kommunalwahlen der Mitgliedstaaten, das Recht auf eine gute Verwaltung und ein Recht auf Zugang zu Dokumenten. Darüber hinaus wird ein Bürgerbeauftragter und ein Petitionsrecht eingerichtet. Ferner wird die Freizügigkeit, die Aufenthaltsfreiheit und der diplomatische und konsularische Schutz garantiert.

(6) Justizielle Rechte

In Kapitel VI der Charta sind die justiziellen Rechte verbürgt. In Art. 47 bis 50 werden verschiedene Rechte, wie etwa das Recht auf einen wirksamen Rechtsbehelf und ein unparteiisches Gericht, die Unschuldsvermutung und das Verteidigungsrecht und der ne bis in idem – Grundsatz normiert.

(7) Allgemeine Bestimmungen

Kapitel VII schließlich enthält allgemeine Bestimmungen bezüglich des Anwendungsbereiches, der Tragweite der garantierten Rechte, des Schutzniveaus und des Missbrauchsverbotes.

---

696 Pache, EuR 2001, 475 (481).

697 Etwa Art. 29, Art. 34, Art. 35 der Charta.

cc. Rechtsnatur und Verbindlichkeit

Die entscheidende Frage nach der Rechtsnatur der Charta und ihre mögliche Aufnahme in den EU- bzw. EG-Vertrag blieb bis zuletzt unter den Mitgliedstaaten umstritten[698]. Das Europäische Parlament und die Europäische Kommission sprachen sich für einen rechtsverbindlichen Charakter und eine Aufnahme in die Verträge aus[699]. Diese Ansicht vermochte sich jedoch nicht durchzusetzen. Schließlich wurde die Charta vom Europäischen Rat von Nizza feierlich als politische Erklärung, die keinerlei rechtliche Bindungswirkung entfaltet, proklamiert[700]. Mit der Proklamation der Charta verbindet sich demnach zur Zeit nur eine politische Aussage zu gemeinsamen europäischen Grundrechtsstandards. Allerdings wurde die Charta durch den Konvent auf Grund der „als-ob Formel" als Text erarbeitet, dem ohne weiteres rechtliche Verbindlichkeit verliehen werden kann[701].

Nach den Schlussfolgerungen des Rates von Laeken sollte die Stellung der Charta vom Verfassungskonvent erneut geprüft werden[702]. In der Arbeit des Verfassungskonvents einigte man sich nun darauf, dass die Charta – von wenigen Ausnahmen abgesehen – unverändert und vollständig in dem neuen Verfassungsvertrag Europas aufgenommen werden soll[703].

2. Veränderter Grundrechtsschutz seit der Europäischen Grundrechtecharta

Wie gesehen, gab es auch bereits vor Nizza einen durch das Gemeinschaftsrecht gewährleisteten Grundrechtsschutz. Darüber hinaus ist die Grundrechtecharta nicht von rechtsverbindlichem Charakter. Somit bleibt der durch sie gewährleistete Grundrechtsschutz also gegenwärtig und in absehbarer Zukunft weit hinter dem schon vorher bestandenen Grundrechtsschutz zurück. Gleichwohl würde man ihre Bedeutung unterschätzen, ginge man davon aus, dass sie ohne rechtliche

698 Vgl. m.w.N. Ehlers – Calliess, Europäische Grundrechte und Grundfreiheiten, S. 447 (449); Barriga, Charta der Grundrechte in der EU, S. 173.

699 Vgl. Krüger/Polakiewicz, EuGRZ 2001, 92 (93); so auch stellvertretend anstatt vieler Magiera, DÖV 2000, 1017 (1019).

700 Weber, NJW 2000, 537 (538); Pache, EuR 2001, 475 (485); Ehlers – Walter, Europäische Grundrechte und Grundfreiheiten, S. 1 (13).

701 Pernice, Festschrift für Steinberger, S. 1319 (1333ff.); Grabitz/Hilf – Pernice/Mayer, Kommentar zur EU, nach Art. 6 EUV, Rn. 24. Kritisch dazu Szczekalla, DVBl. 2001, 345 (346f.).

702 Die rechtliche Verbindlichkeit kann durch ein Verfahren nach Art. 48 EUV hergestellt werden. Lindner, BayVBl. 2002, 513 (517).

703 Weber, DVBl. 2003, 220 (220ff.); Oppermann, DVBl. 2003, 1234 (1242ff.); Grabenwarter, EMRK, S. 37; Pietsch, ZRP 2003, 1 (2f.).

Auswirkungen für das Unionsrecht, die EMRK und die nationalen Verfassungen bliebe[704]. Schließlich enthält die Charta aktuell die modernste Systematisierung der Grundrechte und kann – gerade wegen ihrer Entstehungsgeschichte – als repräsentativer Ausdruck des gegenwärtigen gemeinschaftlichen Grundrechtsstandards angesehen werden[705].

Dennoch drängt sich die Frage auf, inwieweit sich durch die Proklamation der Grundrechtecharta der Grundrechtschutz der europäischen Bürger verändert hat und welcher Mehrwert möglicherweise dadurch zu erwarten ist.

a. Beachtung durch die EG-Organe

In Bezug auf die EG-Organe zeichnet sich die Tendenz ab, dass sich diese, trotz fehlender Rechtsverbindlichkeit, zur Beachtung der Charta veranlasst sehen[706]. So äußerte sich die Kommission dahingehend, dass es *„kaum denkbar wäre, wenn sie selbst und der Rat bei der Gesetzgebungszuständigkeit eine von ihnen proklamierte Charta ignorieren würden, die auf Wunsch des Europäischen Rates von sämtlichen – in einem Gremium vereinigten – Legitimitätsträgern auf EU- und innerstaatlicher Ebene ausgearbeitet worden ist“*[707]. Darüber hinaus führte Kommissionspräsident *Prodi* anlässlich der Proklamation der Charta aus, dass *„die Kommission alles tun wird, damit sie [die Charta] in allen Angelegenheiten der Europäischen Union eingehalten wird“*[708].

Den obigen Äußerungen wird zusätzlich dadurch Nachdruck verliehen, dass bereits in einigen Erwägungsgründen zu Rechtsakten der EU auf die Charta Bezug genommen wird. Beispielsweise ist dies im 2. Erwägungsgrund der Verordnung Nr. 1049/2001 *„über den Zugang der Öffentlichkeit zu Dokumenten des*

---

704 Vgl. etwa Calliess/Ruffert – Kingreen, Kommentar zum EU-/EG-Vertrag, Art. 6 EUV, Rn. 40b.

705 So Ehlers – Walter, Europäische Grundrechte und Grundfreiheiten, S. 1 (13); Alber, EuGRZ 2001, 349 (349); Molthagen, Das Verhältnis der EU-Grundrechte zur EMRK, S. 18.

706 Alber/Widmaier, EuGRZ 2006, 113 (113ff.). Darüber hinausgehend: Alber, EuGRZ 2001, 349 (349), der sich mit der Frage auseinandersetzt, ob sich die Organe der Europäischen Gemeinschaften durch Selbstbindung dazu verpflichten können, die (noch) unverbindliche Charta dennoch bindend anzuwenden.

707 Mitteilung der Kommission zum Status der Grundrechtecharta der EU, 11.10.2000, Charte 4956/00, S. 6.

708 Rede von Romano Prodi, Präsident der Europäischen Kommission, anlässlich der Proklamation der Grundrechtecharta der EU, abrufbar unter http://europa.eu.int/rapid/start/cgi/guesten.ksh?p_action.gettxt=gt&doc=IP/00/1423|0|RAPID&lg=DE.

Europäischen Parlamentes, des Rates und der Kommission"[709] der Fall. Und auch der 18. Erwägungsgrund des Beschlusses 2002/187 des Rates „*über die Errichtung von Eurojust zur Verstärkung der Bekämpfung der schweren Kriminalität*"[710] verweist auf die Grundrechtecharta der EU.

b. Rechtsprechung des EuGH

Als bloß feierliche Erklärung vermag es die Grundrechtecharta derzeit nicht, den EuGH zu binden. Auch eine Berücksichtigung im Rahmen der Grundrechtsinterpretation ist für den EuGH zumindest rechtlich nicht geboten, da die Charta nicht neben die anderen in Art. 6 Abs. 2 EUV genannten Grundrechtsquellen aufgenommen wurde. Jedoch wurde schon während der Entwurfarbeiten der Charta immer wieder betont, dass auch eine unverbindliche Charta vom EuGH herangezogen werden könne, um von Fall zu Fall eine bestimmte Auslegung der Gemeinschaftsgrundrechte nach Art. 6 Abs. 2 EUV zu bestätigen und zu konkretisieren[711]. Damit wurde der Charta also eine mittelbare Rechtsquelleneigenschaft und Bekräftigungswirkung vorausgesagt[712].

Für diese Annahme sprechen auch folgende Gründe. Zum einen hält die Charta, wie bereits erwähnt, einen Grundrechtskatalog bereit, der die Erfahrungen der EMRK, des EU- und des EG-Vertrages, der Rechtsprechung des EuGH, der nationalen Verfassungen sowie weiterer europäischer Übereinkommen bündelt und so einen Standard des europäischen Grundrechtsschutzes schafft[713]. Folglich machen die Gewährleistungen der Charta weitestgehend das geltende Recht lediglich „greifbar" und „sichtbar". Zum anderen ist der EuGH auch früher schon ähnlich verfahren: So hat er beispielsweise im Fall *Hauer*[714] die Grund-

709 Verordnung (EG) Nr. 1049/2001 des Europäischen Parlaments und des Rates vom 30. Mai 2001 über den Zugang der Öffentlichkeit zu Dokumenten des Europäischen Parlaments, des Rates und der Kommission, ABl. 2001, Nr. L 145, S. 43ff.

710 Beschluss des Rates vom 28. Februar 2002 über die Errichtung von Eurojust zur Verstärkung der Bekämpfung der schweren Kriminalität, ABl. 2002, Nr. L 63, S. 1ff.

711 Vgl. auch Weber, NJW 2000, 538 (538ff.); Alber/Widmaier, EuGRZ 2000, 497 (500ff.); Grabenwarter, DVBl. 2001, 1 (11ff.); Pache, EuR 2001, 475 (486); Grabenwarter, DVBl. 2001, 1 (11ff.); Alber, EuGRZ 2001, 349 (351).

712 Grabenwarter, VVDStRL 60 (2001), 290 (342); Pache, EuR 2001, 474 (477).

713 So Ehlers – Walter, Europäische Grundrechte und Grundfreiheiten, S. 1 (13).

714 EuGH 13.12.1979, Slg. 1979, 3727 (3744/Rn. 15) – *Hauer*.

rechtserklärung der Gemeinschaftsorgane von 1977[715] in seine Begründung mit einbezogen.

Bewahrheitet hat sich diese Prognose bereits heute: Zwar hat der EuGH bis jetzt davon abgesehen, die Charta ausdrücklich als zusätzlichen Beleg für den Nachweis geltender Rechtsgrundsätze zu zitieren. Immer öfter jedoch ziehen die Generalanwälte des Europäischen Gerichtshofs in ihren Stellungnahmen zu Verfahren die Charta heran, um ein mit den altbekannten Rechtsquellen gefundenes Ergebnis zu bestätigen[716]. In den Jahren 2001 und 2002 hat erstmals auch das Europäische Gericht erster Instanz in den Fällen *Mannesmann Röhrenwerke*[717] und *max.mobil Telekommunikation Service GmbH gegen die Kommission der EG*[718] die Charta zum Zwecke der Bestätigung (Bekräftigungswirkung) der von ihm aus den gemeinsamen Verfassungsüberlieferungen der Mitgliedstaaten ermittelten Gemeinschaftsgrundrechte herangezogen[719].

c. Rechtsprechung des EGMR

Weiterhin hat auch der EGMR, natürlich ohne dazu rechtlich verpflichtet zu sein, die Charta in seiner Rechtsprechung berücksichtigt.

In diesem Zusammenhang hervorzuheben ist zunächst der Fall *Hatton*[720]. In einem separaten Votum wurde dort auf Art. 37 GRC, der das Recht auf Umweltschutz[721] verbürgt, hingewiesen, um zu verdeutlichen, dass zwar zur Zeit der Entstehung der EMRK ein Recht auf Umweltschutz noch nicht spruchreif war, dieses sich jedoch offensichtlich im Laufe der Jahre geändert habe. Noch weitergehend ist die Entscheidung des EGMR *Christine Godwin gegen Vereinigtes König-*

---

715 *„Gemeinsame Erklärung des Europäischen Parlaments, des Rates und der Kommission betreffend die Achtung der Grundrechte sowie der Europäischen Konvention zum Schutz der Menschenrechte und Grundfreiheiten."* Abgedruckt in Abl. 1977, Nr. C 103, S. 1.

716 M.w.N. Alber, EuGRZ 2001, 349 (352); Weber, DVBl. 2003, 220 (220); Ehlers – Walter, Europäische Grundrechte und Grundfreiheiten, S. 1 (13); Blanke, Der Grundrechtsschutz des Europäischen Gerichtshofs in Luxemburg, S. 2.

717 EuG 20.2.2001, Slg. 2001, II-729 (729ff./ Rn. 76) – *Mannesmann Röhrenwerke.*

718 EuG 30.1.2002, EuZW 2002, 186 (186ff./Rn. 48) – *max.mobil Telekommunikation Service GmbH.*

719 Vgl. auch EuG 13.1.2004, Rs. T-67/01, Ziff. 36 – *JCB Service u.a. ./. Kommission.*

720 EGMR 2.10.2001, Hatton ./. U.K., Application Number 36022/97.

721 In Art. 37 GRC wird allerdings kein individuelles Grundrecht auf Umweltschutz formuliert. Vielmehr handelt es sich um einen allgemeinen Grundsatz mit bloßem Zielcharakter. Vgl. Barriga, Die Entstehung der Charta der Grundrechte der Europäischen Union, S. 132.

reich[722] aus dem Jahre 2002. In dieser verglich der Gerichtshof den Wortlaut des Art. 12 EMRK mit dem des Art. 9 GRC. Den Umstand, dass Art. 9 GRC im Gegensatz zur Regelung der EMRK in Bezug auf das Recht zu Heiraten und zur Gründung einer Familie nicht spezifisch von „Mann und Frau" spricht, wertete der Gerichtshof als Indiz dafür, dass seit Verabschiedung der EMRK Anfang der fünfziger Jahre „*major social changes in the institution of marriage*" stattgefunden haben.

Denkbare Gründe für eine Berücksichtigung der Charta durch den EGMR sind damit die nochmalige Bestätigung eines bereits gefundenen Ergebnisses oder die Heranziehung der Charta als Richtmaß für einen europäischen Grundrechtsstandard[723]. Jenseits der förmlichen Verbindlichkeit hat die Charta damit dennoch nicht unerhebliche Auswirkungen auf das Rechtssystem der EMRK[724].

d. Rechtsprechung der nationalen Verfassungsgerichte

Endlich haben auch die nationalen Verfassungsgerichte die Charta der Grundrechte der EU als zusätzliche Erkenntnis- oder Interpretationsquelle herangezogen[725]. Darüber hinaus könnte sie den nationalen Gerichten auch als deutliches Anzeichen dafür dienen, dass nun auch auf Gemeinschaftsebene ein ausreichender, dem nationalen Schutzniveau entsprechender, Grundrechtsschutz vorhanden ist[726].

3. Ergebnis

Folglich wäre es kurzsichtig davon auszugehen, dass die Charta der Grundrechte, da (noch) unverbindlich, keine Bedeutung für das Recht der EMRK, der Union und der nationalen Rechtsordnungen hat. Vielmehr ist ihr schon jetzt ein nicht mehr zu übersehender Einfluss auf die verschiedenen Rechtskreise zuzusprechen.

---

722 EGMR 11.7.2002, Godwin ./. Vereinigtes Königreich, Application Number 28957/95, Ziff. 58.

723 So schon Grabenwarter, VVDStRL 60 (2001), 290 (344).

724 So auch Grabenwarter, VVDStRL 60 (2001), 290 (343).

725 So beispielsweise der Österreichische Verfassungsgerichtshof in einem Vorlagebeschluss vom 12.12.2000 an den EuGH, EuGRZ 2001, 83 (83ff.). Vgl. auch m.w.N. Weber, DVBl. 2003, 220 (221); Alber, EuGRZ 2001, 349 (349).

726 So Grabenwarter, VVDStRL 60 (2001), 290 (343).

II. Einfluss der EMRK auf den Inhalt der Grundrechtecharta

Fragt man nach dem Einfluss, den die EMRK auf die Charta der Grundrechte der EU genommen hat, so zeigt schon die Betrachtung ihrer Entstehungsgeschichte und die Analyse ihres Wortlautes[727], dass die EMRK für wesentliche Teile der Charta als Vorbild gedient hat[728]. Beispielsweise haben etwa die Hälfte der materiell-rechtlichen Bestimmungen der Charta ihren Ursprung in der EMRK oder in der Rechtsprechung des EGMR[729].

1. Der EMRK entnommene Gewährleistungen

Ganz wesentlich von der EMRK und ihren Zusatzprotokollen beeinflusst, wurden die Gewährleistungen der Kapitel I (Würde des Menschen), Kapitel II (Freiheiten) und Kapitel VI (Justizielle Rechte). Dort finden sich nahezu sämtliche Artikel der Konvention und ihrer Zusatzprotokolle wieder. Teilweise sind die Rechte der EMRK dabei sogar wortgleich in die Charta übernommen worden[730], großteils sind sie jedoch „nur" auf diese gestützt[731]. Wichtigste Ausnahmen davon bilden lediglich Art. 1 GRC, der die Würde des Menschen verankert, und Art. 8 GRC, der das Recht auf Datenschutz enthält. Diese grundrechtlichen Verbürgungen werden gerade nicht von der EMRK geschützt. Aber als Lücke empfunden und auf der Suche nach dem „optimalsten" Grundrechtschutz für die Europäische Union, sind diese nach Verhandlung im Konvent in die Reihe der Rechte der Charta aufgenommen worden[732].

---

727 Ausführlich zu der Entstehungsgeschichten, den Vorbildern und dem Inhalt der einzelnen Artikel: Barriga, Charta der Grundrechte der EU, S. 65ff.; Grabitz/Hilf – Pernice/Mayer, Kommentar zur EU, nach Art. 6 EUV, Rn. 53ff.; Ehlers – Calliess, Europäische Grundrechte und Grundfreiheiten, S. 447 (459ff.).

728 Ebenso u.a. Meyer – Borowsky, Kommentar zur Charta der EU, Vorbemerkung Art. 1, Rn. 5; Baer, ZRP 2000, 361 (362f.); Grabenwarter, EMRK, S. 37; Grabenwarter/Pabel, Grundrechtsschutz in der Rechtsprechung des EuGH und des EGMR, S. 2.

729 Beispielsweise Art. 1, Art. 3, Art. 8 der Charta. Vgl. Callewaert, EuGRZ 2003, 198 (198).

730 Art. 4 der Charta stützt sich auf den wortgleichen Art. 3 EMRK.

731 Art. 6 der Charta stützt sich auf Art. 5 EMRK; Art. 7 der Charta auf Art. 8 EMRK, Art. 9 der Charta auf Art. 12 EMRK und Art. 48 stützt sich auf Art. 6 Abs. 2 und 3 EMRK.

732 Vgl. Baer, ZRP 2000, 361 (363); Barriga, Charta der Grundrechte der EU, S. 70f./83f.; Grabenwarter, DVBl. 2001, 1 (2ff.).

2. Von der EMRK beeinflusste Gewährleistungen

Bei Betrachtung der einzelnen Charta-Rechte, die zumindest auch von der EMRK beeinflusst wurden, ist zunächst auffällig, dass in die Charta auch grundrechtliche Gewährleistungen aufgenommen wurden, die lediglich in solchen Zusatzprotokollen zur EMRK zu finden sind, die nicht von allen EU-Mitgliedstaaten ratifiziert wurden. Dazu gehört etwa das Verbot von Kollektivausweisungen (Art. 19 GRC) und das Verbot ne bis in idem (Art. 49 GRC). Ferner gehen die Schutzbereiche der Charta-Rechte teilweise weiter, als aus der EMRK bekannt. Beispielhaft dafür ist etwa der Art. 46 Abs. 2 GRC, bei dem ein Wegfall der Schutzbereichsbegrenzung für die Gerichtsgarantie des Art. 6 EMRK zu sehen ist, die Einbeziehung der beruflichen Aus- und Weiterbildung in Art. 14 GRC, der das Recht auf Bildung gewährleistet, und die Weiterentwicklung des Diskriminierungsverbots zu einem allgemeinen Gleichheitssatz, verankert in Art. 20 und 21 GRC.

3. Einbeziehung der Rechtsprechung des EGMR

Der Einfluss der EMRK ist aber noch tiefgehender: In der Präambel der Charta wird im fünften Erwägungsgrund neben der EMRK und den anderen Rechtsquellen, mithin den gemeinsamen Verfassungstraditionen, dem Vertrag über die Europäischen Union, den Gemeinschaftsverträgen und der Sozialcharta, auch die Rechtsprechung des EGMR als konstituierendes Element des Inhalts der Gemeinschaftsgrundrechte anerkannt[733]. So einbezogen kann die Auslegung der Charta von Anfang an auf eine umfassende Rechtsprechung des EGMR zurückgreifen, die in großen Teilen unmittelbar auf die Gewährleistungen der Charta übertragbar sein wird. Dies entkräftet auch den Einwand der Rechtsunsicherheit bei Anwendung der Charta und ermöglicht der EMRK und der Rechtsprechung des EGMR einen wesentlichen Einfluss auf die Charta und das Recht der Europäischen Union, unabhängig von ihrem zukünftigen rechtlichen Schicksal[734].

III. Einfluss der Europäischen Grundrechtecharta auf den Inhalt der EMRK

Bemerkenswert ist, dass im Zuge der Diskussion um eine eigenständige Charta der Grundrechte der EU mittlerweile aus den Reihen der Parlamentarischen Ver-

---

733 Ehlers – Walter, Europäische Grundrechte und Grundfreiheiten, S. 1 (13); Alber/Widmaier, EuGRZ 2000, 497, (499f.).

734 Ebenso Grabenwarter, EMRK, S. 38; Peters, EMRK, S. 31; kritisch: Baer, ZRP 2000, 361 (362).

sammlung des Europarates die Forderung nach einer Revision der EMRK erhoben wurde. Angeregt durch die Überlegungen zu der europäischen Grundrechtecharta sollen nun auch die möglicherweise „eingestaubten“ Gewährleistungen der EMRK den Bedürfnissen und Erkenntnissen der heutigen Zeit angepasst werden. Damit vermag also nicht nur der „alt gediente Veteran“ Einfluss auf den „Neuling“ zu nehmen, sondern auch durchaus umgekehrt, der „Neuling“ auf „den alt gedienten Veteran“.

1. Empfehlungsantrag zur Revision der EMRK

In der Parlamentarischen Versammlung des Europarates vom 17. April 2000 wurde ein Empfehlungsantrag, betreffend die Revision der EMRK, eingebracht[735]. Sein Ziel soll gerade die Anpassung der vor 50 Jahren geschlossenen EMRK an die heutigen Bedürfnisse sein[736]. Gefordert wird, dass 1. die Menschenwürde explizit als Fundament der Menschenrechte Erwähnung findet, 2. das Recht auf freien Wahlen mit einem weiteren Anwendungsbereich festgeschrieben wird, 3. ein Asylrecht vorgesehen wird, 4. das Recht auf Schutz vor Umweltschäden festgelegt wird, 5. das Recht auf Bildung garantiert und 6. das Recht des Einzelnen auf Datenschutz normiert wird.

2. Einfluss der Charta der Grundrechte

Dass diese Liste der Neuerungsforderungen klar von den Bestimmungen der neuen Grundrechtecharta der EU beeinflusst wurde, lässt sich bereits oberflächlich daran festmachen, dass es sich bei den genannten Forderungen allesamt um Garantien handelt, die nunmehr in die Charta der EU aufgenommen wurden. Gerade die zur Charta gewonnenen Erkenntnisse waren damit Anstoß der Entwicklung. Dies soll hier anhand der Forderung nach Aufnahme der Achtung der Menschenwürde in die EMRK noch verdeutlicht werden:

Die Garantie der Menschenwürde fand sich bereits im ersten Textentwurf der Grundrechtecharta, den das Präsidium dem Konvent unterbreitete[737]. Es folgten einige Debatten über den genauen Wortlaut des beabsichtigten Artikels[738]. Letztlich setzte sich die Verankerung der Garantie der Menschenwürde im Text der

---

735 Vgl. Doc. 8728 der Parlamentarischen Versammlung des Europarates vom 17. April 2000. *„Revision or preparation of an additional protocol to the European Convention on Human Rights to adapt it to current needs"*.

736 Vgl. u.a. auch Alber/Widmaier, EuGRZ 2000, 497 (500).

737 Vgl. Charte 4123/1/00 Rev 1 Convent 5.

738 Vgl. etwa Charte 4149/00 Convent 13; Charte 4284/00 Convent 28; ausführlich zu Art. 1: Meyer – Borowsky, Kommentar zur Charta der EU, Art. 1.

Charta in einer Fassung, die nahezu identisch mit Art. 1 Abs. 1 des Bonner Grundgesetzes ist, durch: *„Die Würde des Menschen ist unantastbar. Sie ist zu achten und zu schützen“*[739]. Im Zentrum der Diskussion um diesen Artikel stand allerdings weniger sein Wortlaut, als vielmehr die Frage, ob es überhaupt einer expliziten Verankerung der Menschenwürde in der Charta bedarf. Vor allem die Regierungsbeauftragten des Vereinigten Königreichs, Schwedens und Spaniens lehnten die Konzeption eines eigenen Rechts auf Menschenwürde ab. Als Argument diente ihnen der Hinweis, dass es sich dabei lediglich um einen allgemeinen Grundsatz handele, der schließlich weder in der EMRK noch an einer anderen Stelle im Recht der EU zu finden sei[740]. Die Mehrheit der Konventionsmitglieder befürwortete jedoch die Verankerung des Rechts auf Menschenwürde in der neuen Grundrechtcharta[741]. Dabei ging man bewusst über den Standard der EMRK hinaus. Art. 3 EMRK enthält zwar im gewissen Sinne eine Gewährleistung der Menschenwürde, diese wird aber erst ab einer bestimmten Schwere des Eingriffs wirksam[742]. Der Konventspräsident Roman Herzog[743] verdeutlichte den Mitgliedern des Konventes, dass es für ein umfassendes Schutzniveau notwendig sei, dass Art. 1 der Charta bereits bei einer niedrigeren Eingriffsschwere als in Art. 3 EMRK Anwendung finde[744].

3. Würdigung

Auf der Suche nach dem „optimalsten“ Grundrechtsschutz[745] für die EU wurden also auch die bereits bestehenden Schutzsysteme einer erneuten Prüfung unterzogen. Zwar stand maßgeblich der neue Vertragstext im Vordergrund der Überlegungen, en passant wurden aber gleichzeitig Lücken in den Gewährleistungen der EMRK, wie z.B. der unzureichende Schutz der Menschenwürde in der EMRK, aufgedeckt, die möglicherweise ohne derartige Überlegung nie in dieser Deutlichkeit ans Tageslicht getreten wären. Derart auf bestehende Defizite aufmerk-

739 Art. 1 der Charta.

740 Vgl. Charte 4332/00 Convent 35.

741 Vgl. Barriga, Charta der Grundrechte der EU, S. 71.

742 Vgl. EGMR 18.1.1978, Irland ./. Vereinigtes Königreich, A 25, Ziff. 162.

743 Vgl. Charte 4105/00 Body 1.

744 Barriga, Charta der Grundrechte der EU, S. 71.

745 Ehlers – Walter, Europäische Grundrechte und Grundfreiheiten, S. 1 (13); Alber/Widmaier, EuGRZ 2000, 497, (499f.); Baer, ZRP 2000, 361 (363). Diese verweist darauf, dass zwar eine Charta auf dem neuesten Stand gefordert wurde, jedoch auch berücksichtigt werden müsse, dass die Europäische Union wegen vielfach fehlender Kompetenzen gar nicht in der Lage gewesen sei, alle geforderten Rechte zu gewähren und zu garantieren.

sam gemacht, ist es damit nur logisch, dass die Charta zu einem Vorbild für das alten System, wie es noch in der EMRK niedergelegt ist, werden konnte.

IV. Verhältnis der EMRK zur Europäischen Grundrechtecharta

Art. 52 und 53 GRC befassen sich mit der Frage nach dem Verhältnis zwischen der EMRK und der Grundrechtecharta der EU[746]. Ziel beider Artikel ist es, für den Konfliktfall zwischen Konvention und Charta eine geeignete Regelung zu treffen. Zwar wird entscheidend für ihre Bedeutung sein, ob die Charta jemals Verbindlichkeit erlangen sollte[747]. So ist vor allen Dingen für das Verhältnis zwischen EMRK und Charta bedeutsam, welche rechtliche Qualität letztere in Zukunft erlangen wird und wie die Frage des Verhältnisses zwischen EGMR und EuGH – etwa durch ein Vorlageverfahren oder durch einen Beitritt der EU zur EMRK – institutionell verfahrensrechtlich gelöst wird. Jedoch sollte nicht vergessen werden, welche Bedeutung der Charta heute schon – auch ohne rechtliche Verbindlichkeit – zukommt. Sie ist ein von allen Entscheidungsorganen der EU feierlich verkündeter Text, der einen gemeinschaftsrechtlichen Mindeststandard erklärt und daher zukünftig schwer zu umgehen sein wird[748].

1. Regelung des Art. 52 Abs. 3 GRC

Mit Art. 52 Abs. 3 GRC[749] soll die notwendige Kohärenz zwischen der Charta und der EMRK geschaffen werden. Ziel ist, jede Gefährdung der Rechtssicher-

---

746 Ausführlich zu den Art. 52 und 53 und den damit verbunden Problemen u.a.: Krüger/Polakiewicz, EuGRZ 2001, 92 (92ff.); Callewaert, EuGRZ 2003, 198 (198); Grabenwarter, Festschrift für Steinberger, S. 1129 (1139ff.); Pache, EuR 2001, 475 (492ff.); Grabenwarter, EMRK, S. 38ff.; Grabenwarter, VVDStRL 60 (2001), 290 (340ff.); Grabenwarter, EuGRZ 2004, 563 (563ff.).

747 Grabenwarter, VVDStRL 60 (2001), 290 (340).

748 Im Ergebnis auch Callewaert, EuGRZ 2003, 198 (199), der davon ausgeht, dass es speziell für die Wirkung von Art. 52 Abs. 3 im Ergebnis weitgehend unerheblich ist, ob die Charta förmlich rechtsverbindlich wird oder nicht.

749 Artikel 52 Abs. 3 der Charta [Tragweite der garantierten Rechte]:
„So weit diese Charta Rechte enthält, die den durch die Europäische Konvention zum Schutze der Menschenrechte und Grundfreiheiten garantierten Rechten entsprechen, haben sie die gleiche Bedeutung und Tragweite, wie sie ihnen in der genannten Konvention verliehen wird. Diese Bestimmung steht dem nicht entgegen, dass das Recht der Union einen weiter gehenden Schutz gewährt.“

heit durch eine ungenügende Abstimmung der Charta mit der EMRK zu vermeiden[750].

Art. 52 Abs. 3 betrifft jene in der Charta enthaltenen Rechte, die den durch die EMRK garantierten Rechten entsprechen[751]. Diesen soll die gleiche Bedeutung und Tragweite einschließlich der zugelassenen Einschränkungen[752] zukommen, wie in der EMRK und in ihren Protokollen[753]. Daraus ergibt sich insbesondere, dass der Gesetzgeber bei der Feststellung von Einschränkungen dieser Rechte die gleichen Normen einhalten muss, die in der ausführlichen Regelung der Einschränkungen der EMRK vorgesehen sind, ohne dass dadurch die Eigenständigkeit des Gemeinschaftsrechts und des EuGH berührt wird. Die Bedeutung und Tragweite der garantierten Rechte werden nicht nur durch den Wortlaut dieser Vertragswerke, sondern auch durch die Rechtsprechung des EGMR und des EuGH bestimmt[754]. Damit soll der Union die Möglichkeit gegeben werden, für einen weitergehenden Schutz zu sorgen[755].

---

750 Callewaert, EuGRZ 2003, 198 (198).

751 Diese Regelung wirft die Frage auf, wann ein Recht der Charta einem Recht im Sinne des Art. 52 Abs. 3 der Charta „entspricht", mit der Konsequenz, dass der Gewährleistungsinhalt der EMRK maßgeblich sein soll. Vgl. u.a. Ehlers – Calliess, Europäische Grundrechte und Grundfreiheiten, S. 447 (455). Eine Übersicht der Artikel der Charta, die nach den Erläuterungen des Konvents zur Charta (Dok. Charte 4487/00 Convent 50) dieselbe Bedeutung und Tragweite wie die entsprechenden Artikel der EMRK haben, kann der Internetseite http://www.europarl.eu.int/charter/pdf/04473_de.pdf bzw. Meyer – Borowsky, Kommentar zur Charta der EU, Art. 52, Rn. 32ff., entnommen werden. Ausführlich zu dieser Problematik: Grabenwarter, Festschrift für Steinberger, S. 1129 (1135f.).

752 Damit sind sowohl der Schutzbereich als auch die Schranken von Grundrechten erfasst. Ebenso Grabenwarter, DVBl. 2000, 1 (2); Barriga, Charta der Grundrechte der EU, S. 157; Molthagen, Das Verhältnis der EU-Grundrechte zur EMRK, S. 78.

753 In den Erläuterungen des Konvents zum Text der Charta (Doc. Charte 4487/00 Convent 50) heißt es pauschal, dass sich die Regelung des Art. 52 Abs. 3 der Charta auch auf die Zusatzprotokolle der EMRK bezieht. Anders dagegen Grabenwarter, DVBl. 2001, 1 (2), der mit Blick auf den fünften Erwägungsgrund in der Präambel die besseren Gründe dafür sieht, den Verweis auf die EMRK nur auf die von allen Mitgliedstaaten ratifizierten Zusatzprotokolle Nr. 1 und 6, nicht aber auf das 4. und das 7. Zusatzprotokoll zu beziehen, da insoweit kein allgemeiner Rechtsgrundsatz des Gemeinschaftsrechts besteht. Vgl. zu dieser Problematik die Ausführungen zu Art. 6 Abs. 2 EUV in Kapitel 4 A I dieser Arbeit.

754 So die Erläuterungen des Konvents zur Charta (Doc. Charte 4487/00 Convent 50), abrufbar unter http://www.europarl.eu.int/charter/pdf/04473_de.pdf. Vgl. auch Callewaert, EuGRZ 2003, 198 (198).

755 So auch Grabenwarter, VVDSTRL 60 (2001), 290 (341).

2. *Regelung des Art. 53 GRC*

Demgegenüber sieht der dem Art. 53 EMRK nachgebildete Art. 53 der Charta[756] vor, dass keine Bestimmung der Charta als eine Einschränkung oder Verletzung von Menschenrechten und Grundfreiheiten auszulegen ist, wie sie u.a. in der EMRK sowie in den Verfassungen der Mitgliedstaaten anerkannt werden[757].

Zweck dieser Bestimmung ist die Aufrechterhaltung des durch das Recht der Union, das Recht der Mitgliedstaaten und das Völkerrecht in seinem jeweiligen Anwendungsbereich gegenwärtig gewährleisteten Schutzniveaus. Aufgrund ihrer herausragenden Bedeutung für den Menschenrechtsschutz in Europa findet die EMRK ausdrücklich in der Aufzählung Erwähnung. Der durch die Charta gewährte Schutz darf unter keinen Umständen geringer sein als der, der durch die EMRK gewährt wird. Dies bedeutet, dass die in der Charta vorgesehene Einschränkungsregelung nicht unter dem in der EMRK vorgesehenen Niveau liegen darf[758]. Die Charta soll sich demnach auf die existierenden höheren Standards nicht auswirken und Art. 53 schützt somit davor, dass die Charta zur interpretatorischen Verringerung des Grundrechtsstandards herangezogen wird[759].

756 Artikel 53 der Charta [Schutzniveau]:
„Keine Bestimmung dieser Charta ist als eine Einschränkung oder Verletzung der Menschenrechte und Grundfreiheiten auszulegen, die in dem jeweiligen Anwendungsbereich durch das Recht der Union und das Völkerrecht sowie durch die internationalen Übereinkommen, bei denen die Union, die Gemeinschaft oder alle Mitgliedstaaten Vertragsparteien sind, darunter insbesondere die Europäische Konvention zum Schutze der Menschenrechte und Grundfreiheiten, sowie durch die Verfassungen der Mitgliedstaaten anerkannt werden."

757 Zum Problem mehrpoliger Grundrechtsverhältnisse: Grabenwarter, VVDStRL 60 (2001), 290 (340f.); Grabenwarter, EMRK, S. 38f.; Grabenwarter, Festschrift für Steinberger, S. 1129 (1139ff.); Grabenwarter/Pabel, Grundrechtsschutz in der Rechtsprechung des EuGH und des EGMR, S. 8ff.; Krüger/Polakiewicz, EuGRZ 2001, 92 (99) mit Verweis auf die Ausführungen Grabenwarters. Diese gehen i.E. davon aus, dass sich auch im Bereich der mehrpoligen Grundrechtsverhältnisse der Maßstab der EMRK durchsetzten wird. A.A. Ehlers – Calliess, Europäische Grundrechte und Grundfreiheiten, S. 447 (455/Fußnote 65). Dieser geht davon aus, dass dabei übersehen werde, dass sich das Günstigkeitsprinzip nicht auf das gesamte mehrpolige Grundrechtsverhältnis, sondern immer nur auf dessen Teile in Form des einzelnen Grundrechts beziehe, so dass es in mehrpoligen Grundrechtsverhältnissen gar nicht zu einem unauflöslichen Widerspruch kommen könne.

758 So die Erläuterungen des Konvents zur Charta (Doc. Charte 4487/00 Convent 50), abrufbar unter http://www.europarl.eu.int/charter/pdf/04473_de.pdf.

759 Meyer – Borowsky, Kommentar zur Charta der EU, Art. 53, Rn. 11f.

3. Würdigung

Im Ergebnis sind damit drei verschiedene Günstigkeitsprinzipien festgelegt worden: erstens jenes aus Art. 52 Abs. 3 GRC zugunsten eines weiterreichenden Schutzes im Unionsrecht; zweitens jenes aus Art. 53 GRC zugunsten von Unionsgrundrechten, von EMRK-Rechten sowie von nationalstaatlichen Grundrechten; und drittens das für die Konventionsstaaten in Art. 53 EMRK verankerte Günstigkeitsprinzip, das sich auch auf günstigere Rechte nach Unionsrecht erstreckt[760]. Sichergestellt werden soll, dass lückenlos der jeweils höchste Grundrechtsstandard im Vergleich der drei Grundrechtskreise zum Tragen kommt. (Mindest)Ziel ist, dass der (Mindest)Standard der EMRK in jedem Fall gewahrt wird[761].

Vor allen Dingen Art. 52 Abs. 3 GRC bewirkt hinsichtlich der EMRK damit jetzt schon eine nicht unerhebliche Veränderung des Grundrechtschutzes. Die Stellung der EMRK wächst von einer reinen Auslegungshilfe zur Ermittlung von allgemeinen Rechtsgrundsätzen des Gemeinschaftsrechts nach Art. 6 Abs. 2 EUV zum – zumindest in ihren von der Charta übernommenen Teilen – verbindlichen Referenzpunkt bzw. mittelbaren Bestandteil des EU-Rechts, indem sie nunmehr einen für das EU-Recht verbindlichen Mindeststandard darstellt. Im Ergebnis ist damit die EMRK nicht mehr „nur" Rechtserkenntnisquelle, sondern wird zu einer indirekten Rechtsquelle.

V. Ergebnis

Mit der Grundrechtecharta der EU, die zwar (noch) nicht verbindlich ist, wird der Einfluss der EMRK auf die Grundrechtsordnung also noch intensiver. So zeigt die Entstehungsgeschichte und der verabschiedete Wortlaut der Charta deutlich, dass die EMRK bei ihrer Entwicklung maßgeblich war. Auch Art. 53 GRC stellt die herausragende Bedeutung der EMRK noch einmal klar, indem er einen direkten Bezug der Charta zu den Garantien der EMRK herstellt und letztere als Orientierungspunkt bei Auslegung der Charta im Sinne eines Mindestschutzniveaus festlegt.

---

760 Ebenso Grabenwarter, EMRK, S. 39.

761 Ehlers – Calliess, Europäische Grundrechte und Grundfreiheiten, S. 447 (455); Grabenwarter, EMRK, S. 38f.; Krüger/Polakiewicz, EuGRZ 2001, 92 (99); Grabenwarter, VVDStRL 60 (2001), 290 (340f.).

C. Gibt die EMRK auf europäischer Ebene einen Konstitutionalisierungsanstoß?

Wie gesehen beeinflusst die EMRK maßgeblich die Grundrechtsentwicklung im Rahmen der Europäischen Union. Dies zeigte sich in mannigfaltiger Weise: Angefangen bei der Achtung der Gewährleistungen der EMRK in der Rechtsprechung des EuGH, über die vertragsrechtliche Verankerung dieser Rechtsprechung in Art. 6 Abs. 2 EUV, die (mittelbare) Kontrolle des Gemeinschaftsrechts durch den EGMR und die dadurch vermittelte (mittelbare) Bindung des EU-Rechts an die EMRK, bis hin zur Entstehungsgeschichte und Inhalt der Charta der Grundrechte der EU, über deren Garantien die EMRK erneut Einfluss auf das Unionsrecht erlangt.

Die EMRK dient dem Unionsrecht dabei immer als Orientierung: Der von ihr gesetzte Maßstab darf niemals unterschritten werden, an ihm orientiert sich die Rechtsprechung des EuGH und er diente bei Entwicklung der Grundrechtecharta als Ausgangspunkt. So stellt sie einen für das Unionsrecht verbindliche Mindeststandard dar.

Folglich mag formal gesehen der EMRK im Rahmen des Unionsrechts, mangels unmittelbarer Bindung der Union an diese, zwar immer noch die Stellung einer „Rechtserkenntnisquelle" zu kommen, faktisch hat sie aber längst das gesamte Unionsrecht durchdrungen und ist verbindlicher Referenzpunkt und bzw. mittelbarer Bestandteil desselben geworden, so dass sie bereits „*eine Funktion erfüllt, die der eines formell anerkannten Grundrechtskatalogs gleichkommt*"[762].

---

762 So Iglesias, Festschrift für Bernhardt, S. 1269 (1280).

5. Kapitel: Die EMRK und die einzelnen nationalen Grundrechtsverfassungen – eine vergleichende Analyse der Situation in Westeuropa und Ost- und Mitteleuropa

Die EMRK nimmt nicht nur entscheidenden Einfluss auf anderes Völkerrecht, insbesondere das Recht der Europäischen Union. Vielmehr durchdringt sie Dank ihrer Funktion als europäische Grundrechtsverfassung und ihrer daraus resultierenden herausragenden Bedeutung innerhalb der völkerrechtlichen Menschenrechtsabkommen auch die nationalen Rechtsordnungen.

Hierbei sind die denkbaren Wege, auf denen die EMRK Einfluss auf die nationalen Grundrechtsverbürgungen nehmen kann, weitgefächert: Zunächst kommt der EMRK eine Modellfunktion bei Verfassungsneubildungen zu. Darüber hinaus nimmt die EMRK als abstrakt-generelle Norm Einfluss auf bereits bestehende nationale Grundrechtsverbürgungen. Schließlich ist auch die Rechtsprechung des EGMR nicht ohne Bedeutung für die nationalen Rechtsordnungen. Zum einen übernimmt der EGMR in den Konventionsstaaten die Funktion eines „Quasi-Verfassungsgerichts". Zum anderen entfalten die Entscheidungen des EGMR (mittelbare) Wirkung innerhalb der nationalen Rechtsordnungen.

Diese vielfältigen Möglichkeiten der Einflussnahme sind nun Gegenstand der folgenden Untersuchung. An ausgewählten Stellen soll hierbei – neben den Verfassungen der westeuropäischen Demokratien – immer wieder exemplarisch auf bestimmte Verfassungen Ost- und Mitteleuropas eingegangen werden.

A. Vorbildfunktion der EMRK für die nationale Verfassungsbildung

Zunächst stellt sich die Frage nach der möglicherweise gegebenen Vorbildfunktion der EMRK für die nationale Verfassungsbildung. Dabei erscheint an dieser Stelle der Untersuchung eine Fokussierung auf die Verfassungen der ost- und mitteleuropäischen Staaten sinnvoll.

Im Jahre 1989 erfolgte in den bis zu diesem Zeitpunkt kommunistischen Staaten ein historischer Umbruch, der auch das dortige Grundrechtsverständnis nicht unberührt ließ: Ausgehend von der damaligen Sowjetunion wandten sich die ost- und mitteleuropäischen Staaten der westlichen Verfassungsstaatlichkeit zu und überwanden damit das seit mehr als vier Jahrzehnten dort vorherrschenden Ideengut des Marxismus-Leninismus. Damit ereignete sich dort *„200 Jahre nach der französischen Revolution"* erneut *„eine konstitutionelle Zeitwende"*[763].

Anders als die Verfassungen der westeuropäischen Staaten, die – abgesehen von einigen Ausnahmen[764] – meist bereits vor Ratifizierung der EMRK existierten und somit allenfalls nachträglich von ihr beeinflusst wurden, begleitete nun die EMRK die Entstehung der neuen Verfassungen Ost- und Mitteleuropas. Folglich ist eine Untersuchung des Einflusses der EMRK auf das nationale Verfassungsrecht dieser jungen Demokratien wesentlich fruchtbarer. Denn gerade durch den Umstand, dass es ihnen unmöglich war, sich abseits der Einflussnahme der EMRK zu entwickeln, wird ihre herausragende Bedeutung für das nationale Verfassungsrecht greifbar.

I. Durch die EMRK geschützte Grundrechte

Die materiellen Gewährleistungen der EMRK sind in ihrem ersten Abschnitt enthalten[765]. Dieser steht unter der Überschrift „Rechte und Freiheiten" und umfasst insgesamt 17 Artikel. Inhaltlich ergänzt werden diese materiellen Gewährleistungen durch die zur EMRK ergangenen sechs Fakultativprotokolle.

Der von der EMRK gewährte Grundrechtsschutz ist dabei sehr umfassend. So werden zunächst Fundamentalgarantien, wie etwa das Recht auf Leben (Art. 2 EMRK) oder das Verbot der Folter und das Verbot unmenschlicher oder erniedrigender Strafe oder Behandlung (Art. 3 EMRK) geschützt. Darüber hinaus beinhaltet die EMRK justizbezogene Gewährleistungen, Freiheitsrechte der Person und politische und gemeinschaftsbezogene Rechte. Schließlich verbürgen die Konvention und ihre Zusatzprotokolle neben wirtschaftlichen Grundrechten auch Gleichheitsgrundrechte.

Die EMRK enthält keine Leistungsrechte. Jedoch sind der EMRK Gewährleistungsrechte, die auf staatlichen Schutz gerichtet sind, bekannt. So hat der Ge-

763 So Zitat Stern, HbStR Bd. V, § 108, Rn. 44.

764 So erhielten etwa Portugal (1976) und Spanien (1978) nach Ende der Diktatur eine neue Verfassung. Vgl. Merten/Papier – Klein, Handbuch der Grundrechte Bd. I, § 6, Rn. 18.

765 Siehe auch Kapitel 1 C dieser Arbeit. Ausführlich zu den einzelnen Inhalten der materiellen Gewährleistungen der EMRK stellvertretend für viele: Grabenwarter, EMRK, S. 147ff.; Peters, Einführung in die EMRK, S. 36ff.; Frowein/Peukert, EMRK, Art. 2 – 18; Meyer-Ladewig, EMRK, Art. 2 – 18.

richtshof im Einzelfall bestimmten Freiheitsrechten eine Schutzpflicht des Staates entnommen[766].

II. Entwicklung des verfassungsrechtlichen Menschenrechtsschutzes in Osteuropa

1. Das sozialistische Grundrechtsverständnis

Auch die Verfassungen der kommunistisch-sozialistischen Staaten enthielten Grundrechte, die vom Umfang her denen „westlicher" Verfassungen – abgesehen von der zumeist fehlenden Freizügigkeit, Ausreise- und Heimreisefreiheit – zumindest entsprachen, teilweise sogar über diese hinausgingen[767]. Jedoch ist es voreilig, aufgrund dieser Tatsache von einer Vergleichbarkeit der Grundrechtsverbürgungen dieser Verfassungen mit denen westlicher Demokratien oder gar deren Vorbildlichkeit auszugehen[768]. Vielmehr bemühte sich die sozialistische Menschenrechtskonzeption bewusst um eine Abgrenzung von dem „westlichen, bürgerlichen Grundrechtsverständnis"[769].

Grund dafür war vor allen Dingen die damals vorherrschende marxistisch-leninistische Ideologie, die neben sämtlichem sonstigen Recht auch das Verfassungsrecht der Staaten determinierte.

a. Die marxistisch-leninistische Grundrechtskonzeption

Wesensmerkmal des Ideenguts des Marxismus-Leninismus war zunächst, dass die Existenz von Menschenrechten als angeborene, jedermann zustehende, unveräußerliche, in der menschlichen Würde wurzelnde und dem Staat vorgegebe-

766 Vgl. EGMR 13.6.1979, Marckx ./. Belgien, A 31, Ziff. 13, abgedruckt in EuGRZ 1979, 454 (454ff.); EGMR 9.10.1979, Airey ./. Ireland, A 32, Ziff. 25; EGMR 28.5.1985, Abdulaziz ./. Vereinigtes Königreich, A 94, Ziff. 67; EGMR 9.12.1994, Lopez Ostra ./. Spanien, A 303 – C, Ziff. 58. Ausführlich dazu Bleckmann, Festschrift für Bernhardt, S. 309 (309ff.).

767 So in der Gewährung sozial-ökonomischer Rechte. Vgl. Brunner, Der Staat 9 (1970), 187 (187); Kahl, Postsozialistische Verfassungen, S. 19; Stern, HbStR Bd. V, § 108, Rn. 39.

768 Dies wurde aber u.a. auch von Rechtswissenschaftlern in der westlichen Welt vertreten: Kopp, Festschrift für Küchenhoff, S. 573 (600ff.).

769 Stern, Menschen- und Grundrechte in West und Ost, S. 211 (214); Stern, HbStR Bd. V, § 108, Rn. 39; Manssen/Banaszak – Preisner, Grundrechte im Umbruch, S. 9 (10f.).

nen Rechte, verneint wurde[770]. Statt dessen ging man davon aus, dass die Rechts- und Staatsordnung insgesamt – und damit auch die Rechte des Einzelnen – auf den materiellen Bedingungen der Gesellschaft beruhen und somit auch der Veränderung mit diesen Verhältnissen unterliegen[771]. Die Grundrechte wurden dem Einzelnen also erst durch den Staat verliehen[772] und standen ihm nicht kraft seines Menschseins zu, sondern aufgrund seiner Eigenschaft als „Ensemble der gesellschaftlichen Verhältnisse“[773]. Damit waren die Grundrechte – auch lediglich Ausdruck der gesellschaftlichen Verhältnisse – von vornherein nur kollektiviert und zudem nicht als Begrenzung der Staatsmacht gedacht[774].

Kennzeichnend für das sozialistische Grundrechtsverständnis war weiterhin, dass die konstitutionellen Rechte des Einzelnen als *„untrennbares Ganzes“* im Sinne eines *„funktionalen Abhängigkeitsverhältnisses“* mit dessen konstitutionellen Pflichten verschmolzen waren[775]. So legte Art. 59 Abs. 1 der Verfassung der UDSSR aus dem Jahre 1977 fest, dass die *„Verwirklichung der Rechte und Freiheiten durch den Bürger“* nicht *„von der Erfüllung seiner Pflichten“* zu trennen sei[776].

Schließlich gab es für den Einzelnen zumeist keine Möglichkeit, seine Grundrechte gerichtlich durchzusetzen[777]. Marx ging sogar soweit, das individuelle Menschenrechtsverständnis der westlichen Verfassungen mitsamt seiner gericht-

---

770 Dazu ausführlich: Kedzia, ROW 1990, 367 (367ff.); Brunner – von Mangoldt, Human Rights in the Warsaw Pact States, S. 27 (28f.); von Mangoldt, ROW 1989, 83 (83ff.); Brunner – Brunner, Human Rights in the Warsaw Pact States, S. 59 (59f.); Merten/Papier – Brunner, Handbuch der Grundrechte Bd. I, § 13, Rn. 1ff.; Manssen/Banaszak – Preisner, Grundrechte im Umbruch, S. 9 (10f.); Stern, HbStR Bd. V, § 108, Rn. 40; Kahl, Postsozialistische Verfassungen, S. 20ff.

771 Vgl. von Mangoldt, ROW 1989, 83 (83ff.); Brunner – von Mangoldt, Human Rights in the Warsaw Pact States, S. 27 (28f.).

772 Vgl. von Mangoldt, ROW 1989, 83 (83ff.).

773 M.w.N. Stern, Menschen- und Grundrechte in West und Ost, S. 211 (214); Stern, HbStR Bd. V, § 108, Rn. 40; Brunner – von Mangoldt, Human Rights in the Warsaw Pact States, S. 27 (28f.).

774 Vgl. etwa Art. 39 Abs. 2 der Verfassung der UDSSR: *„Die Ausübung der Rechte und Freiheiten durch den Bürger darf den Interessen der Gesellschaft und des Staates sowie den Rechten anderer Bürger keinen Schaden zufügen.“*

775 Kahl, Postsozialistische Verfassungen, S. 25; Brunner – von Mangoldt, Human Rights in the Warsaw Pact States, S. 27 (28f.); Brunner – Brunner, Human Rights in the Warsaw Pact States, S. 59 (65); Merten/Papier – Brunner, Handbuch der Grundrechte Bd. I, § 13, Rn. 57ff.

776 Die Verfassung der UDSSR von 1977 ist im Internet abrufbar unter http://www.verfassungen.de/su/udssr77-leiste.htm.

777 Dazu ausführlicher unter Kapitel 5 C I. Vgl. Stern, HbStR Bd. V, § 108, Rn. 39.

lichen Durchsetzungsmöglichkeiten als Fassade *„eines Systems, das dem Untergang geweiht ist“*[778], zu bezeichnen.

b. Gewährung sozialer Grundrechte

Lediglich den sozialen Grundrechten, die bis heute in den westlichen Verfassungen eher eine untergeordnete Rolle spielen, kam eine herausragende Bedeutung zu[779]. Deutlich wurde dies zumeist schon anhand ihrer systematischen Stellung an der Spitze vieler Verfassungen der damals kommunistischen Staaten. In der sowjetischen Verfassung von 1977 etwa führte das Recht auf Arbeit, das Recht auf Erholung und das Recht auf Gesundheitsschutz den Grundrechtskatalog an[780]. Erst nach Aufzählung weiterer sozialer Grundrechte wurden auch einige politische Freiheitsrechte, Mitwirkungsrechte und Einrichtungsgarantien erwähnt[781]. In Anbetracht dieser besonderen Stellung der sozial-ökonomischen Rechte ist oft darauf verwiesen worden, dass es gerade ein Verdienst der kommunistischen Staaten gewesen sei, die Rolle dieser Grundrechte zu stärken und erstmalig die eigentlichen materiellen Garantien der Grundrechte geschaffen zu haben[782].

Dagegen wurden in den westlichen Demokratien die Verbürgung der sozialökonomischen Grundrechte der kommunistischen Verfassungen eher kritisch betrachtet. Beispielsweise führt *Kahl* aus, dass die tatsächliche Umsetzung dieser Grundrechte entscheidend von der Leistungsfähigkeit des Staates abhängig sei und dass aber aufgrund der Dysfunktionalität und Insuffizienz der sozialistischen Staaten die Umsetzung meist zu wünschen übrig gelassen habe[783]. *Stern* weist weiter darauf hin, dass auch diese Rechte wesentlichen Vorbehalten, wie etwa „gesellschaftlichen Erfordernissen“, dem „sozialistischen Wirtschaftssystem“ oder der „sozialistischen Gesetzlichkeit“, unterworfen und diese Rechte in ein Netzwerk von Grundpflichten eingefangen gewesen seien[784].

---

778 Stern, Menschen- und Grundrechte in West und Ost, S. 211 (214).
779 Manssen/Banaszak – Preisner, Grundrechte im Umbruch, S. 9 (10f.); Merten/Papier – Brunner, Handbuch der Grundrechte Bd. I, § 13, Rn. 52f.; Brunner, Der Staat 9 (1970), 187 (187); Stern, HbStR Bd. V, § 108, Rn. 39; Kahl, Postsozialistische Verfassungen, S. 31; Brunner – Brunner, Human Rights in the Warsaw Pact States, S. 59 (59f.).
780 Vgl. Art. 40, 41 und 42 der Verfassung der UDSSR von 1977.
781 Kahl, Postsozialistische Verfassungen, S. 32.
782 Vgl. etwa Stern, Menschen- und Grundrechte in West und Ost, S. 211 (214f.).
783 Kahl, Postsozialistische Verfassungen, S. 32f.
784 Stern, HbStR Bd. V, § 108, Rn. 44; Stern, Menschen- und Grundrechte in West und Ost, S. 211 (214f.).

2. Der heutige Schutz der Menschenrechte: Beeinflusst durch die EMRK?

Die politische Wende des Jahres 1989 führte in den ost- und mitteleuropäischen Staaten auch zu einem Wandel des Grundrechtsverständnisses. So ist allen neuen ost- und mitteleuropäischen Verfassungen heute das Bemühen anzumerken, sich in die „internationale Völkergemeinschaft" einzugliedern[785]. Bei dem Ziel, „*Bestandteil der Familie der Demokratien Europas und der Welt*"[786] zu werden, ist aber die Gewährung der Grundrechte ein entscheidender Schritt. Schließlich kann sich nur ein Staat, „*der die Menschen- und Grundrechte achtet, [...] in der Staatenwelt behaupten*"[787]. Angesichts dieser Tatsache haben die Länder Ost- und Mitteleuropas die menschenrechtlichen Garantien der westlichen Verfassungen und der internationalen Menschenrechtsabkommen – und hierbei insbesondere die EMRK – als Maßstab genommen, immer mit dem Ziel vor Augen, möglichst schnell Anschluss an westliche Standards zu erlangen.

a. Das postsozialistische Grundrechtsverständnis

aa. Die Abkehr vom sozialistischen Grundrechtsverständnis

Mit den politischen Ereignissen des Jahres 1989 haben die Verfassungen der ost- und mitteleuropäischen Staaten also den Weg in Richtung eines demokratischen Rechtsstaats eingeschlagen, dessen oberstes Ziel nunmehr die effektive Gewährleistung der Grundrechte ist[788]. Damit ist in diesen Staaten eine Abkehr vom kollektivistischen hin zum individualistischen Grundrechtsverständnis zu beobachten[789]. In diesem Sinne führte Jelzin auf dem ersten Kongress der Volksdeputierten der RSFSR im Mai 1990 aus, „*die wichtigste und vorrangigste Souveränität in Russland ist der Mensch mit den ihm zustehenden Rechten*"[790].

Verschiedentlich kommt das so gewandelte Grundrechtsverständnis bereits in den Präambeln der jeweiligen Verfassungen zum Ausdruck. So weist die Präambel der tschechischen Verfassung auf den „*Geist der unveräußerlichen Werte der*

---

785 So auch Melenovsky, ROW 37 (1993), 12 (15); Freytag, ROW 1998, 1 (2); Schwarze – Schwarze, Verfassungsrecht und Verfassungsgerichtsbarkeit im Zeichen Europas, S. 137 (140).

786 So der 3. Erwägungsgrund der tschechischen Verfassung.

787 So Zitat Isensee/Kirchhof – Stern, HbStR Bd. V, § 108, Rn. 44; vgl. Bryde, Der Staat 42 (2003), 61 (61).

788 Brunner, Festschrift für Stern, S. 1041 (1041); Merten/Papier – Klein, Handbuch der Grundrechte Bd. I, § 6, Rn. 21.

789 Vgl. dazu etwa die Verfassungsneubildung in Russland: Schweisfurth, EuGRZ 1994, 473 (473ff.).

790 M.w.N.: Kahl, Postsozialistische Verfassungen, S. 67.

menschlichen Würde und der Freiheit" [791] hin und die Präambel der polnischen Verfassung fordert ihre Anwender dazu auf, *„dabei die dem Menschen angeborene Würde, sein Recht auf Freiheit und seine Pflicht zur Solidarität mit anderen Menschen zu beachten, und diese Prinzipien als unverletzliche Grundlage der Republik Polen immer einzuhalten"*.

Das so in den Präambeln angedeutete neue Grundrechtsverständnis wird in den materiellen Gewährleistungen vertieft. Beispielsweise führt Art. 1 der tschechischen Verfassung den Gedanken fort, indem er *„die Achtung der Rechte und Freiheiten des Menschen und Bürgers"* zum Wesensbestandteil des eigenen Staatsbegriffs erklärt. Art. 2 der russischen Verfassung von 1997 legt fest, dass *„der Mensch, seine Rechte und Freiheiten höchste Werte [sind]."* Die Anerkennung, Einhaltung und der Schutz dieser Rechte und Freiheiten des Menschen und des Bürgers seien Pflichten des Staates. Art. 17 Abs. 2 und Art. 21 Abs. 1 der russischen Verfassung ergänzen dies, indem sie festschreiben, dass die Grundrechte und -freiheiten des Menschen unveräußerlich sind, jedem Menschen von Geburt an zustehen, und insbesondere die Würde des Menschen dem Schutze des Staates untersteht[792].

Oberflächlich greifbar ist der hier beschriebene Wandel des Grundrechtsverständnisses bereits an der nunmehr den Grundrechten in den Verfassungen zukommenden systematischen Stellung: Nahmen sie zur Zeit des Kommunismus noch eine nachgeordnete Stellung in den Verfassungen ein, sind sie heute (fast) allen Verfassungen vorangestellt[793].

bb. Anpassung an internationale Standards

Dass bei dem Wandel des Grundrechtsverständnisses vor allen Dingen der Wunsch nach Anpassung an internationale Standards eine bedeutende Rolle spielte, lässt sich nun anhand verschiedener Punkte beweisen.

Zum einen enthalten viele der neuen Verfassungen Ost- und Mitteleuropas „Öffnungsklauseln", die ein Eindringen des Völkerrechts, mithin der EMRK, in das nationale Verfassungsrecht ermöglichen. Beispielsweise legt die russische

---

791 *„[...] Resolved to build, safeguard, and develop the Czech Republic in the spirit of the sanctity of human dignity and liberty, As the homeland of free citizens enjoying equal rights, conscious of their duties towards others and their responsibility towards the community, As a free and democratic state founded on respect for human rights and on the principles of civic society, As a part of the family of democracies in Europe and around the world, [...]".*

792 Vgl. dazu Schweisfurth, EuGRZ 1994, 473 (485ff.).

793 Einzig in Ungarn sind die Grundrechte nicht an die Spitze der Verfassung gestellt, sondern bilden das Kapitel XII (§§ 54 – 70; „Grundrechte und -pflichten").

Verfassung in Art. 17 Abs. 1 fest, dass *„in der Rußländischen Föderation die Rechte und Freiheiten des Menschen und Bürgers entsprechend den allgemein anerkannten Prinzipien und Normen des Völkerrechts und in Übereinstimmung mit dieser Verfassung anerkannt und garantiert [werden]„*[794]. Ergänzend normiert Art. 15 Abs. 4 der Russischen Verfassung die Inkorporation völkerrechtlicher Verträge und die Anordnung, dass, falls durch einen internationalen Vertrag andere Regelungen als die vom Gesetz vorgesehenen getroffen werden, die Regelungen des internationalen Vertrages angewendet werden[795]. Dementsprechend kommt völkerrechtlichen Verträgen in der russischen Normenhierarchie Übergesetzesrang zu[796].

Zum anderen – und dies ist an dieser Stelle von besonderer Bedeutung – wurden bei der Ausarbeitung der Grundrechte, also z.B. bei der Entwicklung ihres Wortlauts, ihrer Funktion und ihrer Gliederung, bekannte Grundrechtsverbürgungen zugrunde gelegt[797]. Dabei standen sowohl nationale Verfassungen wie internationale Menschenrechtsabkommen Modell. Bei den nationalen Verfassungen war es insbesondere das deutsche Grundgesetz, welches massiv die neuen Verfassungen, bis hin zu wortgleichen Wiedergaben, beeinflusste[798]. Im Rahmen der internationalen Menschenrechtsabkommen dienten dagegen die Allgemeine Erklärung der Menschenrechte, der Internationale Pakt über wirtschaftliche, soziale und kulturelle Rechte und der Internationale Pakt über bürgerliche und politische Rechte[799] als Vorbilder[800].

Daneben waren es aber auch die Grundrechtsgarantien der EMRK, die die Verfassungsneubildungen beeinflussten[801]. Viele der Staaten Ost- und Mitteleuropas hatten zur Zeit ihrer Verfassungsneubildung die Mitgliedschaft im Europarat beantragt bzw. hatten sie zu diesem Zeitpunk sogar schon erlangt, so dass für

---

794 Ausführlich dazu Barkhuysen/Van Emmerik/Van Kempen – Ferschtman, The Execution of Strasbourg and Geneva Human Rights Decisions in the national legal order, S. 123 (127).

795 Zu Art. 15 Abs. 4 der Russischen Verfassung siehe Danilenko, AJIL 8 (1994), 451 (462); Barkhuysen/Van Emmerik/Van Kempen – Ferschtman, The Execution of Strasbourg and Geneva Human Rights Decisions in the national legal order, S. 123 (127).

796 Vgl. dazu auch oben 2. Kapitel C II 2.

797 Schwarze – Schwarze, Verfassungsrecht und Verfassungsgerichtsbarkeit im Zeichen Europas, S. 137 (140).

798 Vgl. etwa Art. 6 Abs. 2 und Art. 19 der Verfassung der Russischen Föderation von 1993. Dazu Kahl, Postsozialistische Verfassungen, S. 70; Merten/Papier – Häberle, Handbuch der Grundrechte Bd. I, § 7, Rn. 42ff.

799 Vgl. etwa Art. 5 der Grundrechtecharta Tschetscheniens und Art. 16 IPbürgR.

800 Vgl. Melenovsky, ROW 37 (1993), 12 (15).

801 Kahl, Postsozialistische Verfassungen, S. 70; Diemer-Benedict, ZaöRV 58 (1998), 205 (217).

sie eine Beachtung der EMRK-Gewährleistungen unumgänglich war. So ratifizierte Polen die EMRK schon im Jahre 1993. Die neue polnische Verfassung trat dagegen erst im Jahre 1997 in Kraft.

b. Beispiel: Die Verfassungsneubildung in Polen

aa. Geschichtliche Entwicklung

Am 16. Oktober 1997 trat die aktuelle Verfassung Polens[802] in Kraft, nach-dem sie am 25. Mai 1997 in einem Referendum bestätigt wurde[803]. Anders als bei vielen Verfassungen der ehemals kommunistischen Staaten Ost- und Mitteleuropas läutete damit die polnische Verfassung nicht die politische Reform des Landes[804] ein, sondern entwickelte sich erst über 8 Jahre lang in dem Zeitraum zwischen 1989 und 1997[805].

Die Verfassung aus dem Jahre 1997 löste die aus drei Teilen seit 1992 bestehende Übergangsverfassung ab[806]. In dieser waren die Grundrechte lediglich bruchstückhaft geregelt[807]. Zwar fanden sich dort beispielsweise Regelungen über soziale Rechte, die Gewissens- und Glaubensfreiheit, die Meinungs-, Presse-, Versammlungs-, Umzugs- und Manifestationsfreiheit. Jedoch lag all diesen Rechten die oben bereits beschriebene materialistische Auffassung der Grundrechte zugrunde[808]: Sie wurden nicht als vorstaatliche Rechte betrachtet, sondern waren durch den Staat gewährt und unterlagen den sozio-ökonomischen Verhältnissen.

---

802 Der Verfassungstext ist im Internet etwa unter http://www.verfassungen.de/pl/verf97.htm. verfügbar.

803 Zur Verfassungsentwicklung in Polen: Diemer-Benedict, ZaöRV 58 (1998), 205 (205ff.); Banaszak, Einführung in das polnische Verfassungsrecht, S. 33f.; Brunner – Diemer-Benedict, Verfassungs- und Verwaltungsrecht der Staaten Osteuropas, Ländereinführung Polen, S. 37ff.; Kahl, Postsozialistisches Verfassungen, S. 35ff.

804 Ausführlich zu der revolutionären Umwälzung in Polen: Bingen, Der politische Umbruch in Polen, S. 31 (31ff.).

805 Zu den genauen Gründen ausführlich: Banaszak, Einführung in das polnische Verfassungsrecht, S. 33f.

806 Die drei Teile waren: die „Kleine Verfassung", Teile der sozialistischen Verfassung von 1952 und das Gesetz zur Vorbereitung einer neuen Verfassung. Vgl. dazu m.w.N. Diemer-Benedict, ZaöRV 58 (1998), 205 (205).

807 Näher dazu Diemer-Benedict, ZaöRV 58 (1998), 205 (205).

808 Diemer-Benedict, ZaöRV 58 (1998), 205 (205f.).

bb. Grundrechtsverbürgungen der neuen polnischen Verfassung

Seit 1997 enthält die polnische Verfassung nunmehr einen umfassenden Grundrechtskatalog. Die Grundrechte sind hauptsächlich in Kapitel II, welches den Titel *„Freiheiten, Rechte und Pflichten der Menschen und Bürger"* trägt, geregelt[809]. Darüber hinaus enthält auch Kapitel I unter der Überschrift *„Republik"* Vorschriften, die direkten Grundrechtsbezug haben[810]. Grundsätzlich lässt sich dabei eine Unterteilung der gewährten Rechte in Individualgrundrechte, Programmsätze und soziale Grundrechte erkennen[811].

An der Spitze des durch die polnische Verfassung gewährleisteten Grundrechtskatalogs steht Art. 30. Dieser stellt die *„angeborene und unveräußerliche Würde des Menschen"* als *„Quelle der Grundrechte"* allen anderen Grundrechten voran. Bereits anhand dieser Vorschrift ist erkennbar, dass eine Abkehr von dem früheren materialistischen Konzept der Grundrechte und der damit verbundenen Negation des vorstaatlichen Charakters der Grundrechte stattgefunden hat[812]. Auf den Art. 30 der polnischen Verfassung folgen acht weitere Artikel, die die allgemeinen Grundsätze der Grundrechtsgewährleistung normieren. Enthalten ist etwa das Recht auf Gleichberechtigung von Mann und Frau und der Schutz der persönlichen Freiheit. Des weiteren werden die persönlichen[813], dann die politischen[814], die wirtschaftlichen, sozialen, kulturellen Rechte und Freiheiten[815] und schließlich der Rechtschutz[816] gewährleistet.

Damit enthält die Verfassung Polens aus dem Jahre 1997 einen modernen Grundrechtskatalog, der eine solide Basis für den zukünftigen Grundrechtsschutz darstellt und dem eine endgültige Abkehr vom früheren sozialistischen Grundrechtsverständnis gelungen ist[817]. Lediglich der umfassende Katalog sozialer

---

809 Vgl. dazu Banaszak, Einführung in das polnische Verfassungsrecht, S. 84f.

810 Kritisch dazu Diemer-Benedict, ZaöRV 58 (1998), 205 (209); Banaszak, Einführung in das polnische Verfassungsrecht, S. 85.

811 Freytag, ROW 1998, 1 (3); Brunner – Diemer-Benedict, Verfassungs- und Verwaltungsrecht der Staaten Osteuropas, Ländereinführung Polen, S. 40; Diemer-Benedict, ZaöRV 58 (1998), 205 (210ff.).

812 Dies wird zudem von der Präambel der polnischen Verfassung von 1997 unterstützt. Diese erklärt die *„natürliche Würde des Menschen [zur] unerschütterlichen Grundlage der Republik"*. Vgl. auch Diemer-Benedict, ZaöRV 58 (1998), 205 (207); Freytag, ROW 1998, 1 (3).

813 Art. 38 bis 56.

814 Art. 57 bis 64.

815 Art. 64 bis 76.

816 Art. 77 bis 81.

817 Im Ergebnis ebenso Freytag, ROW 1998, 1 (13).

Grundrechte ist, abgesehen von den auch noch vorhandenen Grundpflichten[818], ein Überbleibsel des früher dominierenden sozialistischen Grundrechtsverständnisses. In den Art. 65ff. werden beispielsweise Ansprüche auf soziale Fürsorge bei Arbeitsunfähigkeit, Krankheit, Behinderung, Arbeitslosigkeit oder Alter garantiert[819].

cc. Beeinflussung durch die EMRK

Die neue Verfassung Polens folgt damit also weitestgehend dem Vorbild westlicher Grundrechtsverbürgungen. Nicht zuletzt stand bei ihrer Entwicklung die EMRK Pate. Ihr Einfluss auf die Grundrechte der polnischen Verfassung ist dabei insbesondere bei den Garantien der Art. 31 Abs. 3[820], Art. 40[821] und Art. 47[822] greifbar[823].

Art. 31 Abs. 3 S. 1 der polnischen Verfassung von 1997 enthält einen allgemeinen Gesetzesvorbehalt. So bedarf eine Beschränkung der Grundrechte nach dieser Vorschriften dreier Voraussetzungen: Die Beschränkung muss durch Gesetz erfolgen, sie muss einen besonderen Eingriffszweck dienen und sie muss notwendig sein. Bereits der Wortlaut dieser Vorschrift weist frappierende Ähnlichkeiten mit den Einschränkungsklauseln der Art. 8 bis 11 EMRK auf[824]. Un-

818 Zu dem ebenso noch vorhandenen Katalog von verfassungsrechtlichen Grundpflichten, die ihren Ursprung auch in der sozialistischen Verfassung Polens von 1952 haben, siehe Freytag, ROW 1998, 1 (6f.); Diemer-Benedict, ZaöRV 58 (1998), 205 (209).

819 Dazu Freytag, ROW 1998, 1 (6); Diemer-Benedict, ZaöRV 58 (1998), 205 (211f.); Merten/Papier – Klein, Handbuch der Grundrechte Bd. I , § 6, Rn. 21f.

820 Art. 31 Abs. 3 der polnischen Verfassung: *„Einschränkungen, verfassungsrechtliche Freiheiten und Rechte zu genießen, dürfen nur in einem Gesetz beschlossen werden und nur dann, wenn sie in einem demokratischen Staat wegen seiner Sicherheit oder öffentlicher Ordnung oder zum Schutz der Umwelt, Gesundheit, der öffentlichen Moral oder der Freiheiten und Rechte anderer Personen notwendig sind. Diese Einschränkungen dürfen das Wesen der Freiheiten und Rechte nicht verletzen.“*

821 Art. 40 der polnischen Verfassung: *„Niemand darf der Folter oder einer grausamen, unmenschlichen oder demütigenden Behandlung oder Bestrafung unterworfen werden. Die Anwendung von Leibesstrafen ist verboten.“*

822 Art. 47 der polnischen Verfassung: *„Jedermann hat das Recht auf rechtlichen Schutz des Privat- und Familienlebens, der Ehre und des guten Rufes sowie das Recht, über sein persönliches Leben zu entscheiden.“*

823 Diemer-Benedict, ZaöRV 58 (1998), 205 (215).

824 Auch in der Verfassung der Russischen Föderation aus dem Jahre 1993 findet sich eine den Einschränkungsklauseln der Art. 8 bis 11 EMRK vergleichbare Regelung (vgl. Art. 55 Abs. 3 der Verfassung der Russischen Föderation). Jedoch ist hier

terschiedlich ist lediglich, dass die Notwendigkeit – anders als in der EMRK – nicht auf die demokratische Gesellschaft, sondern auf den demokratischen Staat bezogen wird. Ob allerdings mit dieser unterschiedlichen Wortwahl überhaupt eine unterschiedliche Rechtsfolge einhergehen soll, ist unklar[825].

Art. 40 und 47 der polnischen Verfassung enthalten zum einen das Folterverbot und zum anderen den Schutz des Privat- und Familienlebens. Auch diese beiden Vorschriften stimmen im Wortlaut weitestgehend mit den entsprechenden EMRK-Garantien, nämlich Art. 3 und Art. 8 EMRK, überein.

III. Wechselseitige Einflussnahme zwischen den nationalen Verfassungen und der EMRK

Der in der EMRK normierte Grundrechtskatalog ist also in vielerlei Hinsicht dem der nationalen Verfassungen sehr ähnlich. Dies liegt zum einen sicherlich an der oben nachgewiesenen Vorbildfunktion der EMRK für die nationalen Verfassungen. Zum anderen ist ein Grund für diese Ähnlichkeit aber auch die Tatsache, dass bei Entwicklung der EMRK ebenfalls Anleihen bei den Grundrechtsgewährleistungen der nationalen Verfassungen genommen wurden. Mithin besteht eine wechselseitige Einflussnahme zwischen den beiden Rechtsordnungen.

Beispielsweise sind insbesondere die Art. 5 und 6 EMRK stark vom angloamerikanischen Recht geprägt[826]. Konsequenz dieser Anleihe war, dass zunächst ein großer Kontrast zwischen den Gewährleistungen der EMRK und den Rechtsordnungen der kontinentaleuropäischen Staaten entstand. Diesen waren derartige Verfahrensgarantien, wie sie nunmehr in der EMRK verbürgt sind, meist gänzlich unbekannt. Aufgrund der durchaus großen Diskrepanz zwischen den nationalen Rechtsordnungen und den in der EMRK verbürgten Verfahrensrechten befassten sich in den darauf folgenden Jahre viele EGMR-Urteile mit den nationalen Verfahrensrechten, so dass gerade in diesem Bereich wiederum ein großer Einfluss der EMRK auf die nationalen Verfassungen erfolgte[827].

---

nicht von einer vollständigen Deckung auszugehen. Schweisfurth, EuGRZ 1994, 473 (487).

825 Diemer-Benedict, ZaöRV 58 (1998), 205 (215). Diese geht davon aus, dass die unterschiedliche Wortwahl des Art. 31 Abs. 3 der polnischen Verfassung im Gegensatz zu den Eingriffsklauseln der Art. 8 bis 11 EMRK möglicherweise auf einem Redaktionsversehen beruht.

826 Grabenwarter, VVDStRL 60 (2001), 290 (312).

827 Vgl. Grabenwarter, Festschrift für Sternberg, 1129 (1129f.); Grabenwarter VVDStRL 60 (2001), 290 (312).

Unter der Judikatur des EGMR haben sich nun zwischenzeitlich die nationalen Rechtsordnungen also den Vorgaben der EMRK angepasst, so dass heute grundsätzlich von einem gemeineuropäischen Standard ausgegangen werden kann[828].

IV. Ergebnis

Während sich die Verfassungen der ost- und mitteleuropäischen Staaten zur Zeit der kommunistischen Herrschaft ausdrücklich oder implizit an dem marxistisch-leninistischen Verfassungsvorbild ausrichteten, sind die heutigen Verfassungen – und dabei insbesondere deren Grundrechtsverbürgungen – stark an dem Leitbild der EMRK orientiert.

Der Prozess der Internatonalisierung der Menschenrechte im Allgemeinem und die Gewährleistungen der EMRK im Speziellen haben damit nicht unwesentliche Impulse für die Entwicklung der neuen Verfassungen Ost- und Mitteleuropas abgegeben, mit dem Ergebnis, dass sich heute die neuen Verfassungen nahtlos in den – u.a. auch von der EMRK gesetzten – europäischen Verfassungsstandard einfügen.

Zu erwähnen ist schließlich, dass auch die grundrechtlichen Gewährleistungen der nationalen Verfassungen als Vorbilder bei der Entwicklung der EMRK gedient haben. Damit hat also auch die EMRK Anleihen im nationalen Recht genommen. Ergebnis dessen ist folglich eine wechselseitige Einflussnahme.

B. Einwirkung der EMRK auf das Recht der Konventionsstaaten

Der EMRK kommt nicht nur bei der Verfassungsneubildung entscheidender Einfluss auf das nationale Verfassungsrecht zu. Vielmehr wirken ihre Garantien – materiell gesehen – auch auf das bereits bestehende rechtliche Fundament, d.h. die Verfassungen, der Rechtsstaaten ein. Somit vermag es die EMRK ebenfalls, bereits voll entwickeltes Verfassungsrecht in ihre Richtung zu verändern.

Welche Wirkung sie dabei in den nationalen Rechtsordnungen genau entfaltet, hängt nicht zuletzt von den in dem nationalen Recht vorgefundenen Rahmenbedingungen ab[829]. Dies im Blick kann eine Unterscheidung des Einflusses der EMRK zunächst grob in *normative* und in *faktische* Einwirkungen vorgenommen

828 Ausführlich zu dem genauen Einfluss der EGMR-Urteile auf die nationalen Rechtsordnungen siehe unten Kapitel 5 B.

829 Siehe dazu ausführlich Kapitel 2 der vorliegenden Arbeit.

werden. Des Weiteren muss unterschieden werden, ob die EMRK in ihrer Eigenschaft als abstrakt-generelle Norm auf die nationalen Rechtsordnungen einwirkt oder ob der Einfluss von konkreten Urteilen des EGMR ausgeht[830]. Auch bei der Urteilswirkung kann allerdings die Unterscheidung zwischen *normativer* und *faktischer* Einwirkung beibehalten werden.

I. Normative Einwirkung

Bei der von der EMRK ausgehenden normativen Wirkung kann weiter zwischen der Verdrängung nationalen Rechts durch die EMRK, dem normativen Veränderungsdruck durch Invalidation, der „weichen" normativen Wirkung und der Einflussnahme durch Verweisung unterschieden werden[831].

1. Verdrängung nationalen Rechts durch die EMRK

a. Die EMRK als abstrakt-generelle Norm

Es sind zwei Wege denkbar, auf denen die EMRK entgegenstehendes innerstaatliches Recht ohne einen dazwischentretenden nationalen Akt verdrängen kann: Zum einen kann zugunsten der EMRK ein Anwendungsvorrang bestehen, so dass das betreffende innerstaatliche Recht für den konkreten Fall zurücktritt. Zum anderen besteht die Möglichkeit, dass der EMRK Derogationswirkung[832] zukommt. Diese würde bewirken, dass die Geltung des entgegenstehenden innerstaatlichen Rechts beseitigt wird[833]. Folglich handelt es sich bei der Derogation um die stärkere der beiden hier genannten Wirkungsweisen.

---

830 Bei Darstellung des Einflusses der Urteile des EGMR kann auf die Ausführungen in Kapitel 1 E dieser Arbeit zurückgegriffen werden. Diese werden hier lediglich einer neuen Kategorisierung unterzogen. Zudem soll verstärkt auf die Wirkung der Urteile in den nationalen Rechtsordnungen eingegangen werden.

831 Siehe dazu auch Grabenwarter, EMRK, S. 25ff.; Grabenwarter, VVDStRL 60 (2001), 290 (318).

832 Von Derogation spricht man, wenn ein Rechtssatz durch einen späteren ranggleichen oder ranghöheren Rechtssatz aufgehoben oder ersetzt wird, und zwar derart, dass er nicht vollständig beseitigt, sondern seine Geltung nur teilweise beendet wird. Der spätere Rechtssatz geht dem früheren Rechtssatz vor (*lex posterior derogat legi priori*). Vgl. Creifelds/Weber, Rechtswörterbuch, Stichwort: Derogation, S. 299.

833 Vgl. Grabenwarter, EMRK, S. 25ff.

aa. Anwendungsvorrang der EMRK

Anwendungsvorrang kommt der EMRK immer dann zu, wenn dies in der nationalen Rechtsordnung explizit vorgesehen ist: Normiert die nationale Rechtsordnung etwa einen allgemeinen Vorrang völkerrechtlicher Verträge, tritt das innerstaatliche Recht im Falle der Konventionswidrigkeit hinter die EMRK zurück. Beispiele dafür finden sich u.a. in der Verfassung Polens, der Verfassung der Russischen Föderation und der der Niederlande.

In der russischen Verfassung ist es Art. 15 Abs. 4, der einen Anwendungsvorrang völkerrechtlicher Verträge vor innerstaatlichem Recht festlegt. Darin heißt es, dass *„die allgemein anerkannten Prinzipien und Normen des Völkerrechts und die völkerrechtlichen Verträge der Rußländischen Föderation Bestandteil des russischen Rechtssystems [sind]. Legt ein völkerrechtlicher Vertrag der Rußländischen Föderation andere Regeln fest als die gesetzlich vorgesehenen, so werden die Regeln des völkerrechtlichen Vertrages angewandt."*[834] Ebenso normiert die polnische Verfassung von 1997, dass ein *„völkerrechtlicher Vertrag, dessen Ratifizierung ein Zustimmungsgesetz vorausgegangen ist, den Vorrang einem Gesetz gegenüber [habe], falls das Gesetz mit dem Vertrag unvereinbar [sei]„*[835]. Schließlich besagt Art. 94 der niederländischen Verfassung, dass geltende gesetzliche Vorschriften nicht angewandt werden, wenn die Anwendung mit allgemeinverbindlichen Bestimmungen von Verträgen und Beschlüssen völkerrechtlicher Organisationen unvereinbar ist.

bb. Derogationswirkung der EMRK

Dagegen kommt der EMRK Degorationswirkung gegenüber jenem älteren innerstaatlichen Recht zu, das ihren Rang teilt[836] bzw. rangniedriger ist[837]. Dies bedeutet, dass die im Gesetzesrang stehende EMRK älteres, zum Zeitpunkt ihrer Inkorporation in die innerstaatliche Rechtsordnung konventionswidriges Gesetzesrecht bzw. wenn sie im Verfassungsrang steht darüber hinaus auch noch entgegenstehendes älteres Verfassungsrecht seiner Wirkung entheben kann. Somit ist der Rang, den die EMRK in der nationalen Rechtsordnung einnimmt, für ihre Einflussnahme von entscheidender Bedeutung: Je höher dieser zu beurteilen ist, desto mehr Möglichkeiten bieten sich ihr, entgegenstehende ältere nationale Rechtsquellen zu derogieren.

---

834 Vgl. Art. 15 Abs. 4 der Russischen Verfassung von 1993.

835 Vgl. Art. 91 Abs. 2 der Verfassung Polens von 1997.

836 Grundsatz des *lex posterior derogat legi priori.* Vgl. Creifelds/Weber, Rechtswörterbuch, Stichwort: Derogation, S. 299.

837 Creifelds/Weber, Rechtswörterbuch, Stichwort: Derogation, S. 299.

Der Rang, der der EMRK in den einzelnen Konventionsstaaten zukommt, ist dabei durchaus unterschiedlich zu beurteilen. Eine Einteilung kann in Staaten vorgenommen werden, die die EMRK mit Verfassungsrang, mit einem Rang zwischen Verfassungs- und Gesetzesrang und mit Gesetzesrang inkorporiert haben[838]. Die schwächste Position hat die EMRK immer dann, wenn sie in der nationalen Rechtsordnung den Rang eines einfachen Gesetzes teilt. Dies ist etwa in Andorra, Dänemark[839], Deutschland (Art. 59 Abs. 2 GG)[840], Finnland[841], Island, Italien[842], Norwegen, San Marino[843], Schweden, Türkei[844], Ungarn und dem Vereinigten Königreich der Fall. Hier kommt ihr zwar gegenüber älterem Gesetzesrecht Derogationswirkung zu. Jedoch in dem Fall, dass das konventionswidrige nationale Recht die lex posterior ist, entfällt diese grundsätzlich. Der EMRK ist dann kein Einfluss auf die nationale Rechtsordnung in diesem Sinne möglich[845].

Allerdings sei bereits an dieser Stelle erwähnt[846], dass in vielen der Staaten, die die EMRK lediglich mit Gesetzesrang in ihre nationale Rechtsordnung inkorporiert haben, andere Wege gegangen werden, um die Konventionskonformität des nationalen Rechts sicherzustellen. Faktisch kommt der EMRK demzufolge nichtsdestotrotz Derogationswirkung zu. Beispielhaft dafür ist etwa die Rechtsprechung des BVerfG. Danach wird die Konvention bei der Auslegung der Grundrechte des Grundgesetzes berücksichtigt[847]: Deutsche Gesetze seien regelmäßig so auszulegen, dass sie mit den völkerrechtlichen, insbesondere den völkervertraglichen Pflichten der Bundesrepublik Deutschland in Einklang stünden. In diesem Fall gelte das selbst dann, wenn das Gesetz dem Vertrag zeitlich nachfolge und daher nach der *lex-posterior-Regel* eigentlich Vorrang beanspruchen könne.

---

838 Vgl. dazu ausführlich Kapitel 2 C dieser Arbeit. Dazu stellvertretend Chryssogonos, EuR 2001, 49 (54ff.).

839 Hofmann, EuGRZ 1992, 253 (254f.).

840 BVerfGE 1, 396 (410); BVerfGE 31, 145 (178); Kirchhof, EuGRZ 1994, 16 (25).

841 Pellonpää, EuGRZ 1993, 590 (590); Polakiewicz/Jacob-Foltzer, HRLJ 12 (1991), 65 (74).

842 Polakiewicz/Jacob-Foltzer, HRLJ 12 (1991), 65 (83); Seidel, DVBl. 1975, 747 (750).

843 Polakiewicz/Jacob-Foltzer, HRLJ 12 (1991), 65 (125, 132).

844 Rumpf, EuGRZ 1995, 147, (147f.).

845 Vgl. Grabenwarter, VVDStRL 60 (2001), 290 (318); Grabenwarter, EMRK, S. 25f.

846 Näher dazu unten unter Kapitel 5 B dieser Arbeit.

847 BVerfGE 74, 358 (370); BVerfGE 82, 106 (120); Kirchhof, EuGRZ 1994, 16 (31ff.).

b. Urteile des EGMR

Wie oben festgestellt, können Urteile des EGMR nationales Recht nicht unmittelbar in dem Sinne beeinflussen, dass sie Gesetze, Urteile oder Verwaltungsakte unmittelbar aufheben. Sie können vielmehr ausschließlich die Unvereinbarkeit des innerstaatlichen Rechtsaktes mit der Konvention feststellen. Der verurteilte Staat[848] ist dann lediglich gehalten, nicht mehr die Auffassung zu vertreten, sein Handeln sei konventionsgemäß gewesen[849]. Nur insoweit ist er unmittelbar durch das Urteil gebunden[850]. Eine gegebenenfalls erforderliche Gesetzesänderung oder -aufhebung ist aber weiterhin Sache des betroffenen Staates[851]. Darüber hinaus führt die Feststellung einer Konventionsverletzung für den verurteilten Staat zu der Verpflichtung, die Konventionsverletzung abzustellen und gegebenenfalls Ersatz zu leisten[852]. Wie die aus dem Urteil resultierende Verpflichtung umzusetzen ist, ist aber wiederum dem einzelnen Staat überlassen.

Überträgt man nun den Gedanken der oben beschriebenen Derogation auf die vom EGMR erlassenen Urteile, muss eine von ihnen ausgehende Derogationswirkung demzufolge verneint werden[853]. Damit kommt den Urteilen des EGMR eine wesentlich geringere Wirkkraft zu als z.B. Urteilen von nationalen Verfassungsgerichten[854].

2. Veränderungsdruck durch Invalidität

Im Vergleich zur Verdrängung des nationalen Rechts durch die EMRK entfaltet die bloße Invalidation von nationalem Recht eine wesentlich schwächere Wir-

---

848 Wie im nationalen Recht wirkt auch im internationalen Recht die Rechtskraft grundsätzlich nur unter den Parteien. Polakiewicz, Die Verpflichtung der Staaten aus den Urteilen des EGMR, S. 33; Meyer-Ladewig, EMRK, Art. 46, Rn. 3. Vgl. oben Kapitel 1 E der vorliegenden Arbeit.

849 Frowein/Peukert, EMRK, Art. 53, Rn. 2; Meyer-Ladewig, EMRK, Art. 46, Rn. 8f.

850 Meyer-Ladewig, EMRK, Art. 46 Rn. 8f.; Frowein/Peukert, EMRK, Art. 53, Rn. 2.

851 Vgl. Kapitel 1 E II dieser Arbeit.

852 Zu der völkerrechtlichen Verpflichtung der Staaten aus einem EGMR-Urteil: Peters, EMRK, S. 253ff.; Meyer-Ladewig, EMRK, Art. 46, Rn. 8ff.; Grabenwarter, EMRK, S. 114ff.; Bausback, ZRP 1999, 6 (6ff.); Frowein/Peukert, EMRK, Art. 53, Rn. 1ff.; Maier – Ress, Europäischer Menschenrechtsschutz, S. 227 (233ff.); Ehlers – Ehlers, Europäische Grundrechte und Grundfreiheiten, S. 21 (45).

853 Im Ergebnis ebenso Grabenwarter, EMRK, S. 25, Grabenwarter, VVDStRL 60 (2001), 290 (318).

854 Zur Wirkung der Urteile des Bundesverfassungsgerichts: Badura, Staatsrecht, S. 702.

kung. So bleibt das nationale Recht in diesem Fall rechtlich unberührt. Allerdings erzeugt hier der Widerspruch zur EMRK einen – rechtlichen – „Veränderungsdruck“ mit der Folge, dass die der Konvention widersprechende innerstaatliche Norm aufzuheben ist[855].

a. Die EMRK als abstrakt-generelle Norm

Inwieweit der Widerspruch des nationalen Rechts zur EMRK einen (rechtlichen) Veränderungsdruck auslöst, ist nicht zuletzt von dem Rang, den die EMRK in den Rechtsordnungen der Vertragsstaaten einnimmt, abhängig.

aa. Die EMRK im Verfassungsrang

Unzweifelhaft besteht ein von der EMRK als abstrakt-genereller Norm ausgehender Veränderungsdruck durch Invalidation immer dann, wenn die EMRK im nationalen Recht im Verfassungsrang steht. Damit zieht etwa in Österreich, wo die EMRK den Rang der Verfassung teilt, ein konventionswidriges Gesetz, unabhängig von einer Verurteilung durch den EGMR, die Invalidation dieser Vorschrift nach sich[856].

bb. Die EMRK im Rang zwischen Gesetz und Verfassung

In den meisten Vertragsstaaten steht die EMRK im Rang zwischen einfachen Gesetzen und der Verfassung. Auch in diesem Fall kommt ihr Vorrang gegenüber einfachem Gesetzesrecht zu, so dass ein von der EMRK ausgehender Veränderungsdruck durch Invalidation in Bezug auf einfache Gesetze durchaus zu bejahen ist. Zu beachten ist allerdings, dass dies in Bezug auf entgegenstehendes Verfassungsrecht nicht der Fall ist.

(1) Beispiel: Die Rechtslage in Frankreich

Ein Beispiel dafür liefert die französische Rechtsordnung. Nach Art. 55 der französischen Verfassung[857] ist der völkerrechtliche Vertrag nur den nationalen Gesetzen, aber nicht der Verfassung selbst überlegen. Aus diesem Grund kann die

855 Vgl. dazu Grabenwarter, VVDStRL 60 (2001), 290 (318f.).
856 Vgl. Grabenwarter VVDStRL 60 (2001), 290 (318f.).
857 Art. 55 der französischen Verfassung: *„Die ordnungsgemäß ratifizierten oder genehmigten Verträge bzw. Abkommen erlangen mit ihrer Veröffentlichung höhere Rechtskraft als die Gesetze, vorausgesetzt, dass die Abkommen oder Verträge von den Vertragsparteien angewandt werden.“*

Konventionswidrigkeit eines Gesetzes oder einer Rechtsverordnung vor einem französischem Gericht[858] nicht geltend gemacht werden, insoweit das Gesetz oder die Rechtsverordnung bloß eine konventionswidrige Verfassungsbestimmung umsetzt[859].

Deutlich wird dies z.B. in der Rechtsprechung des *Conseil d'État*[860] zur Prüfung einer Rechtsverordnung über die Anwendung des Art. 76 der französischen Verfassung. Art. 76 normiert, dass nur denjenigen Einwohnern Neu-Kaledoniens, die mehr als 10 Jahren dort ihren Wohnsitz haben, ein Wahlrecht zukommt. Die Kläger machten geltend, das die angefochtene Rechtsverordnung gegen die EMRK verstoße. Dazu führte der *Conseil* jedoch aus, dass der Vorrang zugunsten völkerrechtlicher Verträge nicht gegenüber den Verfassungsvorschriften gelte; somit sei das Argument, dass die Rechtsverordnung gegen einen völkerrechtlichen Vertrag (insbesondere Art. 14 EMRK) verstoße, abzulehnen.

Art. 55 der Verfassung ist allerdings dahingehend auszulegen, dass die Fachgerichte zuständig sind, die Konformität einfacher Gesetze mit jedem völkerrechtlichen Vertrag inzident zu prüfen. Im Falle der Völkerrechtswidrigkeit erklären diese das völkerrechtswidrige Gesetz dann für unanwendbar. Diese Auslegung des Art. 55 wurde den Fachgerichten durch eine Entscheidung des *Conseil constitutionnel* aus dem Jahre 1975 implizit nahegelegt[861]. Dieser Rechtsprechung schlossen sich im Laufe der Jahre der *Cour de cassation*[862] und der *Conseil d'État* an[863], so dass seitdem ordentliche Gerichte sowie Verwaltungsgerichte Gesetzvorschriften, die gegen die EMRK verstoßen, für rechtswidrig und deswegen für unanwendbar erklären[864].

---

858 Kurze Übersicht über die Kompetenzen der französischen Gerichtsbarkeit, S. 5.

859 Vgl. dazu Fromont, DÖV 2005, 1 (2f.).

860 Conseil d'État, 30.10.1998, Sarran, RFDA 1998, S. 1081, Schlussanträge Maugüé. Der Cour de cassation hat diese Auslegung in einer Streitigkeit, die ebenfalls die Völkerrechtswidrigkeit des Wahlrechtregelung in Neu-Kaledonien betraf, angenommen. Vgl. dazu Fromont, DÖV 2005, 1 (3).

861 Vgl. dazu m.w.N. Fromont, DÖV 2005, 1 (3).

862 Cour de cassation, 24.5.1975, Administration des douanes c/ Société des cafés Jacques Vabre, Dalloz 1975, S. 497, Schlussanträge Touffait.

863 Conseil d'État, Assemblée, 20.10.1989, Nicolo, Rec. CE 1989, S. 190; RFDA 1989, S. 813, Schlussanträge Frydman. Der Conseil constitutionnel prüft selbst die Vertragsmäßigkeit der anwendbaren Gesetze, wenn er als Wahlrichter tätig ist, weil er insoweit nicht nur die Verfassungsmäßigkeit, sondern auch die Beachtung der Gesetze und der Rechtsverordnungen zu prüfen hat.

864 Vgl. dazu Fromont, DÖV 2005, 1 (3).

(2) Würdigung

Aus dem Gesagten kann demzufolge geschlossen werden, dass der Widerspruch zur EMRK – auch wenn sie in der nationalen Rechtsordnung „nur“ Übergesetzesrang einnimmt – einen derart starken Veränderungsdruck auslöst, dass die konventionswidrigen Gesetze – wie etwa im Fall Frankreichs durch die Gerichtsbarkeit – für unanwendbar erklärt werden.

cc. Die EMRK im Rang eines einfachen Gesetzes

Aber auch in dem Fall, dass die EMRK in der nationalen Rechtsordnung den schwachen Rang eines einfachen Gesetzes einnimmt, kann ein Veränderungsdruck in Bezug auf konventionswidrige Gesetze bestehen. So kann etwa der verfassungsrechtliche Grundsatz der Völkerrechtsfreundlichkeit einen normativen Druck zur Aufhebung der festgestellten Konventionsverletzung verursachen[865].

(1) Beispiel: Die Rechtslage in Ungarn und dem Vereinigten Königreich

Beispielhaft dafür ist zunächst die Rechtslage in Ungarn. Dort kommt der EMRK lediglich der Rang eines einfachen Gesetzes zu[866]. Allerdings normiert § 7 Abs. 1, 2. Halbsatz der ungarischen Verfassung, dass das innerstaatliche Recht mit den übernommenen völkerrechtlichen Pflichten übereinstimmen muss. Solange dabei die Transformationsnorm, welche die Bestimmungen des völkerrechtlichen Vertrages umsetzt, im Vergleich zu der entgegenstehenden innerstaatlichen Norm die spätere ist, kann gegebenenfalls bereits durch die Anwendung der *lex-posterior* Regel der Maßgabe des § 7 Abs. 1, 2. Halbsatz Genüge getan werden. In dem Fall jedoch, dass die konventionswidrige innerstaatliche Regel die spätere ist und als solche dem Vertragstext vorgeht, wäre die Übereinstimmung des Völkerrechts mit der ungarischen Rechtsordnung nicht mehr gewahrt und § 7 Abs. 1, 2 Halbsatz verletzt. Da nun aber der Text des völkerrechtlichen Vertrages festliegt und grundsätzlich nicht durch eine Partei ohne weiteres abgeändert werden kann, kann der oben dargelegte Konflikt nur durch Anpassung des innerstaatlichen Rechts an die Vorgaben des völkerrechtlichen Vertrages Rechnung getragen werden[867]. Bei einer unauflöslichen Kollision gleichrangiger Rechtsregeln obliegt

865 Bleckmann, DÖV 1996, 137 (142); Ress, EuGRZ 1996, 350 (352).
866 Ausführlich dazu Kapitel 2 C der vorliegenden Arbeit.
867 Vgl. dazu Küpper, ZaöRV 58 (1998), 239 (249ff.).

es demzufolge dem ungarischen Gesetzgeber, den Konflikt durch Änderung bzw. Aufhebung der innerstaatlichen Rechtsregeln zu lösen[868].

Im Vereinigten Königreich, in dem die EMRK grundsätzlich auch den Rang eines einfachen Gesetzes einnimmt[869], ist sogar für den Fall der Feststellung einer Konventionsverletzung durch die Straßburger Organe – seit Einführung des „*Human Rights Acts*" – ein eigenes Gesetzgebungsverfahren zu deren Beseitigung eingeführt worden[870].

(2) Würdigung

Auch in Staaten, in denen die EMRK im Rang eines einfachen Gesetzes steht, löst der Widerspruch zu dieser also einen derart starken Veränderungsdruck aus, dass die konventionswidrige innerstaatliche Rechtsnorm durch den nationalen Gesetzgeber aufzuheben ist.

Insgesamt kann folglich als Ergebnis festgehalten werden, dass die Invalidation des nationalen Rechts durch die EMRK, unabhängig von ihrem innerstaatlichen Rang, meist zur Anpassung an die EMRK führt.

b. Urteile des EGMR

Ein unmittelbarer normativer Veränderungsdruck geht darüber hinaus vor allen Dingen von einer durch den EGMR gegen den jeweiligen Staat ergangenen Feststellung einer Konventionsverletzung aus. Zwar ist der am EGMR-Verfahren beteiligte Staat aufgrund seiner Verurteilung zunächst nur gehalten, die Konventionswidrigkeit seines Verhaltens nicht mehr zu bestreiten[871]. Gemäß Art. 46 EMRK trifft ihn darüber hinaus jedoch auch die Verpflichtung, die Konventionsverletzung zu beenden und gegebenenfalls Wiedergutmachung zu leisten[872].

---

868 Küpper, ZaöRV 58 (1998), 239 (249ff.).

869 Siehe Kapitel 2 C der vorliegenden Arbeit.

870 Vgl. dazu Kapitel 2 C dieser Arbeit. Vgl. Sommermann, DÖV 1999, 1025 (1027); m.w.N. Grabenwarter, EMRK, S. 23ff.

871 Meyer-Ladewig, EMRK, Art. 46, Rn. 8f.; Frowein/Peukert, EMRK, Art. 53, Rn. 2.

872 Vgl. Polakiewicz, Die Verpflichtung der Staaten aus den Urteilen des EGMR, S. 231ff. Allgemein zu der völkerrechtlichen Verpflichtung der Staaten aus einem EGMR-Urteil: Peters, EMRK, S. 253ff.; Meyer-Ladewig, EMRK, Art. 46, Rn. 8ff.; Grabenwarter, EMRK, S. 114ff.; Bausback, ZRP 1999, 6 (6ff.); Frowein/Peukert, EMRK, Art. 53, Rn. 1ff.; Maier – Ress, Europäischer Menschenrechtsschutz, S. 227 (233ff.); Ehlers – Ehlers, Europäische Grundrechte und Grundfreiheiten, S. 45.

Hierbei ist es Aufgabe des Ministerkomitees, über die Vollstreckung der Urteile zu wachen.

Aus konventionsrechtlicher Sicht besteht also die völkerrechtliche Pflicht des Vertragsstaates[873], eine Anpassung des nationalen Rechts an die Konvention entweder durch dessen konventionskonforme Auslegung oder – ist diese nicht möglich – durch Aufhebung bzw. Änderung der konventionswidrigen Gesetze zu erreichen[874]. Dabei ist ohne Belang, ob die Gesetzesänderung oder -aufhebung durch das Verfassungsgericht oder den Gesetzgeber erfolgt[875].

Sowohl für eine Anpassung des nationalen Rechts durch eine konventionskonforme Auslegung als auch für die Aufhebung bzw. Änderung konventionswidriger Gesetze lassen sich in nahezu allen Vertragsstaaten Beispiele finden[876].

aa. Anpassung durch konventionskonforme Auslegung des Gesetzes

Wie erläutert kann der Verpflichtung der Staaten aus den Urteilen, den konventionswidrigen Zustand zu beenden, durch eine konventionskonforme Auslegung des nationalen Rechts nachgekommen werden. Der Zeitpunkt, wann die Änderung der Gesetzesauslegung erfolgt, kann dabei allerdings durchaus variieren: So wurde eine Änderung der Gesetzesauslegung in der Staatenpraxis teilweise schon im Vorfeld einer Verurteilung vorgenommen, teilweise trat sie aber auch erst mit größerer Verzögerung nach dieser ein. Meist jedoch ist die nationale Rechtsprechung bemüht, ihre Rechtsordnung zeitnah zur Verurteilung, d.h. im Rahmen der nächsten Streitsache, die eine ähnliche Rechtsfrage aufwirft, anzupassen.

---

873 Polakiewicz, Die Verpflichtung der Staaten aus den Urteilen des EGMR, S. 156ff.; Papier, EuGRZ 2006, 1 (1ff.).

874 Ausführlich dazu Kapitel 1 E II dieser Arbeit.

875 Vgl. Kapitel 1 E II der vorliegenden Arbeit. Im Falle des Vereinigten Königreichs steht die Pflicht des Gesetzgebers nun außer Frage. Section 10 des „*Human Rights Act*" sieht für den Fall der Feststellung einer Verletzung der Konvention durch den EGMR oder ein nationales Gericht (vgl. Section 4 des „*Human Rights Act*") ein eigenes Gesetzgebungsverfahren vor. Vgl. auch Grabenwarter, VVDStRL 60 (2001), 290 (320).

876 Beispielsweise werden in einem Memorandum des EGMR insgesamt 294 Fälle genannt, in denen es auf Grund einer erfolgreichen Individualbeschwerde zu einer generellen Änderung der Rechtslage gekommen ist: „*Effects of Judgments Cases 1969 – 1998*", abrufbar unter http://www.echr.coe.int/Eng/EDocs/EffectsOfJudgments.html.

(1) Frankreich

Das Abhören von Fernmeldegesprächen aufgrund des Art. 81 der französischen Strafprozessordnung wurde in einem Verfahren vor dem EGMR gegen Frankreich als ein Verstoß gegen Art. 8 EMRK gerügt[877]. Zwar musste nach französischem Recht die Telefonüberwachung von einem Untersuchungsrichter genehmigt werden. Jedoch rügte der EGMR, dass keine darüber hinausgehenden weiteren Verfahrensgarantien existierten. Unverzüglich nach der Verurteilung durch den EGMR entwickelte der *Cour de cassation* zusätzliche Verfahrensgarantien[878].

Ein weiteres Beispiel aus der französischen Rechtsordnung ist die standesamtliche Bekanntmachung des Geschlechtswechsels von Transsexuellen. Am 25. März1992 entschied der EGMR, dass die Verweigerung jeglichen Geschlechtswechsels eines Transsexuellen durch die französischen Gerichten gegen Art. 8 der EMRK verstößt; schon am 11. Dezember 1992 änderte der *Cour de cassation* daraufhin seine Rechtsprechung[879].

(2) Deutschland

In einer aktuellen Entscheidung vom 14. Oktober 2004 setzte sich das BVerfG ausführlich mit der Berücksichtigung der Gewährleistungen der Konvention und der Entscheidungen des EGMR im Rahmen methodisch vertretbarer Gesetzesauslegung und der Bindungswirkung von gegen Deutschland ergangener EGMR-Urteilen auseinander[880].

i. Rechtsprechung des BVerfG

Mit seiner Verfassungsbeschwerde richtete sich der Beschwerdeführer gegen ein letztinstanzliches Urteil des Oberlandesgericht Naumburg. Durch dieses wurde

877 EGMR 24.4.1990, Huwig et Kruslin ./. Frankreich, A 176 – A , 176 – B. Vgl dazu Fromont, DÖV 2005, 1 (5).

878 Fromont, DÖV 2005, 1 (5f.) mit Verweis auf: Cour de cassation, Ch. crim., 21.5.1991.

879 EGMR 25.3.1992, B ./. Frankreich, A 232 – C. Cour de cassation, Ass. Plén., 11.12.1992, Bulletin 1992, Nr. 13, S. 27. Fromont, DÖV 2005, 1 (5).

880 BVerfG, 2 BvR 1481/04 vom 14.10.2004, abgedruckt in FamRZ 2004, 1857 (1857ff.), neuer Beschluss des BVerfG vom 28.12.2004: BVerfG, 1 BvR 2790/04. Dazu u.a. Cremer, EuGRZ 2004, 683 (683); Bergmann, EuGRZ 2004, 620 (620ff.); Breuer, NVwZ 2005, 412 (412ff.); Papier, EuGRZ 2006, 1 (1ff.). Ergänzend hierzu in Sache Caroline von Hanover ./. Deutschland: Scheyli, EuGRZ 2004, 628 (628ff.).

ihm ein Umgangsrecht mit seinem leiblichen Sohn und die Ausübung des Sorgerechts untersagt. Darüber hinaus wurde im Laufe des Rechtsstreits die Adoption des Sohnes durch eine Pflegefamilie gerichtlich erlaubt. Konkret rügte der Beschwerdeführer eine Verletzung seiner Grundrechte aus Art. 1, Art. 3 und Art. 6 GG und eine Verletzung des Rechts auf ein faires Verfahren.

Bereits vor Anrufung des BVerfG legte der Beschwerdeführer in dieser Rechtssache im September 2001 eine Individualbeschwerde nach Art. 34 EMRK bei dem Europäischen Gerichtshof für Menschenrechte ein[881]. In diesem Verfahren rügte er insbesondere eine Verletzung von Art. 8 EMRK, der das Recht auf Achtung des Privat- und Familienlebens schützt. Der EGMR sah in seinem Urteil den Beschwerdeführer in seinem Recht aus Art. 8 EMRK verletzt: In Bezug auf die Sorgerechtsfrage müsse der Staat in Fällen, in denen nachweislich Familienbande zu einem Kind bestünden, so handeln, dass diese Bande sich weiterentwikkeln könnten. Daraus folge die Pflicht nach Art. 8 EMRK, auf die Zusammenführung eines leiblichen Elternteils mit seinem Kind hinzuwirken[882]. Der EGMR führte weiter aus, dass das Oberlandesgericht in seinem im Streit stehenden Urteil gemessen an diesem Grundsatz nicht alle Möglichkeiten zur Lösung des Problems durchdacht habe. Im Hinblick auf das Umgangsrecht kam der Gerichtshof ferner zu dem Ergebnis, dass die Gründe, auf die das Oberlandesgericht Naumburg seine Entscheidung, den Umgang des Beschwerdeführers mit seinem Kind für die Dauer eines Jahres auszuschließen, gestützt habe, nicht ausreichend gewesen seien, um einen derart schweren Eingriff in das Familienleben des Beschwerdeführers zu rechtfertigen. Ungeachtet des Ermessensspielraums der innerstaatlichen Behörden sei der Eingriff daher in Bezug auf die rechtmäßig verfolgten Ziele nicht verhältnismäßig gewesen[883].

Das nach Urteil des EGMR erneut angerufene OLG Naumburg führte bezüglich der Bindungswirkung der Urteile des EGMR aus, dass sich die Wirkung des Urteilsspruches de iure und de facto, vorbehaltlich einer innerstaatlichen Gesetzänderung, in der Feststellung der Sanktionierung einer in der Vergangenheit nach Ansicht des Gerichtshofs liegenden Rechtsverletzung erschöpfe. Das Urteil des Gerichtshofs bleibe demzufolge ein jedenfalls für die nationalen Gerichte unverbindlicher Ausspruch ohne Einfluss auf die Rechtskraft der angegriffenen Entscheidung. Weder die Europäische Menschenrechtskonvention noch das Grund-

881 EGMR 26.2.2004, Deutschland ./. Görgülü, Application Number 74969/01, abgedruckt in FamRZ 2004, 1456 (1456ff.).

882 EGMR 26.2.2004, Deutschland ./. Görgülü, Application Number 74969/01, Ziff. 45, abgedruckt in FamRZ 2004, 1456 (1456ff.).

883 EGMR 26.2.2004, Deutschland ./. Görgülü, Application Number 74969/01, Ziff. 50, abgedruckt in FamRZ 2004, 1456 (1456ff.). Nochmals bestätigt in BVerfG, 1 BvR 2790/04 vom 28.12.2004.

gesetz verpflichteten dazu, einer die Konventionswidrigkeit eines deutschen Hoheitsaktes feststellenden Entscheidung des Gerichtshofs eine die Rechtskraft beseitigende Wirkung beizumessen. Auf Grund des Ranges der Europäischen Menschenrechtskonvention als einfaches Gesetzesrecht unterhalb der Verfassung sei der Gerichtshof im Verhältnis zu den Gerichten der Vertragsparteien funktionell kein höherrangiges Gericht. Deshalb könnten nationale Gerichte weder bei der Auslegung der Europäischen Menschenrechtskonvention noch bei der Auslegung nationaler Grundrechte an dessen Entscheidungen gebunden sein.

Das Bundesverfassungsgericht schloss sich der Rechtsansicht des OLG nicht an. Die Entscheidung enthält vielmehr in einer ersten Kernaussage eine Öffnung der deutschen Rechtsordnung hin zur EMRK bzw. den Urteilen des EGMR. Allerdings ist der Entscheidung in einer zweiten Kernaussage eine auch eher zurückhaltende Tendenz zu entnehmen[884].

In seiner ersten Kernaussage führte das BVerfG zunächst aus, dass die EMRK, welche in der deutschen Rechtsordnung im Range eines Bundesgesetzes gelte, durchaus bei der Interpretation des nationalen Rechts – auch der Grundrechte und rechtsstaatlichen Garantien – zu berücksichtigen sei. Des weiteren wies der Gerichtshof ausdrücklich darauf hin, dass sich die Bindungswirkung einer Entscheidung des Gerichtshofs auf alle staatlichen Organe auswirke. Sie verpflichtet diese grundsätzlich, im Rahmen ihrer Zuständigkeit und ohne Verstoß gegen die Bindung an Gesetz und Recht (Art. 20 Abs. 3 GG) einen fortdauernden Konventionsverstoß zu beenden und einen konventionsgemäßen Zustand herzustellen. Die Art und Weise der Bindungswirkung hänge dabei von dem Zuständigkeitsbereich der staatlichen Organe ab und von dem Spielraum, den vorrangig anwendbares Recht lässt. So seien Gerichte zur Berücksichtigung eines Urteils, das einen von ihnen bereits entschiedenen Fall betrifft, jedenfalls dann verpflichtet, wenn sie in verfahrensrechtlich zulässiger Weise erneut über den Gegenstand entscheiden und dem Urteil ohne materiellen Gesetzesverstoß Rechnung tragen könnten[885]. Auf jeden Fall müsse die Entscheidung des Gerichtshofs, wenn in einem konkreten Beschwerdeverfahren unter Beteiligung der Bundesrepublik Deutschland ein Konventionsverstoß festgestellt wurde und dieser Verstoß noch andauere, im innerstaatlichen Bereich berücksichtigt werden. In dieser Aussage liegt eine entscheidende Fortentwicklung der bisherigen Rechtsprechung des Bundesverfassungsgerichts[886]. Denn die EMRK steht grundsätzlich in der deutschen Rechtsordnung im Rang eines einfachen Gesetzes und bildet damit keinen

884 Dazu ausführlich Cremer, EuGRZ 2004, 683 (683ff.).
885 BVerfG, 2 BvR 1481/04 vom 14.10.2004, Ziff. 30, abgedruckt in FamRZ 2004, 1857 (1857ff.).
886 Vgl. dazu etwa Jaeger, EuGRZ 2005, 193 (193ff.).

unmittelbaren verfassungsgerichtlichen Prüfungsmaßstab. Zwar diente die EMRK schon immer als Auslegungshilfe für den Inhalt und Reichweite der Grundgesetzgewährleistungen. Neu ist aber, dass Beschwerdeführer nunmehr auch vor dem BVerfG eine Verletzung der EMRK gestützt auf die auf die Grundrechte des Grundgesetz in Verbindung mit dem Rechtsstaatsprinzip geltend machen kann.

In einer zweiten Kernaussage führt der Gerichtshof allerdings aus, sowohl die fehlende Auseinandersetzung mit der EMRK bzw. einer Entscheidung des EGMR als auch deren gegen vorrangiges Recht verstoßende schematische Vollstreckung könnten gegen die Grundrechte i.V.m. dem Rechtsstaatsprinzip verstoßen. Damit forderte das BVerfG keine strikte Beachtung der EMRK und ihrer Rechtsprechungsorgane. Sondern gerade auch die strikte und sklavische Beachtung dieser kann zu einem Verfassungsverstoß nach deutschem Recht führen. So soll wohl dem Umstand Rechnung getragen werden, dass der EGMR in seinen Urteilen meist nur das zweipolige Verhältnis zwischen Bürger und Staat ins Auge fasst[887]. Andere Rechtsbeziehungen aber meist außer Acht lässt. In dieser Situation hat dann aber das nationale Gericht die Aufgabe, die sich teilweise widersprechenden Einzelinteressen in Einklang zu bringen. Ein sklavische Beachtung der EGMR-Entscheidungen würde somit gegebenenfalls zu einem Verfassungsverstoß führen.

Diese zweite Aussage vermindert folglich den Wert der ersten. Damit räumt das BVerfG der nationalen Verfassung wieder die Letztentscheidungskompetenz ein und weist auf den Umstand hin, dass der EMRK und den Urteilen des EGMR, wie auch die Regelung des Art 46 EMRK zeigt, nicht unmittelbar in die nationalen Rechtsordnungen eingreift.

ii. Würdigung

Wichtig ist allerdings, dass in seiner aktuellen Rechtsprechung das BVerfG klargestellt hat, dass die EMRK sowie (zumindest) die gegen Deutschland ergangenen Urteile im Rahmen der Gesetzesauslegung zu beachten sind und dass der Rechtsprechung des EGMR dabei eine entscheidende Rolle zukommt. In ihr *„[spiegelt] sich der aktuelle Entwicklungsstand der Konvention und ihrer Protokolle wider“*[888]. Wichtig ist aber insbesondere, dass das BVerfG auch die staatlichen Organe und nicht nur den verurteilten Staat in die Pflicht nimmt: Alle staatlichen Organe sind letztlich von der Bindungswirkung des EGMR-Urteils erfasst.

887 Kritisch hierzu Cremer, EuGRZ 2004, 683 (683ff.).
888 BVerfG, 2 BvR 1481/04 vom 14.10.2004, Ziff. 38, abgedruckt in FamRZ 2004, 1857 (1857ff.).

Das Bundesverfassungsgericht verleiht den Gewährleitungen der EMRK zusätzliche Durchschlagkraft, allerdings gemindert durch die zweite Aussage, nach der die nationale Verfassung immer noch das letzte Wort behält.

bb. Anpassung durch Aufhebung bzw. Änderung des nationalen Rechts

(1) Anpassung einfachen Gesetzesrechtes

Eine Anpassung des nationalen Gesetzesrechts an die Vorgaben der EMRK kann schließlich auch durch Aufhebung bzw. Änderung des nationalen Rechts erfolgen.

i. Beispiele der nationalen Anpassungspraxis

Der Zeitpunkt, wann die Gesetzesänderung bzw. Aufhebung in den nationalen Rechtsordnungen durchgeführt wird, variiert sehr stark: Teilweise wurde eine Anpassung der nationalen Rechtsordnung schon im Vorfeld einer Verurteilung durch den EGMR vorgenommen[889]. So änderte Österreich im Jahre 1962 allein aufgrund des Kommissionsberichts in den Fällen *Pataki* und *Dunshirn*[890] seine Strafprozessordnung. Darüber hinaus wurde den Beschwerdeführern sogar die Möglichkeit eingeräumt, ihre zuvor rechtskräftig abgeschlossenen Verfahren wieder aufzunehmen[891].

Häufiger ist jedoch der Fall, in dem eine Anpassung der nationalen Rechtsordnung erst nach Verurteilung durch den Straßburger Gerichtshof erfolgt. Am 28. November 1978 entschied der EGMR in dem Fall *Luedicke, Belkacem, Koc gegen Deutschland*[892], dass Art. 6 EMRK Abs. 3 lit. e EMRK, der jedem Angeklagten, der die Verhandlungssprache nicht versteht, die unentgeltliche Beiziehung eines Dolmetschers garantiert, eine endgültige Kostenfreistellung verlangt. Damit erklärte der EGMR die entsprechende nationale Vorschrift für konventionswidrig. Aufgrund dieses Urteils änderte der deutsche Gesetzgeber bereits per Gesetz vom 18. August 1980[893] das Kostenverzeichnis zum Gerichtskostengesetz im Sinne der EGMR-Rechtsprechung: Gemäß Nr. 1904 Kostenverzeichnis werden nunmehr Dolmetscherkosten ausdrücklich von den Gerichtskosten ausge-

---

889 Siehe dazu ausführlich Maier – Ress, Europäischer Menschenrechtsschutz, S. 227 (235ff.).

890 Vgl. dazu m.w.N. Maier – Ress, Europäischer Menschenrechtsschutz, S. 227 (236).

891 Vgl. Maier – Ress, Europäischer Menschenrechtsschutz, S. 227 (235ff.).

892 EGMR 23.10.1978, *Luedicke, Belkacem und Koc ./. Deutschland*, abgedruckt in EuGRZ 1979, 34 (34f.)

893 Abgedruckt in BGBl. 1980 I, 1503.

nommen, die der Angeklagte im Falle einer Verurteilung selbst zu tragen hat. In diesem Falle dauerte es folglich lediglich knapp zwei Jahre, bis zu einer Anpassung der deutschen Rechtsordnung an die Bestimmungen der EMRK[894].

ii. Der Fall der lange Zeit unterbliebenen Anpassung

Aber nicht immer erfolgt eine Anpassung der nationalen Rechtsordnung an die EMRK nach einer durch den EGMR festgestellten Konventionsverletzung derart schnell.

Am 21. Februar 1984 entschied der EGMR im Fall *Ötztürk gegen Deutschland*[895], dass ein Anspruch auf kostenlose Zuziehung eines Dolmetschers auch im Rahmen eines Bußgeldverfahrens bestehe. In diesem Fall erfolgte eine Änderung der deutschen Rechtslage jedoch nur sehr zögerlich. Erst fünf Jahre später, am 15. Juni 1989, konnte sich der deutsche Gesetzgeber entschließen, dieses EGMR-Urteil gesetzlich umzusetzen[896].

Ein weiterer Fall einer lange unterbliebenen Anpassung des nationalen Rechts nach einer durch den EGMR festgestellten Konventionsverletzung findet sich im Zusammenhang mit dem Urteil in der Sache *Matthews gegen das Vereinigte Königreich*[897] aus dem Jahre 1999.

Der bereits an anderer Stelle erwähnte Fall betraf das Wahlrecht der Einwohner Gibraltars für die Wahlen zum Europäischen Parlament. Dieses wurde in dem Anhang II des Vertrages über die Einführung der Direktwahl zum Europäischen Parlament aus dem Jahre 1976 ausgeschlossen. Eine Möglichkeit des verurteilten Staates der Verpflichtung aus dem EGMR-Urteil nachzukommen, bestand somit in einer Änderung des zugrundeliegenden Direktwahlaktes[898]. Jedoch unterblieb eine derartige Maßnahme zunächst, so dass im Jahre 2001 das Ministerkomitee, dem gemäß Art. 46 Abs. 2 EMRK die Aufgabe zukommt, die Durchführung der EGMR-Urteile zu überwachen, die unterbliebenen Umsetzung rügte und das Vereinigte Königreich erneut auf seine dahingehende Verpflichtung hinwies[899].

Im Zuge einer im Jahre 2002 vorgenommenen allgemeinen Änderung des in Rede stehenden Direktwahlaktes sollte schließlich auch die Frage des Wahlrechts

894 Vgl. ausführlich: Maier – Ress, Europäischer Menschenrechtsschutz, S. 227 (274ff.).

895 EGMR 21.2.1984, *Oztürk ./. Deutschland,* abgedruckt in EuGRZ 1985, 62 (62f).

896 Vgl. ausführlich dazu Uerpmann, EMRK und deutsche Rechtsprechung, S. 75ff.; Maier – Ress, Europäischer Menschenrechtsschutz, S. 227 (274ff.).

897 EGMR 18.2.1999, abgedruckt in EuGRZ 1999, 206 (206ff.) – *Matthews ./. UK.*

898 Vgl. Ress, ZRP 2002, 367 (369).

899 Interim Resolution ResDH(2001)79. Concerning the judgement of the European Court of Human Rights of the 18. February 1999.

der in Gibraltar lebenden Bürger im Sinne der *Matthews-Rechtsprechung* des EGMR geregelt werden. Die „*Gibraltar-Frage*" blieb jedoch bis zuletzt der einzige Punkt, der der Annahme des Beschlusses des Rates zur Änderung des Direktwahlaktes 2002/772/EG[900] noch entgegenstand. Anfang 2002 konnten sich das Vereinigte Königreich und Spanien schließlich darauf einigen, dieses Problem durch zwei Erklärungen für das Ratsprotokoll zu lösen. So erklärte das Vereinigte Königreich, der Bevölkerung Gibraltars die Ausübung des Wahlrechts als Teil von und unter den gleichen Bedingungen wie eines bereits bestehenden Wahlkreises des Vereinigten Königreichs zu ermöglichen, um damit der aus Art. 6 Abs. 2 EUV erwachsenden Verpflichtung, das Urteil des Europäischen Gerichtshofs für Menschenrechte umzusetzen, nachzukommen. Und auch Spanien erklärte, den Inhalt der Erklärung des Vereinigten Königreichs betreffend Gibraltar zur Kenntnis genommen zu haben[901]. Die Änderungen des Direktwahlakts bedurften gemäß Art. 190 Abs. 4 EGV, Art. 108 Abs. 4 Euratom-Vertrag und Art. 3 Abs. 1 des Beschlusses des Rates 2002/772/EG der Annahme durch die Mitgliedstaaten gemäß ihren verfassungsrechtlichen Vorschriften. Rechtzeitig zu den Wahlen zum Europäischen Parlament im Jahre 2004 – um eine erneute Verletzung der EMRK zu vermeiden – wurde diese Änderung des Direktwahlaktes umgesetzt: Durch die Angliederung an den englischen Wahlkreis Southwest konnten die Wähler in Gibraltar 2004 erstmals an den europäischen Parlamentswahl teilnehmen.

iii. Würdigung

Die oben aufgeführten Beispiele sind dabei repräsentativ für die allgemeine Umsetzungspraxis der EGMR-Urteile durch die Vertragsstaaten. Folglich ist damit grundsätzlich die Bereitschaft der EMRK-Staaten, den Bestimmungen der Urteile Folge zu leisten – wenn auch manchmal mit einer erheblichen zeitlichen Verzögerung – als sehr hoch einzustufen. Wie die Umsetzung des Urteils im Fall *Matthews* zeigt, ist dabei der Druck, der von einer erneuten Verurteilung durch den EGMR ausgeht, Antriebsfeder für das staatliche Handeln. Der Fall der nicht befolgten EGMR-Verurteilung bleibt demnach die Ausnahme[902].

---

900 ABl. 2002, Nr. L 283.

901 Addendum zum Beschluss des Rates des Europäischen Union vom 25. Juni 2002 und 23. September 2002, 2002/772/EG, Euratom, zur Änderung des Aktes zur Einführung allgemeiner unmittelbarer Abgeordneter des Europäischen Parlamentes im Anhang zum Beschluss 76/787/EGKS, EWG, Euratom.

902 Vgl. dazu Ress, ZRP 2002, 367 (369).

(2) Anpassung nationalen Verfassungsrechts

Bemerkenswert ist, dass die Vertragsstaaten aber nicht nur ihre einfachgesetzlichen Regelungen an den Bestimmungen der EMRK ausrichten. Vielmehr ist ebenso die Bereitschaft zu erkennen, selbst das nationale Verfassungsrecht den Vorgaben der EMRK anzupassen. Dies liegt wohl auch in der Absicht, sich ständig wiederholenden Verurteilungen durch den EGMR zu entgehen, begründet.

Beispielsweise steht in dem Fall *Rekvényi gegen Ungarn*[903] außer Frage, dass Ungarn die Bestimmungen seiner Verfassung der Konvention angepasst hätte, wenn der EGMR in diesem Verfahren eine Konventionswidrigkeit festgestellt hätte: Der EGMR überprüfte hier das Verbot des § 40 B der ungarischen Verfassung für Polizeibeamte, sich parteipolitisch zu engagieren, anhand von Art. 10 EMRK. Der Gerichtshof vertrat aber schließlich die Ansicht, dass ein Widerspruch mit Art. 10 EMRK nicht gegeben sei.

Das Urteil im Fall *Incal ./. Türkei*[904] hat dagegen in der Türkei tatsächlich zu einer Verfassungsänderung geführt. So schaffte die Türkei nach ihrer Verurteilung durch den EGMR den verfassungsrechtlich vorgesehenen Militärrichter ab[905].

cc. Würdigung

Von einer Verurteilung durch den EGMR geht demzufolge ein nicht unerheblicher Druck auf die Vertragsstaaten aus, so dass diese in den meisten Fällen zur Anpassung ihrer gesamten nationalen Rechtsordnung an die Vorgaben der EMRK bereit sind.

3. „Weiche" normative Wirkung

Die „weiche" normative Wirkung der EMRK äußert sich in Akten der nationalen Rechtsetzung oder Rechtsprechung, die zwar rechtlich nicht geboten sind, aber dennoch mit dem Ziel erfolgen, die aus der Ratifizierung der EMRK für die Vertragsstaaten resultierenden völkerrechtlichen Pflichten für die Zukunft sicherzustellen[906].

---

903 EGMR 20.5.1999, Rekvényi ./. Ungarn, Application Number 25390/94, RJD 1999-III, § 49ff.

904 EGMR 9.6.1998, Incal ./. Türkei, Application Number 22678/98, Reports 1998-IV. Ress, ZRP 2002, 367 (369).

905 Vgl. dazu Ress, ZRP 2002, 367 (369).

906 Vgl. Grabenwarter, VVDStRL 60 (2001), 290 (321).

a. Die EMRK als abstrakt-generelle Norm

Ein Beispiel für die „weiche" Wirkung der EMRK als abstrakt-generelle Norm auf die nationalen Rechtsordnungen sind beispielsweise einfachgesetzliche Regelungen, die Wiederaufnahmetatbestände für den Fall der festgestellten Konventionsverletzung enthalten.

Grundsätzlich ergibt sich aus der Konvention und ihren Zusatzprotokollen keine Verpflichtung der Vertragsstaaten, Wiederaufnahmeverfahren für den Fall vorzusehen, dass der EGMR einen Konventionsverstoß innerstaatlicher Gerichtsurteile feststellt[907]. Auch eine Verpflichtung zur erweiternden oder analogen Anwendung bereits vorhandener Wiederaufnahmegründe kann der Konvention nicht entnommen werden[908]. Ermöglicht somit eine Rechtsordnung die Wiederaufnahme eines Verfahrens aufgrund einer gegen sie festgestellten Konventionsverletzung, handelt es sich um einen Akt des nationalen Gesetzgebers, der rechtlich durch die Konvention nicht gefordert wird, mithin um eine Form der „weichen" normativen Wirkung.

aa. Westeuropa

In vielen der westeuropäischen Staaten, die die EMRK ratifiziert haben, lassen sich – zumindest für das Strafverfahren – inzwischen Wiederaufnahmeverfahren aufgrund einer festgestellten Konventionswidrigkeit finden[909]. So ist in Deutschland die Regelung in § 359 Nr. 6 StPO, in Österreich in § 363a StPO, in Frankreich in Art. 626-1 bis 626-7 der französischen Strafprozessordnung und in der Schweiz in Art. 139a Bundesrechtspflegegesetz verankert. Allerdings ist eine

---

907 Polakiewicz, Die Verpflichtung der Staaten aus den Urteilen des EGMR, S. 112ff. Allerdings mündete eine Diskussion im Europarat angesichts der oft schleppenden Durchsetzung von EGMR-Urteilen in den nationalen Rechtsordnungen in einer Empfehlung des Ministerkomitees (Empfehlung Nr. R (2000) 2 v. 19.1.2000) und in einen Bericht an die Parlamentarische Versammlung (Council of Europe, Parliamentary Assembly, Doc. 8808 v. 12.7.2000, Execution of judgements of the European Court of Human Rights, abrufbar unter http://assembly.coe.int/Documents/WorkingDocs/doc00/EDOC8808.htm). In diesen wird übereinstimmend neben anderen Maßnahmen vor allen Dingen die Einführung von Wiederaufnahmeverfahren in den nationalen Rechtsordnungen nach einer Verurteilung durch den EGMR gefordert. Es bleibt abzuwarten, ob sich hieraus konkrete rechtliche Maßnahmen ergeben.

908 Ausführlich dazu Polakiewicz, Die Verpflichtung der Staaten aus den Urteilen des EGMR, S. 112ff.

909 Zur Problematik der Wiederaufnahme im Verwaltungsprozessrecht, DVBl. 2006, 325 (325ff.).

Wiederaufnahme in allen Fällen nur dann vorgesehen, wenn sich die Feststellung der Konventionsverletzung gegen den jeweiligen Staat richtet, und nicht, wenn diese zwar einen anderen Vertragsstaat betrifft, eine vergleichbare Rechtslage aber auch in der eigenen Rechtsordnung vorliegt[910].

bb. Mittel- und Osteuropa

Auch in den Rechtsordnungen der mittel- und osteuropäischen Staaten finden sich Wiederaufnahmeverfahren für den Fall festgestellter Konventionsverstöße.

Dabei wird eine Wiederaufnahme des Verfahrens sogar teilweise dann bejaht, wenn keine dahingehende ausdrückliche Normierung in der jeweiligen Rechtsordnung vorhanden ist: Die Strafprozessordnung der Russischen Föderation kennt grundsätzlich keinen Wiederaufnahmegrund für den Fall einer festgestellten Konventionsverletzung[911]. Eine Wiederaufnahme ist gemäß Art. 384 Abs. 4 der russischen Strafprozessordnung u.a. lediglich dann möglich, wenn neue, für den Fall relevante, Umstände auftreten. Jedoch interpretiert das russische Verfassungsgericht Art. 46 Abs. 3[912] der Verfassung in der Art, dass das Recht zur Anrufung einer zwischenstaatlichen Instanz zum Schutze der Menschenrechte und -freiheiten auch beinhaltet, dass die Feststellung der Konventionsverletzung durch diese zu einer Wiederaufnahme eines bereits abgeschlossenen nationalen Verfahrens führt. Somit setzt sich Art. 384 Abs. 4 Strafprozessordnung in Widerspruch zu Art. 46 Abs. 3 der russischen Verfassung. Eine Lösung dieses Konfliktes erfolgt nun, indem die Feststellung einer Konventionsverletzung Russlands durch den EGMR als neu aufgetretener Umstand i.S. des Art. 384 Abs. 4 gewertet wird.

Zu beachten ist allerdings wieder, dass zum einen eine Wiederaufnahme nur im Bereich des Strafverfahrens vorgesehen ist und dass zum anderen auch hier eine Wiederaufnahme des Verfahrens nur dann möglich ist, wenn die Russische

---

910 Vgl. Grabenwarter, EuGRZ 2003, 174 (177), der darauf hinweist, dass es zudem wünschenswert sei, dass eine Wiederaufnahme des Verfahrens in den Fällen gegeben sei, in denen wegen einer vergleichbaren Rechtslage eine Konventionsverletzung eines anderen Staates festgestellt wurde.

911 Vgl. dazu Barkhuysen/Van Emmerik/Van Kempen – Ferschtman, The Execution of Strasbourg and Geneva Human Rights Decisions in the National Legal Order, S. 123 (127ff.).

912 Art. 46 Abs. 3 der Verfassung der Russischen Föderation aus dem Jahre 1993: *„Jeder ist berechtigt, sich gemäß den völkerrechtlichen Verträgen der Rußländischen Föderation an die zwischenstaatlichen Organe zum Schutz der Menschenrechte und -freiheiten zu wenden, wenn alle bestehenden innerstaatlichen Mittel des Rechtsschutzes ausgeschöpft sind"*.

Föderation selbst durch den EGMR verurteilt wurde und nicht, wenn diese andere Staaten traf[913].

cc. Würdigung

Als Ergebnis ist folglich festzuhalten, dass auf der einen Seite trotz keiner dahingehenden rechtlichen Verpflichtung, die nationalen Rechtsordnungen teilweise versuchen, durch die Ermöglichung der entsprechenden Wiederaufnahmeverfahren ihre Konventionskonformität, etwa mittels eines Wiederaufnahmeverfahrens im Falle einer festgestellten Konventionsverletzung, sicherzustellen. Mithin geht von der EMRK durchaus eine „weiche" normative Wirkung auf die nationalen Rechtsordnungen aus.

Gleichzeitig ist allerdings zu beachten, dass die einzelnen Vertragsstaaten auf der anderen Seite mit der Handhabung des Wiederaufnahmeverfahrens aufgrund einer Konventionsverletzung sehr sparsam umgehen: So ist zum einen ein derartiges Wiederaufnahmeverfahren meist nur im Bereich des Strafverfahrens möglich und zum anderen wird es lediglich zugelassen, wenn die Konventionsverletzung durch den EGMR im Hinblick auf den jeweiligen Staat festgestellt wurde.

b. Urteile des EGMR

In der Praxis bedeutender als die „weiche" normative Wirkung der EMRK selbst ist jedoch die „weiche" normative Wirkung der Urteile des EGMR.

aa. Inhalt der „weichen" normativen Wirkung der EGMR-Urteile

Die Urteile des EGMR entfalten nach Art. 46 EMRK lediglich gegen die am Verfahren beteiligten Vertragsstaaten rechtliche Wirkung[914]. Nur diese werden aus dem Urteil verpflichtet, zwecks Beendigung der Konventionsverletzung das nationale Recht den EMRK-Gewährleistungen anzupassen[915]. Dagegen wird immer

---

913 Vgl. Barkhuysen/Van Emmerik/Van Kempen – Ferschtman, The Execution of Strasbourg and Geneva Human Rights Decisions in the National Legal Order, S. 123 (127ff.).

914 Vgl. dazu oben Kapitel 1 E. Grabenwarter, EMRK, S. 115ff.; Polakiewicz, Die Verpflichtung der Staaten aus den Urteilen des EGMR, S. 33; Pache, EuR 2004, 393 (405ff.).

915 Vgl. Kapitel 1 E II der vorliegenden Arbeit. Siehe auch Art. 46 Abs. 1 EMRK. Vgl. Peters, EMRK, S. 253; Polakiewicz, Die Verpflichtung der Staaten aus den Urteilen des EGMR, S. 33; Meyer-Ladewig, EMRK, Art. 46, Rn. 2; Ehlers – Ehlers, Europäische Grundrechte und Grundfreiheiten, S. 45; Okresek, EuGRZ 2003, 168 (169); Ress, EuGRZ 1996, 350 (350ff.). Eine Mindermeinung versucht dagegen den Ur-

dann, wenn die nationale Gesetzgebung oder Judikatur der Rechtsprechung des EGMR Rechnung trägt, ohne dass gegen den betreffenden Staat selbst bereits ein Urteil ergangen ist, den Urteilen des EGMR, abseits ihrer Rechtskraftwirkung, entscheidende Bedeutung zugemessen. Auch sind die nationalen Gerichte nach innerstaatlichem Recht grundsätzlich nicht an die Auslegung des EGMR aus konkreten Urteilen rechtlich gebunden. Dies gilt selbst in dem Fall, dass die EMRK bei der Anfechtung von Gesetzen zum Prüfungsmaßstab des Verfassungsgerichts gehört.

Wenn sich nun das nationale Gericht dennoch an den EGMR-Urteilen orientiert, geschieht dies – in Abgrenzung zur rein faktischen Bekräftigungswirkung[916] – teilweise nicht ohne jede rechtliche Bindung[917]. Vielmehr erfolgt dies unter Berücksichtigung des Umstandes, dass die Konvention ihre Vertragsstaaten bindet und dass eine andere, von der Rechtsprechung des EGMR abweichende Praxis der Gerichte, zu einer Feststellung der Konventionsverletzung durch den EGMR führen könnte. Ziel ist dabei also, die Konventionskonformität des eigenen staatlichen Handelns sicherzustellen.

Obwohl also das EGMR-Urteil einen nicht am Verfahren beteiligten Staat grundsätzlich rechtlich nicht bindet, geht von ihm ein nicht zu unterschätzender Einfluss auf alle Vertragsstaaten der EMRK aus. Um eine zukünftige Verurteilung durch den EGMR in einer ähnlich gelagerten Sachlage zu vermeiden, sind die einzelnen Staaten schließlich gehalten, ihre nationalen Rechtsordnungen nicht in Widerspruch zur EMRK, in der Ausprägung, die sie durch die Rechtsprechung des EGMR erhalten hat, zu belassen. Hierbei handelt es sich dann um den Fall der oben bereits angesprochenen „indirekten Wirkung“[918], „Präjudizwirkung“ oder „Orientierungswirkung“[919] der Urteile des EGMR[920].

---

teilen des EGMR eine erga-omnes Wirkung zuzuschreiben. Vgl. Bleckmann, EuGRZ 1995, 387 (387ff.).

916 Siehe dazu unten Kapitel 5 B II.

917 Zu beachten ist allerdings, dass in den meisten Fällen, in denen nationale Gerichte auf die Rechtsprechung des Straßburger Gerichtshofs Bezug nehmen, dies lediglich zur Bestätigung eines bereits erreichten Auslegungsergebnisses oder als Abwägungsmoment – ohne jegliche rechtliche Bindung – geschieht. Vgl. dazu Polakiewicz, Die Verpflichtung der Staaten aus den Urteilen des EGMR, S. 279ff.

918 Frowein/Villiger, HRLJ 9 (1988), 23 (40).

919 Ress, EuGRZ 1996, 350 (350ff.).

920 Ein Beispiel neueren Datums für eine derartige Orientierungswirkung der EGMR-Urteile ist der Fall Hatton (EGMR 8.7.2001, Hatton ./. U.K., Application Number 36022/97). In diesem ging es um die Lärmentwicklung am Londoner Flughafen Heathrow. Unabhängig davon, dass sich die Rechtskraftwirkung des Urteils nur auf das Vereinigte Königreich bezog, fand dieses Urteil auch in der Bundesrepublik Deutschland Beachtung und es ist im Hinblick auf die Verhandlungen zwischen der

bb. Handhabung in den nationalen Rechtsordnungen

Eine erschöpfende Untersuchung der nationalen Rechtsprechung hinsichtlich des Umfangs der von einem EGMR-Urteilen ausgehenden Orientierungswirkung ist schon angesichts der großen Anzahl der Vertragsstaaten im Rahmen dieser Arbeit nicht möglich. Folglich soll hier nur auf wenige Beispiele eingegangen werden, in denen den Urteilen des EGMR allgemein eine rechtliche Bedeutung für die nationale Rechtsprechung zuerkannt wurde.

(1) Frankreich

Die französischen Gerichte legen die EMRK grundsätzlich wie jede andere nationale juristische Vorschrift aus. Wurde die anzuwendende Vorschrift noch nicht durch den EGMR ausgelegt, betrachten sich die französischen Gerichte in ihrer Auslegung gänzlich frei. Grundsätzlich hat das Gesagte immer noch Gültigkeit, wenn die Vorschrift in einer Streitigkeit, die nicht Frankreich betraf, bereits durch den EGMR ausgelegt wurde. Jedoch ziehen die französischen Gerichte in solch einem Fall die Rechtsprechung des EGMR in Betracht, um eine spätere Verurteilung Frankreichs zu vermeiden[921]. Aus diesem Grund wird des öfteren – wie auch bei den Vorabentscheidungsverfahren des EG-Rechts – von einer von den EGMR-Urteilen ausgehenden Bindungswirkung auf die nationale Gesetzesauslegung *(„autorité de la chose jugée")* gesprochen[922].

(2) Russische Föderation

Auch in der Russischen Föderation zieht das Verfassungsgericht in seiner Rechtsprechung nicht nur die Gewährleistungen der EMRK als Prüfungsmaßstab heran[923]. Vielmehr wird auch häufig auf Urteile des EGMR Bezug genom-

---

Schweiz und Deutschland über die Anflugschneise zum Flugplatz Zürich erwähnt worden. Vgl. Ress, ZRP 2002, 367 (369).

921 Vgl. etwa zum Öffentlichkeitsprinzip: EGMR 23.6.1981, Le Compte, Van Leuwen et De Meyer ./. Belgien, A 43; Cour de cassation, 1e ch. civ., 10.12.1981; Cour de cassation, ch. civ., 15.11.1989; Cour de cassation, 1e ch. civ. 26.11.1996. Leider erst nach einer Verurteilung Frankreichs durch den EGMR (EGMR, 26.9.1995, Diennet c/ France, A 325 – A) hat der Conseil d'État seine Rechtsprechung angepasst: Conseil d'État, 14.2.1996, Maubleu, Rec. CE, S. 34, Schlussanträge Sanson. Conseil d'État, 6.12.2002, Maciolak et Trognon, RFDA 2003, S.694, Schlussanträge Fombeur.

922 Fromont, DÖV 2005, 1 (8).

923 Vgl. zunächst den Wortlaut des Art. 17 Abs. 1 der Russischen Verfassung. Frowein/Marauhn – Hoskova, Grundfragen der Verfassungsgerichtsbarkeit in Mittel-

men[924]. Diese Rechtsprechungspraxis wird von dem Verfassungsgericht der Russischen Föderation dabei folgendermaßen begründet: So sei die EMRK von der Russischen Föderation ratifiziert worden, sei in Kraft getreten und bilde daher einen Bestandteil des russischen Rechtssystems[925]. Damit habe die Russische Föderation aber auch die Rechtsprechung des EGMR anerkannt. Habe sich nun die Russische Föderation verpflichtet, ihre rechtsanwendende Praxis in völligem Einklang mit den aus der EMRK resultierenden Verpflichtungen zu bringen, umfasse das ebenso die Auslegung der EMRK durch die Rechtsprechung des EGMR[926]. Folglich beruft sich das Verfassungsgericht der Russischen Föderation auf die aus Art. 1 EMRK resultierende Bindung an die EMRK.

(3) Deutschland

i. Rechtsprechung des BVerfG

In der Rechtsprechung des deutschen Bundesverfassungsgerichts ist grundsätzlich eher ein zurückhaltender Umgang allein schon mit der weniger einschneidenden rein faktischen Bekräftigung nationaler Entscheidungen anhand Normen anderen Ursprungs zu beobachten[927]. Einzig im Bereich der Menschenrechte und Grundfreiheiten, mithin bei Problemen, die sich im Regelungsbereich der EMRK stellen, misst das BVerfG der EMRK und ihrer Auslegung durch die Konven-

und Osteuropa, S. 443 (475). Beschluss des Verfassungsgerichts der RF v. 16.5.2000, N 8-P; Beschluss des Verfassungsgerichts der RF 30.7.2001, N 13-P.

924 Vgl. insgesamt zur Rechtsprechung der Verfassungsgerichte der mittel- und osteuropäischen Länder: Frowein/Marauhn – Hoskova, Grundfragen der Verfassungsgerichtsbarkeit in Mittel- und Osteuropa, S. 443 (467ff.). Eine zusammenfassende Übersetzung der Rechtsprechung des Verfassungsgerichts der Russischen Föderation: Arnold/Gerasimtchuk, Die EMRK in der Rechtsprechung des Verfassungsgerichts der Russischen Föderation.

925 Vgl. Art. 15 Abs. 4 der Russischen Verfassung.

926 Beschluss des Verfassungsgerichts der RF v. 27.6.2000, N 11-P; Beschluss des Verfassungsgerichts der RF v. 16.5.2000, N 8-P; Beschluss des Verfassungsgerichts der RF v. 30.7.2001, N 13-P; Beschluss des Verfassungsgerichts der RF v. 25.1.2001, N 1-P.

927 Hin und wieder finden sich in den Urteilsgründen Hinweise auf die Rechtslage in anderen europäischen Rechtsordnungen, soweit ersichtlich hatte der gezogene Vergleich jedoch die Entscheidung des Gerichtshofs nicht entscheidend beeinflusst. Vgl. BVerfGE 39, 1 (94); BVerfGE 88, 203 (345). Dazu ausführlich Schwarze – Schwarze, Verfassungsrecht und Verfassungsgerichtsbarkeit im Zeichen Europas, S. 137 (144f.).

tionsorgane immer mehr Bedeutung zu[928]. Ging der Gerichtshof zunächst noch davon aus, dass es keiner Entscheidung darüber bedürfe, welche allgemeinrechtliche Bedeutung der EMRK im deutschen Verfassungsrecht zukomme[929], zieht er mittlerweile die EMRK-Garantien zur Auslegung der vergleichbaren deutschen Grundrechtsgewährleistungen heran[930].

Eine frühe in diesem Zusammenhang grundlegende Entscheidung des BVerfG stammt aus dem Jahre 1987. In dieser ging es um die Reichweite und Auswirkung der aus dem Rechtsstaatsprinzip abgeleiteten Unschuldsvermutung im deutschen Strafprozess[931]. Zunächst führte der Gerichtshof dort aus, dass *„bei der Auslegung des Grundgesetzes auch Inhalt und Entwicklungsstand der Europäischen Menschenrechtskonvention in Betracht zu ziehen [seien]„*. Der in dieser Rechtsprechung zu erkennende Gedanke findet sich in vielen weiteren Entscheidungen des BVerfG u.a. zur Unschuldsvermutung[932] und zum Verbot des Arbeitszwanges[933]. Darüber hinausgehend maß der Gerichtshof in dieser Entscheidung der Rechtsprechung des EGMR eine entscheidende Bedeutung zu. So führte er aus, dass auch *„die Rechtsprechung des Europäischen Gerichtshofs für Menschenrechte als Auslegungshilfe für die Bestimmung von Inhalt und Reichweite von Grundrechten und rechtsstaatlichen Grundsätzen des Grundgesetzes [diene]„*[934]. Diese Rechtsprechung wurde vom BVerfG in den darauffolgenden Jahren mehrfach bestätigt. Beispielsweise bezog sich das BVerfG in einer Entscheidung aus dem Jahre 1995[935] zum Erfordernis der Einwilligung des Vaters bei der Adoption eines nichtehelichen Kindes durch seine Mutter oder deren Ehemann auf die in diesem Fall maßgebliche Entscheidung des EGMR[936].

In einem aktuellen Urteil aus dem Jahre 2004 bestätigt das BVerfG diese Rechtsprechung erneut. In dieser führt der Gerichtshof aus, dass zwar das Kon-

---

928 Vgl. Pache, EuR 2004, 393 (408). Zur Rechtslage in Österreich vgl. Kuesko-Stadlmayer, EuGRZ 2004, 16 (28).

929 So BVerfGE 6, 389 (440); BVerfGE 14, 1 (8).

930 Vgl. BVerfGE 27, 71 (82); BVerfGE 31, 58 (67f.); BVerfGE 74, 358 (370); BVerfGE 82, 106 (115). Siehe auch Kirchhof, EuGRZ 1994, 16 (32f.); Klose, DRiZ 1997, 122 (126f.).

931 BVerfGE 74, 358 (358ff.). Dazu auch Jaeger/Broß, EuGRZ 2004, 1 (14ff.).

932 BVerfGE 83, 119 (119ff.).

933 BVerfGE 83, 119 (119ff.).

934 So BVerfGE 74, 358 (358ff.). In der Entscheidung weist das BVerfG zudem darauf hin, dass die Heranziehung der Konvention keinesfalls zu einer Einschränkung des nach den Bestimmungen des Grundgesetzes garantierten Grundrechtsschutzes führen dürfe. Vgl. dazu Polakiewicz, Die Verpflichtung der Staaten aus den Urteilen des EGMR, S. 298f.

935 BVerfGE 92, 158 (163).

936 EGMR 26.5.1994, Keegan ./. Irland, Application Number 16969/90, A 290.

ventionsrecht nicht über eine § 31 Abs. 1 BVerfGG vergleichbare Vorschrift verfüge, wonach alle Verfassungsorgane des Bundes und der Länder sowie alle Gerichte und Behörden an die Entscheidungen des Bundesverfassungsgerichts gebunden seien. Art. 46 Abs. 1 EMRK spreche nur von einer Bindung der beteiligten Vertragspartei. Jedoch gäben die Entscheidungen des Gerichtshofs in Verfahren gegen andere Vertragsparteien den nicht beteiligten Staaten Anlass, ihre nationale Rechtsordnung zu überprüfen und sich bei einer möglicherweise erforderlichen Änderung an der einschlägigen Rechtsprechung des Gerichtshofs zu *orientieren*[937].

ii. Rechtsprechung des BVerwG

In einer Entscheidung des Bundesverwaltungsgericht aus dem Jahre 1999 ist ersichtlich, dass es grundsätzlich[938] der Rechtsprechung des BVerfG zur „weichen" normativen Wirkung des Gerichtshofs folgt[939].

In dieser Entscheidung führte das BVerwG aus, dass das OVG verpflichtet sei, bei Ausübung seines Verfahrensermessen nach § 47 Abs. 5 S. 1 VwGO Art. 6 Abs. 1 S. 1 EMRK mit dem Inhalt, den die Vorschrift in der Entscheidungspraxis des EGMR gefunden habe, vorrangig zu beachten. Diese Pflicht folge zwar nicht aus Art. 46 EMRK. Jedoch ergebe sie sich aus der rechtlichen Wirkung, die der Vertragsauslegung durch den EGMR im deutschen Rechtsraum zukomme. So sei der Auslegung der Konvention durch den Gerichtshof unter bestimmten Voraussetzungen über den entscheidenden Einzelfall hinaus eine *normative Leitfunktion* beizumessen, an der sich die Vertragsstaaten zu *orientieren* hätten. Lasse sich auf Grund einer gefestigten Rechtsprechung des Gerichtshofs eine verallgemeinerungsfähige und allgemeine Gültigkeit beanspruchende Auslegung einer Konventionsbestimmung feststellen, hätten die deutschen (Verwaltungs)Gerichte dem vorrangig Rechnung zu tragen[940].

iii. Grenzen der „weichen" normativen Wirkung?

Jedoch entdeckt man in der Rechtsprechung des Bundesverwaltungsgerichts aber auch deutliche Grenzen der „weichen" normativen Auslegung im deutschen Recht.

---

937 BVerfG, 2 BvR 1481/04 vom 14.10.2004, Ziff. 39, abgedruckt in FamRZ 2004, 1857 (1857ff.).

938 Siehe zu den Abweichungen unten: *Grenzen der „weichen" normativen Wirkung*.

939 BVerwG, NVwZ 2000, 810 (810ff.).

940 So BVerwG, NVwZ 2000, 810 (811f.).

Bereits in der oben erwähnten Entscheidung des BVerwG, in der das Gericht der Auslegung der Konvention durch den EGMR folgte, deutete es an, dass durchaus auch Abweichungen von dieser Auslegung möglich seien. Einzige Voraussetzung dessen sei, dass das abweichende Gericht die Argumentationslast dafür trage, dass sein anderweitiger Standpunkt die entscheidend besseren Gründe für sich habe[941].

In einer anderen Entscheidung ist das Bundesverwaltungsgerichts schließlich explizit von der Auslegung der Konvention durch den EGMR abgewichen: Das Bundesverwaltungsgericht befasste sich in einer Entscheidung aus dem Jahre 1997 ausführlich mit dem sich aus § 53 Abs. 4 AuslG i.V.m. Art 3 EMRK ergebenden Abschiebungsschutz für Ausländer, wenn diese im Zielland der Abschiebung Gefahr laufen, einer unmenschlichen oder erniedrigenden Strafe oder Behandlung durch den Staat oder eine staatsähnliche Organisation unterworfen zu werden[942]. In dem selben Jahr hatte der EGMR einen ähnlich gelagerten Fall – *Ahmed gegen Österreich* – zu entscheiden[943]. In seiner Entscheidung wich das BVerwG bei der Auslegung des Art. 3 EMRK nun ausdrücklich von der des EGMR in dem oben genannten Urteil ab. Dazu führte das BVerwG grundsätzlich aus, dass die in Rede stehende Entscheidung des EGMR gegen Österreich *„keine rechtliche Bindungswirkung über den Kreis der am Verfahren unmittelbar Beteiligten und über den entscheidenden Einzelfall hinaus entfaltet.*" Und auch der Grundsatz der völkerrechtsfreundlichen Auslegung gebiete lediglich eine Orientierung an dem aus der internationalen Rechtsordnung gewonnenen Auslegungsergebnis. Es gebe aber keine Handhabe dafür, Völkervertragsrecht über den Vertragsinhalt hinaus ausdehnend zu interpretieren[944].

Das BVerwG lehnte in dem vorliegenden Fall die vom EGMR vorgenommene Auslegung des Art. 3 EMRK ab. Zwar verband das Gericht dies mit einem nicht geringen Argumentationsaufwand. Dies ändert jedoch nichts an der Tatsache, dass es ihm möglich war, der Konventionsauslegung durch den EGMR nicht zu folgen. Deutlich wird also hierbei, dass zwar durch die nationalen Gerichte eine Orientierung an den gegen einen anderen Staat ergangenen Urteilen des EGMR erfolgen *kann*, dies aber nicht zwingend erfolgen *muss*. Mit Hinweis auf die fehlende rechtliche Bindung der EGMR-Urteile für die nicht am betreffenden Verfahren beteiligten Staaten und auf gegen die EGMR-Auslegung sprechenden

941 BVerwG, NVwZ 2000, 810 (812).
942 BVerwGE, 104, 265 (265ff.) = NVwZ 1997, 1127 (1127ff.).
943 EGMR 17.12.1196, Ahmed ./. Österreich, Application Number 25964/94, RJD 1996-IV, abgedruckt in NVwZ 1997, 110 (110ff.).
944 BVerwG, NVwZ 1997, 1127 (1130).

nationalen Erwägungen, hat das BVerwG hier vielmehr eine eigenverantwortliche Auslegung des Art 3 EMRK vorgenommen[945].

iv. Würdigung

Der vom BVerfG aufgestellte wohlklingende Grundsatz, dass die Entscheidungen des EGMR in Verfahren gegen andere Vertragsparteien den nicht beteiligten Staaten Anlass gibt, die eigene nationale Rechtsordnung zu überprüfen und gegebenenfalls erforderliche Änderungen an der Rechtsprechung des EGMR zu orientieren[946], erhält damit deutliche Risse. So ist es der nationalen Rechtsprechung durchaus möglich die Vorgaben des EGMR zu missachten. Einer umfassenden weichen normativen Wirkung der EMRK sind damit, zumindest in Deutschland, klare Grenzen gesetzt.

4. Einflüsse durch Verweisung

Schließlich kann die EMRK durch Verweisungen auf die nationalen Rechtsordnungen einwirken. Bei einer Verweisung handelt es sich um eine Vorschrift der einen Rechtsordnung, die auf eine Vorschrift einer anderen Rechtsordnung verweist und die verwiesene Norm dadurch zum Inhalt der Verweisungsnorm wird[947]. Auf diese Art vermag die EMRK die nationalen Rechtsordnungen zu beeinflussen.

Ein Einwirken der EMRK auf die nationalen Rechtsordnungen durch Verweisung ist immer durch die jeweilige nationale Inkorporationsklausel gegeben[948]. Beispielsweise machen die Bestimmungen des Art. 17 Abs. 1 der russischen Verfassung[949], welche das Kapitel über die Rechte und Freiheiten der Menschen eröffnet, i.V.m. Art. 15 Abs. 4[950], der völkerrechtliche Verträge zum Bestandteil des russischen Rechtssystems erklärt, deutlich, dass die in der Verfassung selbst

945 So BVerwG, NVwZ 1997, 1127 (1128).

946 BVerfG, 2 BvR 1481/04 vom 14.10.2004, Ziff. 39, abgedruckt in FamRZ 2004, 1857 (1857ff.).

947 Creifelds/Weber, Rechtswörterbuch, Stichwort: Verweisung, S. 1468.

948 Vgl. etwa Art. 91 Abs. 2 der polnischen Verfassung von 1997.

949 Art. 17 Abs. 1 der Verfassung Russlands: *„In der Rußländischen Föderation werden die Rechte und Freiheiten des Menschen und Bürgers entsprechend den allgemein anerkannten Prinzipien und Normen des Völkerrechts und in Übereinstimmung mit dieser Verfassung anerkannt und garantiert.“*

950 Art. 15 Abs. 4 der russischen Verfassung: *„In der Rußländischen Föderation werden die Rechte und Freiheiten des Menschen und Bürgers entsprechend den allgemein anerkannten Prinzipien und Normen des Völkerrechts und in Übereinstimmung mit dieser Verfassung anerkannt und garantiert.“*

enthaltenen Grundrechte nicht als abschließend betrachtet werden können. Sie werden vielmehr durch die Grundrechtsgewährleistungen der internationalen Verträge ergänzt[951]. Mit dieser Verweisung werden damit die Grundrechtsgarantien der EMRK von Bedeutung für die russische Rechtsordnung.

II. Faktische Einwirkung

Neben der von der EMRK ausgehenden normativen Wirkung kommt ihr aber auch ein rein tatsächlicher (faktischer) Einfluss auf die nationalen Rechtsordnungen zu. Im Rahmen der faktischen Wirkungen kann eine erneute Untergliederung in die von der EMRK und der Rechtsprechung des EGMR ausgehenden Bekräftigungswirkung und die bloße faktische Wirkung vorgenommen werden.

1. Die Bekräftigungswirkung

a. Inhalt der Bekräftigungswirkung

Bekräftigungswirkung kommt der EMRK und den Urteilen des EGMR immer dann zu, wenn sie in mitgliedstaatlichen Gerichtsurteilen herangezogen wird, um ein an sich auf Basis des nationalen Verfassungsrechts gefundenes Ergebnis nur noch zu bestätigen[952]. Ein Indiz für die Bekräftigungswirkung ist zumindest immer dann gegeben, wenn sich in nationale Gerichtsurteilen ein Verweis auf die Rechtsprechung des Straßburger Gerichtshofs findet[953]. Anders als bei der selteneren „weichen" normativen Wirkung beeinflusst in diesen Fällen die EMRK die Entscheidung der nationalen Gerichte aber nicht in dem Sinne, dass sie Einfluss auf den Ausgang des Verfahrens nehmen könnte[954].

Deutsche Gerichte stützen sich des öfteren zur Bekräftigung ihrer auf Basis des nationalen Rechts gefundene Ergebnisse auf die EMRK bzw. die Urteile des EGMR. Beispielsweise entschied der Bayrische Verfassungsgerichtshof im Jahre 1968, dass der Gebrauch von Schusswaffen gegenüber Strafgefangenen unter bestimmten Voraussetzungen zulässig sei[955]. Dieses Ergebnis bekräftigte er mit

---

951 Dalinenko, AJIL 88 (1994), 451 (467).

952 Vgl. dazu auch Uerpmann, EMRK und deutsche Rechtsprechung, S. 49ff.

953 Vgl. m.w.N. Grabenwarter, VVDStRL 60 (2001), 290 (323); Polakiewicz, Die Verpflichtung der Staaten aus den Urteilen des EGMR, S. 291ff.

954 Vgl. dazu Uerpmann, EMRK und deutsche Rechtsprechung, S. 49f.; Schwarze – Schwarze, Verfassungsrecht und Verfassungsgerichtsbarkeit im Zeichen Europas, S. 137 (144).

955 BayVerfGH, DÖV 1968, 283 (284).

dem Hinweis auf Art. 2 Abs. 2 lit. b EMRK, der sogar die Tötung eines Gefangenen zur Verhinderung der Flucht zulässt. Auch der deutsche Bundesgerichtshof hat in Fällen, die sich mit der Verwertung bzw. Löschung von heimlich angefertigten Tonbandaufnahmen beschäftigten, Art. 8 EMRK herangezogen, um seine Auslegung der Art. 1 und 2 GG zu stützen[956].

b. Würdigung

Hat die EMRK nur die Funktion, ein aufgrund des nationalen Rechts gefundenes Ergebnisses zu bekräftigen, ist ihr Einfluss auf die nationale Rechtsordnung vergleichsweise gering. Teilweise ist die Erwähnung der EMRK sogar als „internationale Verzierung" bezeichnet worden[957]. Indes sollte die Bekräftigungsfunktion auch nicht unterschätzt werden. So wächst die Überzeugungskraft eines nationalen Urteils nicht unerheblich, wenn sich dessen Ergebnis zusätzlich auf einen völkerrechtlichen Vertrag, wie die EMRK, stützen kann[958].

2. Faktische Wirkung

Eine rein faktische Wirkung liegt immer dann vor, wenn, obwohl weder nach Völkerrecht noch nach innerstaatlichem Recht die Pflicht besteht, das nationale Recht den Bestimmungen der EMRK anzupassen, eine Anpassung trotzdem vorgenommen wird. Die so beschriebene faktische Wirkung ist dabei in vielen Konstellationen denkbar.

a. Beachtung der EMRK in der Rechtsprechung

Wenn etwa ein nationales Gericht in seiner Entscheidung die EMRK als Maßstab für Gesetze oder Urteile beachtet, ohne dass es dazu verpflichtet ist, wirkt die EMRK nicht unerheblich – wenn auch rein faktisch – auf die nationale Rechtsordnung ein.

---

956 Vgl. BGHSt 19, 325 (326); BGHZ 27, 284 (285); BGHSt 14, 358 (359).
957 Kühl, ZStW 100 (1988), 406 (430).
958 So Uerpmann, EMRK und deutsche Rechtsprechung, S. 50.

aa. Beispiel: Die Rechtsprechung des litauischen Verfassungsgerichts

Als Beispiel dafür kann etwa die Rechtsprechungspraxis in Litauen angeführt werden[959]. Art. 105 der litauischen Verfassung[960], der die Zuständigkeit des Verfassungsgerichts bestimmt, enthält keine ausdrückliche Kompetenz, staatliche Rechtsakte an völkerrechtlichen Normen zu messen. In Hinblick auf die nationalen Gesetze und sonstige rechtliche Akte des Seimas soll ausschließlich die litauische Verfassung als Maßstab gelten. Ebenso ist die Möglichkeit, Rechtsakte des Präsidenten und der Regierung anhand von Gesetzen – und völkerrechtliche Verträge teilen in Litauen den Rang eines einfachen Gesetzes – zu überprüfen, im Verfassungsgerichtsgesetz noch nicht eröffnet worden[961].

Angesichts der oben beschriebenen Rechtslage ist es folglich umso verwunderlicher, dass sich vereinzelt Entscheidungen des litauischen Verfassungsgerichts finden lassen, in denen völkerrechtliche Normen als Prüfungsmaßstab gedient haben. So hat das Verfassungsgericht in einigen Entscheidungen die Gewährleistungen der EMRK als „Zusatzargumente" herangezogen. In einer Entscheidung aus dem Jahre 1995 etwa, in der die litauische gesetzliche Bestimmung außer Kraft gesetzt wurde, die eine monopolistische Stellung des staatlichen Rundfunks und Fernsehens erlaubte, wurde Art. 10 Abs. 1 EMRK und die Praxis des Europäischen Gerichtshofes zumindest kurz erwähnt. In einer anderen Entscheidung aus dem Jahre 1996, in der es um die Problematik der Gehälter und sonstige Einkünfte der Richter, Mitarbeiter des staatlichen Schiedsgerichts, der Staatsanwaltschaft und des Amtes für die staatliche Kontrolle ging, wurde neben anderen völkerrechtlichen Normen auch auf Art. 6 Abs. 1 EMRK sowie die Emp-

959 Vgl. dazu ausführlich Frowein/Marauhn – Hoskova, Grundfragen der Verfassungsgerichtsbarkeit in Mittel- und Osteuropa, S. 443 (468). Dort findet sich auch eine Rechsprechungsübersicht vieler mittel- und osteuropäischer Verfassungsgerichte.

960 Art. 105 der Verfassung Litauens: „*Das Verfassungsgericht prüft und entscheidet darüber, ob Gesetze der Republik Litauen and andere Rechtsakte des Seimas der Verfassung der Republik Litauen widersprechen. Das Verfassungsgericht prüft gleichfalls, ob der Verfassung oder den Gesetzen widersprechen 1.Rechtsakte des Präsidenten der Republik, Rechtsakte der Regierung der Republik. Das Verfassungsgericht erteilt Gutachten darüber, 1. ob im Verlaufe der Wahlen des Präsidenten der Republik oder der Mitglieder des Seimas die Wahlgesetze verletzt wurden; 2. ob der Gesundheitszustand des Präsidenten der Republik ihm erlaubt, auch weiterhin sein Amt zu versehen; 3. ob völkerrechtliche Verträge der Republik Litauen der Verfassung widersprechen; 4. ob konkrete Handlungen von Mitgliedern der Seimas oder Amtsträgern des Staates, gegen die eine Anklageverfahren eingeleitet wurde, der Verfassung widersprechen.*"

961 Vgl. dazu Frowein/Marauhn – Hoskova, Grundfragen der Verfassungsgerichtsbarkeit in Mittel- und Osteuropa, S. 443 (457).

fehlung des Europarates NR. 94/12 *„On the Efficiency and Role of Judges"* vom 13. Oktober 1994 verwiesen[962].

bb. Würdigung

Ohne rechtlich dazu verpflichtet zu sein, hat damit das Verfassungsgericht die EMRK als Maßstab für seine Entscheidungsfindung verwandt. Damit kommt der EMRK in der litauischen Rechtsordnung ein nicht zu unterschätzender, wenn auch nur faktischer, Einfluss zu.

b. Anpassung der nationalen Rechtsordnung an die EMRK

Auch in dem Fall, dass ein Konventionsstaat ein Grundrecht in seine nationale Rechtsordnung aufnimmt, das in einem nicht von ihm ratifizierten Zusatzprotokoll zur EMRK verbürgt ist, kommt er den Vorgaben der EMRK ohne jede rechtliche Verpflichtung nach.

Weiter ist die im Vereinigten Königreich erfolgte Übernahme von Elementen des Straßburger Verfahrens in das nationale Prozessrecht ein Beispiel für die faktische Wirkung der EMRK. So ist das Verfahrensrecht nach dem *Human Rights Act* demjenigen vor dem EGMR nachgebildet: Wenn ein Gericht Schadenersatz zuspricht, hat es bei Ermittlung des bestehenden Anspruchs und dessen Höhe die Grundsätze des EGMR bei der Zuerkennung von Schadensersatz nach Art. 41 EMRK zu berücksichtigen[963].

c. Die EMRK als Vorbild für die nationalen Rechtsordnungen

Schließlich wird die faktische Wirkung der EMRK daran greifbar, dass ihre Grundrechtsgarantien Vorbild für die Verfassungsneubildung[964] in den neuen ost- und mitteleuropäischen Ländern gewesen sind[965] bzw. einzelne nationale Grundrechte nachträglich an denen der EMRK ausgerichtet wurden[966].

---

962 M.w.N. Frowein/Marauhn – Hoskova, Grundfragen der Verfassungsgerichtsbarkeit in Mittel- und Osteuropa, S. 443 (468f.).

963 Vgl. dazu m.w.N. Grabenwarter, VVDStRL 60 (2001), 290 (324).

964 Siehe dazu ausführlich Kapitel 5 A dieser Arbeit.

965 Dass die EMRK den neuen Verfassungen Ost- und Mitteleuropas als Vorbild bei ihrer Neubildung gedient hat, zeigen etwa Art. 31 Abs. 3 , Art. 40 und Art. 47 der polnischen Verfassungen, die nicht nur vom Wortlaut, sondern auch von Inhalt nahezu identisch mit der ihnen entsprechenden EMRK-Vorschrift sind.

966 So beispielsweise Art. 29, 30 und 32 der Schweizerischen Bundesverfassung und Art. 21 der finnischen Verfassung. Diese sind an Art. 6 EMRK ausgerichtet. M.w.N. vgl. Grabenwarter, VVDStRL 60 (2001), 290 (324).

III. Einwirken der nationalen Rechtsordnungen auf die EMRK

Erneut ist aber nicht nur ein Einfluss der EMRK auf die nationalen Rechtsordnungen auszumachen. Vielmehr nehmen auch die grundrechtlichen Gewährleistungen der nationalen Rechtsordnungen Einfluss auf das Recht der EMRK: Die Methode der Rechtsvergleichung anwendend, stützt sich der EGMR bei Auslegung und Anwendung der EMRK häufig auf das interne Recht der Vertragsstaaten[967].

1. Methode der Rechtsvergleichung

Der EGMR macht sich bei seiner Bezugnahme auf das nationale Recht zu Nutzen, dass zwischen den grundrechtlichen Gewährleistungen der einzelnen Vertragsstaaten, wenn auch keine Identität, dann doch große Homogenität herrscht[968]. So ist es ihm möglich, sich bei der Gegenüberstellung einer bestimmten nationalen Maßnahme mit der Konvention auf die Gemeinsamkeiten der nationalen Rechtsordnungen in einem bestimmten Bereich der Menschenrechte zu beziehen und auf diese seine Auslegung der Konvention in Bezug auf die gerügte staatliche Handlung zu stützen. Dabei dient das nationale Recht, soweit es eben gemeinsame Züge aufweist, als etwaiges zusätzliches Kriterium für das von dem EGMR gefundene Ergebnis[969].

Der EGMR präzisiert normalerweise in seiner Rechtsprechungspraxis nicht, welcher nationalen Rechtsordnungen er die in Rede stehende Grundrechtsgewährleistung entnommen hat. Er benutz lediglich allgemeine Formeln wie *„das Recht der Mitgliedstaaten des Europarates"* und oder *„das Recht der Vertragsstaaten"*.

2. Beispiele

In dem Urteil zum Fall *Wemhoff*[970] hatte der Gerichtshof darüber zu befinden, ob als Endpunkt des in Art. 5 Abs. 3 EMRK gemeinten Zeitraums der Haft der Tag anzusehen sei, an dem ein die Verurteilung aussprechendes Urteil rechtskräftig

---

967 Vgl. Van der Meersch, EuGRZ 1981, 481 (481).

968 *Siehe auch die Präambel der EMRK: „[....] Entschlossen, als Regierungen europäischer Staaten, die vom gleichen Geist beseelt sind und ein gemeinsames Erbe an politische Überlieferungen, Idealen, Achtung der Freiheit und Rechtsstaatlichkeit besitzen, die ersten Schritte auf dem Weg zu einer kollektiven Garante bestimmter in der Allgemeinen Erklärung aufgeführter Rechte zu unternehmen – [....]„.*

969 Vgl. Van der Meersch, EuGRZ 1981, 481 (481ff.).

970 EGMR 27.6.1968, Wemhoff ./. Deutschland, Application Number 2122/64, A 7.

wird, oder der Tag, an dem über die Begründung der Anklage befunden worden ist. Entschieden hat sich der Gerichtshof für den letzteren der hier genannten Zeitpunkte. Er führte in der Begründung dieses Ergebnisses u.a. aus, dass dies *„eine ständige Praxis in vielen Vertragsstaaten ist und es nicht anzunehmen ist, dass sie jene Praxis haben aufgeben wollen"*[971].

In dem Urteil zum *belgischen Sprachenfall*[972] musste sich der Gerichtshof mit der Frage auseinander setzen, wie weit das Recht auf Bildung i.S.d. Art. 2 des ersten Zusatzprotokolls reicht. Ausgehend davon, dass *„alle Mitgliedstaaten des Europarates bei Auflegung des Protokolls zur Unterzeichnung ein allgemeines öffentliches Unterrichtswesen hatten und dies noch heute haben"*, ging der Gerichtshof davon aus, dass „es *[Art. 2 des ersten Zusatzprotokolls] nicht darum gehen könne, jeden Staat zu verpflichten, ein solches System zu errichten, sondern allein darum, den unter der Herrschaftsgewalt der Vertragsstaaten stehenden Personen das Recht zu garantieren, sich grundsätzlich der zu einem bestehenden Zeitpunkt bestehenden Bildungseinrichtung zu bedienen*"[973].

Auch in dem Urteil im Fall *Engel*[974], in dem es um die Beurteilung der Konformität des niederländischen Disziplinarstrafensystems der Militärgesetzgebung ging, bezog sich der EGMR mehrfach auf das Recht der Vertragsstaaten und auf den allgemein durch die Mitgliedstaaten des Europarates in diesem Bereich erreichten Standard[975].

3. Würdigung

Die Rechtsprechungspraxis des EGMR zeigt folglich deutlich, dass er sich immer wieder bei der Auslegung der EMRK auf die Grundrechtsgewährleistungen der Konventionsstaaten stützt.

Einerseits beeinflusst die Konvention also unmittelbar das innerstaatliche Recht der Vertragsstaaten. Andererseits beeinflusst das Recht dieser Staaten wiederum die EMRK. Damit ist hier erneut eine wechselseitige Einflussnahme zwischen dem nationalen Recht und dem Recht der EMRK erkennbar.

---

971 EGMR 27.6.1968, Wemhoff ./. Deutschland, Application Number 2122/64, A 7; Ziff. 9.

972 EGMR 23.7.1968, Relating to certain Aspects of the Laws on the Use of Languages in Education in Belgium ./. Belgium, Application Number 1474/62, A 6.

973 EGMR 23.7.1968, Relating to certain Aspects of the Laws on the Use of Languages in Education in Belgium ./. Belgium, Application Number 1474/62, A 6, Ziff. 1ff.

974 EGMR 8.7.1976, Engel ./. Niederlande, Application Number 5100/71, A 22.

975 Weitere Beispiele finden sich etwa in: EGMR 25.4.1978, Tyrer ./. U.K., Application Number 5856/72, A 26; EGMR 17.1.1970, Delcourt ./. Belgium, Application Number 2689/65.

IV. Ergebnis

Der EMRK und auch den Urteilen des EGMR ist ein entscheidender Einfluss auf die nationalen Rechtsordnungen der Vertragsstaaten, inklusive deren Verfassungsbestimmungen, möglich. Dabei kann nicht nur eine rein faktische Einwirkung auf das nationale Recht festgestellt werden. Vielmehr ist der EMRK und den Urteilen des EGMR auch ein nicht unerheblicher normativer Einfluss zuzuschreiben.

Dies mag vor allen Dingen deswegen verwundern, weil der EMRK und damit auch den Urteilen des EGMR in den nationalen Rechtsordnungen meist lediglich ein schwacher Rang zugesprochen wird. Nicht selten steht die EMRK im Rang eines einfachen Gesetzes, überlässt doch das Völkerrecht dem Staat die Einordnung der EMRK in die nationale Rechtsordnung. Ebenso ist die Stellung der EGMR-Urteile nicht in allen Staaten gleichermaßen gefestigt. So ergibt sich aus völkerrechtlicher Sicht lediglich die Pflicht, die nationale Rechtsordnung bei einer gegen den betreffenden Staat festgestellten Konventionsverletzung anzupassen. Wie dies zu erfolgen hat, wird dabei erneut in staatliche Hand gegeben. Schließlich ist auch die Durchsetzung der Urteile keineswegs gesichert.

Nichtsdestotrotz hat die vorliegende Untersuchung gezeigt, dass der Einfluss der EMRK – unabhängig von ihrem Rang in der nationalen Rechtsordnung – erheblich ist. So sind die Staaten meist durchaus willens, die Bestimmungen der EMRK und der EGMR-Urteile weit über deren völkerrechtliche Bindung hinaus zu beachten. Damit sinkt aber auch die praktische Bedeutung der Unterscheidung zwischen normativer und faktischer Wirkung: Wichtig ist allein, *dass* die EMRK und die Urteile des EGMR Einfluss nehmen, unabhängig davon, ob dies nun auf einer *de facto* oder *de iure* Wirkung beruht.

Die Bereitschaft, der EMRK und den Urteilen des Straßburger Gerichtshofs Beachtung zu schenken, ist sowohl in den westeuropäischen Demokratien als auch in den neuen Demokratien Ost- und Mitteleuropas als sehr hoch einzustufen. Beide Staatengruppen sind gleichermaßen bemüht, nicht in eine Konfliktsituation mit der EMRK zu gelangen bzw. diese möglichst zu beheben. Lediglich die hohen Zahlen der gegen die ost- und mitteleuropäischen Staaten eingegangenen Beschwerden weisen darauf hin, dass die Situation der Menschenrechte dort noch viel Nachholbedarf aufweist[976].

---

976 Vgl. Kapitel 1 F der vorliegenden Arbeit. Im Jahre 1997 kamen schon knapp über 19 % der beim EGMR eingegangenen Beschwerden aus Mittel- und Osteuropa. 2002 betrafen dann etwa 50% der neu eingegangenen Beschwerden die ost- und zentraleuropäischen Staaten. Besonders hohe Zuwachsraten gibt es bei Beschwerden gegen die Russische Föderation, die Türkei, die Ukraine, Rumänien und Polen. Gegen Polen sind im Jahre 2003 etwa 5136 Beschwerden eingegangen, insgesamt

Schließlich bleibt zu erwähnen, dass nicht nur die EMRK auf die nationalen Rechtsordnungen einwirkt, sondern sich die EMRK und die nationalen Rechtsordnungen in einer Art „Dialog“ gegenseitig beeinflussen und somit gemeinsam zur Entwicklung eines Rechtsstaats europäischer Prägung beitragen.

C. Funktion des EGMR als „Quasi-Verfassungsgericht“

Schließlich stellt sich die Frage, inwieweit sich der EGMR bereits funktional als Verfassungsgericht begreifen lässt. Ob dem EGMR die Funktion eines „Quasi-Verfassungsgerichts“ im Rahmen der nationalen Rechtsschutzmöglichkeiten zukommt, hängt nicht zuletzt entscheidend von den innerstaatlichen Gegebenheiten ab. Je schwächer die eigene nationale verfassungsgerichtliche Kontrolle hoheitlicher Maßnahmen ausgeprägt ist, um so mehr Raum verbleibt für den EGMR, die Funktion einer Art Ersatz-Verfassungsgerichtsbarkeit zu übernehmen[977]. Schließlich soll und kann der Gerichtshof grundsätzlich nur in spezifischen Fällen das nationale Rechtsschutzsystem ergänzen. Aufgrund der großen Anzahl von Vertragsstaaten soll in der nachfolgenden Untersuchung nur exemplarisch auf einige verfassungsrechtliche Gegebenheiten eingegangen werden, die belegen, dass der EGMR durchaus in allen Vertragsstaaten der EMRK funktional als Verfassungsgericht agiert.

I. Das Selbstverständnis des EGMR

1. Marckx gegen Belgien

In dem Verfahren *Marckx gegen Belgien*[978] aus dem Jahre 1979, in dem die Vereinbarkeit einer erbrechtlichen Regelung des belgischen Rechts mit

---

sind 46 Urteile gegen Polen ergangen. Gegen die Russische Föderation sind 5338 Beschwerden eingegangen; es wurden nur fünf Urteile erlassen. Im Gegensatz dazu wurden gegen Ungarn nur 435 Beschwerden eingereicht und 13 Urteile gefällt. Grund für die doch im Vergleich zu den eingegangenen Beschwerden geringe Zahl der ergangenen Urteile ist die häufige Unzulässigkeit der Klagen wegen Abweisung *ratione temporis* und die mangelnde Erschöpfung des innerstaatlichen Rechtsweges. Vgl. Weiß, Die neuen Mitgliedstaaten des Europarates, S. 11f.; Gross, EJIL 7 (1996), 89 (89ff.); Ress, ZRP 2002, 367 (369).

977 Vgl. dazu auch Walter, ZaöRV 59 (1998), 961 (962ff.); Isensee/Kirchhof – Stern, HbStR Bd. V, § 108, Rn. 66f.; Zierlein, EuGRZ 1991, 301 (338).

978 EGMR 13.6.1979, Marckx ./. Belgien, A 31, abgedruckt in EuGRZ 1979, 454 (454ff.).

Art. 8 EMRK in Streit stand, monierte die belgische Regierung, dass die Erweiterung des belgischen Erbrechts auch auf „nichteheliche Kinder“ nicht durch die Entscheidung des Gerichtshofs über die Unvereinbarkeit der gesetzlichen Regelung mit der EMRK seit deren Bestehen erfolgen dürfe[979]. Dies hätte schließlich zur Folge, dass durch das Urteil zahlreiche nach Ratifikation der EMRK durch Belgien durchgeführte Erbauseinadersetzungen rechtswidrig würden und damit auch ihre Anfechtung vor Gericht möglich würde. Um dies zu vermeiden, dürfe eine Änderung der Rechtslage lediglich durch ein Gesetz durchgeführt werden.

Der Gerichtshof führte dagegen an, dass es sich grundsätzlich zwar insbesondere in dem Fall, in dem die hervorgetretene Konventionsverletzung ihre Wurzeln in einem Gesetz habe und nicht in einer einzelnen Vollzugsmaßnahme, nicht vermeiden ließe, dass eine seiner Entscheidungen auch über den konkreten Fall hinaus Wirkung entfalte. Jedoch habe sich der Gedanke, nichteheliche und eheliche Kinder gleichzustellen, erst sehr langsam im Laufe der Jahre im Rechtsverständnis der Straßburger Rechtsprechungsorgane entwickelt. Der belgische Staat sei daher im Hinblick auf die Gesamtumstände und dem dem Konventions- wie dem Gemeinschaftsrecht notwendigerweise innewohnenden Prinzip der Rechtssicherheit davon entbunden, Handlungen oder Rechtslagen in Frage zu stellen, die vor Verkündung des vorliegenden Urteils lagen.

Zur Untermauerung dieser Ansicht führte der Gerichtshof weiter aus, dass in den Vertragsstaaten, die mit einem Verfassungsgerichtshof ausgestattet seien, die von ihm vorgebrachte Lösung bekannt sei, da auch dort *„die Rückwirkung von Entscheidungen eines derartigen Gerichtshofs, durch die Gesetze für nichtig erklärt werden, im öffentlichen Recht dieser Staaten beschränkt wird“*[980].

2. Würdigung

Bemerkenswert an dieser Schlussfolgerung des EGMR ist, dass er damit auf eine Vergleichbarkeit zwischen ihm und den nationalen Verfassungsgerichten hinweist. Genauso wie diese trifft er Entscheidungen, die nachhaltigen Einfluss auf die nationalen Rechtsordnungen nehmen können. Darüber hinaus sind die vom nationalen Verfassungsgericht entwickelten Prinzipien auf ihn anwendbar. Folglich lässt zumindest das Selbstverständnis des EGMR den Schluss zu, dass es sich bei ihm um ein (Quasi)Verfassungsgericht handelt.

979 EGMR 13.6.1979, Marckx ./. Belgien, A 31, § 58, abgedruckt in EuGRZ 1979, 454 (460f.).

980 EGMR 13.6.1979, Marckx ./. Belgien, A 31, § 58, abgedruckt in EuGRZ 1979, 454 (460f.).

II. Funktion des EGMR als „Quasi-Verfassungsgericht" in den westlichen Demokratien

Zunächst soll untersuch werden, inwieweit der EGMR in den westlichen Demokratien die Funktion eines „Quasi-Verfassungsgerichts" übernimmt. Zu diesem Zweck wird die geschichtliche Entwicklung der westlichen Verfassungsgerichtsbarkeit und ihre Funktion in den demokratischen Staatsformen erläutert. Daran anschließend soll dann auf die Funktion des EGMR als „Quasi-Verfassungsgericht" eingegangen werden.

1. Verfassungsgerichtsbarkeit in Westeuropa

a. Die Geschichte der Verfassungsgerichtsbarkeit

aa. Die Entstehung der Verfassungsgerichtsbarkeit in den Vereinigten Staaten: Marbury gegen Madison

Die Verfassungsgerichtsbarkeit in dem uns bekannten Sinne entstand im Jahre 1803 in den USA. Zwar gab es dort auch schon frühere Ansätze. So wurde die Idee vom Vorrang der Verfassung und vom richterlichen Prüfungsrecht vom Vereinigten Königreich in die USA getragen, so dass bereits etwa die Verfassung von Pennsylvania von 1776 Institutionen vorsah, die einer Verfassungsgerichtsbarkeit wenigstens in Ansätzen ähnelte[981]. Jedoch war Meilenstein der Entwicklung der nordamerikanischen Verfassungsgerichtsbarkeit vor allen Dingen der Fall *Marbury gegen Madison* aus dem Jahre 1803. Seither bildet dieser Fall die Grundlage für die Diskussion um die Normkontrollkompetenz der Gerichte der Vereinigten Staaten[982].

Die Verfassung Nordamerikas von 1787 räumte dem damaligen *Supreme Court* als oberstem Bundesgericht keine ausdrücklichen verfassungsgerichtlichen Kompetenzen ein. Jedoch gab der Fall *Marbury gegen Madison* dem *Chief Justice* John Marshall die Gelegenheit, verfassungsgerichtliche Kompetenzen des *Supreme Courts,* insbesondere die der richterlichen Normenkontrolle, zu verankern. So erklärte er ein vom Bundeskongress erlassenes Bundesgesetz für verfassungswidrig. Des weiteren führte er aus, dass dieser Verstoß zur Nichtigkeit der betroffenen Norm führe und dass die Prüfung der Verfassungsmäßigkeit und die Verwerfung verfassungswidriger Normen der Kompetenz des Gerichts unterliege.

---

981 Robbers, JuS 1990, 257 (259).
982 Vgl. dazu Robbers, JuS 1990, 257 (257ff.).

bb. Entwicklung der Verfassungsgerichtsbarkeit in Westeuropa

Im Westen Europas begann die Geschichte der Verfassungsgerichtsbarkeit dagegen erst Jahre später mit dem Aufbau der demokratischen Verfassungsstaaten nach Ende des Zweiten Weltkrieges[983]. Bis dahin gab es nur wenige westeuropäische Staaten, in denen bereits Verfassungsgerichte bestanden[984].

Nach 1945 entwickelte sich die Verfassungsgerichtsbarkeit jedoch nach und nach auch im restlichen Europa, wie z.B. in Italien im Jahre 1947, in der Bundesrepublik Deutschland im Jahre 1949[985] oder etwas verspätet in Frankereich im Jahre 1958, in Portugal im Jahre 1976 und in Spanien im Jahre 1978. Einige der westeuropäischen Demokratien, wie etwa das Vereinigte Königreich, Dänemark, Schweden oder die Niederlande, haben sogar bis heute gar keine Verfassungsgerichtsbarkeit eingerichtet.

b. Aufgaben der Verfassungsgerichtsbarkeit

Die konkreten Aufgaben der Verfassungsgerichtsbarkeit ergeben sich aus den jeweiligen positiven Verfassungen und deren einzelnen Kompetenzregelungen. Folglich ist nicht verwunderlich, dass die Aufgaben der Verfassungsgerichtsbarkeit mit den typischen Verfassungsfunktionen Hand in Hand gehen. Ebenso wie eine Verfassung ist die Verfassungsgerichtsbarkeit dabei grundsätzlich nicht auf bestimmte Inhalte festgelegt[986]. Jedoch ergeben sich auch hier typische Bestandteile[987]. So dient jede Verfassungsgerichtsbarkeit der Begrenzung und Kontrolle von Macht. Sie stellt somit das rechtsstaatliche Element der Rechtsgebundenheit allen staatlichen Handelns sicher[988]. Des weiteren ist Aufgabe der Verfassungsgerichtsbarkeit, insbesondere dort, wo sie dem Einzelnen die Möglichkeit einer Verfassungsbeschwerde gibt, der Schutz des Bürgers. Schließlich nimmt sie – ebenso wie eine Verfassung – eine Integrationsfunktion wahr.

Ergeben sich die einzelnen Kompetenzen der Verfassungsgerichtsbarkeit aus den zugrundeliegenden Verfassungen, ist es nur logisch, dass sie innerhalb der

983 Zur Geschichte der Verfassungsstaatlichkeit stellvertretend: Häberle, EuGRZ 2004, 117 (117ff.); Brünneck, Verfassungsgerichtsbarkeit in den westlichen Demokratien, S. 15f.; Zierlein, EuGRZ 1991, 301 (327ff.); Robbers, JuS 1990, 257 (257ff.).

984 So etwa in Österreich und der Schweiz. Siehe Böckenförde, NJW 1999, 9 (9ff.); Brünneck, Verfassungsgerichtsbarkeit in den westlichen Demokratien, S. 15f.

985 Zur Geschichte der deutschen Verfassungsgerichtsbarkeit: Hinkel, Verfassungsgerichtsbarkeit zwischen Recht und Politik, S. 1ff.

986 Vgl. auch Kapitel 3 A 2 dieser Arbeit. Grimm, JZ 1995, 581 (584); Peters, Verfassung Europas, S. 57.

987 Vgl. Häberle, EuGRZ 2004, 117 (121).

988 Krüger, DÖV 1986, 45 (45ff.).

europäischen Staaten sehr unterschiedlich ausgestaltet sind. Eine umfassende innerstaatliche Verfassungsgerichtsbarkeit von der Art, wie sie in der Bundesrepublik Deutschland durch das Grundgesetz eingeführt worden ist, ist dabei eher die Ausnahme. So kennen neben Deutschland nur noch Österreich und Italien Verfassungsgerichte, die über eine längere Tradition verfügen und auch dort ist der durch die Verfassungsgerichtsbarkeit gewährte Schutzumfang sehr unterschiedlich. In Österreich etwa gibt es keine Verfassungsbeschwerde gegen Gerichtsurteile, und Italien verfügt überhaupt nicht über das Institut der Verfassungsbeschwerde, sondern kennt nur ein Vorlageverfahren[989].

2. EGMR als „Quasi-Verfassungsgericht"

Eine verfassungsgerichtliche Grundrechtskontrolle ist aufgrund der oben dargestellten unterschiedlichen Ausgestaltung der staatlichen Verfassungsgerichtsbarkeit nicht in allen westeuropäischen Staaten gewährleistet. Viel zu oft weist die nationale Verfassungsgerichtsbarkeit dahingehende Rechtsschutzlücken auf. Folglich bietet die EMRK und ihre Rechtsschutzinstrumente für die meisten Staaten weitgehende zusätzliche Möglichkeiten der (verfassungs)gerichtlichen Grundrechtskontrolle. Der EGMR agiert dann an Stelle der nationalen Verfassungsgerichtsbarkeit, mithin übernimmt er funktional dessen Aufgabe. Exemplarisch lässt sich dies gut anhand eines gegen Frankreich ergangenen EGMR-Urteils belegen.

a. Urteil des EGMR in dem Fall Chassagnou und andere gegen Frankreich

In dem Verfahren *Chassagnou und andere gegen Frankreich*[990] stand die jagdrechtliche Regelung des französischen parlamentarischen Gesetzgebers in Rede. Diese normierte eine Zwangsmitgliedschaft für Grundstückseigentümer, deren Grundstücke eine bestimmte Größe nicht erreichten, in kommunalen Jagdvereinigungen. Auf diese Weise sollte eine angemessene Jagdpflege sichergestellt werden.

Die Beschwerdeführer sahen sich nun durch die oben erwähnte Zwangsmitgliedschaft und der mit ihr verbundenen zwangsweisen Ausübung des Jagdrechts auf ihrem Grundstück durch die kommunale Jagdvereinigung in ihrem Eigentumsrecht aus Art. 1 des ersten Zusatzprotokolls zur EMRK und ihrer negativen

---

989 Vgl. dazu Frowein/Peukert, EMRK, Einf. Rn. 12.; Zierlein, EuGRZ 1991, 301 (301ff.).

990 EGMR 29.4.1999, Chassagnou ./. Frankreich, Application Number 25088/94, 28331/95, 28443/95, RJD 1999-III.

Vereinigungsfreiheit aus Art. 9 EMRK verletzt. Zudem führten sie aus, dass eine Diskriminierung im Sinne von Art. 14 EMRK in Bezug auf die genannten Grundrechte vorliege.

Da ein grundrechtlicher Eingriff des Gesetzgebers außer Frage stand, lag der Schwerpunkt der Prüfung des EGMR auf der Verhältnismäßigkeit der oben beschriebenen Grundrechtsverletzung. Diesbezüglich gelangte der Gerichtshof zu dem Ergebnis, dass eine sachgerechte Abwägung zwischen dem vom französischen Gesetzgeber verfolgten Allgemeininteresse und dem grundrechtlich geschützten Individualinteresse des Beschwerdeführers fehlgeschlagen sei. Ebenso ergab seine Kontrolle der gesetzlichen Regelung unter dem Gesichtspunkt des Gleichbehandlungsgebots des Art. 14 EMRK, dass die Festlegung der Grundstücksgröße für die zwangsweise Einbeziehung unter Gleichheitsgesichtspunkten nicht mit der EMRK vereinbar sei.

b. Würdigung

In dem vorliegenden Urteil ging es weder um eine Verwaltungsentscheidung noch um Prozessgrundrechte der Beschwerdeführer. Vielmehr nahm der EGMR in diesem Fall eine (verfassungs)gerichtliche Kontrolle eines französischen Parlamentsgesetzes vor. In Maß und Subsumtion unterscheiden sich derartige Urteile also nicht von denen nationaler Verfassungsgerichte. Dieses Urteil steht damit stellvertretend für sämtliche Urteile, in dem der EGMR eine gesetzgeberische Entscheidung auf ihre Konventionskonformität hin überprüft.

Die oben angesprochene (verfassungs)gerichtliche Kontrolle gesetzgeberischer Entscheidungen mag sich aus deutscher Sicht, wo eine derart umfassende verfassungsgerichtliche Kompetenz bekannt ist, nicht weiter als Besonderheit darstellen[991]. Jedoch ist eine gerichtliche Überprüfung von Parlamentsgesetzen im europäischen Vergleich nicht selbstverständlich. Dies gilt gerade auch für die französische Verfassungsgerichtsbarkeit. So entschied man sich in der französischen Verfassung von 1958 bewusst gegen die Errichtung einer gerichtlichen Kontrolle des parlamentarischen Gesetzgebers[992]. Vielmehr führte die Angst vor einer übermächtigen Verfassungsgerichtsbarkeit dazu, dass der Verfassungsrat (*Conseil constitutionel*) nur *vor* Inkrafttreten eines Gesetzes eingeschaltet werden

991 Vgl. etwa § 78 S. 1 BVerfGG.
992 Die französische Verfassung sieht weder ein konkretes Normenkontrollverfahren auf Antrag eines anderen Gerichts noch ein Verfassungsbeschwerdeverfahren eines einzelnen Bürgers vor und dem Verfassungsrat kommt lediglich die Möglichkeit einer rein präventiven Verfassungskontrolle zu. Zierlein, EuGRZ 1991, 301 (319f.).

darf[993]. Eine nachträgliche Kontrolle von Parlamentsgesetzen ist dagegen grundsätzlich nicht bekannt[994].

Untersucht man die vorliegende Entscheidung, ist auffällig, dass hier der EGMR eine nachträgliche Kontrolle eines bereits in Kraft getretenen französischen Parlamentsgesetzes vornimmt. Damit wird durch ihn – entgegen der Regelung der französischen Verfassung – eine nachträgliche gerichtliche Überprüfung parlamentarischer Gesetze ermöglicht und er verändert auf diese Weise die verfassungspolitische Grundsatzentscheidung aus dem Jahre 1958. Dem Straßburger Gerichtshof steht damit eine Kontrollmöglichkeit zu, die der nationalen Judikatur durch den Verfassungsgeber verwehrt wurde.

Das Urteil offenbart aber auch noch eine weitergehende Dimension. Indem nämlich die EMRK einen außerhalb der Verfassung liegenden Maßstab darstellt, an dem die innerstaatlichen Gerichte nunmehr die Gesetze überprüfen können, werden die nationalen Gerichte zudem angeregt, selbst eine Überprüfung der Parlamentsgesetze anhand der EMRK vorzunehmen. Dementsprechend überprüft der *Conseil d`État* inzwischen mittelbar Grundrechtsverletzungen des französischen Gesetzgebers zwar nicht am Maßstab der eigenen Verfassung, jedoch am Maßstab der EMRK: In einer Entscheidung aus dem Jahre 1998[995] etwa, rügte er das Fehlen einer mündlichen Verhandlung in einem Verfahren der Finanzgerichtsbarkeit in Hinblick auf Art. 6 Abs. 1 EMRK und dies, obwohl die gesetzliche Regelung, die diesem Verfahren zu Grunde lag, selbst keine mündliche Verhandlung vorsah[996].

3. Zwischenergebnis

Als Ergebnis können demzufolge zwei Punkte festgehalten werden: Zum einen übernimmt der EGMR wie selbstverständlich ursprünglich national-verfassungsgerichtliche Aufgaben, und dies sogar selbst dann, wenn diese von dem nationalen Verfassungsgeber in der innerstaatlichen Rechtsordnung bewusst abgelehnt wurden. Zum anderen geht die Entwicklung dahin, dass die vom Verfassungsge-

---

993 Eine Ausnahme besteht allerdings dann, wenn eine Änderung eines Gesetzes gegeben ist. In diesem Fall nimmt der *Conseil constitutionnel* seit einer Rechtsprechungsänderung aus dem Jahre 1985 auch eine Prüfung nicht geänderter Teile vor. Das Recht auf eine förmliche Grundrechtsprüfung hat er sich dagegen in einer Entscheidung aus dem Jahre 1971 zur Vereinigungsfreiheit erstritten. Dazu m.w.N. Walter, ZaöRV59 (1998), 961 (963f.); Zierlein, EuGRZ 1991, 301 (319f.).

994 Vgl. insgesamt zur Verfassungsgerichtsbarkeit Frankreichs: Zierlein, EuGRZ 1991, 301 (319ff.).

995 CE, Entscheidung vom 30.10.1998, Lorenzi, RDP 1999, 649 (649ff.).

996 Vgl. Walter, ZaöRV 59 (1998), 961 (961ff.).

ber nicht vorgesehene Überprüfung der Verfassungsmäßigkeit von Gesetzen durch die innerstaatlichen Gerichte von diesen durch eine Überprüfung der Konventionsmäßigkeit der jeweiligen Gesetze ersetzt wird[997].

III. Funktion des EGMR als „Quasi-Verfassungsgericht" in den neuen Demokratien Osteuropas

Ebenso wie in den westlichen Demokratien hat der EGMR aber auch in den jungen Demokratien Mittel- und Osteuropas die Funktion eines „Quasi-Verfassungsgerichts" übernommen.

1. Verfassungsgerichtsbarkeit in Osteuropa

a. Verfassungsgerichtsbarkeit zur Zeit des Kommunismus

Zur Zeit der kommunistischen Herrschaft fehlte es zumeist an der Möglichkeit der gerichtlichen Durchsetzbarkeit der Grundrechte[998]. Diese wurde aufgrund theoretischer Überlegungen, die auch westlichen Verfassungen nicht unbekannt sind, abgelehnt: Ähnlich wie die englische Lehre von der *„parliamentary supremacy"* und dem im französischem Recht bekannten Gedanken der *„souveraineté nationale"* ging die marxistisch-leninistische Verfassungstheorie von dem Prinzip der Gewalteinheit aus[999]. Als Grund dafür wurde angegeben, dass jegliche Kontrolle über Akte einer gewählten Versammlung durch eine weniger demokratische legitimierte Instanz unzulässig sei[1000].

Lediglich vereinzelt wurde der oben beschriebene Grundsatz durchbrochen: In Jugoslawien wurden im Jahre 1964 im Bund sowie in den sechs Republiken und zwei autonomen Provinzen Verfassungsgerichte errichtet[1001]. Zu deren Aufgabe gehörte u.a. der Schutz der verfassungsmäßigen Grundrechte gegen Ver-

---

997 Vgl. dazu auch die Ausführungen in Kapitel 5 B I 2 a dieser Arbeit. So auch Walter, ZaöRV 59 (1998), 961 (964f.).

998 Vgl. insgesamt dazu Brunner, Festschrift für Stern, S. 1041 (1044f.); Kahl, Postsozialistische Verfassungen, S. 30f.; Manssen/Banaszak – Preisner, Grundrechte im Umbruch, S. 9 (10f.); Brunner, Der Staat 9 (1970), 187 (187). Speziell zur Entwicklung der Verfassungsgerichtsbarkeit in der Russischen Föderation: Krjazkov/Lazarev, Verfassungsgerichtsbarkeit in der Russischen Föderation, S. 14ff.

999 Brunner, ZaöRV 53 (1993), 819 (820); Krüger, DÖV 1986, 45 (45).

1000 Kritisch dazu Brunner, ZaöRV 53 (1993), 819 (820f.).

1001 Vgl. Art. 375ff. der Verfassung Jugoslawiens von 1974. Brunner, Festschrift für Stern, S. 1041 (1044f.); Brunner, ZaöRV 53 (1993), 819 (820); Krüger, DÖV 1986, 45 (45).

waltungsakte. Allerdings eröffnete sich auch hier nur ein sehr beschränkter Anwendungsbereich: Die an sich schon nur subsidiär zugelassene Grundrechtsbeschwerde fiel praktisch in den Funktionsbereich der materiellen Verfassungsgerichtsbarkeit (ordentliche Gerichte oder Verwaltungsgerichte)[1002]. Die Verfassung der CSSR von 1968 sah zwar die Errichtung von Verfassungsgerichten auf Bundes- und Republikebene vor. Es kam jedoch nie zu einer Verabschiedung des entsprechenden Verfassungsgesetzes[1003]. Auch ansonsten fand sich in keinem der ehemals sozialistischen Staaten Ost- und Mitteleuropas ein der Verfassungsbeschwerde oder Popularklage ähnliches System. Den jeweiligen Verfassungen ließen sich bestenfalls Ansätze entnehmen, auf sonstige Weise zu einer Kontrolle von Hoheitsakten zu gelangen. Beispielsweise sah die Verfassung der UDSSR von 1977 eine Art Petition gegen staatliches Handeln vor[1004]. Nach deutschem Rechtsverständnis handelte es sich dabei aber eher um einen formlosen Rechtsbehelf[1005].

Mitte der achtziger Jahre schließlich errichtete Polen ein Verfassungsgericht und Ungarn eine parlamentarisch-justitielle Vorform der Verfassungskontrolle[1006]. Jedoch gingen beide Länder nicht soweit, eine Grundrechtsbeschwerde einzuräumen.

b. Verfassungsgerichtsbarkeit seit der politischen Wende

Seit dem revolutionären Umsturz im Jahre 1989 hat sich in den neuen Demokratien Ost- und Mitteleuropas auch im Bereich der Verfassungsgerichtsbarkeit viel getan: Ausgehend von Polen[1007] haben alle mittel- und osteuropäischen Reformstaaten eine selbstständige Verfassungsgerichtsbarkeit geschaffen und maßen ihrer Einführung große Bedeutung zu[1008]. Diesen Staaten ist dabei gemeinsam, dass die Verfassungsgerichtsbarkeit dort die oft schwierige Funktion übernahm, die

---

1002 Brunner, Festschrift für Stern, S. 1041 (1044f.).

1003 Kahl, Postsozialistische Verfassungen, S. 30; Krüger, DÖV 1986, 45 (45ff.).

1004 Vgl. Art. 58 Abs. 1 der Verfassung der UDSSR von 1977: *„Die Bürger der UDSSR haben das Recht, gegen Handlungen von Funktionären, staatlichen Organen und gesellschaftlichen Organisationen Beschwerde zu führen. Diese Beschwerden müssen in der vom Gesetz festgelegten Ordnung und Frist behandelt werden."*

1005 Kahl, Postsozialistische Verfassungen, S. 30.

1006 Vgl. dazu Häberle, Festschrift für Kitagawa, S. 129 (130); Janicki, ROW 1995, 207 (210); Matyschok, ROW 1992, 225 (226); Zierlein, EuGRZ 1991, 301 (327ff.).

1007 Vgl. Zierlein, EuGRZ 1991, 301 (327ff.).

1008 Zierlein, EuGRZ 1991, 301 (327ff.).

neu entstandenen Staaten durch den Entwicklungsweg vom kommunistischen Einheitsstaat zur pluralistischen Demokratie zu führen[1009].

Die heutige verfassungsgerichtliche Struktur der neuen Demokratien Ost- und Mitteleuropas, ist – in Hinblick auf die eingeführten Verfahrensarten – mit den westeuropäischen Ländern durchaus vergleichbar: Viele der ehemals kommunistischen Staaten verfügen inzwischen über eine Verfassungsgerichtsbarkeit, deren Kompetenzen denen westlicher Verfassungsgerichte ähneln[1010]. So verfügen die meisten der jungen Verfassungen Ost- und Mitteleuropas, wie z.B. die der Russischen Föderation, Ungarns und Polens, inzwischen über die Möglichkeit einer Verfassungsbeschwerde, die von Einzelnen eingelegt werden kann[1011]. Weiter finden sich in vielen der Verfassungen (abstrakte und konkrete, sowie nachträgliche und präventive) Normenkontrollverfahren.

c. Würdigung der verfassungsgerichtlichen Situation

Bei der (abstrakten) Normenkontrolle handelt es sich wohl um die dominierendste verfassungsgerichtliche Verfahrensart in Osteuropa. An dieser Stelle verbleiben kaum Lücken im nationalen Rechtsschutzsystem[1012].

Allerdings ist die Reichweite der nationalen Verfassungsbeschwerdeverfahren durchaus unterschiedlich zu beurteilen. Beispielsweise ist in der Russischen Fö-

---

1009 Siehe Häberle, EuGRZ 2003, 117 (119); Brünneck, Verfassungsgerichtsbarkeit in den westlichen Demokratien, S. 15f.

1010 Allgemein zur Verfassungsgerichtsbarkeit in den Mittel- und Osteuropäischen Staaten: Nußberger, EuGRZ 1998, 105 (195ff.); Zierlein, EuGRZ 1991, 301 (327ff.); Brunner, ZaöRV 53 (1993), 819 (826ff.); Böckenförde, NJW 1999, 9 (9ff.); Hartwig, EuGRZ 1996, 177 (177); Diemer-Benedict, ZaöRV 58 (1998), 205 (230ff.); Sadurski – Sadurski, Constitutional Justice, S. 163 (163ff.).

1011 Seit der politischen Wende hat die Ausgestaltung der Verfassungsgerichtsbarkeit eine Weiterentwicklung erfahren. Siehe dazu stellvertretend die Situation in Russland und Polen: Hartwig, EuGRZ 1996, 177 (177); Diemer-Benedict, ZaöRV 58 (1998), 205 (230ff.); Banaszak, Einführung in das polnische Verfassungsrecht, S. 99. Noch ihm Jahre 1993 sah die polnische Verfassungsgerichtsbarkeit weder eine vom persönlichen Betroffensein unabhängige Popularklage noch eine unmittelbar dem Schutz verfassungsrechtlicher Rechte der Bürger dienende Verfassungsbeschwerde vor. Allenfalls mittelbar, nämlich über eine zur Antragstellung allgemein befugter gesellschaftlicher Institution, konnte der Bürger möglicherweise Einfluss auf die Einleitung eines Normenüberprüfungsverfahrens beim Verfassungsgerichtshof ausüben.

1012 Brunner, ZaöRV 53 (1993), 819 (843). Vgl. für die Situation in der Russischen Föderation: Krjazkov/Lazarev, Verfassungsgerichtsbarkeit in der Russischen Föderation; S. 50ff.; Gäßner, Zur Verfassungsgerichtsbarkeit in den Subjekten der Russischen Föderation unter besonderer Berücksichtigung der Normenhierarchie, S. 147ff.

deration lediglich eine Verfassungsbeschwerde gegen Gesetze vorgesehen. Eine Urteilsverfassungsbeschwerde bzw. eine Verfassungsbeschwerde gegen sonstige normative Akte, wie z.B. Erlasse des Präsidenten, ist dagegen bewusst nicht eingeführt worden, um eine klare Trennung zwischen Fachgerichten und Verfassungsgerichtsbarkeit zu erreichen[1013].

Auch die Rechtslage in Polen erscheint unter diesen Gesichtspunkten nicht unproblematisch. Dort bezieht sich eine Verfassungsbeschwerde lediglich auf die Frage der Verfassungsmäßigkeit von Gesetzen und anderen Normativakten, auf deren Grundlage ein Gericht oder ein Organ der öffentlichen Verwaltung über in der Verfassung verankerte Rechte endgültig entschieden hat[1014]. Aus dieser Regelung ergeben sich nun zwei Konsequenzen: Zum einen ist die Erhebung einer Verfassungsbeschwerde in Polen nur dann möglich, wenn bereits eine Entscheidung einer öffentlichen Behörde oder eines Gerichts vorliegt. Im Umkehrschluss bedeutet dies aber, dass eine Beschwerde immer dann nicht möglich ist, wenn ein Normativakt Verfassungsrechte des Einzelnen verletzt, aber unmittelbar angewendet wird[1015]. Zum anderen kann in dem Fall, dass der angegriffene Rechtsakt zwar mit der Verfassung vereinbar ist, jedoch durch das anwendende Organ verfassungswidrig ausgelegt wurde, das Verfassungsgericht den Rechtsakt nicht aufheben. Es besteht lediglich die Möglichkeit der Feststellung der Grundrechtsverletzung in dem speziellen Fall. Damit ist die Verfassungsbeschwerde zwar gegen ein Gerichtsurteil, dem ein verfassungswidriges Gesetz zugrunde liegt, wirkungsvoll. Jedoch kann eine verfassungswidrige Gesetzesauslegung bzw. -anwendung durch eine öffentliche Behörde oder ein Gericht nicht geltend gemacht werden[1016].

Nicht zuletzt aufgrund dieser beschriebenen Lücken, die die Verfassungsbeschwerde in Polen aufweist, ist sie *„ein schwer anwendbares Rechtsmittel“*[1017] und entspricht nicht dem Standard anderer demokratischer Staaten[1018]. Ihre Einlegung bereitet in der polnischen Rechtspraxis sogar große Schwierigkeiten[1019].

1013 Kritisch dazu Hartwig, EuGRZ 1996, 177 (184).

1014 Banaszak, Einführung in das polnische Verfassungsrecht, S. 99f.

1015 Banaszak, Einführung in das polnische Verfassungsrecht, S. 101.

1016 Vgl. Diemer-Benedict, ZaöRV 58 (1998), 205 (230ff.); Banaszak, Einführung in das polnische Verfassungsrecht, S. 99ff.

1017 So Zitat des Büros des Verfassungsgerichtshofs; abgedruckt in Banaszak, Einführung in das polnische Verfassungsrecht, S. 102.

1018 Vgl. auch die Situation in Ungarn. Diese ist mit der in Polen vergleichbar. Jedoch hebt der Verfassungsgerichtshof Gerichtsurteile auf, wenn diese auf einer verfassungswidrigen Gesetzesanwendung bzw. -auslegung basierten, ohne dafür die Kompetenz zu haben. Denn auch in Ungarn können lediglich Normativakte durch das Verfassungsgericht geprüft werden. Jedoch hat sich der ungarische Verfassungsgerichtshof dieses Recht „einfach genommen“. So Banaszak, Einführung in

2. EGMR als „Quasi-Verfassungsgericht“

Wie an dem Beispiel der Verfassungsgerichtsbarkeit in Polen und der Russischen Föderation erarbeitet, weist also gerade das Institut der Verfassungsbeschwerde in den Ost- und Mitteleuropäischen Ländern Defizite auf.

Beispielsweise ist in der Russischen Föderation keine Urteilsverfassungsbeschwerde vorgesehen. Entgegen dieser Rechtslage eröffnet nun aber der EGMR dem Einzelnen die Möglichkeit, Gerichtsurteile, die gegen die EMRK verstoßen, anzugreifen. Obwohl vom Verfassungsgeber der Vertragsstaaten extra vermieden, unterstellt er also auch die Fachgerichte einer (verfassungs)gerichtlichen Kontrolle. Der Einzelne bleibt demzufolge in dem Fall, dass er die Konventionswidrigkeit eines Urteils rügt, nicht mehr rechtlos gestellt. Auch ermöglicht der EGMR entgegen der Rechtslage in Polen eine unmittelbare Beschwerde gegen Normativakte und auch eine konventionswidrige Auslegung nationaler Bestimmungen kann gerügt werden.

Indem er seinen Rechtsschutz gerade nicht z.B. auf normative Akte beschränkt bzw. Auslegungsfragen ausklammert, geht der EGMR damit also weiter als die nationalen Rechtsschutzmöglichkeiten in der Russischen Föderation und in Polen. Somit übernimmt der EGMR auch hier die Aufgabe, Lücken der nationalen Verfassungsgerichtsbarkeit zu schließen und die nationale Verfassungsgerichtsbarkeit zu ergänzen[1020].

3. Zwischenergebnis

Erneut ist folglich die Situation gegeben, dass die EMRK ihren Rechtsunterworfenen – entgegen der bewussten Entscheidung des nationalen Verfassungsgebers – eine (verfassungs)gerichtliche Rechtsschutzmöglichkeit an die Hand gibt, mithin funktional als Verfassungsgericht auftritt.

---

das polnische Verfassungsrecht, S. 102. Vgl. zur Verfassungsgerichtsbarkeit in Ungarn: Brunner, Der Staat 32 (1993), 287 (287ff.).

1019 Siehe die statistische Darstellung bei Banaszak, Einführung in das polnische Verfassungsrecht, S. 102. Im Jahre 2000 wurden lediglich 23 Verfassungsbeschwerden von 2281 eingereichten zur sachlichen Prüfung angenommen. Im Jahre 2001 waren es 44 von 2444 eingereichten Beschwerden.

1020 Siehe die oben bereits beschriebene Situation in Westeuropa.

IV. Ergebnis

Als Ergebnis der obigen Untersuchung kann nunmehr festgehalten werden, dass die durch den Gerichtshof für Menschenrechte ausgeübte Kontrolle auf jeden Fall die nationale Verfassungsgerichtsbarkeit in Fragen der Menschen- und Bürgerrechte ersetzt bzw. ergänzt.

In Staaten, in denen eine Verfassungsgerichtsbarkeit im engeren Sinne nicht eingerichtet ist[1021], ersetzt der EGMR diese. Die betroffenen Bürger können sich in grundrechtlichen Rechtsstreitigkeiten an ihn wenden. In Staaten, in denen zwar eine Verfassungsgerichtsbarkeit gegeben ist, diese aber Lücken aufweist, da etwa, wie z.B. in Frankreich, eine gerichtliche Normüberprüfung in Form einer nachträglichen Kontrolle nicht stattfindet, oder da sich das Rechtsinstitut der Verfassungsbeschwerde, wie z.B. in der Russischen Föderation oder Polen, nur auf gesetzgeberische Normativakte bezieht, ergänzt der EGMR die nationale Verfassungsgerichtsbarkeit. Der EGMR übernimmt mithin die Funktion einer Art „Ersatz-Verfassungsgerichtsbarkeit".

Bemerkenswert ist dabei, dass dies sowohl in West- wie auch in Mittel- und Osteuropa zu beobachten ist. Damit scheinen nicht nur die vergleichsweise jungen Rechtsschutzsysteme der ost- und mitteleuropäischen Länder Mängel aufzuweisen, die durch den EGMR geschlossen werden. Vielmehr trifft es auch, wie etwa das Beispiel Frankreichs zeigt, die seit langem im demokratischen System verwurzelten westlichen Demokratien. Auch dort ist das Straßburger Rechtsschutzinstrumentarium eine wichtige Ergänzung der nationalen Verfassungsgerichtsbarkeit.

D. Gibt die EMRK in den nationalen Verfassungen einen Konstitutionalisierungsanstoß?

Als Ergebnis dieser Untersuchung kann also festgehalten werden, dass die EMRK auch wesentlichen Einfluss auf die nationalen Rechtsordnungen im Allgemeinen und das nationale Verfassungsrecht im Speziellen nimmt.

Zunächst stand die EMRK in ihrer Eigenschaft als ein europaweit akzeptierter Standard moderner Grundrechtsverbürgungen für viele neuen Verfassungen Ost- und Mitteleuropas Modell. Dadurch war es diesen jungen Demokratien schnell möglich, Anschluss an die westlichen Grundrechtsstandards zu erlangen. Gerade diese zügige Annäherung an die westlichen Grundrechtsgarantien war es auch,

---

1021 Vgl. etwa die Rechtslage in im Vereinigten Königreich.

die diesen Staaten insgesamt ihre Angliederung an das restliche Europa erleichterte.

Darüber hinaus formt die EMRK bereits bestehendes Verfassungsrecht in ihrem Sinne. So wirkt sie sowohl normativ wie auch rein faktisch auf die nationalen Rechtsordnungen ein. Dem Einfluss der EMRK ausgesetzt sind dabei sowohl die seit langem in dem demokratischen Gedanken verwurzelten Verfassungen Westeuropas wie auch die der jungen Demokratien Ost- und Mitteleuropas. Nicht nur die Verfassungen der ost- und mitteleuropäischen Staaten, sondern auch die westeuropäischen Verfassungen müssen sich folglich immer wieder neu die Frage gefallen lassen, ob ihre Rechtsordnungen den von der EMRK gesetzten Standards genügen und sie gegebenenfalls diesem anpassen.

Schließlich übernimmt der EGMR heute sowohl in den westeuropäischen, als auch in den mittel- und osteuropäischen Staaten die Funktion eines „Quasi-Verfassungsgerichts“. Immer da, wo die nationale Verfassungsgerichtsbarkeit Lücken aufweist, wird der EGMR ergänzend tätig. Er gibt somit den Rechtsunterworfenen der EMRK eine zusätzliche Möglichkeit an die Hand, ihre Grundrechte wirksam durchzusetzen[1022].

1022 Vgl. Renzikowski – Häland, EMRK im Privat-, Straf- und Öffentlichen Recht, S. 9ff.

Schlussbetrachtung

Zusammenfassend kann folglich als Gesamtergebnis der Bearbeitung festgehalten werden, dass die EMRK durchaus einen Prozess zur Konstitutionalisierung einer gemeineuropäischen Grundrechtsordnung in Gang gesetzt hat:

1. Grundsätzlich sind Geltung und Rang der Europäischen Menschenrechtskonvention in den einzelnen Konventionsstaaten unterschiedlich ausgestaltet. In Bezug auf die innerstaatliche Geltung der EMRK ist Dank der Inkorporationsbewegung in den alten und der bereitwilligen Öffnung der Rechtsordnungen der jungen Staaten Ost- und Zentraleuropas jedoch ein Trend dahingehend zu beobachten, der EMRK innerstaatliche Geltung zu verschaffen. Der Fall der unterbliebenen Inkorporation ist heute die Ausnahme. Hinsichtlich des Ranges bleibt festzuhalten, dass die EMRK in den meisten Staaten, darunter auch in den meisten ost- und zentraleuropäischen Staaten, den Rang unterhalb einer Verfassung und oberhalb einfacher Gesetze einnimmt. Dass die EMRK im Rang der Verfassung steht, bleibt weiter die Ausnahme. Den niedrigsten Rang nimmt die EMRK in den Staaten ein, die sie im Rang eines einfachen Gesetzes sehen.

   Zu beobachten ist, dass die Bereitschaft zur Inkorporation der EMRK und auch ihre Einordnung in der Normenhierarchie in den westeuropäischen Staaten weit weniger ausgeprägt ist als in den ost- bzw. mitteleuropäischen Staaten. So erfolgte in den westeuropäischen Staaten die Inkorporation der EMRK in die innerstaatliche Rechtsordnung weitaus zögerlicher und auch ihr Rang ist meist der eines einfachen Gesetzes.
2. Die im 3. Kapitel erfolgte Analyse der idealtypischen Verfassungsmerkmale führte zu dem Ergebnis, dass die EMRK, mit Ausnahme der Etablierung und Legitimation einer Legislative und Exekutive, die wesentlichen Funktionen einer Verfassung einer Rechtsgemeinschaft erfüllt: Sie errichtet ein mit dem Demokratie- und Rechtsstaatsprinzip verhaftetes umfassendes System zur wirksamen Begrenzung der jeweiligen Hoheitsgewalten, das eine integrierende und entlastende Aufgabe erfüllt, zeitlich unbeschränkt gilt und sich innerstaatlich zumindest de facto gegen widersprechendes Gesetzes- bzw. Verfassungsrecht durchsetzt.

   Damit wird deutlich, dass die EMRK ihrerseits bereits über konstitutive Elemente verfügt und dass sie sich heute aus dem rein völkerrechtlichen Kontext emanzipiert hat. Neben den Verfassungen der einzelnen Vertragsstaaten und inzwischen auch dem Recht der Europäischen Union, ist es also auch die EMRK, die menschenrechtliche Gewährleistungen verfassungsrechtlich verbürgt.

3. Die EMRK beeinflusst maßgeblich die Grundrechtsentwicklung im Rahmen der Europäischen Union (4. Kapitel). Deutlich wird dies bereits bei der Achtung der Gewährleistungen der EMRK in der Rechtsprechung des EuGH und der nunmehr vertragsrechtlichen Verankerung dieser Rechtsprechung in Art. 6 Abs. 2 EUV. Darüber hinaus nimmt die EMRK durch die (mittelbare) Kontrolle des Gemeinschaftsrechts durch den EGMR und die dadurch vermittelte (mittelbare) Bindung des EU-Rechts an die EMRK Einfluss auf das Unionsrecht. Weiteres Einfallstor für die Menschenrechte der EMRK ist schließlich die Charta der Grundrechte der EU.
   Wichtig ist, dass der von der EMRK gesetzte menschenrechtliche Standard immer als Maßstab dient: Der von ihr gesetzte Maßstab darf niemals unterschritten werden, an ihm orientiert sich die Rechtsprechung des EuGH und er diente bei der Entwicklung der Grundrechtecharta als Ausgangspunkt. Folglich stellt die EMRK einen für das Unionsrecht verbindlichen Mindeststandard dar.
4. Schließlich nimmt die EMRK auf verschiedenste Art und Weise nicht unerheblichen Einfluss auf die nationalen Rechtsordnungen (5. Kapitel): Sie diente insbesondere den neuen Verfassungen der ehemals kommunistischen Staaten Ost- und Mitteleuropas als Vorbild. Dadurch, dass diese jungen Demokratien sich an dem im europäischen Raum anerkannten Maßstab der EMRK orientieren konnten, gelang es ihnen schnell, Anschluss an den menschenrechtlichen Standard des restlichen Europas zu erlangen. Gerade dieser Umstand war es aber auch, der diesen Staaten insgesamt die Angliederung an Westeuropa erleichterte. So ist etwa eine Voraussetzung für die Aufnahme in die Europäische Union die Ratifizierung der EMRK. Weiterhin beeinflusst die EMRK bereits bestehendes nationales (Verfassungs)Recht. Sie wirkt sowohl normativ, wie auch rein faktisch auf dieses ein. Ferner ersetzt bzw. ergänzt der Europäische Gerichtshof für Menschenrechte die nationale Verfassungsgerichtsbarkeit, sowohl der ost- bzw. mitteleuropäischen, als auch die der westeuropäischen Staaten in Fragen der Menschen- und Bürgerrechte. Der EGMR übernimmt demzufolge die Funktion einer Art „Ersatz-Verfassungsgerichtsbarkeit“.

Bringt man die oben aufgeführten Ergebnisse der vorliegenden Untersuchung in Zusammenhang, so zeigt sich, dass die EMRK im Laufe der Jahre weit über sich hinausgewachsen ist. Zwar mag sie formal immer noch den Charakter eines multilateralen völkerrechtlichen Vertrages haben. Jedoch zeigen ihr Inhalt und auch die zwischen ihr und den nationalen Verfassungen und dem Recht der EU bestehenden Verflechtungen, dass kein qualitativer Unterschied zwischen den Gewährleistungen der EMRK und Grundrechten der nationalen Verfassungen mehr besteht.

Die Verflechtungen zwischen der EMRK und den nationalen Verfassungen sind dabei tatsächlich sehr vielschichtig. Die EMRK füllt bestehende Lücken der nationalen Verfassungen auf, ergänzt diese und beeinflusst sie in ihre Richtung. Ebenso nimmt die EMRK auf das Recht der Europäischen Union auf vielen Wegen Einfluss. Folglich gibt die EMRK einen entscheidenden Konstitutionalisierungsanstoß für einen gemeineuropäischen Grundrechtsstandard in Europa. Nicht nur, dass sie selbst schon über konstitutive Elemente verfügt. Sie etabliert sich in den nationalen Verfassungen und dem Unionsrecht als Mindeststandard und sorgt für einen weitestgehend einheitlichen europäischen Menschenrechtsstandard. Dank der im Rahmen des Europarates bestehenden EMRK ist also eine Entwicklung zu einem einheitlichen europäischen Grund- und Menschenrechtsschutz eingeleitet worden.

Beiträge zum nationalen und internationalen öffentlichen Recht

Herausgegeben von Burkhard Schöbener

Band 1 Solveig Haß: Die Urteile des Europäischen Gerichtshofs für Menschenrechte. Charakter, Bindungswirkung und Durchsetzung. 2006.

Band 2 Angela Werner: Die Grundrechtsbindung der Bundeswehr bei Auslandseinsätzen. 2006.

Band 3 Florian Stork: Das Anti-Diskriminierungsrecht der Europäischen Union und seine Umsetzung in das deutsche Zivilrecht. 2006.

Band 4 Regine Gerards: Die Europäische Menschenrechtskonvention im Konstitutionalisierungsprozess einer gemeineuropäischen Grundrechtsordnung. 2007.

Band 5 Christian Baudewin: Der Schutz der öffentlichen Ordnung im Versammlungsrecht. 2007.

Peter Lang · Europäischer Verlag der Wissenschaften

Thomas Jelitte

Die Umsetzung völkerrechtlicher Verträge in nationales Recht in Deutschland und Spanien

Unter besonderer Berücksichtigung der Europäischen Menschenrechtskonvention

Frankfurt am Main, Berlin, Bern, Bruxelles, New York, Oxford, Wien, 2007.
273 S.
Europäische Hochschulschriften: Reihe 2, Rechtswissenschaft. Bd. 4513
ISBN 978-3-631-55972-7 · br. € 51.50*

Deutschland und Spanien bedienen sich unterschiedlicher Mechanismen bei der Umsetzung völkerrechtlicher Verträge in nationales Recht. Die theoretischen Ansätze und praktischen Auswirkungen im Hinblick auf unmittelbare Anwendbarkeit, Rang, Auslegung und gerichtliche Kontrolle der Verträge werden im ersten Teil der Arbeit dargestellt und verglichen. Der zweite Teil befaßt sich vergleichend mit dem Einfluß völkerrechtlicher Verträge und der Rechtsprechung des EGMR bei der Auslegung von Grundrechten. Die kasuistische Untersuchung berücksichtigt hierbei eine diesbezügliche Eigenheit der spanischen Verfassung, in der sich mit Art. 10.2 SV eine verbindliche Auslegungsregel findet, die ihren Ursprung im monistischen Ansatz Spaniens hat. Der Vergleich führt zu dem Ergebnis, daß sich spanische Gerichte stärker von der europäischen Sichtweise beeinflussen lassen, was mit dem monistischen Ansatz erklärt werden kann.

Aus dem Inhalt: Vergleich der Umsetzung völkerrechtlicher Verträge in nationales Recht · Berücksichtigung der Auswirkungen auf Anwendbarkeit, Rang, Auslegung und gerichtliche Kontrolle · Darstellung der Bedeutung der Verträge und der Rechtsprechung des EGMR auf die Grundrechtsauslegung anhand verschiedener Grundrechtsbereiche unter besonderer Berücksichtigung von Art. 10.2 SV

Frankfurt am Main · Berlin · Bern · Bruxelles · New York · Oxford · Wien
Auslieferung: Verlag Peter Lang AG
Moosstr. 1, CH-2542 Pieterlen
Telefax 0041 (0) 32 / 376 17 27

*inklusive der in Deutschland gültigen Mehrwertsteuer
Preisänderungen vorbehalten

Homepage http://www.peterlang.de

FSC
www.fsc.org
MIX
Papier | Fördert gute Waldnutzung
FSC® C083411

Kolibri 360 GmbH
Ferdinand-Jühlke-Straße 7
99095 Erfurt, Deutschland
produktsicherheit@kolibri360.de

Druck:
CPI Druckdienstleistungen GmbH
im Auftrag der
Kolibri 360 GmbH
Ferdinand-Jühlke-Str. 7
99095 Erfurt